아동 · 청소년 정신장애에 대한 발달정신병리학적 접근

정신병리와 가족

여종일 저

Psychopathology and the Family

Approaches in developmental psychopathology to understand child and adolescent disorders

학지사

이 저서는 2012년 정부(교육부)의 재원으로 한국연구재단의 지원을 받아 수행된 연구임(NRF-2012S1A6A4021553)
원과제명: 정신병리와 가족-아동 및 청소년 정신병리에 대한 발달정신병리학 접근

머리말

발달정신병리학은 지난 수십 년간 급속히 발전해 온 통합분야이다. 발달정신병리학의 학문적 유래는 부적응적인 행동의 기원과 과정에 대한 연구에서 비롯되는데, 정상발달과 관련하여 부적응을 이해하는 데 중점을 두고 있다. 발달정신병리학에서는 발달의 진행과정, 맥락의 중요성, 상호작용하는 사건의 영향을 이해하는 데 관심이 있다. 이 분야의 핵심개념과 접근방식은 정신장애를 설명하는 것에 국한되지 않으며, 통합적으로 인간행동을 이해하는 데 적용되고 있다. 연구자들은 다학제 간 협업을 통하여 이 분야에서 중요한 학문적 성과를 지속적으로 발표하고 있다.

『정신병리와 가족: 아동 · 청소년 정신장애에 대한 발달정신병리학적 접근』은 발달정신병리학을 기반으로 아동과 청소년의 정신병리를 가족맥락에서 이해하기 위하여 집필되었다. 집필과정은 정신병리와 가족을 이해하기 위한 기본지식과 핵심주제를 섭렵하고, 이론적 분석 및 실제적 적용에 대한 최근 경향을 기술하는 데 주안점을 두었다. 이 책에서는 아동과 청소년의 주요정신장애의 발생, 진행, 치료에 관련하여 가족의 역할을 정확히 분석하고, 정신장애를 예방하기 위한 주요 정보를 제공하고자 하였다.

이 책의 특징

이 책은 다음과 같은 특징을 지닌다.

- 각 장애의 진단기준은 DSM-5에 기초하였다.
- 내용은 가족맥락을 중심으로 아동과 청소년의 정신장애에 대한 주요이론, 최근 연구, 실제적 적용을 최대한 반영하여 기술하였다.
- 광범위한 국내외의 저서 및 논문을 포함하였다. 해당 주제에 관한 국내외의 자료를 최대한 망라하여 비교가 가능하게 하였다. 경험적 연구논문의 경우, 발달정신병리학 접근을 반영하기 위하여 종단연구를 주축으로 기술하였고, 필요한 경우 대표적인 횡단연구를 소개하는 형식을 채택하였다.
- 자료를 선정할 때에 출판되지 않은 학위논문보다는 저서나 학술지에 발표된 논문에 기초하였으며, 대표적인 고전적 저술을 제외하면 대부분 2000년대 이후에 발표된 자료에 근거하였다. 유사한 자료 중에서는 최근 자료와 정보를 선택하여 참고하는 것을 원칙으로 하였다.
- 저서의 경우 내용이 방대하므로, 독자의 편의를 위하여 저서의 해당 페이지를 표시하였다.
- 총 3부로 구성되어 있으며, 각 부는 문헌고찰이 용이하도록 별도의 참고문헌 목록을 포함하고 있다.
- 주요정신장애를 각 장에 별도로 기술하였으므로 독자가 관심 있는 '장'을 중점적으로 읽어 볼 수 있다. 또한 각 정신장애는 동일한 '절'의 순서로 기술되어 비교가 가능하다.
- 다양한 표를 활용하여 자료를 간결하게 비교하였다.

- 관련된 그림을 통하여 내용의 이해를 용이하게 하였다.
- 제2부의 각 장의 마지막에는 주요관련기관에 대한 웹주소를 제공하여 추가적인 자료를 찾아볼 수 있도록 하였다.

이 책의 구성 및 내용

이 책은 총 3부 12장으로 집필되었다. 제1부는 가족맥락에서 정신병리를 이해하기 위한 일반적인 기초지식과 주제를 포함하고 있다. 세부적으로 발달정신병리학의 학문적 유래와 원칙 및 개념을 제시하는 1장을 시작으로 하여, 2장에서는 유전과 환경의 영향을 소개하고, 3장에서는 정신장애를 분류하고 측정하는 방법을 소개한다.

제2부는 발달정신병리학을 기반으로 아동기와 청소년기에 나타나는 주요정신장애의 발생, 진행, 치료를 가족맥락에서 접근하는 장으로 구성되었다. 각 장은 장애의 특징, 유병률, 측정도구에 대한 내용으로 시작하면서, 장애에 대한 기본 정보를 제공한다. 이러한 기본적 내용의 이해를 바탕으로, 장애의 발생에 관하여는 유전가능성계수, 부모자녀 간의 연관성, 가족관련 원인을 살펴보며, 가족변인과 발달경과, 치료에 대한 가족의 역할에 관한 내용으로 끝을 맺는다. 제2부는 우울장애, 불안장애, 주의력결핍 과잉행동장애, 적대적 반항장애와 품행장애, 섭식장애, 알코올관련장애, 특정학습장애에 관한 7개의 장을 포함한다.

제3부는 아동과 청소년의 정신장애를 가족의 맥락에서 이해하고 실제에 적용할 때 고려해야 할 주제로 구성되어 있다. 제3부의 11장은 가족이 다른 맥락과 분리된 것이 아니라는 전제하에 가족과 다른 맥락에 대한 내용을 통합적 관점에서 소개한다. 12장에서는 예방의 특성 및 주요가족기반 예방프로그램을 소개하면서,

아동과 청소년의 정신장애를 예방하는 데 있어서 가족역할의 중요성을 살펴본다.

이 책의 구성과 내용이 발달정신병리학, 아동학 및 청소년학, 발달심리학, 가족학, 상담학, 공중보건학 등을 전공하는 학생, 다양한 분야의 학계 및 현장전문가, 정신장애에 관심이 있는 모든 분들에게 도움이 되기를 희망한다.

감사의 글

몇 년 전 연구비 지원을 받은 직후가 떠오른다. 꼭 쓰고 싶었던 책을 쓸 수 있다는 기쁨과 함께 정해진 기한 내에 저술을 마쳐야 한다는 부담감이 있었다. 그런데 시간이 흐르면서 책을 쓰는 작업은 컴퓨터를 켜면 언제든 만날 수 있는, 항상 나를 기다리고 있는 친구가 있는 느낌이었다. 어느새 절친이 된 친구를 처음으로 소개할 때의 설레는 마음으로 이 책을 출판하고자 한다. 부족한 점은 앞으로 다듬어질 것이며, 보완된 모습으로 다시 소개될 것이다.

이 책이 집필되어 출판되기까지 많은 도움을 받았다. 누구보다도 나를 항상 이해해 주고 배려해 주는 남편에게 단단한 신뢰와 고마운 마음을 전한다. 부족한 엄마를 언제나 지원해 주고 믿어 주는 세 자녀에게도 뜨거운 사랑과 고마움을 전한다.

나의 학문적 세계가 성장하도록 지적 자극과 지원을 아끼지 않았던 David Reiss 박사님을 기억하고자 하며, 지난 발달경로의 한 시점에서 시간과 공간을 공유하며 발달정신병리를 공부하고 연구하였던 동료들도 잊을 수 없다. 관심과 격려로 힘을 실어 주었던 형제자매와 덕성여자대학교의 교수님들, 연세대학교의 가까운 동문들께도 감사를 전한다. 연구지원으로 시작을 가능하게 해 주고 지속적 관리로 도움을 주었던 한국연구재단, 자료정리 및 원고교정을 해 주었던 학생들, 출판을 맡아 주신 학지사의 김진환 사장님과 편집과정에서 수고하신 최윤희 과장님을 비롯한 관계자 여러분에게도 감사의 인사를 전하고 싶다.

마지막으로 부모님께서 보여 주셨던 가족에 대한 헌신에 감사드리며, 출판을 기뻐하실 두 분께 사랑과 존경으로 이 책을 바치고자 한다.

2017년 4월

여종일

차례

제3부 주요쟁점에 대한 논의

제 1 부

정신병리와 가족을 이해하기 위한 이론적 기초

제1장 정신병리의 발달적 접근

제2장 유전과 환경의 영향

제3장 정신장애의 측정 및 평가

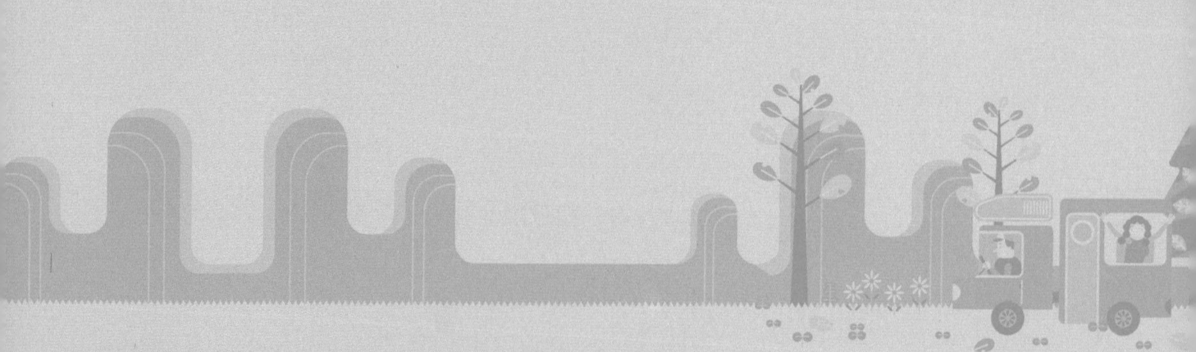

정신병리는 광범위한 분야에서 다양한 방법으로 접근할 수 있다. 전통적 견해가 부적응이나 정신장애의 개인본질적인 측면을 강조한다면, 발달정신병리학은 개인과 맥락 간의 역동적 관계를 강조한다. 특히, 가족은 개인의 성장과 발달에 영향을 미치는 가장 근접한 맥락(proximal context)으로, 정신장애의 발병, 진행, 치료에서 중요한 역할을 담당한다.

제1부는 가족맥락에서 정신병리를 이해하기 위한 일반적인 기초지식과 주제로 구성되어 있다. 세부적으로, 개념적 틀로서 사용될 발달정신병리학의 학문적 유래와 기본원칙 및 핵심개념을 제시하는 1장을 시작으로 하여, 이후의 장에서는 정신병리에서 유전과 환경의 영향을 규명하는 접근방법을 소개하고, 정신장애를 분류하고 측정하는 현행체계와 쟁점을 살펴본다.

정신병리의 발달적 접근 제1장

정신병리의 급속한 증가는 현대사회의 주요문제로 대두되고 있다. 가족구조와 기능의 변화, 사회변동의 가속화, 대중매체의 확산, 정보기술의 발달 등과 같은 현대사회의 특성은 개인과 가족의 전반적인 삶의 질에 영향을 미치고, 취약한 개인에게 정신적인 어려움을 야기할 수 있는 위험성을 내포하고 있다. 정신병리에 대한 사회적 관심이 증대되면서, 다양한 학문분야에 걸쳐 정신병리를 정의하고 예방과 치료방안을 제시하려는 노력이 진행되고 있다.

다학제 간 연구영역인 발달정신병리학 접근은 현대사회에서 개인이 경험하는 정신적인 어려움을 체계적으로 이해하고 포괄적으로 통합할 수 있는 유용한 틀로 사용될 수 있다. 발달정신병리학의 학문적 유래는 부적응적인 행동의 기원과 과정에 대한 연구에서 비롯되는데, 정상발달과 관련하여 부적응을 이해하는 데 중점을 두고 있다. 발달정신병리학에서는 발달의 진행과정, 맥락의 중요성, 상호작용하는 사건들의 영향을 이해하는 데 관심이 있다. 이 장에서는 발달정신병리학의 역사적 개관, 기본원칙, 주요개념들을 살펴보고자 한다.

1 발달정신병리학의 역사적 개관

1) 아동 및 청소년 정신병리에 대한 주요이론적 입장

정신장애의 원인을 설명하는 입장은 다양하다. 예를 들어, 의학모델(medical model)에서는 장애를 '개인이 지니고 있는 특수하고 제한된 생물학적 원인에서 비롯되는 개별적 실체(Wicks-Nelson & Israel, 2013/2015, p. 29)'라고 본다. 의학모델에 따르면 우리가 신체질환을 분류하듯이 병리적 행동도 분류할 수 있다고 보며, 정신장애는 유기체의 기능부전의 결과로 간주할 수 있다. 정신장애에 대한 다양한 입장들 중에서 아동 및 청소년의 정신장애와 관련된 주요심리적 이론으로 정신분석모델, 행동주의모델, 인지적 모델을 간략히 살펴보기로 한다.

정신분석모델은 정신장애를 심리적 원인으로 이해하려고 했던 최초의 체계적 이론이라는 점에서 큰 의미가 있다. 기본적인 정신분석모델은 몇 가지 핵심가정을 포함한다(Fonagy & Target, 2003/2014, pp. 15-18). 첫째, 심리적 결정론으로 정신장애는 심리적 원인이 있어 생겨난다는 가정이다. 둘째, 쾌-불쾌의 원칙이 있어, 불쾌경험의 원인이 되는 정신적 고통을 최소화하고 쾌락 및 안전감을 극대화시킨다는 가정이다. 셋째, 유기체는 심리적 적응을 하려는 생물학적 본질이 있다는 가정이다. 넷째, 역동적 무의식이 존재한다는 가정으로, 무의식적 요인에 의해 어떠한 사고와 감정들이 의식에 도달하는지가 결정된다. 다섯째, 유전발달적 명제로써 모든 행위는 초기경험에서 발달되므로 어린 시절의 경험이 성격의 기초를 형성한다는 가정이다. Freud는 정신현상이 원초아(id), 자아(id), 초자아(superego)라는 세 구조로 이루어졌다는 성격의 삼원구조를 제안하였는데, 원초아는 생물학적인 원초적 욕구로 쾌락원리에 의하여 지배되며, 자아는 현실을 고려하여 합리적 방법으로 욕구를 충족시키도록 하는 기능을 하며 현실원리를 따르며, 초자아는 내면화된 도덕적 가치로 유아기 후반에 형성되기 시작하며 양심원리에 따라 기능한다. Freud는 리비도가 집중적으로 모이는 부위에 따라 성격이 발달한다는 심리성적단계를 제시하는데, 리비도가 입 주위에 모이는 구강기(oral stage), 리비도가 항문 주위로 옮겨가는 항문기(anal stage), 리비도가 성기 주위로 옮겨 가며 남아는 오이디푸스 갈등(Oedipus complex)을 경험하고 여아는 엘렉트라 갈등(Electra complex)를 경험하는 남근기(phallic stage), 초등학교시기로 성적욕망이 표출되지 않는 잠복기(latency stage), 사춘기에 해당하며 성적욕구가 현저히 증가하는 생식기(또는 성기기; genital stage)인 5단계로 구성되어 있다. 정신분석적 사고는 이후 여러 학자들에 의하여 수정되고 변형되었다. Erikson은 현실지향적이며 적응적인 정신기능에 초점을 둔 심리사회적 발달이론을 주장하였는데, 발달은 전 생애에 걸쳐 이루어진다고 보며 각 발달단계를 발달과업에 기초한 양극적 개념으로 설명하였다. 심리사회적 발달단계는 갈등상황에서의 결과에 따라 신뢰 대 불신, 자율성 대 수치심 및 회의감, 주도성 대 죄책감, 근면성 대 열등감, 정체감 대 정체감혼미, 친밀감 대 고립감, 생산성 대 침체감, 자아통합 대 절망감인 8단계로 구성되어 있다. 고전적 정신분석이론에서는 정신적 갈등을 정신장애와 연관시킨다면, 자아심리학에서는 갈등상황에서의 숙달경험의 실패를 정신장애와 연관시킬 수 있다. 이후에 등장한 대상관계이론(object relations theory)은 인간행동의 기본동기로 관계성(relatedness)을 강조하는데, 대상(object)이란 관계를 맺는 사람들을 총칭하는 것이다. 대상관계이론에 따르면 관계에서의 경험은 내적표상을 형성하게 되며 인생초기에 주양육자와의 경험은 성격형성에 중요한 영향을 미친다. 일반적으로 정신분석모델은 발달적 측면에서 정신병리를 설명할 수 있게 하며, 무의식과 방어기제와 같은 다양한 개념들은 정신장애를 이해하는 데 크게 기여하였으나, 여러 가지 한계점 또한 논의되고 있다.

행동주의모델에 따르면 과학적 심리학은 관찰할 수 있는 행동만을 연구해야 한다. 행동주의모델은 경험적 연구에서 발전된 학습원리들을 통하여 행동이 어떻게 습득되고 유지되며 변화되는가를 설명한다. Pavlov의 고전적 조건형성, Skinner의 조작적 조건형성, Bandura의 사회학습이론은 대표적인 이론으로 분류된다. 개가 종소리에 침을 흘리는 행동을 자극과 반응의 연합으로 학습하도록 실험한 고전적 조건형성과 달리, 조작적 조건형성에서는 어떤 행동이 야기하는 결과에 따라 행동이 증가 또는 감소된다고 본다. 조작적 조건형성은 다양한 학습원리와 개념들을 제시하는데, 어떤 행동이 다시 발생할 가능성을 증가시키는 강화, 어떤 행동이 다시 발생할 가능성을 감소시키는 처벌을 비롯하여 소거, 변별, 일반화, 행동조성과 같은 다양한 원리들이 제시되고 있다. 사회학습이론은 사회적 환경과 인지적 측면에 관심을 두고, 상호결정론이나 자기효능감을 비롯한 다양한 개념들을 소개하고 있다. 상호결정론에서는 발달을 이루는 개인, 행동, 환경 간의 관계가 양방향성이라고 보는데, 이러한 상호결정론 개념은 아동이 자신의 발달에 영향을 미치는 환경에 적극적으로 참여한다는 것을 시사한다. 사회학습이론에 따르면, 사람들은 사회적 상황에서 다른 사람의 행동을 관찰하고 모방하며 행동을 학습하게 된다. 일반적으로 행동주의모델에서 정신병리란 학습된 부적절한 행동이라고 볼 수 있으며, 강화나 모델링을 통해 부적응적인 행동이 나타난 것이다.

인지적 모델 중에서는 아동 및 청소년과 관련하여 Piaget의 인지발달이론을 주축으로 살펴보기로 한다. Piaget는 인지발달이 질적으로 구분되는 일련의 고정된 4단계를 통해 진행되며, 감각운동기, 전조작기, 구체적 조작기, 형식적 조작기의 순서로 발달된다고 주장한다. 주요개념인 도식은 아동이 환경을 이해하고 예측하는 청사진이라고 볼 수 있는데, 사물이나 사건에 대한 전체적 윤곽과도 같다. 인지발달은 동화와 조절을 통해 균형을 이루어가는 것으로 설명할 수 있는데, 여기서 동화란 새로운 자극을 기존의 도식에 통합시키는 것인 반면 조절은 새로운 자극을 이해하기 위하여 기존의 도식을 변경시키는 것을 의미한다. Piaget의 인지발달이론에서 정신병리는 동화와 조절에서의 불균형과 연관될 수 있다.

2) 발달정신병리학의 발전

발달정신병리학의 출현은 발생학, 유전학, 신경과학, 정신분석, 임상심리, 발달심리, 실험심리와 같은 다양한 학문분야에 기초하였다. 각 학문적 기원은 19세기로 거슬러 올라갈 수도 있으나, 1970년대에 들어서면서 발달정신병리학 분야가 나타났다고 보는 것이 일반적이다. 발달정신병리학과 연관된 초기연구로 고위험군 연구(high-risk research)를 들 수 있는데, 1960년대에서 1980년대에 걸쳐 조현병(schizophrenia)을 발달시킬 위험이 높은 아동들을 종단적 관점에서 연구하였던 학자들의 저술이 대표적이다(예: Watt, Anthony, Wynne, & Rolf, 1984). 1974년에 Thomas Achenbach는 『Developmental Psychopathology』라는 제목으로 책을 발간하면서, 발달적 차원이 아동정신병리를 연구하는 기반이 되어야 하며, 아동정신병리는 단순하게 성인정신장애가 일찍 나타난 형태가 아니라고 주장하였다.

1980년대에 들어오며, 발달정신병리학이 개념적으로 자리잡게 되었다. Norman Garmezy, Alan Sroufe, Dante Cicchetti, Michael Rutter의 논문을 통하여 발달정신병리학과 다른 학문을 구별할 수 있는 독자적 특성이 강조되었다. 발달정신병리학은 아동 및 청소년을 연구대상으로 포함하는 발달심리학이나 아동정신의학과 구분된다. 발달심리학은 시간 경과에 따른 발달적 보편성과 특질의 연속성에 중점을 두는 경향이 있고 아동정신의학은 개인에 대한 진단조건의 원인과 경과에 집중하는 경향이 있는 데 비하여, 발달정신병리학은 발달적 보편성과 특질의 연속성뿐 아니라 개인차, 심리적 응집성의 증대, 환경차이에 따른 수정과 변화에 중점을 두며, 주요관심사는 개인에 대한 진단적 조건이 아니라 개인이 나타내는 적응형태의 발달과정에 있다(Rutter, 2014, p. 45). 문제가 있는 가족에 대한 역학적 연구(예: Rutter & Quinton, 1984), 누적된 위험요인들과 발달결과를 관련시킨 연구(예: Sameroff, Seifer, Barocas, Zax, & Greenspan, 1987)뿐 아니라, 애착연구, 다양한 장애를 겪는 아동에 대한 연구, 생애발달심리분야의 연구도 발달정신병리학의 학문적 발전에 영향을 미쳤다. 1984년에는 Dante Cicchetti가 전문학술지인 「Child Development」의 특별판을 편집하였는데, 학문적 성격이 정교해져서 발달정신병리학이란 '시작연령이 언제든지, 원인이 무엇이든지, 행동으로 나타나는 변형이 무엇이든지, 발달형태의 과정이 복잡하더라도 상관없이 개별형태의 행동적 부적응에 대한 기원과 과정에 대한 연구(Sroufe & Rutter, 1984, p. 18)'라고 규정하였다. 1989년에는 전문학술지인 「Development and Psychopathology」가 발간되어 학술지를 통하여 발달정신병리학에 대한 심층적인 연구가 주기적으로 발표되는 계기가 마련되었다. 학자에 따라서는 발달정신병리학을 이론(theory)이나 학제(discipline)이기보다는 거시패러다임(macroparadigm) 또는 조망(perspective)이나 개념화(conceptualization)로 제안하고 있다(Achenbach, 1990, p. 31; Rutter, 2013 & 2014).

Achenbach(1990, p. 6, p. 13)는 『발달정신병리학편람(Handbook of developmental psychopathology, 1990)』 초판의 '발달정신병리학의 개념화(conceptualization of developmental psychopathology)'라는 장(chapter)에서 병리의 발달적 연구는 다음의 4가지 요소를 포함한다고 기술하였다. ① 각 연령단계의 일반인구집단에서 나타나는 특정한 문제의 유병률에 대한 규범적-발달적 연구(normative-

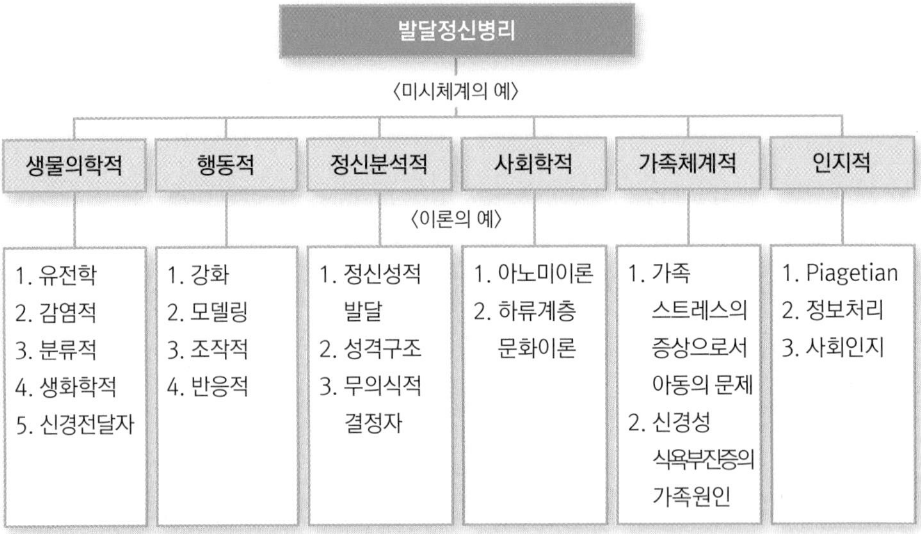

그림 1-1 다른 개념수준과 관련하여 거시패러다임으로서의 발달정신병리학의 도식적 개관

출처: *Handbook of Developmental Psychopathology* (p. 7), by T. M. Achenbach, 1990, New York, NY: Plenum Press.

developmental research), ② 자신의 연령에서 정상이라고 간주되는 개인들과 정신건강전문가나 교육전문가의 특별한 도움을 필요로 하는 동년배, 다시 말하면 이탈되었다고 간주되는 개인들을 식별하는 특성들을 규명, ③ 각 연령범위에서 특별한 도움이 필요한 문제의 증후군형태를 규명, ④ 특정 발달시기에 분명한 특성과 이러한 특성의 바람직하거나 또는 바람직하지 않은 결과와의 관계에 대한 종단적 연구를 들 수 있다. Achenbach(1990, p. 7)는 동일한 논문에서 발달정신병리를 거시패러다임으로 규정하며, [그림 1-1]에서 제시하듯이 거시패러다임과 연관된 다양한 패러다임 및 이론들 간의 관계를 보여 주었다. 발달정신병리학은 단편적 접근을 지양하고, 다양한 이론들을 하나의 상부구조 아래로 통합시킴으로서 환경과 상호작용하는 전인적 인간의 발달을 이해하고자 한다. 이전에 분리되었던 개별적 노력을 합류시키면서, 발달정신병리학은 더 큰 맥락에서 개인의 발달과 기능을 이해하도록 광범위한 틀을 제공한다. 이러한 이해의 틀을 기반으로 지난 수십 년간 발달정신병리학은 맥락을 중시하고 다층적이며 역동적인 다학문적 특성을 포괄하는 통합적 접근으로 발전하고 있다.

2 기본원칙

Toth와 Cicchetti(2010)는 발달정신병리학의 기본원칙으로 강조되는 다음 5가지를 열거하였다. ① 정상과 정신병리적 기능 간의 상호작용, ② 다중수준의 분석과 다학제 간 연구, ③ 탄력성(또는 적응유연성; resilience), ④ 중개연구(또는 변용연구; translational research), ⑤ 예방과 개입(intervention). 부연설명하면, 발달정신병리학자들이 일반적으로 공감하는 첫 번째 원칙으로, 정상과 병리적 기능 모두를 이해해야 한다는 인식이다. 부적응의 기원과 과정에 대한 관심에서 출발하였지만, 발달정신병리학은 생애에 걸쳐 정상발달과 비정상발달의 생물학적, 심리적, 사회환경적 측면들과 그들의 상호작용을 규명하는 데 그 특징이 있다. 병리를 제대로 이해하기 위해서는 먼저 병리와 비교할 수 있는 보편적이고 일반적인 정상적 기능을 제대로 이해해야만 하기 때문이다. 연구자들은 단순하게 부적응의 지표나 예측변인을 파악하는 데에서 더 나아가 기원과 과정, 귀추와 관련된 상호작용 과정에 관심을 두고 있다.

발달적 조망(developmental perspective)은 이 분야 연구를 수행하는 데 중요한 역할을 차지한다. 발달적 연구를 통해서 연구자들은 자신이 찾아낸 관련성이 진정한 선행요인인지, 지표인지, 또는 결과인지를 밝힐 수 있다. 정신병리는 개인이 시간에 걸쳐 환경에 계속적으로 적응하는 데에서 비롯되고, 한 시점에서의 적응은 다음 적응의 토대를 제공한다. 따라서 어느 시점에서의 변화가 정신병리의 선행인자가 되는지, 어떤 발달과정이 병리와 연관되는지를 아는 것이 중요하다. 여기에서 초기의 적응은 나중에 나타나는 정신병리와 단순하거나 직접적인 관계가 아님을 주목해야 한다. 발달은 부가적인 특성이 있으며, 인과적인 일직선이라기보다는 확률적인 경로들로 이해할 필요가 있다. 즉, 이전의 발달이 이후의 발달을 조성하거나 제한시키도록 영향을 줄 수 있으나, 이전의 발달이 고정불변으로 이후의 발달을 확정시키는 것은 아니다. 예를 들어, 안정애착이 건강한 발달을 무조건 보장하는 보증수표는 아니며 발달과정의 다른 외상적 사건들이 발달에 영향을 줄 수 있는 반면, 생애 초기 애착의 어려움 또한 다른 관계들을 통하여 건강한 발달로 진행될 수도 있다. 이후의 경험으로 어떠한 요인들이 적응과 부적응에 영향을 미치는지는 발달경로를 통하여 파악할 수 있는데, 동일결말(equifinality)과 중다결말(또는 다중결말; multifinality)이라는 용어에서 알 수 있듯이 발달경로는 다양한 형태를 나타낸다. 경로(path)란 특성, 사건, 경험의 연속을 의미하는데, 이러한 순차적 단계를 통하여 결과에 도달하게 된다.

동일결말은 다양한 출발점과 발달경로가 한 결과에 도달하는 것을 의미한다. 동일결말의 예로, 청소년기에 나타난 물질장애라는 결과는 개인, 가족, 또래, 학교, 유전적 영향력에서 비롯되는 다양한 원인에서 초래되었을 수 있다. 또 다른 예로,

공포증은 직접적인 외상경험에서 비롯되었을 수도 있고, 가족구성원을 모방학습하면서 발달되었을 수도 있다. 중다결말은 한 요인이나 발달적 현상이 다양한 결과에 도달하는 것을 의미하며, 어떠한 이유 때문에 동일선상에서 시작한 개인들이 연속적인 선택을 통하여 상이한 형태의 적응 또는 부적응을 나타내는지 설명해 줄 수 있다. 중다결말의 예로, 동일한 원인이 물질장애 뿐 아니라 품행장애의 위험을 야기시키는 경우를 들 수 있다. 다른 예로, 아동학대가 우울증, 품행장애, 물질장애와 같은 병리적인 부적응을 초래할 수도 있으나 학대를 받은 모든 아동이 병리를 보이는 것이 아니고 탄력적인 특성을 나타내기도 한다. [그림 1-2]에 표시된 동일결말과 중다결말의 예시에서 볼 수 있듯이, 발달은 시간에 따라 변화하는 개인과 환경 간의 역동적인 상호작용과 교류과정을 통하여 진행된다.

두 번째 원칙으로, 발달정신병리학에서는 다양한 수준의 분석과 다학제 간 연구를

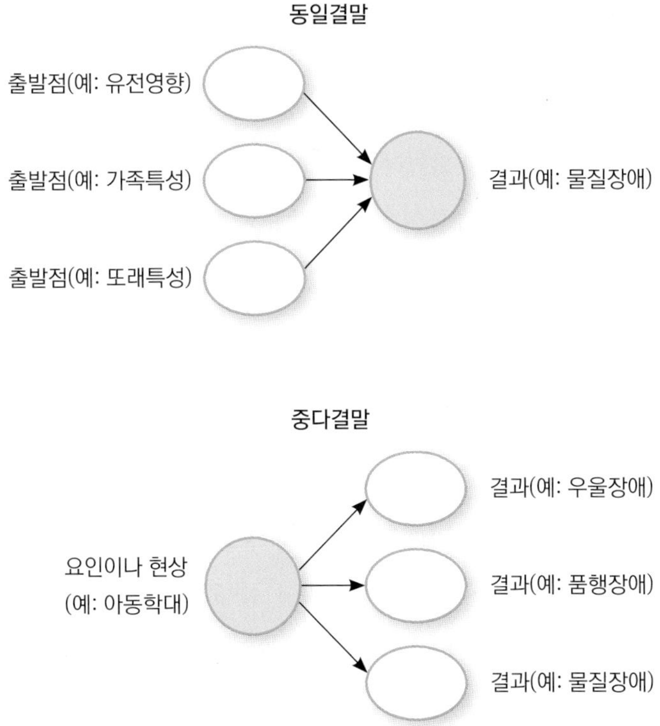

그림 1-2 동일결말과 중다결말의 예시

고려해야 한다. 정신병리를 제대로 이해하기 위해서는 모든 수준의 분석이 조사되고 통합되어야 한다. 여러 수준에 걸친 분석을 위해서는 다학제 간 협업이 필요하다. 유전학자, 신경과학자, 분자생물학자, 역학연구자를 포함한 여러 분야의 연구자 간의 상호작용은 학문분야로서의 발달정신병리학을 발전시킬 것이다.

세 번째 원칙으로, **탄력성**에 대한 연구는 발달정신병리학의 관심사로 대두되고 있다. 탄력성은 정적 현상이 아니라 역동적 과정인데, 다음 절에서 구체적으로 살펴볼 것이다. 탄력성에 대한 연구를 통해서 발달과정의 어떤 측면에 작용하는 생물학적 또는 사회적 억제인자를 조사할 수 있는데, 예를 들어 학대를 경험한 아동에게만 특정한 생물학적 또는 사회적 요인이 작용하는 경우를 들 수 있다.

네 번째 원칙으로, 발달정신병리학은 중개연구를 강조하고 있다. **중개연구**는 연구에서 도출된 지식과 실생활에서의 적용 간의 양방향의 교류를 강조하는데, 어떻게 기초적인 행동 및 생물학적 과정이 정신장애의 진단, 예방, 치료, 전달에 정보를 주고, 역으로 어떻게 정신장애에 대한 지식이 기초적인 행동 및 생물학적 과정에 대한 이해를 증진시키는지에 대하여 조사한다. 중개연구를 통하여 기초연구결과는 치료나 정책에 실제로 적용되거나 예방 및 개입프로그램에 대한 정보를 제공할 수 있으며, 역으로 이러한 실제에서 도출된 정보는 기초과학을 발전시킬 수 있다.

다섯 번째 원칙으로, 발달정신병리학에서는 **예방과 개입**이 강조된다. 이 분야 연구들은 개인의 적응적 또는 부적응적 기능에 미치는 영향, 그러한 영향이 초래하는 결과들, 개입과정들을 조사한다. 예방과 개입을 효율적으로 계획하고 수행하기 위해서는 정신병리의 기전에 작용하는 매개변인과 조절변인(중재변인)을 이해해야 한다. **매개변인**은 독립변인(예측변인)과 종속변인(준거변인) 간의 연관성을 설명해 주는 변인 또는 과정으로, 매개변인을 파악하는 것은 어떻게 외부의 물리적 사건들이 심리내적인 의미를 지니게 되는지를 이해하는 데 중요하다. 예를 들어, 부모자녀관계는 부모의 이혼과 아동의 적응의 연관성을 매개할 수 있고, 부모양육태도는 어머니의 우울증상과 아동의 공격성 간의 관계를 매개할 수 있다. 매개변인은 중간(intervening; intermediate)변인으로 독립변인의 영향을 종속변인에 전달하는 변인으로 볼 수 있는데, 시간적 측면에서 독립변인이 매개변인에 앞서 발생하고 매개변인이 종속변인에 앞서 발생한다는 의미를 함축할 수 있다(MacKinnon, 2008; pp. 8–9). 장애의 예방과 치료에서 매개자(mediator)를 찾는 방법으로 다음의 6가지를 들 수 있는데, 상식적인 직관에 의해서나, 집단심층면접(focus group interview)을 통해서나, 주제에 대한 연구문헌을 검토하면서나, 이론에 근거하여서나, 결과와 관련된 변인에 대하여 연구를 수행하면서나, 예방프로그램의 사전매개분석에 기초하여서 찾을 수 있다(MacKinnon, 2008, pp. 40–41). Baron과 Kenny(1986)가 기술한 사회심리연구의 조절변인과 매개변인을 구분하는 논문에 기초하면, 3개의 변인으로 구성된 기본인과연쇄(basic casual chain) 또는 단순매개모형에서는 결과 또는 종속변인에 도달하는 2개의 인과경로를 가정하는데, 독립변인이 종속변인에 미치는 영향(*c*)은 매개변인이 제거되었을 때 독립변인이 종속변인에 미치는 직접적 영향(*c'*)과 독립변인이 매개변인을 경유하여 미치는 간접적 영향(*ab*)으로 구분할 수 있다. [그림 1–3]은 가장 단순한 형태의 매개모형을 도식화하였다.

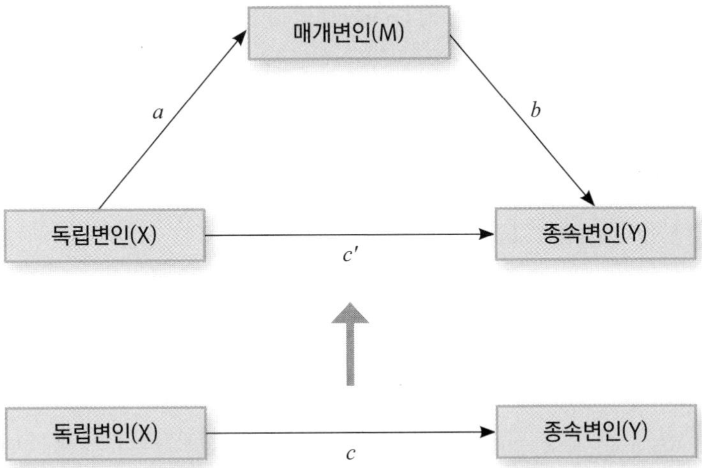

그림 1–3 단순매개모형

(독립변인과 종속변인의 중간에 위치한 단일매개변인을 포함)

Baron과 Kenny(1986)가 제시한 매개효과를 검증하는 절차는 사회과학분야에서 널리 사용되고 있다. MacKinnon(2008)은 통계적 매개분석에 대한 개론서에서 Baron과 Kenny가 기술한 단계들에 기초한 일련의 검사들을 통계적 측면에서 다음과 같이 기술하였다(pp. 68–69). 첫째, 회귀방정식에서 독립변인이 종속변인에 영향을 주어야 한다. 이 단계는 논쟁의 여지가 있어서, 독립변인과 종속변인의 관계가 유의하지 않으면서 매개가 있을 수 있는데, 비일관적 매개(억제모델)의 경우 이러한 매개가 발생한다. 둘째, 회귀방정식에서 독립변인이 매개변인에 영향을 주어야 한다. 셋째, 회귀방정식에서 독립변인이 통제된 후에도 매개변인은 종속변인에 영향을 주어야 한다. 넷째, 셋째의 단계에서 사용된 회귀방정식에서 독립변인이 종속변인에 미치는 직접적 효과는 유의하지 않아야 한다. 완전매개의 경우 매개변인이 포함되었을 때 독립변인에서 종속변인으로의 경로가 완전히 사라지며, 부분매개의 경우 매개변인이 포함되었을 때 독립변인과 종속변인 간의 연결이 유의한 감소를 보인다. MacKinnon(2008)의 제시 방법에 따라 어머니의 우울증상과 아동의 공격성 간의 관계가 부모양육태도에 의하여 매개되는지를 검증한다면 다음의 조건들이 충족되는지를 살펴보아야 한다. 부모양육태도가 어머니의 우울증상과 아동의 공격성의 관계를 매개한다면, 첫째, 어머니의 우울증상은 아동의 공격성을 유의하게 설명하여야 한다. 둘째, 어머니의 우울증상은 비일관적 양육태도를 유의하게 설명해야 한다. 셋째, 어머니의 비일관적 양육태도가 투입되었을 때, 어머니의 우울증상과 아동의 공격성 간의 유의한 관계가 더 이상 유의하지 않거나 유의한 감소를 보인다.

조절변인은 2개 이상되는 변인들의 관계의 강도나 방향에 영향을 주는 변인으로, 서로 다른 성(gender), 인종, 사회경제적 지위와 같은 변인은 조절변인으로 간주될 수 있다. 즉, 조절변인은 독립변인이 종속변인에 미치는 효과의 강도를 변화시키는 변인이며(MacKinnon, 2008, p. 11), 독립변인과 종속변인의 관계는 조절변인의 수준에 따라서 다르게 나타난다. 조절효과는 통계적으로 상호작용(interaction)을 통하여 검증할 수 있는데, 조절변인을 통하여 언제 특정효과가 나타날 것인지를 자세하게 알 수 있다. 한 예로 아동기에 나타나는 소란스런 행동은 후기에 나타나는 비행과 연관되며 이러한 연관이 소년의 경우에만 해당한다면, 아동의 성이 소란스런 행동과 비행과의 인과관계를 조절하는 것이다. 조절변인은 항상 독립변인으로 작용하는 반면, 매개적 사건은 분석의 초점에 따라 효과에서 원인으로 역할이 변화한다(Baron & Kenny, 1986). [그림 1-4]는 가장 단순한 형태의 조절모형을 도식화하였다.

치료의 측면에서 매개변인과 조절변인을 살펴보면, 매개변인은 치료 동안에 발생하는 과정이라 볼 수 있는데, 왜 어떻게 효과가 나타나는지를 설명해 줄 수 있다. 치료에서 조절변인은 결과에 영향을 끼칠 수 있는 치료표본의 특성을 말하는데, 조절에 대한 긍정적 반응성의 경우의 수가 크거나 작은 정도에 따라 하위집단들로 구분하게 한다. 이러한 치료에서의 조절변인은 성이나 사회경제적 지위, 동반이환의 유무와 같이 일반적으로 참여자에게 미리 존재하는 상태에 해당한다. 매개변인과 조절변인을 상세하고 포괄적으로 살펴보면서, 발달정신병리학은 개

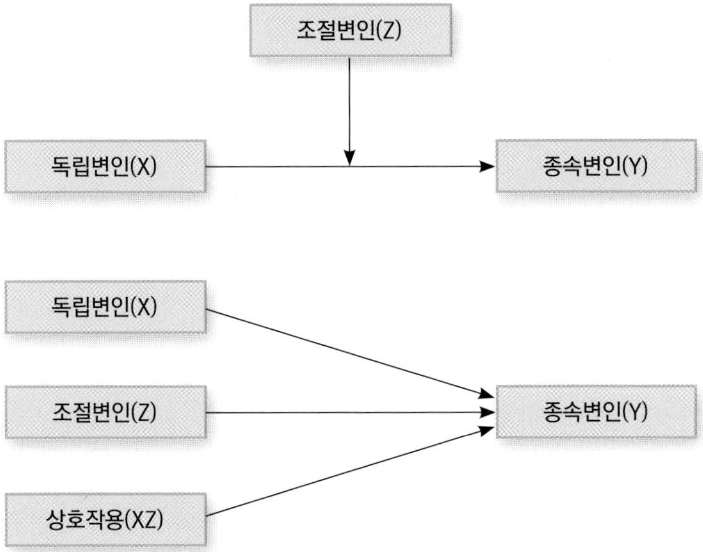

그림 1-4 단순조절모형
(독립변인이 종속변인에 미치는 효과크기에 영향을 주는 단일조절변인을 포함)

입 또는 중재의 이론적 기초를 제공할 뿐 아니라 긍정적 적응에 도달하게 하는 요인을 파악하고 치료에 활용하도록 도움을 줄 수 있다.

Toth와 Cicchetti의 논문에 기초하여 기술한 발달정신병리학의 5가지 기본원칙은 발달정신병리학에 대한 이전의 개괄적 저서(예: Cicchetti, 2006)에서도 제시되었으며, 주제에 따라 세분화된 원칙들로 나열되기도 하고, 장애에 따라서는 다른 원칙을 추가하기도 한다. Cicchetti와 Toth(2009)는 청소년의 우울증을 중심으로 발달정신병리학의 원칙을 설명하면서 발달정신병리학은 현재 및 미래의 적응이나 부적응 과정에서 이전 발달의 역할을 고려하며, 생애학적 관점을 중요하게 생각하고, 다양한 과정이나 결과를 가져오는 발달경로를 살펴보며, 맥락의 영향을 중시하는 점을 추가하여 강조하였다(pp. 7-18).

3 주요개념

1) 위험요인과 보호요인

발달정신병리학에서 적응에 대한 개인차를 설명하려는 노력으로, 위험요인과 보호요인을 이용한 접근방법이 활용되고 있다. 위험요인은 선행요인으로써 부적응의 가능성을 증가시키는 개인적 특성, 경험, 사건을 지칭한다(Kazdin, Kraemer, Kessler, Kupfer, & Offord, 1997). 위험요인은 생물학적, 심리적, 사회적 영역과 같은 다양한 영역에서 비롯되고 한 영역에서도 여러 수준(예: 유전적, 생화학적, 인지과정 등)에서 나타날 수 있다. 위험요인은 결과가 나타나기 이전에 발생하는 선행요인이라는 점에서 시간이나 방향성 없이 단순히 결과와 연관된 요인을 의미하는 상관요인(correlate)과는 다르다.

일부 학자들은 위험요인을 세분하기도 하는데, Kazdin과 동료들(1997)은 결과에 대한 관계성 여부에 따라 위험요인을 구분하여, 인종, 성, 출생년도와 같이 결과에 인과적으로 관계되지 않는 위험요인을 표지자(marker)로 규정하는 한편, 결과가 나타날 확률에 직접적으로 영향을 일으키는 위험요인을 인과성 위험요인(causal risk factor)으로 구분하기도 하였다. 위험요인의 유형을 상세한 용어로 구분하기도 하는데, 행동발생에 근접한 경우(예: 품행문제 직전에 발생한 스트레스 사건) 근위적(proximal) 위험요인과 시간상 멀리 떨어진 경우(예: 아동기에 반복된 위탁보호 경험) 원위적(distal) 위험요인으로 구분하거나, 지능이나 기질과 같은 내적 위험요인과 가혹한 부모양육과 같은 외적 위험요인으로 구분하기도 한다.

위험요인이 증가할수록 문제가 심각해지는데, 위험요인의 영향은 단순히 가산되는 것이 아니라 배가되는 것이기 때문이다. 예를 들어, 영국에서 수행된 고전적 연구에서 연구자들은 종단적 연구대상인 아동에게 정신과적 장애를 발생시키는 6개의 위험요인으로 심각한 가정불화, 낮은 사회경제적 지위, 지나치게 혼잡한 대가족, 아버지의 범죄력, 어머니의 정신과적 장애, 아동이 정부기관보호를 받는 것을 열거하였다(Rutter et al., 1974). 이후 연구에서 연구자들은 한 개의 위험요인은 아동이 정신과적 장애를 나타낼 확률에서 위험요인이 전혀 없는 것과 다르지 않았으나, 2개의 위험요인은 정신과적 장애가 나타날 확률을 4배 증가시켰고, 4개 이상의 위험요인은 정신과적 장애가 나타날 확률을 10배 증가시켰다고 보고하였다.

보호요인은 개인이 원만한 적응을 하도록 대처하는 능력을 도와주는 요인으로 개인의 성격, 가족환경, 외부지지체계가 포함될 수 있다(예: Garmezy, 1985, 1987; Garmezy & Masten, 1986; Masten & Garmezy, 1985). Rutter는 보호요인이란 '부적응적인 결과를 가져올 환경적 위험에 대한 개인의 반응을 수정하고, 개선하고, 변경하는 영향들(1985, p. 600)'로 정의하였다. 보호요인은 개인 자신의 속성 뿐 아니라 개인의 안정감과 웰빙을 촉진하는 환경적 요소도 포함한다. 연구자나 연구영역에 따라 다양한 보호요인들이 선택될 수 있다. 구체적인 예로서 인지기능, 언어 · 사회 · 정서적 발달에서의 개인적 유능성과 가족구성원, 또래, 타인으로부터의 지지와 같은 환경적 요소를 보호요인으로 들 수 있다. 보호요인을 확인할 수 있는 고전적 연구에서 Emmy Werner는 1955년 미국 하와이 주의 카우아이(Kauai)섬에서 출생한 코호트를 대상으로, 출생부터 2세, 10세, 18세, 32세, 40세에 추적하는 전향적 종단연구를 수행하여, 출생코호트의 생애궤적을 연속적으로 5권의 책 『The Children of Kauai(1971)』『Kauai's Children Come of Age(1977)』『Vulnerable, but Invincible(1982)』『Overcoming the Odds(1992)』『Journey from Childhood to Midlife(2001)』를 통하여 발표하였다. 카우아이섬 종단연구(Kauai Longitudinal Study)에서 코호트의 1/3은 빈곤한 가정에서 출생하였고 주산기 스트레스가 있었으며, 문제가 있는 가족환경에서 생활했던 고위험군이었다. 『The Children of Kauai(1971)』는 빈곤, 주산기 스트레스, 비조직적 양육환경이 아동발달에 미치는 누적효과를 기술하였다. 『Kauai's Children Come of Age(1977)』는 고위험군 10대에게서 나타나는 학습장애, 정신건강문제, 반사회적 행동의 근원을 조사하고 성인기에 지속될 가능성을 분석하였다. 『Vulnerable, but Invincible(1982)』에서는 고위험군에서 탄력성을 보인 사람들의 행동과 양육환경을 심각한 적응문제를 보인 동년배와 비교하였다. 『Overcoming the Odds(1992)』는 출생에서 32세까지 고위험군 아동의 생애궤적을 설명하였다. 이러한 고위험군의 3명 중 1명은 능력 있는 성인으로 성장하였는데 이들에 대한 보호요인으로 ① 적어도 평균인 지능과 가족이나 타인으로부터 긍정적 반응을 유발하는 성향특성, ② 아동의 신뢰감, 자율성, 주도성을 격려할 수 있는 조부모나 손위형제처럼 부모를 대체하는 사람과의 애정적 결속, ③ 유능감을 보상하고 응집력을 제공하는 외부지지체계(예: 교회, 청년집단, 학교)를 기술하였다(Werner, 1992; pp. 190−192). 『Journey from Childhood to Midlife(2001)』에서는 개인, 확대가족, 지역사회 내의 보호요인에 초점을 두었는데, 이러한 보호요인들은 40대에 진입한 연구대상들로 하여금 성공적이며 생활에 만족하게 하였다.

Rutter(1987)는 보호요인이라는 용어보다 위험에서 적응으로 이르는 생애궤적에서의 변화를 내포하는 보호과정(protective processes)이나 보호기전(protective mechanisms)이라는 용어를 사용할 것을 제안하였는데, 보호과정으로는 ① 위험요인의 영향력을 감소시키는 것, ② 부정적 연쇄반응을 감소시키는 것, ③ 자아존중감과 자기효능감을 증진시키는 것, ④ 기회의 개방을 포함시켰다. 즉, 폭력이 난무하는 동네에서 성장하는 아동에게 또래의 부정적 영향은 위험요인이지만, 부모가 아동의 또래집단활동이나 교우관계를 지도하면 위험요인의 영향력을 감소시킬 수 있다. 순한 기질의 아동은 스트레스가 많은 부모의 분노를 약화시킬 수 있고 이에 따라 부모의 분노에 영향받는 아동의 행동문제가 감소되고 점차 부모의 분노도 경감되게 함으로써 부정적 연쇄반응을 감소시킬 수 있다. 자아존중감이나 자기효능감은 아동의 수행능력을 향상시키고 관계형성을 도와줄 수 있다. 다양한 환경적 지원을 통하여 아동이 자신의 관심이나 적성을 추구할 수 있는 기회를 제공하는 것은 아동과 청소년을 부적응으로부터 보호하는 과정 또는 기전이다.

이러한 위험요인과 보호요인의 관계를 설명하는 접근방법으로 상호작용 모형과 주효과(또는 가산적) 모형을 들 수 있다. 상호작용 모형에 의하면 보호요인은 위험요인이 존재할 경우 작용할 수 있는 반면, 주효과 모형에서는 보호요인이 직접적으로 부정적 영향을 완화시킨다고 보고 있다. 즉, 상호작용 모형에 따르면 보호요인은 외부의 스트레스가 없을 때에는 영향이 나타나지 않다가 위험요인이 존재할 때에는 영향이 나타난다. 양쪽에 위험요인과 보호요인이 달린 저울의 추처럼, 개인이 두 요인의 균형을 잡을 수 있는 한도에서는 적절하게 대처할 수 있으나, 위험요인의 비중이 보호요인의 비중보다 커져서 균형이 깨질 때에는 문제를 나타내며, 이러한 균형은 생애단계, 성(gender), 문화적 맥락과도 관계될 수 있다. 그러나 연구자에 따라 보호요인을 상호작용이나 주효과로 구분하지 않고 사용하기도 하며, 역경이 크든지 작든지 간에 상관없이 긍정적인 발달을 예측하는 요인으로 증진적(promotive; Masten, 2013, p. 579; Sameroff, Barko, Baldwin, Baldwin, & Seifer, 1998, p. 172)이라는 용어를 사용하기도 한다. 증진적 요인은 음양을 포함하는 위험차원에서 양수(+)에 해당하는 극단점으로, 음수(−)인 위험요인이 클수록 결과가 나쁜 반면, 양수인 증진적 요인이 클수록 결과가 양호해진다(Sameroff, Barko, Baldwin, Baldwin, & Seifer, 1998, p. 172). 또는 보호요인을 지칭할 때, 보호적, 보호-안정적, 보호-향상적, 보호-반응적(protective, protective-stabilizing, protective-enhancing, protective-reactive; Luthar, Cicchetti, & Becker, 2000)과 같이 좀 더 세분화된 용어를 사용하기도 한다.

2) 취약성과 탄력성

개인은 어떠한 이유로 장애를 발달시키고 어떠한 이유로 장애를 나타내지 않고 원만한 적응을 보이는가? 취약성과 탄력성에 대한 연구는 이러한 질문에 대한 해답을 제공할 수 있다. 우울증을 경험하는 부모의 자녀를 예로 들어 취약성의 개념을 쉽게 이해할 수 있다. 우울증을 경험하는 부모의 자녀는 우울증에 대한 유전가능성, 선천적으로 역기능적인 신경조절 기제, 부정적인 인지나 행동 또는 정서에 대한 노출, 스트레스가 많은 환경과 같은 기전(mechanism)을 통하여 부적응을 초래할 수 있는 취약성을 갖게 된다. 우울증을 경험하는 부모의 자녀가 갖는 대표적 취약성으로는 심리생물학적 역기능, 인지나 정서 또는 행동 측면에서의 기술부족을 들 수 있다.

위험요인이 집단적 성격을 띠고 있다면, 취약성은 개인의 성향으로 설명된다. 통계분석으로 유추해보면, 위험요인은 주효과분석으로 나타나고 취약성은 조절효과로 나타난다. 위험요인이 위험에 노출된 모든 아동에게 장애를 발달시킬 가능성을 증가시키는 것이라면, 취약성은 위험에 민감한 아동에게만 장애를 발달시킬 가능성을 증가시킨다.

탄력성은 '높은 위험에 처해도 긍정적 적응을 하게 하는 역동적 과정(Luthar, Cicchetti, & Becker, 2000, p. 543)'으로 정의할 수 있으며, 발달에 큰 위협이 되는 환경에서도 성공적 적응을 하는 일련의 현상(Masten et al., 1999)으로 볼 수 있다. 탄력성에 대한 연구의 근원은 다양한 분야로 거슬러 올라갈 수 있다. 조현병 환자와 자녀들에 대한 추적연구, 지속적인 빈곤의 영향에 대한 연구, 급성이나 만성적인 스트레스의 대처방식에 대한 초기 연구들이 탄력성에 대한 연구에 영향을 주었다. 일찍이 Masten과 동료들(1999)은 탄력성에 대한 접근방식으로 차원적(변인-중심적) 조망과 범주적(개인-중심적) 조망을 구분하였다. 차원적 조망은 변인 및 공변인의 형태에 관심을 두는데, 가능한 분석방법으로는 중다회귀분석을 통하여 변인들의 주효과나 상호작용효과를 살펴보는 것을 예로 들 수 있다. 반면, 범주적 조망은 한 집단에 속한 개인이 어떻게 다른 집단의 개인과 구분되는 특성을 나타내는가를 강조한다. 예를 들어, 위험집단 청소년들 중에서 높은 특정탄력성을 나타내는 집단과 낮은 특정탄력성을 나타내는 집단을 양분하여 비교할 수 있다.

일부 학자들은 개인의 특질을 반영하는 '탄력적임(resiliency)'과 역동적 과정을 나타내는 '탄력성(resilience)'을 구별해야 한다고 주장하였다. Luthar, Cicchetti와 Becker(2000)는 탄력성의 구조를 설명하면서, 탄력성은 과정 또는 현상이며, 탄력적이라는 형용사적 용어로 사용할 때에는 개인에 적용하기 보다는 적응경로에 적용할 것을 권장하였다. 예를 들어, 탄력적 청소년이라는 용어보다는 탄력적 적응, 탄력적 프로파일, 탄력적 발달궤적이라는 용어가 더 적합하다고 주장하였다. 반면, 다른 연구자들(Lipsitt & Demick, 2012, p. 44)은 이러한 구분이 유용하지 않다고 반박하는데, 첫째, 모든 사전에서 두 단어가 동의어이기 때문이고, 둘째, 탄력성에 대한 일반인의 개념을 조사한 결과 일반인들은 두 단어를 구분하지 않았으며, 셋째, 2010년에 심리학분야의 학술논문들을 검색한 결과 소수의 논문만이 탄력적임을 사용하였고, 대부분의 논문들은 탄력성을 특질이나 과정을 언급할 때 사용하였기 때문이라고 주장하였다.

탄력성은 불변하는 정적인 특질이 아니라 생애에 걸쳐 작용하는 적극적이고 역동적인 과정이라고 볼 수 있다. 앞서 살펴본 위험요인이나 보호요인은 집단 차이에 초점을 두어서, 모든 개인들은 거의 동일하게 반응할 것이라는 가정을 전제로 한다. 반면, 탄력성은 개인의 반응이 현저하게 이질적일 것이라고 가정한다. 탄력성의 개념이 지역사회 탄력성(community resilience)과 같이 사회적 집합체 수준으로도 개념화될 수 있으나(예: Murray & Zautra, 2012, pp. 337-346), 탄력성의 결과는 개인적 결과를 통하여 더 잘 나타난다. 또한 탄력성은 주입되는 것이 아니라 환경에 의해 수정되며, 고정 불변하는 것이 아니라 시간에 따라 발달하고 변화한다. 개인이 불사신처럼 절대불변의 탄력성을 보이는 것이 아니라 환경변화에 따라 적응적 방식을 나타내듯이, 탄력성은 유연성을 고려하며 여러 영역에서의 결과들을 통하여 나타난다. Emmy Werner의 카우아이섬 종단연구에서 조사된 10대모의 경우를 통해 볼 수 있듯이 카우아이섬 종단연구에서 청소년기에 심각한 적응문제가 있었던 고위험군 대부분은 30대 초반에 이르렀을 때 일종의 회복되는 모습을 나타냈는데, 이는 역경에 직면하는 취약성과 탄력성이 생애 주기의 여러 지점에서 변화하는 범위를 보여 주는 것이다(Werner & Smith, 1992; pp. 193-195). 1970년 중후반대에 시작된 유능성 종단연구(Project Competence Longitudinal Study; Masten & Tellegen, 2012)는 초등학교 3학년생에서 6학년생을 둔 가족을 대상으로 시작되어, 7년 후, 10년 후, 20년 후를 추적하였는데, 유능성은 다차원적으로 시간에 걸쳐 연속성과 변화를 보였으며, 탄력성이 아동기에 나타나서 지속되기도 했지만 성인기로 전환되는 시점에 나타나는 경우도 있었다. 이렇듯이 각 개인들의 생애경로를 완벽하게 예측하는 것은 불가능한데, 그 이유로 인간발달의 가소성(plasticity)과 연관하여 생각할 수 있다. 가소성은 변화하는 능력으로 비선형적인 특징을 보이지만, 무한하지는 않아서 과거와 현재 상황이나 개인의 특성에 의해 영향을 받는다(Schoon, 2012, p. 144). 따라서 생애에 걸쳐 진행되는 발달은 끊임없이 변화하는 유기체와 맥락 간의 상호교류의 결과이다.

탄력성에 대한 연구는 학문적 이론 뿐 아니라 개입 프로그램을 비롯한 실제적 적용과 정책수립에도 중요한 시사점을 제공할 수 있으므로 활발하게 전개되고 있다. 유능성 종단연구에서 초등학생들을 10년 후 추적조사한 결과, 더 나은 지적기능과 양육자원은 학업영역, 품행영역, 사회적 영역에서의 유능성과 연관이 있었으며, IQ와 부모양육은 아동을 열악한 환경에서 보호하는 기능적 적응체계의 표지자임을 보여 주었다(Masten et al., 1999). 탄력성에 대한 문헌들은 취약한 아동 및 청소년을 대상으로 개입프로그램을 실행할 필요가 있을 뿐 아니라, 위험요인과 보호요인, 기전을 파악하여 개입프로그램에 활용하는 것이 필요하다고 시사한다. 유능성 종단연구에서 부모양육 합산치가 높은 것은 높은 구조와 규칙, 온정과 밀접함, 아동의 성취와 친사회적 행동에 대한 높은 기대를 의미하였는데, 이러한 측면은 프로그램의 요소로 활용될 수 있다. 탄력성을 살펴볼 때에는 다양한 영역을 고려해야 하며, 각 영역 내에서 특정위험요인의 역할을 살펴볼 필요가 있다. 예를 들어 특정위험요인이 특정결과에서 변별적 효과를 나타낼 수 있는데, 빈곤은 어린 아동의 인지발달에 강력한 효과를 보이는 반면, 가족의 붕괴는 정서행동발달에 현저한 영향을 미칠 수 있다(Schoon, 2012, pp. 145-146). 또한 아동은 다양한 영역에 걸쳐 일괄적으로 긍정적이거나 부정적인 적응양상을 나타내는 것이 아니라, 어떤 영역에서는 뚜렷한 결손을 보이지만 다른 영역에서는 현저한 강점을 보일 수도 있다. 예를 들어, 학대를 경험한 아동이 뛰어난 학업성적을 보이지만, 정서적 어려움으로 고통을 받을 수 있다. 이러한 적응수준의 차이를 고려하고 탄력성의 다차원적인 특성을 강조하기 위하여 학자에 따라서는 학업적 탄력성이나 정서적 탄력성같이 세분화된 용어를 사용하기도 한다.

근래에는 개인의 탄력성뿐 아니라 가족의 관점에서 탄력성을 조사하는 연구도 진행되고 있다. 가족탄력성을 강조하는 학자들은 그러한 개념이 어렴풋이 1920년대까지 거슬러 올라갈 수 있다고 보며, 가족탄력성 개념은 가족치료와 지역사회기반 개입을 비롯한 다양한 생활영역에 확장될 수 있다고 주장한다. 가족탄력성은 기능단위로써의 가족이 갖는 대응능력 및 적응과정을 의미하며, 학자에 따라 다양한 정의가 내려지고 있지만 가족탄력성과 관련된 주요요인으로 스트레스와 강점을 포함시킨다(Nichols, 2013, p. 4). 가족탄력성을 주장하는 학자 중의 한 명인 Walsh(2002; 2003; 2012, pp. 173-185)의 논문에 따르면, 가족탄력성은 기능적 단위로써의 가족에서 위험요인과 탄력성을 강조하며, 중대한 위기와 지속적 역경은 전 가족(whole family)에게 영향을 미친다는 것을 기본전제로 한다. Walsh가 주장하는 탄력성의 핵심과정은 신념체계, 구조/조직형태, 의사소통과정으로 구성된 세 개의 영역 내에서 나타나는데, 신념체계는 가족이 역경에 부여하는 의미, 긍정적 시각, 초월성 및 영성을 포함하며, 구조/조직형태는 융통성, 결속력, 사회경제적 자원을 포함하고, 의사소통과정은 명료성, 개방적인 감정공유, 협력적인 문제해결력을 포함한다(Walsh, 2012, pp. 173-185). 가족탄력성 접근은 스트레스 상황에서의 강점들(strengths)에 초점을 두며, 가족이 단순히 문제에 대처하거나 문제를 해결하는 수준을 넘어서서 긍정적인 변형(transformation)을 이루고 성장(growth)한다는 것을 강조한다(Walsh, 2012, pp. 173-185).

유전과 환경의 영향 제2장

과거에 인간의 정신발달을 이해하는 연구는 생물학적 견해를 더 강조하는 입장과 사회적 견해를 더 강조하는 입장으로 양분되는 경향이 있었다. 그러나 근래에 인간의 정신발달은 생물학적이거나 유전적인 측면과 사회적이거나 환경적인 측면 모두를 체계적으로 고려해야 하는 과정이라는 관점에 의견이 통합되고 있다. 먼저 유전 및 환경의 영향을 살펴볼 수 있는 학문으로 행동유전학(behavioral genetics)을 개괄하고자 한다.

1 행동유전학의 연구방법

행동유전학은 인간행동의 개인차에 대한 유전적 및 환경적 기원을 연구하는 학문이다. 대표적인 연구방법으로 쌍생아 설계, 입양아 설계(adoption design), 가족집단 설계가 적용되고 있다. 쌍생아 설계에서는 일란성(Monozygotic: MZ) 쌍생아와 이란성(Dizygotic: DZ) 쌍생아를 비교하여 유전적 및 환경적 요인을 살펴보는데, 일란성 쌍생아는 유전자의 100%를 공유하는 반면 이란성 쌍생아는 유전자의 50%

를 공유하므로 유전자가 영향을 준다면 일란성 쌍생아에게 더 유사하게 나타난다는 전제에 기초한다. 입양아 설계는 입양된 가정에 유전적으로 관련이 없는 입양아와 다른 구성원과의 연관, 친부모와의 연관을 살펴보는데, 입양아가 환경을 공유하는 입양가정의 구성원과의 연관이 높은지, 유전자를 공유하는 친부모와의 연관이 높은지를 살펴본다. 유전에 의한 영향이 클 때에는 생물학적으로 연관된 가족의 유사성이 입양으로 연관된 가족의 유사성보다 높으리라고 추정한다. 반면, 환경에 의한 영향력이 클 때에는 입양으로 연관된 가족의 유사성이 생물학적으로 연관된 가족의 유사성보다 높을 것으로 추정한다. 가족집단 설계는 혈연으로 관련된 친척과 타인을 비교한다. 이러한 설계에서는 특성의 비율을 살펴볼 수 있는데, 부모자녀와 같은 1차친족관계에서의 특성의 빈도와 정도는 조부조손과 같은 2차친족과 사촌같은 3차친족관계에서의 특성의 빈도와 정도가 다를 수 있다. 1차친족관계의 경우 유전적 관련성은 50%이나, 2차친족관계의 경우 25%의 유전적 관련성이 있으며, 3차친족관계의 경우 12.5%의 유전적 관계성이 있다고 보기 때문에 가까운 친족 간에 나타나는 특성은 유전적 관련성을 내포할 수 있다.

그러나 연구대상으로 구분한 이러한 연구방법은 통합되어 사용되기도 한다. Reiss, Neiderhiser, Hetherington과 Plomin(2000)은 유전과 환경의 영향력을 명확하게 살펴보기 위하여 720쌍의 청소년 형제자매쌍(pairs of adolescent siblings)과 가족에 대한 연구(Nonshared Environment in Adolescent Development: NEAD)를 수행하였는데, 연구대상이었던 6유형의 형제자매쌍은 유전적 관련성에 있어서 단계적 차이를 보였다. 이 종단연구는 일란성 쌍생아, 이란성 쌍생아, 일반가정에서의 형제자매쌍, 재혼가정에서의 형제자매쌍, 이복형제자매쌍, 재혼가정에서 혈연관계가 없는 형제자매쌍으로 구분하여 체계적으로 유전과 환경이 청소년의 발달에 미치는 영향력을 살펴보았고, 종단자료수집을 통하여 2차례에 걸친 청소년기에 대한 조사 뿐 아니라 성인기에 대한 조사(Young Adult Sibling Study: YASS)로 확장되었다(Reiss, Neiderhiser, Hetherington, & Plomin, 2000; Neiderhiser, Reiss, & Hetherington, 2007). NEAD연구에서 유전이 가족관계에 미치는 영향과 유전 및 환경이 청소년의 적응에 미치는 영향을 살펴보았듯이, 행동유전학연구는 유전과 환경이 발달에서의 개인차에 어떻게 기여하는지를 보여 준다. 동물생태학자(ethologists)나 현대의 진화론자들이 특정한 종(species)의 구성원 모두에게 공통적인 발달결과에 기여하는 유전적 속성을 연구하는 데 비하여, 행동유전학자들은 특정한 종에 속하는 구성원들 간의 변이(variation)에 대한 생물학적 기저에 초점을 두고, 유전과 환경이 어떻게 상호작용하는지를 연구한다(Shaffer, 2005, p. 72).

행동유전학자들은 통계기법을 사용하여 유전과 환경에 의한 변량을 추정하는데, 전체변량을 유전과 환경에 의한 변량의 합으로 본다. **유전에 의한 변량**(H 또는 A)은 유전인자가 가산적으로 증가하여 나타나는 가산적 유전변량(additive genetic variance)과 유전인자의 상호작용의 효과로 나타나는 비가산적 유전변량(nonadditive genetic variance)으로 나눌 수 있다. 비가산적이라는 용어는 단일유전좌위에서의 우성유전자와 열성유전자 간의 상호작용이나 다형성유전좌위들(multiple loci)에서 우성유전적(dominant genetic) 또는 유전자에서 유전자 상호작용효과(gene-to-gene interactive effects)로 표현되기도 한다. **환경에 의한 변량**은 **공유환경**(Shared Environment 또는 Common environment: SE 또는 C)과 **비공유환경**(Nonshared Environment: NSE 또는 E)의 변량으로 나눌 수 있다. 공유환경은 가족구성원이 공통으로 경험하는 환경의 영향으로, 동일한 환경의 구성원들을 서로 유사하게 만드는 요인이다. 이러한 공유환경의 예로는 가정의 사회경제적 지위를 들 수 있다. 비공유환경은 개인이 개별적으로 체험하는 환경의 영향으로, 가족구성원들을 서로 다르게 만드는 요인이다. 또래관계나 부부관계와 같이 개인이 자신의 사회적 세계에서 갖게 되는 개별적 경험이 비공유환경에 포함된다. 최근에는 비공유환경에 대한 인식이 확장되면서, 비공유환경의 근원을 파악하려는 노력이 진행되고 있다.

초기의 고전적인 쌍생아 연구에서는 유전과 환경의 기여도에 대한 정량적인 지표를 산출하였다. 통계적으로 쌍생아 간의 유사성은 급내상관(intraclass correlation)으로 나타난다. 전체변량 중에서 유전이 차지하는 비율은 유전가능성계수(heritability coefficient)로 산출되며, 일란성 쌍생아의 상관계수와 이란성 쌍생아의 상관계수의 차이를 두 배로 하여 계산한다[즉, A=2(*r*MZ−*r*DZ)]. 전체변량 중에서 공유환경이 차지하는 비율은 이란성 쌍생아의 상관계수의 두 배에서 일란성 쌍생아의 상관계수를 빼거나, 1에서 유전과 비공유환경의 영향의 합을 뺀 값과 같다(즉, C=*r*MZ−A). 비공유환경은 1에서 일란성 쌍생아들의 상관값을 뺀 값으로 추정할 수 있으며(즉, E=1−*r*MZ), 여기에는 측정의 오차가 포함될 수 있다. 이러한 방법을 통해 단일특성에 대한 유전과 환경의 기여도를 정량적인 지표로 환산하는 것 뿐 아니라 특성들 간에 유전적으로 또는 환경적으로 유도되는 연결을 살펴볼 수 있다. [그림 2-1]은 행동유전학연구에서 두 가지 특성 간에 유전과 환경의 영향력을 추론하는 방법을 도식화하였다.

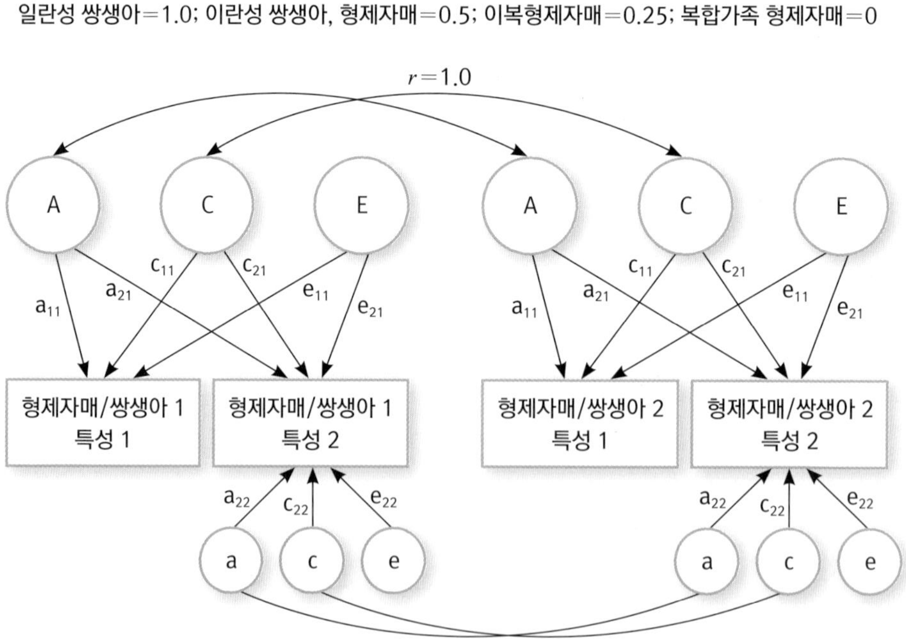

그림 2-1 행동유전학의 이변량모델의 예시

주. A는 유전적 영향, C는 공유환경 영향, E는 비공유환경 영향을 나타냄

행동유전학연구에서 영향력을 추론할 때 고려해야 할 점으로 첫째, 유전정보연구(genetically informative design)는 유전적 관련성이나 양육환경을 다루는 일련의 자연적 실험(natural experiment)이므로 비실험접근에 내재된 한계를 인식해야 한다. 둘째, 유전, 공유 및 비공유환경은 일종의 기술통계이므로 해당 연구집단과 연구방법에 특수한 것이며, 이러한 수치들은 연구, 환경맥락, 연령, 세대에 따라 변화하게 된다(Rende & Waldman, 2006, pp. 429-430). 한편, 이러한 통계적 기법을 사용하는 데에는 몇 가지 가정이 존재한다. 첫 번째 가정으로, 일란성 쌍생아와 이란성 쌍생아가 성장하며 공유하는 환경이 동일하다는 전제이다. 일란성이든 이란성이든 쌍생아들이 주변에서 받는 대우는 차이가 없다고 본다. 두 번째로, 동질교제(assortive mating)가 없다는 가정이다. 이란성 쌍생아의 경우 비슷한 성향 또는 특성을 가진 사람들이 결혼을 하게 되면, 공유환경의 영향력은 상대적으로 높게, 유전의 영향력은 상대적으로 낮게 추정될 수 있다. 이러한 가정들은 방법론적 쟁점으로, 행동유전학자들은 이러한 가정의 타당성에 대하여 검증을 계속하고 있다.

행동유전학의 연구방법은 최근 다른 학문분야와의 협업을 통하여 발전하고 있다. 분자생물학과의 연계가 대표적으로, 가족에 대한 유전적 연계연구(linkage study)나 후보유전자 연관분석연구(candidate gene association study)를 들 수 있는데, 복합적인 양적 특질에 대한 유전자를 규명하기 위하여 양적형질좌위(Quantitative Trait Locus: QTL)를 살펴본다. 분자유전학(molecular genetics) 연구 또한 활발하게 이루어지고 있는데, 분자유전학의 목적은 가족 내의 연계나 일반인구 내의 연관성을 조사하여 유전자와 특질과의 관계 및 유전자와 장애와의 관계를 규명하는 데 있다(Lau & Eley, 2008, p. 129). 연계연구는 특정장애의 유전적 표지자(genetic marker)가 가족 내에 함께 유전되는지를 찾아 내며, 연관분석연구는 환자군과 대조군에서 유전자형을 검사하여 분포차이를 검정하는 것으로, 즉 질환에 걸린 사람들과 질환에 걸리지 않은 사람들의 특정염색체 내의 유전적 표지자의 빈도를 비교한다(Lau & Eley, 2008, pp. 129-130).

유전학과 뇌영상기법(neuroimaging)의 발전과 더불어, 근래의 행동유전학연구에서는 일란성 쌍생아 간의 불일치를 유전자 복제수 변이(copy number variation)와 후성유전학(epigenetics)과 연관시켜 생물학적 기전을 살펴보기도 한다. 또한 행동유전학의 연구는 단순히 영향력을 비교하는 데에서 나아가 근래에는 안정성과 변화를 살펴본다. 예를 들어, 인지능력에 대한 유전 및 환경적 영향력이 생애에 걸쳐 시간이 흐름에 따라 어떻게 변화하는지를 살펴볼 수 있다. 연구자들은 다인자성 유전자의 영향력을 살펴보거나 여러 장애에 공존하는 유전적 특성에 관심을 갖기도 한다. 학자에 따라서는 행동유전학을 양적유전학(또는 생물측정유전학; quantitative genetics or biometrical genetics)과 분자유전학(molecular genetics)인 두 가지로 구분하면서, 양적유전학은 쌍생아나 입양아 설계와 같이 유전과 환경이 표현형의 변이에 미치는 영향을 통계적으로 분석하는 것이며, 분자유전학은 특질이나 병리에 영향을 미치는 유전자를 찾아 내고 유전자의 기능을 규명하는 것이라고 설명한다(Jaffee, Price, & Reyes, 2013). 행동유전학은 발달정신병리에서 중요한 역할을 담당할 수 있는데, 유기체의 다양한 수준에서 나타나는 위험요인과 보호요인 간의 상호작용을 기술하고, 일란성 쌍생아의 불일치에 대한 연구를 통해 입증되듯이 생물학적 및 환경 위험에 대한 인과성을 규명하며, 어떤 요인이 병리의 변화와 안정성을 설명하는지 파악할 수 있게 하기 때문이다(Jaffee, Price, & Reyes, 2013).

2 수동성과 능동성

유전과 환경에 대한 논의와 함께 개인이 어느 정도 자신의 발달에 기여하는가는 논란의 대상이다. **유전자와 환경의 상관**(Gene-Environment correlations: *r*GE)에서는 유전자가 환경에 대한 노출에 미치는 영향을 살펴본다. 인간발달은 천성과 양육의 결과이지만, 유전자가 경험을 이끈다고 본다. 유전자와 환경의 상관은 수동적 유전자형/환경상관(passive genotype/environmental correlations), 촉발적 유전자형/환경상관(또는 유발적 유전자형/환경상관; evocative genotype/environmental correlations), 능동적 유전자형/환경상관(active genotype/environmental correlations)으로 구분할 수 있다. **수동적 유전자형/환경상관**은 부모 자신의 유전자에 의해서 환경이 영향을 받고, 아동 자신의 유전자에도 연관된다는 개념이다. 예를 들어, 반사회적 부모는 자녀에게 그러한 행동과 관련된 유전자를 전달할 뿐 아니라 그러한 행동을 자녀에게 노출시킨다. 다른 예로 독서를 잘하고 즐기는 부모는 자녀에게 많은 책을 제공하게 되고, 자녀들은 유전적 및 환경적 이유 때문에 아마도 독서를 즐기게 될 것이다. 수동적 유전자형/환경상관을 이중 이익(double advantage) 또는 이중 불이익으로 설명하는 연구자들도 있다. 이중 이익의 예를 들면 높은 지능지수를 가진 부모가 지능에 대한 유전적 요인을 물려줄 뿐 아니라 지적발달을 향상시키는 풍부한 환경을 제공하는 경우가 있고, 이중 불이익의 예를 들면 부모가 자녀에게 신경성 식욕부진증의 위험을 증가시키는 유전자를 물려줄 뿐 아니라 외모에 대한 집중이나 제한적 식사유형과 같이 부모유전자에 따라 형성되는 특정 환경에 노출시키게 한다.

촉발적 유전자형/환경상관은 유전된 특성이 아동에 대한 다른 사람의 행동에 영향을 주어서 사회적 환경에 영향을 준다는 개념이다. 촉발적 유전자형/환경상관은 사회적 환경의 대인관계 측면만을 고려하는데(Rutter, 2014, p. 49), 예를 들어 사회적으로 잘 웃는 아기는 안절부절하고 달래기 힘든 아기보다 주변 사람으로부터 긍정적 반응을 유발시킨다. 다른 예로, 협동적이며 집중을 잘 하는 아동은 협동을 못하고 산만한 아동보다 주변 성인으로 하여금 가르침을 즐겁게 만드는 상호작용을 더 유발시킨다. **능동적 유전자형/환경상관**은 유전자형이 추구하는 환경에 영향을 준다는 개념이다. 예를 들어, 외향적 성격의 유전적 소인이 있는 아동은 사교활동에 열심히 참여하고 사회적 활동을 더 좋아할 가능성을 보일 것이다. 이러한 능동적 유전자형/환경상관은 환경적소 선택 또는 환경적소 만들기(niche-picking or niche-building)로 볼 수 있는데, 개인들이 자신에게 적합하고 자극을 주는 환경을 추구하는 것이다. Scarr와 McCartney(1983)는 유전자형/환경상관의 상대적 중요성은 연령에 따라 변한다고 기술하였다. 즉, 생애 초기에는 수동적 유전자형/환경상관이 중요하다가 아동이 성장함에 따라 능동적 유전자형/환경상관이 발달에 더 큰 영향을 주게 되며, 촉발적 유전자형/환경상관은 생애에 걸쳐 일정하게 중요하다고 설명하였다. Reiss, Neiderhiser, Hetherington과 Plomin(2000)은 이러한

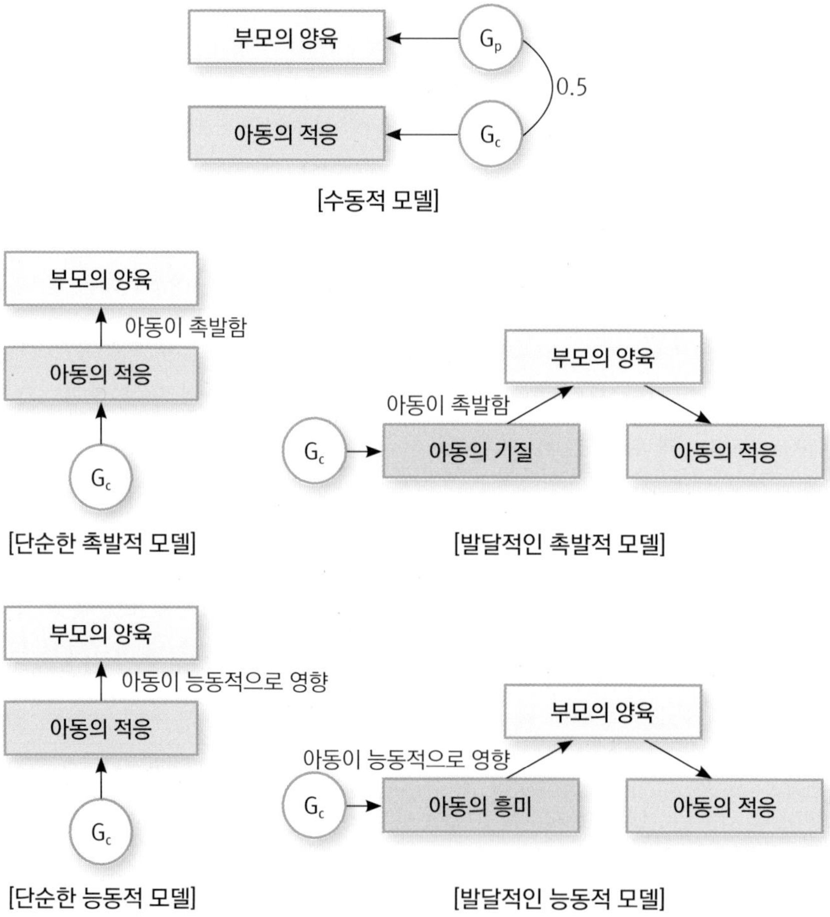

그림 2-2 유전자형/환경상관에 대한 5가지 발달경로

출처: *The Relationship Code: Deciphering Genetic and Social Influences on Adolescent Development* (p. 86), by D. Reiss, J. Neiderhiser, M. Hetherington, and R. Plomin, 2000, Cambridge, MA: Harvard University Press.

유전자형/환경상관에 발달적 의미를 부여하여 5가지 발달경로로 도식화하였는데, 발달경로들은 [그림 2-2]에 제시되어 있다.

유전자형/환경 상호작용(Genotype-Environment interaction: GXE)은 유전자형/환경 상관과 달리 유전자형이 환경에 대한 민감성(sensitivity)에 영향을 준다고 가정한다. 즉, 유전자형/환경 상호작용에 따르면 유전적 위험소인을 가진 개인은 그러한 소인을 갖고 있지 않은 개인보다 심리사회적 스트레스에 부적응적인 경향으로 반응하게 될 것이다. 개인의 삶에 있어서 대부분의 경우 유전과 환경이 동시에 작용하는 것이지, 어느 한 쪽만 작용하는 것으로 생각할 수 없다. 근래의 행동유전학자들은 유전자형/환경 상호작용에 관심을 가지며, 유전과 환경이 어떻게 상호작용하여 발달적 변화를 나타내는지 밝히려고 노력한다. Caspi와 동료들은 전향적 종단연구를 통하여 개인이 나타내는 환경에 대한 반응이 유전적 소인(genetic makeup)에 의해 달라질 수 있다고 보여 주었다.

환경에 대한 민감성 가설에 대한 Caspi와 동료들의 연구(2003)를 살펴보면, serotonin transporter-linked polymorphic region(5-HTTLPR)의 S 대립유전자(short allele)를 가진 개인은 L 대립 유전자(long allele)를 가진 개인에 비하여 스트레스성 생활경험과 관계하여 우울증상을 더 나타내고 우울증을 더 많이 진단받았으며 자살률이 더 높았다. 서로 다른 대립유전자가 유전자의 기능에 미치는 영향을 **기능적 다형성**(functional polymorphism)이라고 하는데, 연구자들은 유전자의 다형성은 스트레스성 생활경험이 우울증에 미치는 영향을 중재한다고 밝혔다. 유전자형/환경 상호작용을 보여 주는 Caspi와 동료들이 수행한 다른 연구(2002)에서도 기능적 다형성과 아동학대는 반사회적 행동발달에 영향을 주었는데, 저효율의 모노아민산화효소(Monoamine Oxidase A: MAOA) 유전자형을 가진 개인은 고효율의 모노아민산화효소 유전자형을 가진 개인에 비하여 아동학대를 경험했을 때 청소년기와 성인기에 다양한 반사회적 행동을 나타내었다. 그러나 저효율의 모노아민산화효소 유전자형을 갖고 아동학대를 경험한 경우는 전체 남성출생코호트의 12%에 불과하나 코호트 폭력범죄의 44%를 차지했다는 연구결과는 유전자형이 환경에 대한 민감도를 중재한다고 보여 주었으나, 다양한 대상을 사용하여 반복검증한 이후의 연구들은 가설을 지지하기도 하지만(예: Foley et al., 2004; Kim-Cohen et al., 2006) 가설을 입증하지 못하는 결과(예: Haberstick et al., 2014; Huizinga et al., 2006; Young et al., 2006)도 보이며 일관적이지 않다. 환경에 대한 민감성가설에 대한 다른 예로, Caspi와 동료들의 연구(2005)에 따르면 카테콜-O-메틸전달효소(Catechol-O-Methyltransferase: COMT) 유전자는 청소년기의 대마사용과 성인기에 되었을 때 정신증과의 관계를 조절하였다. 카테콜-O-메틸전달효소 유전자는 도파민을 포함한 각종 카테콜아민을 대사하는 주요효소를 만드는데, 환경적 위험요인인 대마를 사용한 청소년 중에서 효소활성화가 높은 COMT 발린(valine) 대립유전자를 가진 경우 성인기에 정신증적 증상과 조현형 장애들을 발달시키는 경향이 있으나 COMT 메티오닌(methionine) 대립유전자를 가진 경우 해로운 영향을 받지 않는 것으로 나타났다.

전체적으로 유전자형/환경의 상호작용을 조사하기 위하여, 최근에는 역학이나 신경과학과의 협업이 강조되고 있다. 유전역학연구는 초기에 단일염기다형성(Single Nucleotide Polymorphism: SNP)과 질병 간의 연관성을 조사하다가, 후보 유전자 또는 후보 영역에 대한 연구로 진행되었고, 전체 유전자에 대하여 후보 단일염기다형성을 선별하여 일정한 간격으로 분석하는 전장유전체연관분석(Genome Wide Association Study: GWAS)이 진행되고 있다(대한예방의학회, 2013, p. 220). 단일유전자나 단일유전좌위 모델은 연계연구에서 배제되고 다인성유전자(polygenic) 모델이 대규모 전장유전체연관분석을 통해 검증되고 있다(Gill, 2012). 연관성연구부터 전장유전체연관분석, 유전자 복제수변이, 줄기세포 연구에 이르기까지 방법론이 발전함에 따라, 발달정신병리의 유전학에 대한 논문이 증가하고 있다(Addington & Rapoport, 2012).

정신장애의 측정 및 평가 제3장

정상과 비정상을 어떻게 구분하며, 측정하고 평가할 것인가? 본 장에서는 정신병리를 분류하는 방법을 살펴보고, 전반적 정신병리를 측정하는 광대역 측정도구를 살펴보고자 한다.

1 정신장애 기준

정신병리는 개인이 지니고 다니는 어떤 실체가 아니라, 개인의 행동, 정서, 사고가 어떤 점에서 비전형적(atypical), 역기능적으로 유해하다는 판단이라고 볼 수 있다(Wicks-Nelson & Israel, 2013/2015, p. 6). 이러한 판단에는 발달에 대한 지식, 문화적 영향, 사회규범, 판단하는 사람들이 관련된다(Wicks-Nelson & Israel, 2013/2015, p. 6). 연구와 실제측면에서, 정신병리의 기본 목적은 정신장애를 판정하고 기술하고 분류하는 것, 장애의 원인을 밝히는 것, 장애를 치료하고 예방하는 것이다(Wicks-Nelson & Israel, 2013/2015, p. 16).

장애에 대한 분류체계를 발달시키기 위해서는 어떠한 조건이 장애인지 또는 장애가 아닌지를 명확하게 구분할 수 있어야 한다. 사람들은 다양한 관점에서 정신장애를 정의할 수 있다. Lilienfeld, Smith와 Watts(2013)는 진단에 대한 논제를 기술하면서, 정신장애를 구분하기 위하여 통용되는 관점을 다음과 같이 6가지로 정리하였다(Lilienfeld, Smith, & Watts, 2013, pp. 11-14).

1. 통계적 모델(statistical model)
   통계적 모델을 주장하는 학자들에 따르면, 장애는 전체집단에서 빈번하게 나타나지 않기 때문에 비정상이다. 통계적 모델은 드물게 나타나는 특정 정신장애를 설명하기에는 유용하지만, 일반적으로 적용하기에는 제한점이 있다. 예를 들어, 정상과 비정상의 구분점을 어디에 둘 것인가, 어떠한 차원이 비정상과 관계된다고 볼 것인가, 모든 조건이 정규분포라는 통계학적 원칙을 전제로 할 수 있는가를 제한점으로 지적할 수 있다.
2. 주관적인 심리적 고통 모델(subjective distress model)
   이 모델에서는 심리적 고통이 장애와 장애가 아닌 것을 구분하는 핵심측면이라고 본다. 이 모델에 따르면, 개인이 심리적 고통을 심하게 느낄 때, 장애라고 볼 수 있다. 주요우울장애나 강박장애에서 나타나듯이 심각한 정신장애는 상당한 심리적 고통을 수반한다. 그러나 반사회적 성격장애나 양극성장애의 조증단계에서처럼, 개인은 연관된 심리적 고통을 거의 느끼지 못하거나 아예 전혀 느끼지 못할 수도 있다. 심지어 약 절반의 조현증환자는 자신에게 질병이 있다는 사실조차도 인식하지 못하듯이, 주관적인 심리적 고통만으로 장애를 구분하는 데 제한점이 있다.
3. 생물학적 모델(biological model)
   이 모델에 따르면, 장애란 유기체에 대한 생물학적이거나 진화론적인 불이익이다. 주요우울증이 자살의 위험률을 급증시키듯이, 일부 정신장애는 생명단축이라는 생물학적 불이익과 관련되어 있다. 그러나 특정공포증(specific phobia)이 생명이나 건강상태를 단축시키지 않지만 질병으로 분류되듯이 이

모델만으로 장애를 설명하는 데에는 제한점이 있다.

4. 치료의 필요성(need for treatment)

이 관점에 따르면, 장애란 전문가의 의학적 개입이 필요하다고 보여지는 모든 상태들에 대한 이질적인 분류이다. 이러한 관점은 대부분의 정신장애는 치료가 필요하다는 점에서 맞지만, 역으로 의학적 개입이 필요하나 장애로 간주하지 않는 경우(예: 임신)를 포괄하지는 못한다. 또한 치료의 필요성은 증상의 심각성, 눈에 띄는 증상, 증상과 연관된 환자의 고통, 환자의 증상과 관련된 심신장애, 가능한 치료들의 위험성과 이점, 기타 요인들을 고려해야 하는 복잡한 임상적 결정이다(APA, 2013/2015, p. 21).

5. 해로운 기능부전(harmful dysfunction)

Wakefield(1992)는 모든 장애를 해로운 기능부전으로 간주한다. 여기서 해로움은 사회적 가치에 의해 부정적으로 평가되는 것이며, 기능부전은 진화론적으로 선택되어온 체계의 손상을 의미한다. 이 관점은 해로움과 기능부전이라는 두 가지 측면을 고려하는 장점을 가지는데, 예를 들어 무례함이나 게으름이 사회적으로 부정적으로 평가되나 장애가 아닌 경우를 설명할 수 있다. 그러나 일부 의학적 장애의 경우 위협에 대항한 적응기제로써 기능부전이 나타나므로 이 관점 역시 장애에 대한 설명으로 제한점이 있다. 또한 자폐증같이 심각한 장해상태(impairing conditions)에서도 유전적 요인이 입증되지 않았듯이, 개인 내 생물학적 기능부전을 명확하게 규명하기 어려운 것도 이 관점의 문제점으로 지적되고 있다(Jensen, Hoagwood, & Zitner, 2006, p. 32).

6. 로치안 분석(Roschian analysis)

이 관점은 장애에 대하여 본질적으로 정의를 내릴 수 없다고 간주한다. 이 관점에 따르면, 다른 개념과 마찬가지로 정신장애는 구분할 수 있는 특징이 부족하고, 본질적으로 경계가 분명하지 않다. 이러한 관점에 대한 비판적 견해들이 있으며, 설사 이러한 관점이 옳더라도 특정 정신장애에 대한 과학적 탐

> 구는 가능하다. 예를 들어, 약물을 본질적으로 정의할 수 없고 약물로 판정하는 과학적 준거가 명확하지 않더라도, 정신약리학자들은 특정약물에 대한 특성, 행동양태나 효과들을 연구한다.

이 외에도 사회가 규정하는 문화적 규범을 일탈하는 행동을 정신장애로 간주하기도 한다. 그러나 시대와 문화에 따라 문화적 기준이 달라질 수 있고, 문화적 규범이 항상 절대적으로 바람직하다고 볼 수 없으므로 문화적 규범만으로 정신장애를 판단하기 어렵다. 이렇듯 어느 한 관점이 정신장애를 완벽하게 설명해 줄 수는 없으며, 정신장애에 대한 각 관점은 장단점을 수반하고 있다. 정신질환의 진단 및 통계편람(Diagnostic and Statistical Manual of Mental Disorders: DSM)에 따르면 정신장애는 정신기능의 기저에 있는 심리적, 생물학적, 또는 발달과정에서의 기능부전을 반영하는 개인의 인지, 정서조절, 또는 행동에서 임상적으로 유의한 장애라는 특징을 가진 증후군이다(APA, 2013/2015, p. 21). 이러한 DSM의 정의는 임상적 장애의 기준을 제시해 주지만, 정신장애 중에서 특히 아동 및 청소년의 정신장애는 보다 포괄적인 이해가 필요할 수 있다. 근래에는 아동정신병리를 이해하기 위해서 DSM분류접근에서 내포된 것처럼 정적이거나 단순묘사적(descriptive) 모델에서 더 나아가 발달정신병리학적 모델을 이해하고, 유형학과 맥락이론의 필요성을 인식하고, 다양한 방법과 개념적 틀을 적용해야 한다고 제안되고 있다(Jensen, Hoagwood, Zitner, 2006, pp. 34-37).

2 범주적 분류와 차원적 접근

분류는 진단의 전제조건이라고 볼 수 있는데, 진단은 '어떤 질병을 가졌다' 또는 '어떤 질병을 가지지 않았다'와 같이 일련의 신호나 증상에 기초하여 개인을 분류법 내의 어느 한 유목으로 판정하는 행위이기 때문이다. 일반적으로 정신병리를 측정하는 분류체계는 광범위하게 두 가지로 나누어볼 수 있다. 첫 번째 접근 방식은 **범주적**(categorical) **분류**로 정신장애를 질적으로 다른 범주로 구분한다. 미국정신의학회(American Psychiatric Association: APA)에서 발간하는 정신질환의 진단 및 통계편람의 패러다임과 세계보건기구(World Health Organization: WHO)에서 발간하는 국제질병분류체계(International Classification of Diseases: ICD)를 예로 들 수 있다. 예를 들어, 국제질병분류체계는 1893년 국제통계기구에서 국제사인목록(international list of causes of death)으로 처음 채택되었고, 세계보건기구는 1948년 6차 개정판부터 관여하였는데, 현재 사용하는 ICD−10은 1990년 5월에 세계보건총회에서 승인되었고, ICD−11은 2018년에 발표된다. ICD는 전세계적으로 건강추세와 통계를 확인하는 기반이 되는데, ICD−10의 경우 전반적인 임상, 교육, 서비스를 위한 임상적 기술과 진단지침(clinical descriptions and diagnostic guidelines)과 연구목적을 위한 연구용 진단기준(diagnostic criteria for research)으로 구성된 2개의 판(version)이 있다. DSM에 비교하면, ICD는 조작적 기준보다는 진단에 대한 지침을 제공하여 임상적 유연성이 있고, 일반적으로 공존하는 장애는 드물다고 가정한다(김봉석, 2012, p. 53). ICD의 예에서 볼 수 있듯이 범주적 분류는 구별이 가능한 집단으로 분류하는 것이다.

두 번째 접근방식은 **차원적**(dimensional) **접근**으로, 정신장애는 양적으로 연속적인 의미로 기술된다. 이러한 접근은 경험 기반 패러다임(empirically based paradigm)으로 볼 수 있다. 범주적 분류가 장애의 유무로 분류하는 것이라면, 차원적 접근은 연속선 위에서의 증상의 강도를 나타낸다. DSM은 전문위원회를 통하여 개념이 제시되고 진단범주가 제공되어 평가가 이루어지는 '하향식 접근(top-down approach)'인 것에 비하여, 차원적 접근은 대규모 표본자료의 통계적 분석을 통해 분류구조를 유도한 '상향식 접근(bottom-up approach)'으로 볼 수 있다. 경험적으로 유도된 절차를 통하여, 차원적 접근에서는 문제나 유능성에 대한 표준화된 묘사가 가능하며, 사용자는 이러한 규준에 기초하여 피험자의 점수를 규준 상의 또래와 비교할 수 있다. 이러한 절차는 문제를 양적으로 측정하기 때문에 범주적 분류체계에서처럼 피험자가 정상인지 아닌지를 반드시 선택해야만 할 필요는 없고 모자이크와 같이 피험자가 여러 맥락에서 어떤 기능을 하는가에 대한 그림을 얻을 수 있다. 정신장애의 종류에 따라 범주로 개념화하는 것이 차원으로 기술하는 것보다 적합할 수 있고, 임상적 진단인지 연구인지에 따라 적합한 선택이 다를 수 있다.

DSM의 패러다임과 경험 기반 패러다임은 행동 및 정서적 문제를 측정할 때 크게 3가지 유사점을 가지고 있다. 첫째, 문제에 대하여 측정할 수 있는 진술로 명시되어 있다. 둘째, 일부 DSM 범주들과 경험 기반 증상들은 비슷한 문제들로 구성되어 있다. 여기서 증상(symptom)이란 병리상태에 대한 주관적 지표를 의미하는데, 전형적으로 환자나 내담자가 보고한다(Milling, 2006, p. 374). 셋째, 일부의 경우 DSM에 기초한 진단들과 경험 기반 패러다임의 증후군(syndrome)점수들이 통계적으로 유의하게 부합된다(Achenbach, 2000, p. 51). 여기서 증후군이란 함께 발생하는 증상 또는 신호(예: 병리상태에 대한 객관적 지표로 전형적으로 조사자가 관찰하는 것)들의 집단을 의미한다(Milling, 2006, p. 374). 반면 DSM의 패러다임과 경험 기반 패러다임은 행동 및 정서적 문제를 측정할 때 차이점이 있는데, 〈표 3-1〉은 이러한 차이를 제시한다.

그러나 범주적 분류와 차원적 접근으로 구분하는 이분법을 지나치게 확대 강조하는 것은 주의할 필요가 있다. 범주적 분류와 차원적 접근은 서로 변용될 수 있는데, 특정 범주는 일련의 차원적 점수로 표현되기도 하고, 차원점수 프로파일은 범주가 되기도 한다. 예를 들어, IQ는 교육적 성취를 예언할 때에는 차원으로 더

표 3-1 행동 및 정서적 문제에 대한 패러다임의 비교

종전의 DSM	경험 기반 패러다임
질병분류학적 모형	심리측정적 모형
문제의 유무로 판단함	문제는 연속선 상의 양적 점수로 나타남
하향식 접근: 범주와 준거는 위원회가 선택	상향식 접근: 문제점수로부터 증후군이 도출됨
임상적 구분점은 남녀 모두, 모든 연령, 서로 다른 정보제공자에게 동일함	임상적 구분점과 규준은 성, 연령, 정보제공자에 따라 다름
진단전공의는 자료의 출처, 얻어질 자료, 측정절차를 선택함	다양한 출처의 자료를 얻는데 표준화된 절차가 있음
서로 다른 출처에서 얻는 자료를 비교하는 절차가 구체화되지 않음	정보제공자 간의 점수와 상관의 분명한 비교가 가능함
최종산출물은 존재유무로 판정하는 진단(diagnoses)임	최종산출물은 문항 및 증후군 점수로 규준-참조적 프로파일과 비교하게 함
유뇨증부터 자폐장애까지 이르는 여러 유형의 문제에 대하여 각각의 진단범주	많은 특별한 문제들이 측정되지만, 통계적으로 확실한 몇 개의 증후군으로 모여짐
진단도구의 예: Diagnostic Interview Schedule for Children version(DISC), Child and Adolescent Psychiatric Assessment (CAPA)	진단도구의 예: Child Behavior Check List (CBCL), Teacher's Report Form(TRF), Youth Self-Report(YSR)

출처: *Handbook of Developmental Psychopathology* (2nd ed.) (p. 51), by T. M. Achenbach, 2000, New York, NY: Kluwer Academic/Plenum Publishers.

쉽게 이해되는 반면, 뇌의 구조적 장애 유무를 고려하기 위해서는 저능(예: IQ 50 이하)과 같이 범주적으로 더 쉽게 이해된다(Taylor & Rutter, 2002, p. 5). 분류체계에서 어느 것이 더 우월한가에 대하여 일치된 견해는 없으며, 일반적으로 임상가들은 범주적 분류와 차원적 접근을 병행해서 사용하는 경향이 있다. 즉, 범주적 분류와 차원적 접근은 상호배타적이지 않으며, 각 접근은 장단점을 지니고 있다. 범

주적 분류는 역학분야, 전문가 간의 소통, 치료연구, 서비스 수혜 측면에서 유용할 수 있으며, 차원적 접근은 위험 및 탄력성, 병인, 예방 및 개입에 대한 정보에 유용할 수 있으므로, 두 가지를 모두 고려하는 것이 심리상태를 이해하는 데 도움이 된다(Drabick & Kendall, 2010). 아동 및 청소년 정신병리의 경우, 병리가 표현되는 크기나 특성이 변화하기도 하고, 정상과 적응에 대하여 연령에 따른 변화를 감안하여야 하며, 다양한 출처의 정보제공자가 필요하다는 점에서 성인의 정신병리와 다르므로, 범주적 분류와 차원적 측면 모두를 고려할 필요가 있다(Hudziak, Achenbach, Althoff, & Pine, 2007). 한편, 근래에 정신장애를 정의할 때, 개인들을 분류하는 것이 아니라 정신장애를 분류하는 것임을 강조하는 경향이 있다. 어느 누구는 '자폐아' 또는 '알코올중독자'라고 지칭하는 것이 아니라 어느 누구는 '자폐증을 보이는 아동' 또는 '알코올 의존성을 보이는 성인'으로 지칭할 것을 권장하기도 하는데, 이러한 표현방식은 아동의 개별성을 인정하는 방식이며, 현존하는 한계에만 집중하지 않게 한다고 주장한다.

아동 및 청소년의 정신장애를 이해하기 위해서는 명확한 용어를 통한 체계적 분류가 필수적이다. 조수철과 신민섭(2006)은 소아정신장애의 분류체계가 갖추어야 할 기준을 10가지로 상세하게 기술하였는데, 다음과 같이 요약할 수 있다. ① 사실에 근거하고 조작적 용어로 정의하고, ② 장애를 가진 아동을 분류하는 것이 아니라 장애를 정의하고 분류하며, ③ 서로 다른 연령기간에 반드시 분류가 상이할 필요는 없으며, ④ 신뢰롭고 타당해야 하며, ⑤ 장애들 간에 감별진단이 가능해야 하며, ⑥ 적절한 적용범위를 제공해야 하며, ⑦ 감별은 타당해야 하며, ⑧ 분류체계가 일관성있는 원칙에 근거해야 하며, ⑨ 분류는 임상적 상황에 관련된 정보를 전달하고 임상적 결정에 도움이 되어야 하며, ⑩ 일상적 임상실제에서 유용해야 한다(조수철, 신민섭, pp. 27-28). 아동 및 청소년의 정신장애를 구분하고 측정하는 데 있어서 이러한 분류체계의 기준을 충분하고 사려 깊게 고려하여야 한다.

3 DSM 분류에 대한 쟁점

Emil Kraepelin은 정신장애의 증상들이 증후군의 형태로 함께 나타나는 경향이 있고, 각 장애의 기원, 증상, 경과, 결과가 분리되었다고 보았다. DSM-I(APA, 1952)은 Kraepelin의 정신의학 분류법에서 유래되었는데, 성인진단범주에 따라 아동의 문제가 진단되었다. DSM-II(APA, 1968)는 DSM-I과 마찬가지로 증상들이 단순하게 기술되었고 임상적 판단에 주로 기초하였다. DSM-I과 DSM-II는 평정자 간 신뢰도의 문제가 있으며, 정신장애에 대하여 정신분석학적 개념이 영향을 미쳤으며, 맥락적 요인을 간과하였다는 것이 약점으로 지적되었다. DSM-III(APA, 1980)는 명시적인 원칙을 제시하며 체계적인 분류법을 제공하였다. DSM-III는 5개의 축으로 구성된 다중진단체계로 발간되어서 임상가가 치료계획을 설정할 수 있는 정보를 제공하였다. 아동기 장애에 대하여 세분화된 범주를 제공하였으나 경험적 연구로 충분히 뒷받침되지는 못하였으며, DSM-III의 개정판(DSM-III-R; APA, 1987)이 발간되었다. DSM-IV(APA, 1994)는 경험적 결과들이 강조되었는데, DSM-III처럼 다음의 5개의 축으로 구성된 다축체계로써 관찰가능한 진단체계를 제공하였다.

- 축 1: 임상적 장애
  임상적 관심이 되는 기타 장애
  아형 및 세부진단
- 축 2: 성격장애
  정신지체
- 축 3: 일반적인 의학적 상태
- 축 4: 심리사회적 및 환경적 문제
- 축 5: 전반적인 기능평가

축 5에서 임상가는 전반적 기능수준을 1에서 100까지 평정하여 기록할 수 있었다. DSM-IV는 교재용으로 개정되어 DSM IV-TR(APA, 2000)이 발간되었다. DSM-IV는 정신장애에 대한 명백한 특징을 제공하고 개입과 관련된 요인을 나타내며, 생물심리사회학적 모형을 제시하지만, 비판이 꾸준하게 제기되었다. 특히 아동과 청소년의 정신장애와 관련하여 몇 가지를 열거하자면, 첫째, DSM은 의학적 모델의 관점에서 정신장애의 특성을 기술하면서 다양한 장애에 영향을 미치는 상황적, 맥락적 요인을 간과하는 경향이 있다. 둘째, 성인기 정신병리에 비교하여 아동기와 청소년기 정신병리는 발달적 과정에 있으므로 크기(magnitude)나 특성이 변화할 수 있는데, 이러한 역동적 특성에 대한 고려가 부족하고, 정적인 성질을 고려하는 편이다. 셋째, 아동과 청소년의 정신장애는 자신뿐 아니라 부모나 교사를 포함하는 정보제공자를 통해 측정되기 때문에, 장애의 유무뿐 아니라 정도와 종류에 대한 정보도 포함시킬 필요가 있다. 예를 들어, 아동은 가정에서는 정상으로 평가되나 학교와 같은 다른 환경에서는 비정상으로 평가될지도 모른다. 넷째, 일부 진단기준에서는 단어의 정의가 분명하지 않고 주관적 판단에 따라 다를 수 있는 여지가 있다. 예를 들어, 주의력결핍 과잉행동장애와 품행장애 기준에서 '종종(often)'이라는 단어나 분리불안장애 기준에서 '지속적이다(persistent)'라는 단어의 정의는 명확하지 않다(Mash & Barkley, 1996/2000, pp. 30-31). 그밖에 DSM의 범주적 분류가 갖는 한계를 지적하는 비판도 꾸준히 제기되어 왔다.

DSM-IV가 발간된 이후 20년간 광범위한 논의를 거쳐 DSM-5가 미국 정신의학회의 이사회의 승인을 받았다. DSM-5는 DSM-IV의 발간 후 20년이 지난 2013년 5월에 공식적으로 발간되었다. DSM-IV의 다축진단체계를 사용하는 대신에, DSM-5는 유사한 장애들을 집단으로 나누어 구성하면서 주요장애들에 대한 서술 및 진단기준과 부호를 제시하고 새로 개발된 평가치와 모델을 기술하고 있다. DSM-5는 진단의 일부로써 범주적 정보만 사용하기보다는 범주적인 정보와 차원적인 정보 둘 다 추구하여(Comer, 2013, p. 100), 진단적 범주 이외에 심각도와 기능수준에 따른 차원적 정보를 제공한다. DSM-5에 제시된 주요장애를 열거하면 다음과 같다. 즉,

신경발달장애, 조현병 스펙트럼 및 기타 정신병적 장애, 양극성 및 관련장애, 우울장애, 불안장애, 강박 및 관련장애, 외상 및 스트레스 관련장애, 해리장애, 신체증상 및 관련장애, 급식 및 섭식장애, 배설장애, 수면-각성장애, 성기능부전, 성별불쾌감, 파괴적, 충동조절 및 품행장애, 물질관련 및 중독장애, 신경인지장애, 성격장애, 변태성욕장애, 기타 정신질환인 20개의 주요범주로 정신장애를 구분하고 약물치료로 유발된 운동장애 및 약물치료의 기타 부작용, 임상적 주의의 초점이 될 수 있는 기타의 상태를 포함한다. DSM-5에서는 DSM-IV의 축 V의 전반적 기능평가척도 또는 총괄기능평가척도(General Assessment of Functioning: GAF)를 삭제하는 한편 적응기능에 전적으로 초점을 두고 증상수준에 의존하지 않는 장점을 가진 세계보건기구의 장애평가목록(World Health Organization Disability Assessment Schedule: WHO-DAS)의 사용을 권장한다. DSM-5는 각 진단 별로 세부적인 진단기준을 포함하고 있다. 그러나 DSM-5로의 변화로 인하여 진단기준의 역치가 낮아지고 과잉진단이나 과도한 약물사용을 초래할 수 있다는 지적도 제기되고 있다(Frances, 2013/2014, pp. 5-6).

4 진단분류체계에서 고려할 점

진단분류체계와 진단 및 검사의 적절성은 장애에 대한 접근에서 핵심적인 사항이다. 진단분류체계에서 진단 및 선별검사의 신뢰도와 타당도를 역학적 측면에서 고려할 수 있다. 역학사전에 따르면, 역학이란 특정 인구집단을 대상으로 질병의 분포양상과 그 결정요인을 연구하여 질병예방과 건강증진에 활용하는 학문으로 정의할 수 있는데(대한예방의학회, 2013, p. 39), 역학분야에서 진단 및 선별검사자료의 질과 정확성은 타당도와 신뢰도를 통하여 평가된다.

1) 타당도

타당도는 검사가 측정하려는 특성을 얼마나 정확하게 측정하는가에 대한 것이다. 타당도는 측정의 유용성을 판단하는 데 중요하다. 타당도의 유형을 구분하는 방법은 몇 가지가 있는데, 일반적으로 내용타당도(content validity), 구성타당도(construct validity), 준거관련타당도(criterion-related validity)인 3가지로 구분할 수 있다(Piacentini, 1993, p. 85). **내용타당도**는 측정하려는 행동영역의 대표적 표본이 척도에 들어 있는 정도를 측정한다. 내용타당도는 가장 단순한 형태의 타당도로 때로는 안면타당도(face validity)라고 불리기도 하는데, 수집된 검사문항이 단순히 표면상 드러난 것에 의하여 타당한 행동지표인지 판단되기 때문이다. 내용타당도를 통하여 문항이 진단준거, 임상적 상관, 장애를 가진 아동에 대한 주의깊은 평가에서 도출되었는지 살펴볼 수 있다. **구성타당도**는 이론적 형태의 타당도로 볼 수 있는데, 척도가 관심 있는 심리적 개념이나 구성개념을 측정하는 정도를 살펴본다. 구성타당도는 문항들이나 측정들이 서로 관련되거나 묶여져서 구성개념을 산출하는지를 알아보며, 병리분야에서는 이러한 목적을 위하여 요인분석을 종종 사용한다. 예를 들어, 아동이 품행장애로 진단되었다면, 자기통제의 여러 측정들에서 낮은 점수를 보일 것이다. **준거관련타당도**는 척도점수가 척도를 통하여 포함하려했던 행동의 독립된 측정(예: 준거)과 관계된 정도를 의미한다. 준거관련타당도는 예언타당도(predictive validity)나 공인타당도(concurrent validity)로 나타날 수 있는데, **예언타당도**는 척도가 미래의 현격한 결과를 얼마나 잘 설명할 수 있는지를 살펴본다. 예를 들어, 중학교 때의 지능검사가 대학신입생 때의 성적을 예측할 수 있는지 예언타당도를 통하여 살펴볼 수 있다. **공인타당도**는 척도점수가 거의 동시에 실시된 준거측정과 관계된 정도를 알려 준다. 공인타당도는 다시 수렴타당도(convergent validity)와 변별타당도(또는 판별타당도; discriminant validity)로 구분할 수 있는데, 수렴타당도는 관계되어야 할 측정도구와 관계된 정도를 의미하는 반면, 변별타당도는 관계되지 않아야 할 측정도구와 관계되지 않을 정도를 보여 주어 척도문항특징이 문제의 장애에 어느 정도 독특한 지와 비슷한 장애와 어느 정도 구별되는 지에 대한 정보를 제공한다. 예를 들어, 우울증 평정척도는 우울증의 다른 척도와 높은 상관을 가질 것이며, 과잉행동성 같은 다른 장애척도와 낮은 상관을 가지리라고 기대된다.

역학적 측면에서 타당도는 검사가 질병의 유무를 판별할 수 있는 능력을 의미하는데, 질병상태와 검사와의 관계를 살펴볼 때 타당도는 민감도(sensitivity)와 특이도(specificity)라는 두 가지 개념이 필요하다. 〈표 3-2〉에 제시된 바와 같이 질병유무와 검사결과를 각 2수준으로 구분하여 장애가 있는 사람을 정확하게 분류할 수 있는 참양성(True Positive: TP), 정상인 사람을 장애가 있는 것으로 진단하는 위양성(False Positive: FP)의 경우가 있을 수 있다. 한편으로 정상인 사람을 정상으로 진단하는 참음성(True Negative: TN)의 경우가 있으며, 장애가 있는 사람을 정상으로 진단하는 위음성(False Negative: FN)의 경우도 있을 수 있다. 민감도란 용어는 장애가 있는 사람을 장애가 있는 것으로 정확하게 분류하는 백분율을 의미한다. 이러한 민감도는 질병이 있는 모든 경우에서 참긍정의 비율을 산출하면 된다. 특이도는 정상인 사람을 정확하게 정상으로 분류할 수 있는 백분율이다. 이러한 특이도는 질병이 없는 모든 경우에서 참부정의 비율을 산출하면 된다. 이에 비하여

표 3-2 질병의 상태와 검사와의 관계

		인구집단 질병유무	
		질병이 있음	질병이 없음
검사결과	양성	참양성(TP) (질병이 있는데, 양성의 결과를 보임)	위양성(FP) (질병이 없는데, 양성의 결과를 보임)
	음성	위음성(FN) (질병이 있는데, 음성의 결과를 보임)	참음성(TN) (질병이 없는데, 음성의 결과를 보임)

- 민감도 = 참양성TP/(참양성TP + 위음성FN)
- 특이도 = 참음성TN/(참음성TN + 위양성FP)

위음성률(rate of false negatives)은 장애가 있는 사람이 검사결과 음성으로 나타나는 것이며, 위양성률(rate of false positives)은 장애가 없는 사람이 검사결과 양성으로 나타나는 경우를 지칭한다.

[그림 3-1]은 정상과 장애가 있는 경우에서의 점수분포를 도식화하여 제시한다. 아래의 그림에서 알 수 있듯이 기준점을 어디에 두느냐에 따라 민감도와 특이도가 달라진다. 따라서 진단분류에서는 민감도와 특이도를 고려하여 기준점을 설정해야 한다. 진단기준점을 낮게 설정할 경우 민감도는 증가하지만 특이도는 감소하게 되고, 진단기준점을 높게 설정할 경우 특이도는 증가하지만 민감도는 감소하게 된다. 민감도와 특이도의 관계는 Receiver Operating Characteristic(ROC) 곡선으로 표현할 수 있다. ROC곡선은 민감도가 Y축이며, 위양성률이 X축인 그래프로 표시한 것으로, 사용자의 목적에 가장 잘 맞는 절단값을 선택하는 범위를 보여 준다. ROC곡선 아래의 면적(Area Under the Curve: AUC)개념은 무선으로 선택된

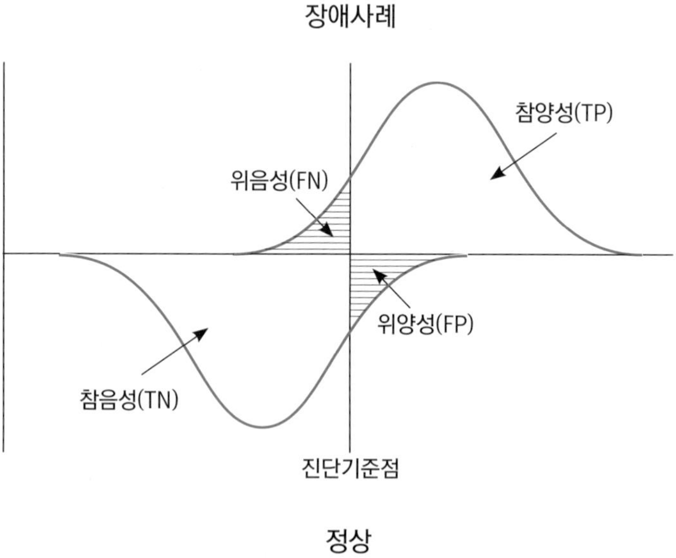

그림 3-1 정상과 장애사례에서의 점수분포

출처: *Child and Adolesceat Psychiatry* (4th ed.) (p. 60), by E. Fombonne, 2002, Malden, MA: Blackwell Publishing.

개인들을 질환이 있는 개인과 질환이 없는 개인으로 올바르게 분류하는 확률인데, 검사의 준거관련 타당도의 지표로써 사용할 수 있다(Verhulst & Ende, 2002, p. 78). AUC는 0.5에서 1.0의 범위를 보이며, 0.5는 개인을 올바르게 분류하는 것이 우연확률 정도인 것을 의미하며, 1.0은 완벽한 검사를 의미한다(Verhulst & Ende, 2002, p. 78).

검사가 질병의 유무를 100% 선별한다면 이상적일 것이다. 현실적으로 특정검

표 3-3 질병유무와 검사결과의 이분법적 검사결과

인구집단 질병유무

		질병이 있음	질병이 없음	
검사결과	양성	a 70	b 100	a+b
	음성	c 30	d 800	c+d
		a+c	b+d	a+b+c+d=N

- 민감도$=\dfrac{a}{(a+c)}=\dfrac{70}{100}=70(\%)$
- 특이도$=\dfrac{d}{(b+d)}=\dfrac{800}{900}\approx 89(\%)$
- 위음성률$=\dfrac{c}{(a+c)}=\dfrac{30}{100}=30(\%)$
- 위양성률$=\dfrac{b}{(b+d)}=\dfrac{100}{900}\approx 11(\%)$
- 양성예측치$=\dfrac{a}{(a+b)}=\dfrac{70}{170}\approx 41(\%)$
- 음성예측치$=\dfrac{d}{(c+d)}=\dfrac{800}{830}\approx 96(\%)$
- 유병률$=\dfrac{a+c}{(a+b+c+d)}=\dfrac{100}{1000}=10(\%)$

사가 질병을 얼마나 잘 구별하는가는 양성예측치(positive predictive value)와 음성예측치(negative predictive value)로 평가할 수 있다. **양성예측치**는 검사결과가 양성인 사람 중에서 실제로 질병이 있는 가능성을 의미하며, 참양성인 사람의 수를 검사결과가 양성인 사람의 수로 나누어 계산한다(TP/TP+FP). **음성예측치**는 검사결과가 음성인 사람 중에서 실제로 질병이 없는 가능성을 의미하며, 참음성인 사람의 수를 검사결과가 음성인 사람의 수로 나누어 계산한다(TN/TN+FN). 가상적 예를 들어, 인구 1,000명을 대상으로 100명은 질병이 있고, 900명은 질병이 없는데, 특정한 검사를 실시하여 앞의 〈표 3-3〉과 같은 결과를 얻었을 때 검사에 대한 각 지수를 계산하여 볼 수 있다.

2) 신뢰도

검사의 **신뢰도**는 검사결과의 일관성이나 안정성을 의미하는 개념이다. 만약 검사가 2번에 걸쳐 실시되거나, 2사람에 의해 실시되거나, 2개의 상이한 형태로 제시되거나 상관없이, 검사가 반복적으로 동일한 결과를 제시한다면 신뢰도가 높다고 할 수 있다. 검사결과의 변이에 관계되는 요인에는 검사대상자 내에서의 변이, 검사자 내 변이, 검사자 간 변이가 포함된다(대한예방의학회, 2013, p. 90). 시간이나 상태, 상황에 따라 측정치가 변화할 수 있으므로, 검사대상자 내에서의 변이를 최소화하기 위해서는 검사시기나 조건을 표준화한다(대한예방의학회, 2013, p. 90). 검사자 내 변이는 검사자가 갖는 주관적 요소에 의해 발생하며, 검사자 간 변이는 검사자 간에 얼마나 동의 또는 동의하지 않는지의 정도를 나타내 준다. 검사자 간의 변이는 전체적인 검사결과가 서로 일치하는 일치백분율(agreement percents)을 구하거나, 우연에 의해 기대된 일치율을 고려한 지표인 카파통계량(Kappa statistics)를 사용하거나, 연속변수의 경우 급내 상관계수(intraclass correlation coefficient)와 같은 상관계수를 통하여 계산할 수 있다. 그러나 근래에는 아동의 적응문제를 보고하는 정보제공자 간의 불일치에 대한 관심이 높아지고 있는데,

그 이유로 ① 각각의 정보제공자는 아동의 행동문제에 대하여 신뢰롭고 타당한 보고를 제공하고, ② 정보제공자의 개별변량은 준거변인과 강한 연관성을 보이는데, 이렇듯 서로 다른 평정자의 보고는 아동의 기능을 알려 주는 다양한 지표에 독자적으로 연관되어 있고, ③ 정보제공자 간의 불일치가 시간에 걸쳐 안정되어 있고 높은 내적일관성을 보이기 때문이다(Dirks, De Los Reyes, Briggs-Gowan, Cella, & Wakschlag, 2012).

발달정신병리학과 관련시킬 수 있는 역학의 다른 개념으로 영향력 측정이 있다. **영향력 측정**이란 원인적 요인의 중요성을 측정하는 것이다. 일반 코호트 연구에서 빈번하게 사용되는 측정치로 비교위험도(또는 상대위험도; Relative Risk: RR)가 있는데, 질병과 노출의 연관성을 결정하고 연관성의 강도를 볼 때 중요하다. **발생률**(incidence)은 '질병 발생 위험성이 있는 인구집단에서 일정기간 동안 새롭게 발생한 질병 발생자 수'를 의미하는데(대한예방의학회, 2013, p. 145), **비교위험도**는 노출된 집단의 발생률을 노출되지 않은 집단의 발생률로 나누어 산출할 수 있다. 만약 비교위험도가 4라고 하면 어떤 위험요인에 노출되지 않은 사람에 비하여 노출된 사람은 질병에 걸릴 위험이 4배 더 높다는 것을 의미한다. 즉, 만약 비교위험도가 1보다 크게 나타나면 노출집단에서 노출되지 않은 집단에서보다 질병발생의 위험이 높은 것이다. 만약 비교위험도가 1로 나타나면 노출되지 않은 집단의 질병발생의 위험이 노출집단과 같으며, 위험요인에 대한 노출 여부가 질병발생과 아무 연관이 없다고 가정할 수 있다. 반면 비교위험도가 1보다 작게 나타난 경우는 노출집단보다 노출되지 않은 집단에서 질병의 발생률이 높은 경우로 노출이 질병을 예방하는 효과가 있는 것이다.

위험성을 평가하기 위하여 **기여위험도**(attributable risk)도 자주 사용되는 개념으로, 기여위험도는 특정한 위험요인에 노출되는 것이 질병의 발생률에 기여하는 양(amount) 또는 분율(proportion)로 정의된다(Gordis, 2000, p. 172). 기여위험도는 예방과학에서도 핵심개념으로 간주되는데, 만약 중재가 위험요인을 100% 제거하는 효과가 있을 때, 예방될 수 있는 사례들의 최대분율이다(Munoz, Mrazek, &

Haggerty, 1996). 기여위험도는 특정요인에 노출되지 않으면 질병을 얼마나 예방할 수 있는지, 노출되어서 누적발생률이 얼마나 증가하는지를 알려 줄 수 있다. 기여위험도는 노출군의 기여위험도 및 기여위험분율과 전체인구에서의 기여위험도 및 기여위험분율로 구분하여 살펴볼 수 있다. 첫째, 노출군의 기여분율은 위험요인을 제거하면 노출된 집단에서 발생한 환자 중 몇 퍼센트를 예방할 수 있는 지를 알려 준다. 이때 노출된 요인이 질병의 발생과 연관되면 원인점유율(etiological fraction)로 보고, 노출된 요인이 질병의 예방과 연관되면 예방된 분획(preventive fraction)으로 본다. 노출군에서의 기여위험도는 노출군의 발생률에서 비노출군의 발생률을 빼서 산출한다(즉, 노출군의 발생률−비노출군의 발생률). 노출군의 기여위험도를 분율로 표시하면, 노출군의 위험도 중에서 해당 노출이 기여한 정도를 파악할 수 있는데, 노출군과 비노출군의 발생률 차이를 노출군의 발생률로 나누어

표 3-4 노출 여부와 질병의 상태의 관계

		질병 여부: 있음	질병 여부: 없음
노출 여부	있음	a	b
	없음	c	d

- 비교위험도(*RR*)= $\dfrac{\text{노출군의 발생률}}{\text{비노출군의 발생률}} = \dfrac{\dfrac{a}{(a+b)}}{\dfrac{c}{(c+d)}}$
- 노출군에서의 기여위험분율(attributable risk for the exposed group)

$$= \frac{\text{노출군의 발생률} - \text{비노출군의 발생률}}{\text{노출군의 발생률}} \times 100(\%)$$

- 전체인구에서의 기여위험분율(attributable risk for the total population)

$$= \frac{\text{전체인구의 발생률} - \text{비노출군의 발생률}}{\text{전체인구의 발생률}} \times 100(\%)$$

준다. 현실적으로 거의 불가능하나 만약 어느 질병이 한 가지 요인에 의해서만 결정된다면, 그 요인의 질병발생에 대한 기여위험도는 100%라고 할 수 있다. 둘째, 전체인구에서의 기여위험도는 노출된 집단과 노출되지 않은 집단을 합한 전체 집단에서 발생한 질병의 얼마나 많은 부분이 노출요인 때문에 발생했는지 파악하게 한다. 해당노출로 인한 전체 인구에서의 기여위험도는 전체인구의 발생률에서 비노출군의 발생률을 빼서 산출한다(즉, 전체인구의 발생률−비노출군의 발생률). 전체인구에서의 기여위험분율은 전체인구에서의 기여위험도를 분율로 표시하는 것으로, 전체인구와 비노출군의 발생률 차이를 전체인구의 발생률로 나누어 준다. 만약 특정질병이 여러 가지 원인들에 연관되었거나 희박한 확률의 노출에 연관된 경우 전체인구에서의 기여위험분율은 노출군에서의 기여위험분율보다 더 적게 나타날 것이다. 앞의 〈표 3-4〉는 이러한 관계를 수식화하여 제시한다.

5 측정방법

1) 유형

일찍이 Ollendick & Hersen(1993, xi)은 '사정(assessment)은 탐색적이고 가설검증적인 과정이며, 해당 아동, 집단, 사회적 생태계를 이해하고 특정한 개입(intervention)을 개발하고 평가하기 위하여 발달적으로 민감하고 경험적으로 타당한 다양한 절차를 사용하는 것'이라고 규정하였다. 이러한 정의는 다방법적 접근(multimethod approach), 경험적으로 타당한 절차를 선택하는 것, 발달적 및 규준적 논의에 민감한 절차라는 3가지 기본특징을 내포하고 있다(Ollendick & Hersen, 1993, pp. 5-11). 여기에서 사정은 단순히 측정도구나 기법을 적용하는 것이 아니라, 설정된 목적을 갖고 수행되어야 한다.

간략하게 설명하면, 사정이란 개인사례들을 구별시키는 특색들을 찾아 내도록 자료를 수집하는 것을 말한다. Achenbach와 Rescorla(2006, p. 149)는 정서행동문제들을 평가하는 데 적용하는 심리측정학적 원칙들을 다음과 같이 요약하였다.

- 사정은 표준화된 절차를 사용해야 한다.
- 기능의 각 측면을 표집하는 데 다양한 문항이 사용되어야 한다.
- 문항들은 기능의 각 측면에 대한 양적 점수를 제공하도록 합산되어야 한다.
- 점수들은 규준화되어야 하는데, 개인을 상대적인 준거집단과 비교하는 방법을 알려 주어야 한다.
- 발달적으로 민감하기 위하여, 규준적 준거집단을 연령수준이나 발달지표에 따라 구성해야 한다.
- 심리측정적으로 적절하려면, 사정절차는 신뢰롭고 타당해야 한다.

특히 아동 및 청소년의 사정의 경우, 성인사정과 다른 차이점을 고려해야 한다. 아동 및 청소년은 성인과 달리 스스로 치료를 의뢰하는 경우가 거의 없고 주위의 주요인물에 의하여 의뢰된다. 때로는 아동 및 청소년의 감정과 상관없이 의뢰가 이루어질 수 있다. 또한 아동 및 청소년은 성인보다 다양한 측면에서 변화를 경험하므로 발달적 맥락을 고려하여 사정하는 것이 중요하다.

정신병리를 사정하는 주요접근방법은 크게 첫째로 체크리스트와 평정척도 및 자기보고 측정도구, 둘째로 면접, 셋째로 관찰로 구분할 수 있다.

첫째, **평정척도**는 정신병리를 여러 상황에 걸쳐 일반적인 특질이라고 간주하여, 정보제공자로 하여금 증상의 빈도나 강도에 대하여 전반적인 판단을 하게 한다. 대부분의 평정척도는 규준참조검사로, 표준화집단에 근거한 점수환산표를 사용하여 원점수를 전환하여, 대상아동의 점수를 참조집단의 점수와 비교한다. 평정척도는 다음과 같은 장점을 포함한다. ① 자료수집의 표준화된 형식을 제공한다. ② 수많은 상황과 환경에 걸쳐 평정자의 축적된 경험에서 비롯되므로 어느 하루

에만 나타나는 변이(day-to-day variability)가 최소화되어 아동행동에 대한 안정되고 신뢰로운 묘사를 허용한다. ③ 비용과 시간 측면에서 효율적이고, 수월하며 경제적이다. ④ 잘 나타나지는 않으나(예: 방화, 자살제스처) 현저한 행동에 대한 자료수집이 가능하게 한다. ⑤ 평정척도는 다양한 주제영역에서 수많은 상이한 형식으로 존재하므로 거의 모든 필요에 맞추어 적절한 척도를 찾을 수 있다. ⑥ 특정행동과 전반적 속성 모두에서 존재유무, 빈도, 심각도에 관한 양적정보를 제공한다(Piacentini, 1993, pp. 82–83). 반면, 평정척도의 단점으로는 정보제공자의 관점에 국한되고, 정보제공자의 특성과 반응편향(response bias)에 따라 달라진다는 점을 들 수 있다(Verhulst & Ende, 2002, p. 79). 또한 문항의 구조화된 점수로 제한되어서 척도문항은 관련정보를 놓칠 수 있으며 주관적 경험을 탐색하거나 직접 행동을 관찰할 수 없으며, 지시의 어순이나 문항의 단어를 약간만 수정하는 것조차 큰 효과를 미치므로 비교하는 것을 어렵게 할 수 있다(Verhulst & Ende, 2002, p. 79).

둘째, 진단을 위한 **면접**은 어떠한 형식으로 진행되는가에 따라서 일정한 틀이 없이 진행되는 비구조화된 자유면접, 큰 틀의 질문을 미리 정해 놓고 그 범위 내에서 자유롭게 진행하는 반구조화 면접, 세부사항까지 일정한 형식에 따라 진행하는 구조화된 면접방식으로 구분한다(정승아, 2012, pp. 499–500). 각 면접에 해당하는 광대역 측정도구의 예는 이후의 절에서 소개될 것이다. 구조화된 면접은 동일한 질문으로 구성되어 질문에 대한 응답을 기록하고 채점하는 지침이 있으며, 개인 간 반응을 비교할 수 있게 해 준다. 그러나 이러한 진단적 면접도 맥락에 대한 정보를 얻게 하지는 않으며, 일정한 틀인 '구조'가 라포형성을 방해하고 부정적으로 인식될 수 있다. 구조화된 면접의 예로 아동용 진단면접스케줄(Diagnostic Interview Schedule for Children: DISC)이나 아동과 청소년용 진단면접(Diagnostic Interview for Children and Adolescents: DICA)을 들 수 있다. 반구조화된 면접은 구체적 초점과 목표가 분명한 질문들로 구성되어 있으나, 개인상황에 따라 조정이 가능하며 유연성이 있다. 반구조화된 면접의 예로 아동평가스케줄(Child Assessment Schedule: CAS)을 들 수 있다. 전문가는 임상상황에서 구조화된 면접을 선택할 때, 어느 범위의 병리를 포함할 것인지에 대한 면접범위와 면접자에게 어느 정도의 훈련이 요구되는지에 대한 훈련정도를 고려할 필요가 있다. 어린 아동을 대상으로 한 면접의 경우, 임상가나 연구자는 발달적 측면을 주의깊게 고려하여야 하며, 면접대상인 아동의 개인차를 인식해야 한다. 면접은 어린 아동들에게서 정보를 얻는 데 덜 유용할 수 있으며, 면접이 아동의 기분이나 기능에 대해 질문하는 데 유용하나 6세나 7세 미만의 아동들은 자신의 사고과정을 언급하는 데 어려움이 있다는 주장도 있다(Yule, 1993, p. 23).

셋째, 관찰은 의미 있는 맥락적 정보를 제공한다. 관찰법은 아동과 청소년이 특정상황에서 어떠한 행동을 하는지를 상세하게 관찰하여 내용을 구체적으로 기술하며 빈도나 강도를 수량화 하는 방법이다. 임상상황에서 관찰법은 크게 자연주의적 관찰법, 구조화된 관찰법, 자기관찰법, 행동분석법 등으로 구분할 수 있다(권석만, 2013, p. 137). 자연주의적 관찰법은 일상생활환경 속에서 개인의 행동을 관찰하여 평가하는 방법이며, 구조화된 관찰법은 특정한 자극상황에서 나타나는 행동을 관찰하는 방법이고, 자기관찰법은 자신의 행동을 스스로 체계적으로 관찰 기록하는 방법이며, 행동분석법은 문제행동의 전후상황을 구체적으로 평가하는 방법으로 선행사건(Antecedent), 문제행동(Behavior), 행동의 결과(Consequence)를 분석하는 A−B−C기법이 대표적이다(권석만, 2013, pp. 137−138).

다른 평가방법으로 **투사적 검사**나 **생리심리학적 평가**가 포함될 수 있다. **투사적 검사**는 모호한 자극을 제시하여 반응양식을 통해 욕구나 충동, 방어를 해석하는데, 10개의 잉크반점을 이용한 로르샤흐(Rorschach)검사, 모호한 상황에 있는 사람들의 30개의 흑백사진카드와 1개의 백지카드에 대한 이야기를 만드는 주제통각검사(Thematic Apperception Test: TAT), 일련의 끝나지 않은 문장들을 완성시키는 문장완성검사(Sentence Completion Test: SCT), 인물화검사(Draw-A-Person: DAP)를 비롯한 그림들을 예로 들 수 있다. 스위스의 정신과 의사인 Rorschach가 개발한 로르샤흐검사는 5장의 무채색 카드와 5장의 색카드로 구성되었으며, 카드를 순서대로 제시하며 절차가 표준화되어 있다. Exner는 로르샤흐검사에 대한 다양한 관점을 통합하고 표준화시켰는데, Exner의 종합체계에서의 채점과정은 피검자의 반응을 기호로 바꾸어 기록한 뒤, 각 기호의 빈도, 백분율, 비율, 특수점수들을 산출계산하여 요약하는 '구조적 요약' 과정을 거친다(김동민 외, 2013, p. 296). Exner의 종합체계에서의 채점범주는 피검자가 반점의 어느 부분에 반응했는가, 그 위치반응은 어떤 발달 수준을 나타내는가, 반점을 결정하는 데 영향을 준 반점의 특징은 무엇인가, 반응한 내용이 자극의 특징에 적절한가, 반응한 내용은 어떤 내용범주에 드는가, 일반적으로 흔히 하는 반응인가, 자극을 어느 정도 조직화하여 응답했는가, 특이한 언어반응을 하고 있는가, 사물을 대칭적으로 지각하였는가와 같은 항목으로 구성되어 있다(김동민 외, 2013, p. 296).

주제통각검사는 Murray가 개발하였는데, 욕구-압력이론에 기초하여 인간은 모호한 상황을 과거경험과 현재소망에 따라 해석하는 경향이 있으며, 내적욕구와 환경압력에 따라 공상주제를 통일하는 지각과정을 통각으로 정의하면서, 검사에 대한 반응은 통각과정의 표현이라고 간주한다(김명희, 이현경, 2014, p. 56). 주제통각검사는 4가지 개별 범주 속에 26개의 욕구를 나열하였으며, 인물과 하고 있는 일, 그림 속의 상황과 사건을 초래한 것, 미래에 발생할 것, 인물의 감정과 사고, 이야기가 어떻게 끝날 지를 포함한 이야기를 만들도록 한다. 이러한 이야기 만들기 카드는 주제통각검사 이외에 3~11세의 아동을 대상으로 한 아동용 주제통각검사인 Children's Apperception Test(CAT)와 3학년에서 9학년을 대상으로 한 선별도구인 Michigan Picture Test-Revised(MPT-R)가 있다. 아동용 주제통각검사는 주인공이 동물이며 아동들에게 적합한 그림들을 포함하는 10장의 카드들로 구성되어 있다. 문화적 배경이나 성장방식의 차이를 고려하여, 국내에서는 1976년에 김태련, 서봉연, 이은화, 홍숙기가 CAT원판을 한국 아동에게 적용할 수 있도록 한국판 아동용 주제통각검사로 개정하였다(정옥분, 2012, pp. 421-422). 그러나 아동이 동물들과 동일시할 수 있는가 여부와 동물카드에 더 투사적 자료를 제공하는지 여부에 대하여 논란이 있어서, 아동용 주제통각검사로 동물판과 인간판 어느 것도 사용가능하다(Finch & Belter, 1993, p. 226).

문장완성검사는 다른 투사적 검사들보다 모호성이 적은 편이며, 다양한 문장완성검사들이 있으며, 전형적으로 25개에서 75개의 미완성문장들을 포함한다. 인물화 검사는 Goodenough가 아동의 지적기능을 측정하기 위하여 아동의 그림을 사용하면서 개발되었는데, 이후의 학자들은 그림이 지적기능을 추정하는 이외에도 성격기능에 대한 정보를 제공한다고 보았다(Finch & Belter, 1993, p. 227). 이러한 투사적 그림은 비언어적인 아동이 자신을 표현하게 할 뿐 아니라, 정신역동적 관점에서 아동의 내적 감정이나 가족구성원과의 관계를 이해하게 하며, 이후의 평가를 위한 출발점이 될 수 있다.

Buck(1948)는 집-나무-사람검사(House-Tree-Person test: HTP)를 소개하였는데, 아동에게 4장의 종이를 주어 1장은 날짜와 피검자와 관련된 사항을 적고, 다음의 각 장에 집, 나무, 사람을 따로 그리게 하는데, 집, 나무, 사람은 어린 아동에게 비교적 친숙하고 그리는 것을 자연스럽게 받아들이게끔 하며, 더 솔직하고 자유롭게 말로 표현하게 한다고 보았다. 집은 가정이나 가족상황과 관련되고, 나무는 자아개념의 덜 의식적인 측면을 나타내고, 사람은 자기상을 나타낸다. 집-나무-사람검사에 대하여 구조적 해석과 내용적 해석이 가능한데, 구조적 해석은 그림의 크기나 위치, 그리는 순서를 살펴보고, 내용적 해석은 반응을 통하여 의미나 투사, 갈등과 방어, 적응정도를 살펴본다(김명희, 이현경, 2014, p. 181). 이후 Burns와 Kaufman(1970, 1972)은 역동적 맥락에서 관계와 상호작용을 살펴보기 위하여 가족이 무엇을 하는 그림을 그리도록 하는 동작성 가족화검사(Kinetic Family Drawing: KFD)를 개발하였다. 이 검사에서 아동은 본인을 포함하여 가족구성원이 무엇을 하고 있는 그림을 그린 후 각 인물이 누구이며 무엇을 하고 있는지를 대답한다. 이 외에도 아동 및 청소년을 대상으로 투사적 방법을 사용한 검사들이 있다. 예를 들어, 상이한 위치에 있는 손그림을 보여 주는 10장의 카드로 구성된 Hand Test는 Wagner에 의하여 개발되었는데, 손들이 무엇을 하고 있다고 보는지에 따라서 개인의 행동경향을 측정하는 검사이다.

그 외 최근에는 **생리심리학적 사정**(neuropsychological assessment)에 대한 관심이

높아지고 있다. 생리심리학적 측정법은 심박수나 뇌파 등을 통하여 생리체계의 변화를 파악하며, 뇌영상술은 다양한 기법으로 뇌의 구조와 기능을 평가하는 등 정신장애의 사정을 위하여 여러 가지 평가방법이 사용되고 있다.

2) 광대역 측정도구

임상적인 진단 또는 평가를 위하여 임상가들은 다양한 측정도구를 사용한다. 이러한 측정도구는 광대역 또는 전반적 영역을 포괄하는 도구(예: 아동 · 청소년 행동평가척도)와 협의역 또는 특정한 영역을 평가하는 도구(예: 아동용 우울척도)로 구분할 수 있다. 본 절에서는 광대역 또는 전반적 영역을 포괄하는 도구들을 제시하며, 협의역 또는 특정한 영역을 평가하는 도구들은 2부의 각 장에서 측정도구에 관한 절을 통하여 설명된다.

먼저, 진단적 면접으로 학령기 아동을 위한 정동장애와 정신분열병 스케줄(Schedule for Affective Disorders and Schizophrenia for School-Age Children: K-SADS)은 성인을 위해 개발된 '정동장애와 정신분열병 스케줄'에 기초해서 Puig-Antich와 Chambers(1978)가 아동진단을 위해 개발하였다(Curry & Craighead, 1993, p. 256; 조수철, 신민섭, 2006, p. 44). K-SADS는 DSM-IV에 근거하여 여러 판(version)이 있으며, 총 길이, 임상적 문항 수, 채점의 수월성, 심리측정적 자료의 활용도 측면이 각기 다르다. 학령기 아동을 위한 정동장애와 정신분열병 스케줄-현재형과 평생용(Schedule for Affective Disorders and Schizophrenia for School-Age Children: Present and Lifetime version, K-SADS-PL; Kaufman et al., 1997)은 구조화의 정도 면에서 볼 때, 반구조화된(semistructured) 진단면접체계라고 할 수 있으며, DSM의 진단준거에 따라서 32개의 질환유무를 측정하도록 고안되었다. 면접은 라포를 형성하고, 아동의 사회적 환경과 기능에 대한 정보를 얻고, 현재의 질병력과 증상, 강도, 만성도를 결정하기 위해 수행된다. 먼저 부모에 대한 면접을 하고 그 후에 아동이나 청소년을 대상으로 면접이 진행되도록 구성되어 있으며, 6~17세

(또는 최근 판에서는 6~18세) 사이의 아동 및 청소년들의 진단을 목적으로 하고 있다. 국내에서 한국판 표준화작업이 진행되었으며, 아동 및 청소년의 정신과적 장애를 대부분 포함하고 있으며, 진단체계에 익숙하고 면접훈련을 받은 임상경험이 있는 면접자에 의해 실시된다. K-SADS-PL의 각 문항은 0에서 3점까지의 범위에서 평정되는데, 0은 정보없음, 1은 없음, 2는 역치하, 3은 역치를 의미한다. 주요 강점으로 환자의 증상, 증상의 시작, 정도, 지속기간, 부수적 장애를 평가할 때 세밀하고 정확하다는 점이 있지만, 광범위한 임상경험과 훈련이 필요한 것은 제한점이라 할 수 있다(조수철, 신민섭, 2006, p. 45).

진단적 면접으로 아동 및 청소년 정신의학적 평가(Child and Adolescent Psychiatric Assessment, CAPA; Angold et al., 1995)는 아동 및 청소년을 위한 매우 구조화되고 표준화된, 증상지향적(symptom-oriented) 면접이다. DSM-III-R, DSM-IV, ICD-10의 체계에 따라 30개의 진단을 제공하며, CAPA는 피험자가 질문을 이해했는지 확인하게 하고, 각 증상에 관계된 행동과 감정에 관한 명확한 설명을 제공하며, 각 증상의 심각도 수준에 대하여 광범위한 용어해설을 기술하였다. 8~18세 사이의 아동 및 청소년을 대상으로 임상가나 고도로 훈련받은 일반인이 실시할 수 있으며, 소개단계, 장애에 근거한 증상검토 단계, 다양한 생활영역에서의 관찰할 수 있는 행동을 측정하는 단계로 구분할 수 있다. 면접자에 기반을 두었기 때문에 면접자의 훈련 및 자료입력, 감독자의 점검이 필요하며, CAPA는 품행장애의 경우 희석화효과가 있다고 지적된다. 검사-재검사 희석화효과(test-retest attenuation effects)는 동일한 진단특성에 대해 처음에 긍정반응을 보였다가 이후에 부정반응으로 변화하는 것으로 처음 면담에서는 진단역치를 충족시키나 이후 반복된 면담에서는 자기보고증상이 감소하여 역치에 미치지 못하는 경우이다. 면접을 실시하기 전에 면접자는 1개월이나 5주까지의 훈련을 받도록 한다(Essau, Hakim-Larson, Croker, & Petermann, 1999, p. 38). 이러한 CAPA에 기초하여 2~5세의 취학전 아동을 진단하기 위한 취학전아동 정신의학적 평가(Preschool Age Psychiatric Assessment: PAPA)가 개발되었는데, 면접자가 취학전 아동과 부모와의 면접을 통하여 정신과적 증상의 유무, 빈도, 발병에 대한 정보를 얻는다.

다른 진단적 면접으로 아동용 진단면접스케줄(Diagnostic Interview Schedule for Children-Child Version: DISC-C)은 아동 및 청소년 정신장애의 대규모 역학연구에 사용하기 위하여 1979년 미 국립정신건강원(National Institute of Mental Health: NIMH)에서 처음 개발되었으며, 훈련된 일반면접자가 사용할 수 있는 고도로 구조화된 진단면접스케줄이다. DISC는 개정을 거듭하여 DISC개정판(DISC-Revised: DISC-R), DISC-2.1, DISC-2.3가 발간되었고 근래에는 DISC-IV가 발간되었다. 9~17세의 아동 및 청소년을 위한 아동청소년용 DISC-C와 6~17세의 부모를 위한 부모용 DISC-P는 DSM-III의 진단준거에 맞추어 개발되었고, 이후 DSM-IV와 ICD-10의 진단준거에 따라 개정되어 DISC-IV(Shaffer, Fisher, Lucas, Dulcan, & Schwab-Stone, 2000)로 발간되었다. DISC-IV는 서두모듈과 정신의학적 진단으로 불안장애, 기분장애, 조현병, 파탄적 행동장애, 알코올 및 물질사용장애, 기타장애(섭식장애, 배설장애, 틱장애, 이식증, 발모광)의 6가지 모듈로 되어 있고, 전생애모듈이 선택사항으로 추가 포함되어 있다. DISC-IV는 6~17세의 아동과 청소년을 진단하는 부모용과 9~17세의 아동과 청소년을 직접 면담하는 아동·청소년용이 있다. 면접에서는 33개의 아동 및 청소년 정신장애의 유무를 측정하는데, 이때 면접자는 각 질문을 쓰여진대로 정확하게 읽어야 한다. 대부분의 반응유형은 '네' '아니요'와 '때때로' '다소'로 되어 있다. DISC는 위계적 질문체계를 사용하여, DISC-C의 2,930개의 질문 중에서 358개는 근간(stem)이 되는 질문(어떤 증상의 가장 현저한 측면을 다루는 광범위한 질문)과 1,341개의 부수적(contingent) 질문(근간 질문에 그렇다고 답변한 후에만 질문함)이 있는데, 부수적 질문은 전형적으로 증상의 빈도, 기간, 강도에 대한 정보를 수집하고, 덧붙여 732개의 질문은 발병연령과 맥락, 증상에 기인하는 손상과 치료를 물어볼 수 있다(Hughes & Melson, 2008, p. 279). 오류의 근원으로 검사-재검사 희석화효과가 있으며, 또 다른 제한점으로 DISC질문은 아동들이 정확하게 이해하기 어려울 수 있다고 지적된다. 국내에서 DISC-IV의 타당도와 신뢰도가 검증되었다(조수철 외, 2007).

DISC-IV의 연구팀들은 DISC를 사용하여 청소년과 부모들을 대상으로 한 질문지인 DISC Predictive Scales(DPS; Lucas, Zhang, Fisher, Shaffer, Regier, Narrow et al., 2001)를 개발하여 효율적인 진단을 위한 선별검사로 사용하게 하였다. DPS의 청소년용과 부모용은 주요정신장애들에 대한 일련의 관문질문(gate question)들과 부수적 질문들로 구성된 2세트의 질문에 응답하게 되어 있다.

아동과 청소년용 진단면접(Diagnostic Interview for Children and Adolescents: DICA)은 DSM 진단준거에 따라 아동기와 청소년기 주요정신장애를 측정하도록 고안된 진단면접으로 여러 판(version)이 있다. 원래 DICA는 1969년 미국 워싱턴대학에서 Herjanic과 동료들에 의하여 임상과 역학연구를 위하여 개발되었는데, 아동들을 대상으로 사용하기 위한 최초의 면접스케줄이며(La Greca, Kuttler, & Stone, 2001, p. 93), 1969년 DICA 초판에서 1981년 DSM-III준거를 포함하는 개정판, 다시 이후에 DSM-III-R준거에 따른 개정판이 출판되었고(Hodges & Zeman, 1993, p. 74), 이후 DSM-IV에 따라 개정되었으며, 25개 이상의 진단이 가능하다. DICA는 3개의 판(version)으로 구성되어 6~12세의 아동용(DICA-C), 13~18세의 청소년용(DICA-A), 부모용(DICA-P)이 있다. DICA-R은 원래 15개의 주요섹션(section)으로 조직되었는데, 앞부분의 2개 섹션은 일반적인 사회인구학적 정보를 얻고, 다음의 11개 섹션은 다양한 정신장애와 증상들을 포함하고, 나머지 섹션들은 임상적 관찰, 사회심리적 스트레스원 등을 포함한다(La Greca, Kuttler, & Stone, 2001, p. 93).

아동평가스케줄(Child Assessment Schedule: CAS)은 1978년에 Hodges와 동료들에 의해 심리장애를 측정하기 위하여 개발되었으며, 초판은 최소한도로 구조화되어 있어서 5~7세의 어린 아동들에게 유용하였다. 1986년판은 7~12세의 학령기 아동에게 사용하도록 고안되었으며, 1990년 판은 청소년에게 사용되도록 개정되었다(Hodges & Zeman, 1993, p. 68; Essau, Hakim-Larson, Crocker, & Petermann, 1999, p. 37). CAS는 반구조화된 면접으로 임상과 연구목적 둘 다를 위하여 사용될 수 있고(Curry & Craighead, 1993, p. 225), 구조화가 낮고 융통성이 높으므로 고도로 훈련된 면접자가 실시해야 한다. 첫 번째 섹션은 11개의 내용영역(친구, 학교, 가족, 활동, 두려움, 걱정, 자기상, 기분, 신체적 염려, 분노표현, 사고장애 증상들)에 대한 75문항으로 구성되었고, 두 번째 섹션은 증상의 발생과 기간을 다루며, 마지막 섹션은 면접 후에 임상가의 관찰로 채점하는 53문항으로 구성되어 있다(La Greca, Kuttler, & Stone, 2001, p. 95).

선별을 주요목적으로 아동의 행동문제를 측정하는 다양한 평정척도들이 개발되었다. 대표적인 표준화된 평정척도로 다면적 인성검사, 아동 · 청소년 행동평가척도, 증상체크리스트, 강점 · 난점질문지 등을 살펴볼 수 있다. 다면적 인성검사(Minnesota Multiphasic Personality Inventory: MMPI)는 1943년 미국 미네소타 대학병원의 Hathaway와 McKinley에 의해 비정상적인 행동과 증상을 객관적으로 측정하도록 일차적으로 개발되었으며, 이후 수정보완된 MMPI-2(Butcher, Graham, Ben-Porath, Tellegen, & Dahlstrom, 2001)에서는 재구성 임상척도(Restructured Clinical scale: RC)가 포함되고 타당도척도들이 추가되었으며, 내용영역이 확장되었다(김명희, 이현경, 2014, pp. 97-98). 다면적 인성검사-2(MMPI-2)와 청소년용(MMPI-A)은 각각 자기보고형 진위형문항인 567문항과 478문항으로 구성되어 있다. 임상척도는 10개로 구성되었는데, 8개의 기본증상척도와 2개의 부가적 임상척도를 포함한다. 8개의 기본증상척도로 건강염려증(Hypochondriasis: Hs), 우울증(Depression: D), 히스테리아(Hysteria: Hy), 반사회성(Psychopathic Deviate: Pd), 편집증(Paranoia: Pa), 강박증(Psychasthenia: Pt), 조현증(Schizophrenia: Sc), 경조증(Hypomania: Ma)이 포함되고, 부가적 임상척도로 남성특성-여성특성(Masculinity-Femininity: Mf)과 사회적 내향성(Social introversion: Si)을 포함한다. 또한 MMPI는 검사를 받는 태도를 측정하는 타당도척도들을 포함하고 있는데, MMPI-2는 10개의 타당도척도를 포함하고 있으며, 타당도척도는 개별척도의 해석뿐 아니라 부인척도(Lie: L), 비전형척도(Infrequency: F), 교정척도(Correction: K)의 형태에 따라서도 해석이 필요하다.

가장 빈번하게 사용하는 포괄적인 패키지 중의 하나는 Achenbach가 개발한 측정체계이며, 측정도구에 대한 상세한 정보는 *www.aseba.org*를 참고할 수 있다. 측정도구들은 1세 반에서 5세까지의 취학전 아동용, 6~18세의 아동용, 18~59세의 성인용, 60~90세 이상의 노인용으로 구분되어 있는데, 아동 및 청소년의 행동을 평정하기 위하여 부모용 아동·청소년 행동평가척도(Child Behavior Checklist: CBCL, 6~18세), 교사용 아동·청소년 행동평가척도(Teacher Report Form: TRF), 청소년 자기행동평가척도(Youth Self-Report: YSR, 11~18세)를 사용할 수 있다. 척도들은 사회능력척도(competence scales)와 증후군척도(syndrome scales)로 구성되는데, 부모용 아동·청소년 행동평가척도에서 사회능력척도는 활동성(activities), 사회성(social), 학업수행(school) 소척도로 구성되어 있고, 증후군척도는 불안/우울, 위축/우울, 신체적 증상, 사회적 문제, 사고의 문제, 주의집중문제, 규칙위반행동(rule-breaking behavior), 공격적 행동, 기타 문제들의 소척도로 구성되어 있다. 증후군척도는 크게 우울, 위축, 신체적 증상을 포함한 내재화문제점수와 비행, 공격성 등을 포함한 외현화문제점수, 총 문제행동점수로도 구분할 수 있다. 척도의 문항들을 증후군 척도로 구분하는 대신에 DSM에 근거한 척도로 변환할 수 있는데, 이러한 경우 정동문제(affective problems), 불안문제, 신체화문제, 주의집중결핍/과잉행동성 문제, 반항성/적대문제, 품행문제로 구분할 수 있다. 1991년판 이후에 출간된 2001년판 부모용과 교사용 아동·청소년 행동평가척도 증후군척도는 총 113문항으로 구성되어 있으며, 2001년에 처음 출시된 청소년 자기행동평가척도는 112문항으로 구성되어 있다. 평정방식은 '전혀 아니다'(not true-0점), '그런 편이거나 가끔 그렇다'(somewhat or sometimes true-1점), '매우 그렇거나 자주 그렇다'(vert true or often true-2점)의 3점 척도로 되어 있으며, T점수로 환산하여 표준화된 집단과 비교하여 상대적 위치를 파악할 수 있게 되어 있다. 이 척도들은 국내에서 표준화되었다(예: 오경자, 이혜련, 홍강의, 하은혜, 1997; 오경자, 하은혜, 이혜련, 홍강의, 2007).

간이정신진단검사(Symptom Checklist-90-Revised, SCL-90-R; Derogatis, 1973, 1994)는 신속한 선별검사로 사용되는 자기보고형 도구인데 9가지 증상차원의

90문항으로 구성되어 있으며, 9가지 증상차원은 신체화(Somatization: SOM), 강박증(Obsessive-Compulsive: O-C), 대인예민성(Interpersonal Sensitivity: I-S), 우울(Depression: DEP), 불안(Anxiety: ANX), 적대감(Hostility: HOS), 공포불안(Phobic Anxiety: PHOB), 편집증(Paranoid Ideation: PAR), 정신증(Psychoticism: PSY)이다. '전혀 없다'(0점)에서 '아주 심하다'(4점)까지 5점척도로 평정하게 되어 있다. 이후에 단축형 간이정신진단검사(Brief Symptom Inventory, BSI; Derogatis & Melisaratos, 1983)는 증상체크리스트에서 문항선택 알고리즘을 통하여 선택한 53문항으로 구성되었다. 간이정신진단검사는 원래 홉킨스증상체크리스트(Hopkins Symptom Checklist; HSCL, Derogatis, Lipman, Rickels, Uhlenhuth, & Covi, 1974)에서 비롯되었다. 홉킨스증상체크리스트의 5가지 기본차원에 대한 심리측정적 분석과 4가지 새로운 차원을 추가하여 광범위한 증상들을 포함하는 간이정신진단검사가 작성되었다. SCL-90-R과 BSI는 청소년에 대한 별도의 규준이 있어서 청소년에게도 사용될 수 있으며, 단축형인 BSI-18은 간단하게 18문항으로 구성되어 있으며 18세 이상의 성인이 사용가능하다.

강점 · 난점 질문지(Strengths and Difficulties Questionnaire: SDQ)는 Goodman (1997)이 Rutter의 부모평정질문지 수정판을 기반으로 이를 수정보완하여 개발하였는데, DSM-IV와 국제질병 분류표 ICD-10의 진단분류학 개념을 기초로 한다. 영어판은 2~4세, 4~10세, 11~17세 아동의 부모 또는 교사가 정신건강을 선별(screening)하는 질문지, 11~17세의 청소년이 자기보고하는 질문지, 18세 이상의 경우 자기보고하거나 정보제공자가 평정하는 질문지로 구성되어 있다. 안정숙, 정성균, 한준규, 노경선과 Goodman(2003)이 한국어판 강점 · 난점 질문지로 번안하였으며, 한국어판 제작을 위하여 안정숙, 노경선, Storey, 양수진이 공식번안에 기여하였다. 난점의 소척도는 정서문제, 품행문제, 과잉행동성문제, 또래문제에 대하여 각 5문항씩 총 20문항으로 구성되어 있으며, 강점의 소척도인 친사회적 행동은 5문항으로 구성되어 있다. 최근 6개월 동안 또는 해당 학년 동안의 아동의 행동에 기초하여, 각 문항에 대하여 '전혀 아니다'(0점)에서 '분명히 그렇다'(2점)의

3점 평정척도로 응답하도록 되어 있다. 총 난점 점수는 40점이며, 총 강점 점수는 10점이다. 근래에는 위험집단이 아닌 경우 난점의 소척도로 구분하기 보다는 내재화문제와 외현화문제로 구분하는 것이 유용하다고 제안되기도 한다. SDQ는 선별검사에 사용되고 있지만, 진단을 위한 보조도구로 사용될 수 있다.

Behavior Assessment System for Children(BASC)은 원래 1992년에 Reynolds와 Kamphaus에 의하여 개발되었다. 수정된 2판은 2004년에 BASC-2로 발간되었는데, 1992년 발표된 초판의 연령범위를 확장시켜 2~25세의 연령을 대상으로 할 수 있으며, 평정형으로 부모용, 교사용, 청소년용이 있으며 교실에서 아동을 객관적 관찰하는 형태도 있다. 원래 일반적 행동, 정서발달, 성격특성, 자기지각(self-perceptions)을 측정하는 데 목적을 두었는데, 2판인 BASC-2에서는 보다 종합적이며, 다방법 및 다차원적인 측정으로 변경되었다. 국내에서 한국판 BASC-2로 표준화되었다.

그 외에, Berkeley Puppet Interview(BPI; Measelle, Ablow, Cowan, & Cowan, 1998)는 4, 5세~8세의 자기 지각을 유도하도록 고안되었으며 연령에 적합한 상호작용적 면접기술이어서 어린 아동이 연령에 적합하게 문제행동을 자기보고하는 데 사용될 수 있다(Stone et al., 2014). 2개의 똑같은 손인형 Iggy와 Ziggy를 사용하여, 세 명의 또래 간의 대화를 자극하기 위하여 각각 이 두 손인형은 '나는 슬픈 아이야' '나는 슬픈 아이가 아니야'라고 반대의 진술을 한 후, 그들은 함께 아동에게 '너는 어떠니'라고 물어본다. 훈련된 관찰자가 7점척도로 코딩한다. BPI는 8개의 소척도로 구성되고, 우울, 불안, 분리불안의 내재화문제와 적대적 반항행동, 행동문제, 공격성과 또래에 대한 적대감으로 이루어진 외현화문제로 구분되고 또래관계에 초점을 둔 2개의 소척도는 '또래로부터의 수용과 거부' '또래괴롭힘을 당함'의 2개의 소척도로 이루어져 있으며, 5, 6, 7로써 코딩될 때 병리가 없음을 반영한다. 다음 〈표 3-5〉는 진단과 선별을 위하여 사용되는 주요광대역 측정도구들의 예를 간결하게 보여 준다.

표 3-5 주요광대역 측정도구들의 예

유형 분류	도구 명	총 문항 수	응답자	주요출처
반구조화 진단면접도구 (면접자 주도형)	K-SADS-PL	300 이상	아동 부모	Kaufman et al., 1997
구조화 진단면접도구 (면접자 주도형)	CAPA	1,401～2,571	아동 부모	Angold et al., 1995
구조화 진단면접도구 (응답자 주도형)	DISC-IV	2,930	아동 부모 교사	Shaffer et al., 2000
구조화 진단면접도구 (응답자 주도형)	DICA-IV	300 이상	아동 청소년 부모	Reich, 2000
반구조화 진단면접도구	CAS-2	128	아동 부모	Hodges et al., 1982; Hodges & Zelman, 1993
평정 선별도구	CBCL YSR TRF	113～126	부모 청소년 교사	Achenbach, 1991; Achenbach & Rescorla, 2001
평정 선별도구	SDQ	25	부모 교사 청소년	Goodman, 1997
평정 및 관찰 선별도구	BASC-2	유형에 따라 상이함	부모 교사 청소년	Reynolds & Kamphaus, 2004
평정 선별도구	MMPI-2 MMPI-A	567 478	성인 및 청소년	Butcher et al., 2001
평정 선별도구	BSI	53	성인 및 청소년	Derogatis & Melisaratos, 1983

주. K-SADS-PL=Schedule for Affective Disorders and Schizophrenia for School-Age Children; CAPA=Child and Adolescent Psychiatric Assessment; DISC-IV=Diagnostic Interview Schedule for Children-IV; DICA-IV=Diagnostic Interview for Children and Adolescents-IV; CAS-2=Child Assessment Schedule-2; CBCL=Child Behavior Checklist; TRF=Teacher Report Form; YSR=Youth Self-Report; SDQ=Strengths and Difficulties Questionnaire; BASC-2=Behavior Assessment System for Children-2; MMPI-2=Minnesota Multiphasic Personality Inventory-2; MMPI-A=Minnesota Multiphasic Personality Inventory-Adolescent; BSI=Brief Symptom Inventory

1부 맺음말

제1부는 정신병리와 가족을 이해하기 위한 이론적 개요를 제공하였다. 발달정신병리학을 개념적 틀로써 이해하기 위해서는, 발달정신병리학이 어떠한 학문적 흐름에서 유래되었고, 발달정신병리학의 바탕을 이루는 원리와 주요개념을 파악하는 것이 필요하다. 1장에서는 역동적인 다학문적 특성을 포함하는 통합적 접근인 발달정신병리학의 주요원리로, ① 정상과 정신병리적 기능간의 상호작용, ② 다중수준의 분석과 다학제 간 연구, ③ 탄력성(또는 적응유연성; resilience), ④ 중개연구(또는 변용연구; translational research), ⑤ 예방과 중재가 소개되었다. 주요개념으로 위험요인과 보호요인, 취약성과 탄력성을 소개하였다.

2장에서는 유전과 환경의 영향에 대한 광범위한 내용을 이해하는 데 유용한 학문적 기반을 살펴보았다. 행동유전학의 쌍생아연구, 입양연구, 가계설계에 기반한 연구방법과 타 학문과 연관된 연구경향을 살펴보았다. 개인이 발달에 기여하는 정도에 대한 관점으로 유전자/환경의 상관과 유전자/환경의 상호작용을 기술하였다. 세부적 절을 통하여 유전자와 환경의 상관은 유전자가 환경노출에 미치는 영향에 따라 수동적, 촉발적, 능동적 상관으로 구분되고, 유전자형/환경의 상호작용은 유전자형이 환경에 대한 민감성에 영향을 주는 것을 가정한다고 설명하였다.

제1부의 후반부에는 정상과 비정상을 구분하고 측정하고 평가하는 방법을 다루었다. 정신장애에 대한 다양한 관점을 소개하고 범주적 분류와 차원적 접근의 유사점과 차이점을 설명하는 한편 DSM 분류에 대한 역사적 흐름과 쟁점을 소개하였다. 진단분류체계에서의 고려할 점을 살펴보기 위하여 역학분야의 다양한 개념을 활용하여 접근하였다. 타당도는 검사가 측정하려는 특성을 얼마나 정확하게 측정하는가에 대한 것으로 세부적 절에서는 민감도, 특이도, 양성예측치, 음성예측치를 산출하는 방법을 살펴보았다. 검사의 신뢰도는 검사결과의 일관성이나 안정성을 의미하는 개념인데, 역학분야에서의 영향력 측정방법을 통하여 원인적 요인들을 파악하는 방법들을 설명하였다. 다음에는 측정방법으로 평정척도, 면접, 관찰을 개관하였으며, 아동 및 청소년의 전반적 정신장애를 측정하는 대표적 광대역 검사도구들을 소개하였다.

참고문헌

권석만(2013). 현대 이상심리학(2판). 서울: 학지사.

김동민, 강태훈, 김명식, 박소연, 배주미, 선혜연, 이기정, 이수현, 최정윤(2013). 심리검사와 상담. 서울: 학지사.

김명희, 이현경(2014). 아동·청소년을 위한 상담과 심리평가. 경기: 교문사.

김봉석(2012). 정신질환의 분류. 대한소아청소년정신의학회(편저). 청소년정신의학(pp. 51-70). 서울: 시그마프레스.

대한소아청소년정신의학회(편저) (2012). 청소년정신의학. 서울: 시그마프레스.

대한예방의학회(편저) (2015). 예방의학과 공중보건학(2판). 서울: 계측문화사.

안정숙, 정성균, 한준규, 노경선, Goodman, R. (2003). 한국어판 강점·난점 설문지(Strengths and Difficulties Questionnaire) 개발. 대한신경정신의학, 42(1), 141-147.

오경자, 이혜련, 홍강의, 하은혜(1997). K-CBCL 아동·청소년 행동평가검사. 서울: 중앙적성출판사.

오경자, 하은혜, 이혜련, 홍강의(2007). K-YSR 청소년 자기행동 평가척도. 서울: 중앙적성출판사.

조수철, 김붕년, 김재원, 김효원, 최현정, 정선우, ... 한성희(2007). 한국어판 DISC-IV(Diagnostic Interview Schedule for Children Version IV)의 신뢰도 및 타당도. 대한소아청소년정신의학, 18(2), 138-144.

조수철, 신민섭(2006). 소아정신병리의 진단과 평가. 서울: 학지사.

정옥분(2012). 아동심리검사. 서울: 학지사.

Achenbach, T. M. (1974). *Developmental psychopathology*. New York, NY: Ronald Press.

Achenbach, T. M. (1990). Conceptualization of developmental psychopathology. In M. Lewis, S. M. Miller (Eds.), *Handbook of developmental psychopathology* (pp. 3-14). New York, NY: Plenum Press.

Achenbach, T. M. (1991). *Integrative guide for the 1991 CBCL 4-18, YSR, and TRF profiles*. Department of Psychiatry, University of Vermont, Burlington, VT.

Achenbach, T. M. (2000). Assessment of psychopathology. In A. J. Sameroff, M. Lewis, & S. M. Miller (Eds.), *Handbook of developmental psychopathology* (2nd ed., pp. 41–56). New York, NY: Kluwer Academic/Plenum Publishers.

Achenbach, T. M., & Rescorla, L. A. (2001). *Manual for ASEBA school-age forms and profiles*. Research center for children, youth, and families, University of Vermont, Burlington, VT.

Achenbach, T. M., & Rescorla, L. A. (2006). Developmental issues in assessment, taxonomy, and diagnosis of psychopathology: Life span and multicultural perspectives. In D. Cicchetti & D. J. Cohen (Eds.), *Developmental psychopathology* (2nd ed., pp. 139–180). Hoboken, NJ: John Wiley & Sons, Inc.

Addington, A. M., & Rapoport, J. L. (2012). Annual research review: Impact of advances in genetics in understanding developmental psychopathology. *The Journal of Child Psychology and Psychiatry, 53*, 510–518.

American Psychiatric Association (2013). *Diagnostic and statistical manual of mental disorders(DSM–5)*. Arlington, VA: American Psychiatric Publishing, Inc. 권준수 외(역). (2015). 정신질환의 진단 및 통계편람(5판). 서울: 학지사.

Angold, A., Prendergast, M., Cox, A., Harrington, R., Simonoff, E., & Rutter, M. (1995). The Child and Adolescent Psychiatric Assessment (CAPA). *Psychological Medicine, 25*(4), 739–753.

Baron, R. M., & Kenny, D. A. (1986). The moderator-mediator variable distinction in social psychological research: Conceptual, strategic, and statistical considerations. *Journal of Personality and Social Psychology, 51*, 1173–1182.

Buck, J. (1948). The H–T–P technique, a qualitative and quantitative scoring manual. *Journal of Clinical Psychology, 4*, 317–327.

Burns, R. C., & Kaufman, S. (1970). *Kinetic Family Drawings (K–F–D): An introduction to understanding children through kinetic drawings*. New York, NY: Brunner/Mazel.

Burns, R. C., & Kaufman, S. (1972). *Actions, styles, and symbols in kinetic family drawings (K−F−D): An interpretative manual*. New York, NY: Taylor & Francis Group. 장연집(역) (1997). 아동이 그린 가족화분석: 동작성 가족화(K−F−D)에 나타난 활동내용, 스타일, 상황의 해석. 서울: 교문사.

Butcher, J. N., Graham, J. R., Ben-Porath, B., Tellegen, A., & Dahlstrom, W. G. (2001). *Minnesota Multiphasic Personality Inventory−2(MMPI−2): Manual for administration and scoring* (Rev. ed.). Minneapolis, MN: University of Minnesota Press.

Caspi, A., McClay, J., Moffitt, T. E., Mill, J., Martin, J., Craig, I. W., ... Poulton, R. (2002). Role of genotype in the cycle of violence in maltreated children. *Science, 297*(5582), 851−854.

Caspi, A., Moffitt, T. E., Cannon, M., McClay, J., Murray, R., Harrington, H., ... Poulton, R. (2005). Moderation of the effect of adolescent-onset cannabis use on adult psychosis by a functional polymorphism in the catechol-O-methyltransferase gene: longitudinal evidence of a gene X environment interaction. *Biological Psychiatry, 57*(10), 1117−1127.

Caspi, A., Sugden, K., Moffitt, T. E., Taylor, A., Craig, I. W., Harrington, H., ... Poulton, R. (2003). Influence of life stress on depression: moderation by a polymorphism in the 5−HTT gene. *Science, 301*(5631), 386−389.

Cicchetti, D. (2006). Development and psychopathology. In D. Ciccetti & D. J. Cohen. (Eds.), *Developmental psychopathology*. (Vol. 1: Theory and method, 2nd ed., pp. 1−23). Hoboken, NJ: John Wiley & Sons, Inc.

Cicchetti, D., & Toth, S. L. (2009). A developmental psychopathology perspective on adolescent depression. In S. Nolen-Hoeksema & L. M. Hilt (Eds.), *Handbook of depression in adolescents* (pp. 3−32). New York, NY: Routledge.

Comer, R. J. (2013). *Abnormal Psychology* (8th ed.). New York, NY: Worth publishers.

Curry, J. F., & Craighead, E. W. (1993). Depression. In T. H. Ollendick & M. Hersen

(Eds.), *Handbook of child and adolescent assessment* (pp. 251–268). Needham Heights, MA: Allyn and Bacon.

Derogatis, L. R. (1994). *The SCL–90–R: Administration, scoring, and procedures manual* (3rd ed.). Minneapolis, MN: National Computer Systems.

Derogatis, L., Lipman, R. S., & Covi, L. (1973). The SCL–90: An outpatient psychiatric rating scale. *Psychopharmacology Bulletin, 9*, 13–28.

Derogatis, L., Lipman, R. S., Rickels, K., Uhlenhuth, E. H., & Covi, L. (1974). The Hopkins symptoms checklist(HSCL): A self-report symptom inventory. *Behavioral Science, 19*, 1–15.

Derogatis, L. R., & Melisaratos, N. (1983). The Brief symptoms inventory: An introductory report. *Psychological Medicine, 13*, 595–605.

Dirks, M. A., De Los Reyes, A., Briggs-Gowan, M., Cella, D., & Wakschlag, L. S. (2012). Annual research review: Embracing not erasing contextural variability in children's behavior-theory and utility in the selection and use of methods and informants in developmental psychopathology. *The Journal of Child Psychology and Psychiatry, 53*, 558–574.

Drabick, D. A. G., & Kendall, P. C. (2010). Developmental psychopathology and the diagnosis of mental health problems among youth. *Clinical Psychology: Science and Practice, 17*(4), 272–280.

Essau, C. A., Hakim-Larson, J., Crocker, A., & Petermann, F. (1999). Assessment of depressive disorders in children and adolescents. In C. A. Essau & F. Petermann (Eds.), *Depressive disorders in children and adolescents* (pp. 27–68). Northvale, NJ: Jason Aronson Inc.

Finch, A. J., & Belter, R. W. (1993). Projective techniques. In T. H. Ollendick & M. Hersen (Eds.), *Handbook of child and adolescent assessment* (pp. 224–236), Needham Heights, MA: Allyn and Bacon.

Foley, D. L., Eaves, L., Wormley, B., Silberg, J. L., Maes, H. H., Kuhn, J., & Riley, B. (2004). Childhood adversity, monoamine oxidase A genotype, and risk for conduct disorder. *Archive General Psychiatry, 61*, 738-744.

Fombonne, E. (2002). Case identification in an epidemiological context. In M. Rutter & E. Taylor (Eds.), *Child and adolescent psychiatry* (4th ed., pp. 52-79). Malden, MA: Blackwell Publishing.

Fonagy, P., & Target, M. (2003). *Psychoanalytic theories: Perspective from developmental psychopathology*. Whurr Publisher. 이효숙(역) (2014). 정신분석의 이론들: 발달정신병리학적 관점. 서울: NUN.

Frances, A. (2013). *Essentials of psychiatric diagnosis: Responding to the challenge of DSM-5* (Rev. ed.). New York, NY: The Guilford Press. 박원명, 민경준, 전덕인, 윤보현, 김문두, 우영섭(역). (2014). 정신의학적 진단의 핵심: DSM-5의 변화와 쟁점에 대한 대응. 서울: 시그마프레스.

Garmezy, N. (1985). Stress resistant children: the search for protective factors. In J. E. Stevenson (Ed.), *Recent research in developmental psychopathology* (pp. 213-233). Oxford: Pergamon Press.

Garmezy, N. (1987). Stress, competence, and development: Continuities in the study of schizophrenic adults, children vulnerable to psychopathology, and the search for stress-resistant children. *American Journal of Orthopsychiatry, 57*, 159-174.

Garmezy, N., & Masten, A. S. (1986). Stress, competence, and resilience: Common frontiers for therapist and psychopathologist. *Behavior Therapy, 17*, 500-521.

Gill, M. (2012). Developmental psychopathology: the role of structural variation in the genome. *Development and Psychopathology, 24*, 1319-1334.

Goodman, R. (1997). The strengths and difficulties questionnaire: A research note. *Journal of Child Psychology and Psychiatry, 38*, 581-586.

Gordis, L. (2000). *Epidemiology* (2nd ed.). Philadelphia, PA: W.B. Saunders Company.

Haberstick, B. C., Lessem, J. M., Hewitt, J. K., Smolen, A., Hopfer, C. J., Halpern, C. T., ...Harris, K. M. (2014). MAOA genotype, childhood maltreatment, and their interaction in the etiology of adult antisocial behaviors. *Biological Psychiatry, 75*,

25–30.

Hodges, K., McKnew, D., Cytryn, L., & Kline, J. (1982). The Child Assessment Schedule(CAS) diagnostic interview: A report on reliability and validity. *Journal of the American Academy of Child Psychiatry, 21*(5), 468–473.

Hodges, K., & Zeman, J. (1993). Interviewing. In T. H. Ollendick & M. Hersen (Eds.), *Handbook of child and adolescent assessment* (pp. 65–81), Needham Heights, MA: Allyn and Bacon.

Hudziak, J. J., Achenbach, T. M., Althoff, R. R., & Pine, D. S. (2007). A dimensional approach to developmental psychopathology. *International Journal of Methods in Psychiatric Research, 16*, S16–23.

Hughes, C. W., & Melson, A. G. (2008). Child and adolescent measures for diagnosis and screening. In A. J. Rush, M. B First, & D. Blacker (Eds.), *Handbook of psychiatric measures* (2nd ed., pp. 251–308). Arlington, VA: American Psychiatric Publishing, Inc.

Huizinga, D., Haberstick, B. C., Smolen, A., Menard, S., Young, S. E., Corley, R. P., ...Hewitt, J. K. (2006). Childhood maltreatment, subsequent antisocial behavior, and the role of Monoamin Oxidase A genotype. *Biological Psychiatry, 60*, 677–683.

Jaffee, S. R., Price, T. S., & Reyes, T. M. (2013). Behavior genetics: Past, present, future. *Development and Psychopathology, 25*, 1225–1242.

Jensen, P. S., Hoagwood, K., & Zitner, L. (2006). What's in a name? Problems versus prospects in current diagnostic approaches. In D. Cicchetti & D. J. Cohen (Eds.), *Developmental psychopathology* (2nd ed., pp. 24–40). Hoboken, NJ: John Wiley & Sons, Inc.

Kaufman, J., Birmaher, B., Brent, D., Rao, U. M. A., Flynn, C., Moreci, P., ... Ryan, N. (1997). Schedule for affective disorders and schizophrenia for school-age children-present and lifetime version (K–SADS–PL): Initial reliability and validity data. *Journal of the American Academy of Child & Adolescent Psychiatry, 36*(7),

980–988.

Kazdin, A. E., Kraemer, H., Kessler, R., Kupfer, D., & Offord, D. (1997). Contributions of risk-factor research to developmental psychopathology. *Clinical Psychology Review, 17*, 375–406.

Kim-Cohen, J., Caspi, A., Taylor, A., Williams, B., Newcombe, R., Craig, I. W., & Moffitt, T. E. (2006). MAO, maltreatment, and gene-environment interaction predicting children's mental health: New evidence and a meta-analysis. *Molecular Psychiatry, 11*, 903–913.

La Greca, A. M., Kuttler, A. F., & Stone, W. L. (2001). Assessing children through interviews and behavioral observations. In C. E. Walker & M. C. Roberts (Eds.), *Handbook of clinical child psychology* (3rd ed., pp. 90–110). New York, NY: John Wiley & Sons, Inc.

Lau, J. Y. E., & Eley, T. C. (2008). New behavioral genetic approaches to depression in childhood and adolescence. J. R. Z. Abela, & B. L. Hankin (Eds.), *Handbook of depression in children and adolescents* (pp. 124–148). New York, NY: The Guilford Press.

Lilienfeld, S. O., Smith, S. F., & Watts, A. L. (2013). Issues in diagnosis: Conceptual issues and controversies. In E. W. Craighead, D. J. Miklowitz, & L. W. Craighead (Eds.), *Psychopathology: History, diagnosis, and empirical foundations* (2nd ed., pp. 1–35). Wiley.

Lipsitt, L. P., & Demick, J. (2012). Theory and measurement of resilience: views from development. In M. Ungar (Ed.), *The social ecology of resilience: A handbook of theory and practice* (pp. 43–52). New York, NY: Springer.

Lucas, C. P., Zhang, H., Fisher, P. W., Shaffer, D., Regier, D. A., Narrow, W., ... Friman, P. (2001). The DISC predictive scales(DPS): Efficiently screening for diagnoses. *Journal of American Academy of Child and Adolescent Psychiatry, 40*(4), 443–449.

Luthar, S. S., Cicchetti, D., & Becker, B. (2000). The constructs of resilience: a critical evaluation and guidelines for future work. *Child Development, 71*, 543–562.

MacKinnon, D. P. (2008). *Introduction to statistical mediation analysis*. New York, NY: Lawrence Erlbaum Associates.

Mash, E. J., & Barkley, R. A. (Eds.). (1996). *Child psychopathology*. New York, NY: Guilford Press. 이현진, 박영신, 김혜리, 정명숙, 정현희(역) (2002). 아동정신병리(개정판). 서울: 시그마프레스.

Masten, A. S. (2013). Risk and resilience in development. In P. D. Zelazo (Ed.), *The Oxford handbook of developmental psychology* (Vol. 2: Self and other, pp. 579–607). Oxford, UK: Oxford University Press.

Masten, A. S., & Garmezy, N. (1985). Risk, vulnerability, and protective factors in developmental psychopathology, In B. B. Lahey, & A. E. Kazdin (Eds.), *Advances in clinical child psychology* (Vol. 8., pp. 1–52), New York, NY: Plenum Press.

Masten, A. S., Hubbard, J. J., Gest, S. D., Tellegen, A., Garmezy, N., & Ramirez, M. (1999). Competence in the context of adversity: Pathways to resilience and maladaptation from childhood to late adolescence. *Development and Psychopathology, 11*, 143–169.

Masten, A. S., & Tellegen, A. (2012). Resilience in developmental psychopathology: Contributions of the project competence longitudinal study. *Development and Psychopathology, 24*, 345–361.

Measelle, J. R., Ablow, J. C., Cowan, P. A., & Cowan, C. P. (1998). Assessing young children's views of their academic, social, and emotional lives: An evaluation of the self-perception scales of the Berkeley Puppet interview. *Child Development, 69*(6), 1556–1576.

Milling, L. S. (2006). Depression in preadolescents. In C. E. Walker & M. C. Roberts (Eds.), *Handbook of clinical child psychology* (3rd ed., pp. 373–392). New York, NY: John Wiley & Sons, Inc.

Munoz, R. F., Mrazek, P. J., & Haggerty, R. J. (1996). Institute of medicine report on prevention of mental disorders: Summary and commentary. *American Psychologist, 51*, 1116–1122.

Murray, K., & Zautra, A. (2012). Community resilience: fostering recovery, sustainability, and growth. In M. Ungar (Ed.), *The social ecology of resilience: A handbook of theory and practice* (pp. 337–346). New York, NY: Springer.

Neiderhiser, J. M., Reiss, D., & Hetherington, E. M. (2007). The nonshared environment in adolescent development(NEAD) project A longitudinal family study of twins and siblings from adolescence to young adulthood. *Twin Research and Human Genetics, 10*, 74–83.

Nichols, W. C. (2013). Roads to understanding family resilience: 1920s to the twenty-first century. In D. S. Becvar (Ed.), *Handbook of family resilience* (pp. 3–16). New York, NY: Springer.

Ollendick, T. H., & Hersen, M. (1993). Child and adolescent behavioral assessment. In T. H. Ollendick & M. Hersen (Eds.), *Handbook of Child and Adolescent Assessment* (pp. 3–14). Needham Heights, MA: Allyn and Bacon.

Piacentini, J. (1993). Checklists and rating scales. In T. H. Ollendick & M. Hersen (Eds.), *Handbook of child and adolescent assessment* (pp. 82–97). Needham Heights, MA: Allyn and Bacon.

Puig-Antich, J., & Chambers, W. (1978). *The schedule for affective disorders and schizophrenia for school-aged children(K–SADS)*. New York, NY: New York State Psychiatric Institute.

Reich, W. (2000). Diagnostic interview for children and adolescents (DICA). *Journal of American Academy of Child and Adolescent Psychiatry, 39*(1), 59–66.

Reiss, D., Neiderhiser, J., Hetherington, M., & Plomin, R. (2000). *The relationship code: deciphering genetic and social influences on adolescent development*. Cambridge, MA: Harvard University Press.

Rende, R., & Waldman, I. (2006). Behavioral and molecular genetics and developmental psychology. In D. Cicchetti and D. J. Cohen (Eds.), *Developmental psychopathology* (Vol. 2: Developmental neuroscience, pp. 427–464). Hoboken, NJ: John Wiley & Sons, Inc.

Reynolds, C. R., & Kamphaus, R. W. (2004). *The Behavior assessment system for children* (2nd ed.). Circle Pines, MN: AGS Publishing.

Rutter, M. (1985). Resilience in the face of adversity: Protective factors and resistance to psychiatric disorder. *British Journal of Psychiatry, 147*, 598–611.

Rutter, M. (1987). Psychosocial resilience and protective mechanisms. *American Journal of Orthopsychiatry, 57*(3), 316–330.

Rutter, M. (2013). Developmental psychopathology: A paradigm shift or just a relabeling? *Development and Psychopathology, 25*, 1201–1213.

Rutter, M. (2014). Nature-nurture integration. In M. Lewis & K. D. Rudolph (Eds.), *Handbook of developmental psychopathology* (3rd ed., pp. 45–66). New York, NY: Springer.

Rutter, M., & Quinton, D. (1984). Parental psychiatric disorder: Effects on children. *Psychological Medicine, 14*, 853–880.

Rutter, M., Yule, B., Quinton, D., Rowlands, O., Yule, W., & Berger, M. (1974). Attainment and adjustment in two geographical areas III. *British Journal of Psychiatry, 125*, 520–533.

Sameroff, A. J., Barko, T. W., Baldwin, A., Baldwin, C., & Seifer, R. (1998). Family and social influences on the development of child competence in families, risk, and competence. In M. Lewis & C. Feiring (Eds.), *Families, risk, and competence* (pp. 161–186). Mahwah, NJ: Lawrence Erlbaum Associates, Inc.

Sameroff, A. J., Seifer, R., Barocas, R., Zax, M., & Greenspan, S. (1987). Intelligence quotient scores of 4 year old children: Social-environmental risk factors. *Pediatrics, 79*, 343–350.

Scarr, S., & McCartney, K. (1983). How people make their own environments: A theory of genotype→environmental effedts. *Child Development, 63*, 1–19.

Schoon, I. (2012). Temporal and contextual dimensions to individual positive development: A developmental-contextual systems model of resilience. In M. Ungar (Ed.), *The social ecology of resilience: A handbook of theory and practice* (pp. 143–156). New York, NY: Springer.

Shaffer, D. R. (2005). *Social and personality development* (5th ed.). Belmont, CA: Wadsworth/Thomson Learning.

Shaffer, D., Fisher, P., Lucas, C. P., Dulcan, M. K., & Schwab-Stone, M. E. (2000). NIMH diagnostic interview schedule for children version IV (NIMH DISC–IV): Description, differences from previous versions, and reliability of some common diagnoses. *Journal of the American Academy of Child and Adolescent Psychiatry, 39*, 28–38.

Sroufe, L. A., & Rutter, M. (1984). The domain of developmental psychopathology. *Child Development, 55*, 17–29.

Stone, L. L., van Daal, C., van der Maten, M., Engels, R. C., Janssens, J. M., & Otten, R. (2014). The Berkeley Puppet Interview: A screening instrument for measuring psychopathology in young children. *Child & youth care forum, 43*(2), 211–225.

Taylor, E., & Rutter, M. (2002). Classification: Conceptual issues and substantive findings. In M. Rutter & E. Taylor (Eds.), *Child and adolescent psychiatry* (4th ed., pp. 3–17). Malden, MA: Blackwell Publishing.

Toth, S. L., & Cicchetti, D. (2010). The historical origins and developmental pathways of the discipline of developmental psychopathology. *Israel Journal of Psychiatry and Related Science, 47*, 5–14.

Verhulst, F. C., & Ende, J. V. (2002). Rating scales. In M. Rutter & E. Taylor (Eds.), *Child and adolescent psychiatry* (4th ed., pp. 70–86). Malden, MA: Blackwell Publishing.

Wakefield, J. C. (1992). The concept of mental disorder: On the boundary between biological facts and social values. *American Psychologist, 47*, 373–388.

Walsh, F. (2002). A family resilience framework: Innovative practice applications.

Family Process, 35, 261–281.

Walsh, F. (2003). A family resilience: A framework for clinical practice. *Family Process, 42*, 1–18.

Walsh, F. (2012). Facilitating family resilience: relational resources for positive youth development in conditions of adversity. In M. Ungar (Ed.), *The social ecology of resilience: A handbook of theory and practice* (pp. 173–186). Springer.

Watt, N., Anthony, E. J., Wynne, L., & Rolf, J. (Eds.), (1984). *Children of risk for Schizophrenia: A longitudinal perspective*. New York, NY: Cambridge University Press.

Werner, E. E., Bierman, J. M., & French, F. E. (1971). *The children of Kauai: A longitudinal study from the prenatal period to age ten*. Honolulu, HI: University of Hawaii Press.

Werner, E. E., & Smith, R. S. (1977). *Kauai's children come of age*. Honolulu, HI: University of Hawaii Press.

Werner, E. E., & Smith, R. S. (1982). *Vulnerable but invincible: A longitudinal study of resilient children and youth*. New York, NY: McGraw–Hill.

Werner, E. E., & Smith, R. S. (1992). *Overcoming the odds: High risk children from birth to adulthood*. Ithaca, NJ: Cornell University Press.

Werner, E. E., & Smith, R. S. (2001). *Journey from childhood to midlife: Risk, resilience, and recovery*. Ithaca, NJ: Cornell University Press.

Wicks-Nelson, R., & Israel, A. C. (2013). *Abnormal child and adolescent psychology* (8th ed.). Upper Saddle River, NJ: Pearson. 정명숙, 박영신, 정현희(역). (2015). 아동·청소년이상심리학(8판). 서울: 시그마프레스.

Young, S. E., Smolen, A., Hewitt, J. K., Haberstick, B. C., Stallings, M. C., Corley, R. P., & Crowley, T. J. (2006). Interaction between MAO-a genotype and maltreatment in the risk for conduct disorder: Failure to confirm in adolescent patients. *American Journal of Psychiatry, 163*, 1019–1025.

Yule, W. (1993). Developmental considerations in child assessment. In T. H.

Ollendick & M. Hersen (Eds.), *Handbook of child and adolescent assessment* (pp. 15–25). Needham Heights, MA: Allyn and Bacon.

제 2 부

아동기 및 청소년기의 정신장애와 가족

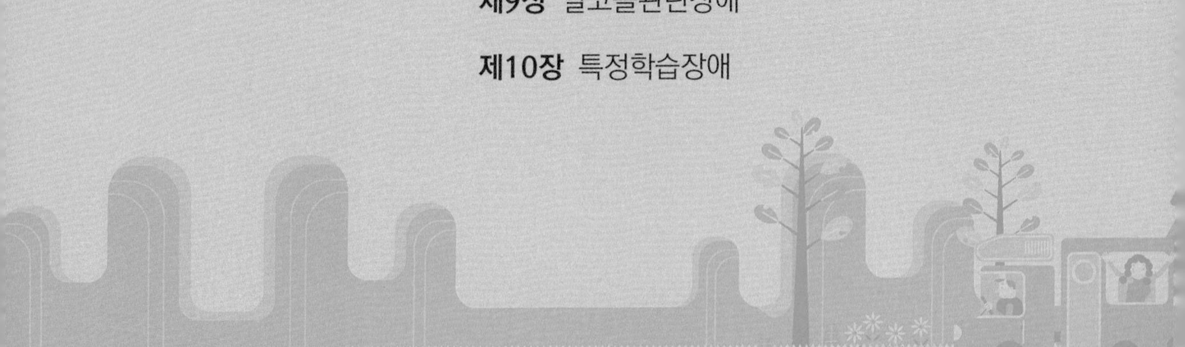

제2부는 아동기와 청소년기에 나타나는 주요정신장애의 발생, 진행, 치료를 가족맥락에서 접근하는 장으로 구성되어 있다. 발달단계에서 아동기와 청소년기에 대한 정의와 범위는 각 국가의 법률이나 학자에 따라 다양하지만, 일관성 있는 분류를 위하여 아동에 대한 자료의 주요연령을 11세경까지인 학령기로 설정하고, 청소년에 대한 자료의 주요연령을 18세나 22세경까지로 설정하여 기술하고자 한다. 제2부에서는 특정장애가 다른 장애와 공존할 수 있다는 가능성을 고려하지만, 체계적인 검토를 위하여 주요정신장애를 분류하여 제시한다. 각 장에서는 특징과 유병률, 주요측정도구를 소개한다. 발달정신병리학적 접근에 기초하여 병리적 특성과 가족 맥락 간의 영향력을 명확하게 파악하기 위한 노력의 일환으로 대표적 종단연구들을 주축으로, 가족변인과 병인론을 살펴본다. 또한 가족변인과 경과를 살펴보기 위하여, 가족관련 위험요인과 보호요인을 파악하는 한편, 매개 및 조절변인을 살펴본다. 이를 통하여 가족과 관련된 치료를 논의하고, 대표적 프로그램을 소개하면서 실제에 활용될 수 있는 전망을 제공한다.

현대사회에서 아동과 청소년의 정신병리는 다학문적 접근을 통하여 포괄적으로 이해되고 예방과 치료방안이 적극적으로 모색되어야 할 필요가 있다. 구체적인 이유로, 첫째, 국외에서 12%의 아동과 청소년들이 기능적인 손상을 초래하는 심각한 정신병리를 보고하듯이(Costello, Egger, & Angold, 2005), 상당 수의 아동과 청소년이 정신장애를 경험하기 때문이다. 다양한 국가에서 수집된 횡단적 역학조사에 따르면 젊은 연령에서의 정신병리는 흔해서 유병률이 10~20% 사이에 있다고 추정되었다(Fombonne, 2002, p. 53). 미국에서 8~15세까지의 일반 아동 및 청소년을 대상으로 DSM-IV를 진단기준으로 정신장애의 12개월 유병률을 추정하였을 때, 8명 중 1명은 6가지의 정신장애 중에서 1개 이상을 만족시켜서, 약 13.1%의 유병률이 산출되었다(Merikangas, He, Brody, et al., 2010). 국내에서는 2012년 초중고생을 대상으로 실시한 전국실태조사에서 16.3%가 관심이 필요한 집단으로 분류되었다(The Korea Herald; Oh Kyu-wook, 2013, p. 1).

둘째, 아동기와 청소년기의 특정 장애는 다른 장애와 공존할 위험성이 크다. 행동장애들이 함께 나타나거나 우울장애와 불안장애가 함께 나타나는 경우는 흔하게 볼 수 있다. Costello와 동료들(2003)이 미국 노스캐롤라이나 주에서 수집된 9세, 11세, 13세의 3개 코호트를 대상으로 3차에 걸쳐 정신의학적 상태의 발달과 정신건강서비스에 대한 요구를 살펴본 종단연구에서, 진단받은 아동의 25.5%는 2개 이상의 동반이환이 있었는데, 예를 들어 주의력결핍 과잉행동장애와 적대적 반항장애와 같이 행동장애가 함께 발생하거나 불안장애와 우울장애가 함께 발생하는 경우들이 많았다.

셋째, 이 시기의 장애는 아동과 청소년의 학업성취나 사회적 관계를 비롯한 전반적 삶에 심각한 손상을 초래할 수 있으며, 이러한 손상은 현재 또는 미래의 교육적 체계나 법적 체계에 부정적 영향을 미치고 사회경제적 비용을 현저히 증가시키기 때문이다. 품행장애의 경우 학업실패, 관계형성이나 직무수행의 문제, 물질사용 및 남용과 같은 심각한 문제와 관련되어 있다. 예를 들어, 2004년에 세계보건기구에서 발간된 보고서에 따르면, 품행장애의 사회경제적 비용은 치료, 사법

체계, 사회서비스, 학업실패, 피해자와 가족의 감정적 및 경제적 비용 등을 포함하여 산출할 수 있는데, 품행장애로 진단된 아동 한 명에 드는 연간비용은 약 25,806달러로 추정되었다(World Health Organization[WHO], 2004, p. 37).

넷째, 특정한 장애가 아동기나 청소년기에 출현하는 경우 성인기에 출현할 때보다 예후가 좋지 않으며, 일생에 걸쳐 지속적 결과를 초래할 수도 있기 때문이다. 이러한 결과는 자녀에게 나타나기도 하는데, 예를 들어 부모 중 1명 또는 부모 모두가 우울증이 있는 경우와 장애가 없는 부모의 자녀 182명에 대한 10년 추수(follow-up)연구에서, 30세 이전의 조발성 우울증을 가진 부모의 자녀들은 우울증이 없는 부모의 자녀와 비교하였을 때 아동기 발병 우울증이 13배, 성인기 발병 우울증이 7배 증가하였다(Wickramaratne & Weissman, 1998).

다섯째, 특별한 관심을 필요로 하는 아동과 청소년이 방치되어 있고 예방 및 초기개입 프로그램이 부족한 실정이기 때문이다. 일반인구 표본의 경우 장애가 있는 아동의 대략 10~30% 정도의 적은 수만이 특화된 정신건강서비스를 접한다고 알려졌다(Fombonne, 2002, p. 53). 청소년들이 정신건강서비스의 필요성을 인식하지만 그러한 서비스를 지원받는 것이 지연될 수 있다. 예를 들어, 아프리카계 미국청소년이 대다수이었던 108명의 청소년과 부모를 대상으로 정신건강서비스의 필요성을 조사한 연구에서, 부모-청소년 간의 일치도(concordance)는 낮게 나타났는데, 많은 수의 청소년이 부모가 보고한 것보다 정신건강서비스의 필요성을 높게 보고했으며, 부모-청소년 간의 일치도는 보통 수준의 우울증상을 보고한 청소년보다 높은 수준의 우울증상을 보고한 청소년에게서 더 낮게 나타났다(Williams, Lindsey, & Joe, 2011).

아동과 청소년의 정신병리를 이해하기 위해서는 먼저 아동과 청소년의 성장발달이 이루어지는 가족을 이해해야만 한다. 가족은 개인의 성장과 발달에 영향을 미치는 가장 근접한 맥락(proximal context)으로, 개인과 상호작용하는 가족맥락에 대한 지식이 없이는 아동과 청소년의 삶을 제대로 이해할 수 없다. 정신병리와 관련하여, 가족은 아동기 및 청소년기에 출현하는 정신병리의 유전적 근원을 이해하는 데 필수적인 단서를 제공한다. 유전적 영향 또는 유전과 환경과의 상호작용의 영향을 명확히 이해하는 것은, 특정 정신병리에 유전적으로 취약한 아동이나 청소년을 위하여 예방과 치료를 실시하는 데 도움을 줄 수 있고, 가족구성원들이 유전적 영향을 간과할 때 불필요하게 느끼게 되는 자책감을 경감시킬 수 있다. 한편, 특정한 장애에 관련된 가족환경이나 가족관계의 구체적인 특징들은 더욱 면밀하게 고찰될 필요가 있는데, 일반적으로 가족 간의 상호작용, 가정 내에서의 부모의 양육태도와 같은 가족의 과정요인들은 아동과 청소년 정신장애의 발달과 진행에 중요하다고 인식되어 왔다. 또한 가족의 역할은 아동과 청소년의 정신장애의 치료에 중요한데, 가족은 병리적 증상의 변화를 먼저 탐지하고 치료를 도와줄 수 있는 위치에 있기 때문이다. 특히 우리나라의 경우 정신적 어려움에 대한 낙인이나 편견으로 치료가 충분히 이루어지지 않는 실정이므로, 정신장애를 효과적으로 치료하기 위해서는 가족의 적극적인 이해와 지원이 필수적이다. 이와 같이 가족은 정신장애의 발병, 진행, 치료에서 중요한 역할을 담당하고 있으므로, 가족의 맥락에서 아동기와 청소년의 정신병리를 체계적으로 조사하고 통합할 필요가 있다.

가족은 여러 형식을 갖는 그 자체만으로도 복합적인 체계이다. 가족은 고정되지 않고, 구조와 기능 면에서 변화를 경험한다. 가족은 다양한 기능적 과정을 통하여 정신장애를 발달시키거나 유지시키는 단위나 체계로 작용한다. 다양한 가족관계 중에서 부모-자녀관계는 아동과 청소년에게 지배적이다. 부모와 자녀는 서로 영향을 주고받으므로, 부모효과와 아동효과 모두 고려할 필요가 있다. 상호교류적 측면은 연구를 통해서도 증명되고 있는데, 한 예로 미국에서 976가족을 대상으로 교차지연모델(cross-lagged model)을 사용하여 부모의 가혹한 언어훈육과 청소년의 품행문제 및 우울증상을 단기 종단적으로 조사한 결과, 자녀가 7학년일 때의 부모의 가혹한 언어훈육은 자녀가 8학년일 때의 품행문제와 우울증상을 증가시켰으며, 아동효과도 나타나서 7학년일 때의 자녀의 품행문제는 자녀가 8학년일 때 부모의 가혹한 언어훈육을 예측하였다(Wang & Kenny, 2014).

부모-자녀관계는 상호교류적이지만, 관계의 방향을 강조하는 관점이 다를 수 있다. Amato와 Cheadle(2008)는 부모의 이혼, 부부갈등, 아동의 문제행동의 관계에 대한 연구에서 '표준가족환경모델(standard family environment model)' 입장을 견지하며 공유환경의 영향이 아동의 문제행동에 영향을 미치고, 부모가 자녀에게 주는 영향이 자녀가 부모에게 주는 영향보다 관계의 주요방향이라고 보았다. 이러한 관점을 반영하여 이후에 기술하는 장에서는 부모양육을 강조하는 한편 부모-자녀 관계에서 과정을 매개하는 변인이나 강도를 조절하는 변인에 대한 이해를 도모하고자 한다. 미국에서 지역사회 표집으로 부모-자녀 593쌍을 대상으로 종단연구를 수행한 결과, 부모와 자녀의 정신과적 증상과의 관계에서 부적응적 부모행동은 매개역할을 하였다(Johnson, Cohen, Kasen, Smailes, & Brook, 2001). 즉, 부모의 정신과적 장애는 자녀의 정신과적 장애를 발달시킬 위험을 증가시켰으나, 애정, 헌신, 감독이 부족하고 가정관리가 소홀한 부적응적인 부모행동을 통제한 이후에는 부모의 정신과적 장애의 영향이 유의하지 않았다. 따라서 정신장애에 대한 가족의 역할을 체계적으로 이해하기 위하여 각 장에서는 대표적으로 알려진 매개변인과 조절변인들을 소개하고자 한다.

Carr와 Springer(2010)은 미국의 가족관계 전국평의회(National Council on Family Relationships: NCFR)에서 10년 주기로 발간하는 논문집에 '세기의 가족과 건강에 대한 연구의 진보'를 다루는 논문을 게재하며 그 분야의 미래 연구방향으로 가족의 역할 및 과정을 특정한 건강결과와 연관시키는 모형을 제안하였다. 구체적으로 해당 논문에서는 신체적 건강이나 아동의 웰빙에 대한 광범위한 측정에서 더 나아가 주의력결핍 과잉행동장애와 같은 특정 결과에 초점을 두는 방향으로의 변화를 제안하였다. 그 외에도 이원분석 및 가족수준의 분석, 행동유전학 같은 첨단의 양적 연구방법 뿐 아니라 인구가 적은 집단에서의 가족이 건강에 주는 영향을 심층분석하는 질적 연구방법을 미래방향으로 제안하였다.

이러한 연구경향을 고려하여, 이후 소개될 7장들은 다음의 형식을 통하여 아동 및 청소년 정신장애를 이해하기 위한 가족의 역할을 제시할 것이다. 먼저, 각 정신장애에 대한 기본내용으로 특징을 살펴보는데, DSM-5에 기초한 진단기준을 살펴본 후 대표적이거나 최근에 수행된 연구를 중심으로 유병률을 제시하고, 관련된 측정도구들을 간략하게 소개한다. 다음으로, 가족변인과 병인론에 대하여 유전적 영향력을 추정하고 부모와 자녀 간의 연관성을 파악하고, 장애발생과 관련된 가족변인들을 살펴볼 것이다. 이후의 절은 가족변인과 발달경과를 기술하는데, 이론적 고찰자료와 종단연구를 주축으로 하되 대표적 횡단연구를 포함하여 내용을 개관할 것이다. 각 장의 마지막 절은 치료에서의 가족의 역할에 대하여 논의하는데, 가족과 연관된 주요치료나 개입프로그램을 중심으로 기술할 것이다.

아동 및 청소년이 나타내는 정신장애는 다양하지만, 이후의 장에서는 아동 및 청소년기에 현저하거나 유병률이 높은 정신장애들을 선택하여 설명하고자 한다. 주요정신장애를 개별적으로 기술하지만 아동과 청소년에게서 장애들이 별도로 하나만 나타나는 것이 아니라 동반이환의 형태로 나타난다는 입장도 숙지하면서 기술하였다. 예를 들어, 전향적 종단연구에서 일반청소년의 품행장애는 물질사용을 시작하는 위험을 증가시켰다고 밝혀졌으며(Hopfer et al., 2013), 아동기 우울증과 불안은 높은 공병률을 보여서 장애유형과 연구방법에 따라 15~60%까지 이른다고 보고되고 있다(Vasa & Pine, 2006). 이렇듯 장애들이 높은 동반이환을 보이지만, 각 장에서는 아동 및 청소년의 정신장애 중에서 우울장애, 불안장애, 주의력결핍 과잉행동장애, 적대적 반항장애와 품행장애, 섭식장애, 물질관련장애 중 알코올관련장애의 알코올사용장애, 특정학습장애를 개별적으로 기술하고자 한다. 이러한 장애만을 포함시킨 근거로는 아동과 청소년의 의뢰사유에서 불안장애, 우울장애, 주의력 결핍/과잉행동성장애, 품행장애가 매우 높은 비중을 차지하기 때문이다(Weisz, 2004/2008, p. 10). 또한 섭식장애, 알코올사용장애, 학습장애는 사회적 관심이 높거나, 발달적 자료가 비교적 풍부하거나, 사회경제적 부담이 크다고 알려져 있으므로 포함되었다.

아동기 및 청소년기의 주요정신장애에 대해서 다양한 치료가 진행되고 있다. 예를 들어, 2000년 선행연구에서 집계한 결과에 따르면, 아동과 청소년을 대상으로 시행하는 치료는 551가지에 이른다고 보고되었다(Weisz, 2004/2008, p. 8). 이러한 다양한 치료 중에서 제2부에서는 가족기반이나 가족중심적인 치료에 초점을 두고 정리하였다. 내용을 기술하면서 가족요인과 개인요인 간의 상호작용을 고려하기 위해 노력하였고, 가족변인과 아동의 적응은 상호영향을 주는 호혜적 관계(reciprocal relation)라는 입장을 기본적으로 견지하고 있다.

우울장애 제4장

1 특징

개념상 우울이라고 할 때 일반적으로 증상, 증후군, 장애의 3가지 다른 현상을 일컬을 수 있다(Milling, 2006, p. 374). 첫째로 증상을 일컫는 것으로써 슬픈 정동(sad affect)이 우울일 수 있으며, 둘째로 함께 나타나는 증상이나 행동들의 집단인 증후군으로써 우울은 슬픈 정동 뿐 아니라 흥미저하, 수면문제, 활력상실, 주의집중의 어려움, 기타 증상들을 포함하며, 셋째로 장애는 DSM이나 ICD와 같은 진단분류체계에 포함된 특별한 증상으로 구성된 증후군으로 볼 수 있다(Milling, 2006, p. 374).

주요우울장애의 진단기준(criteria)은 DSM-II에서는 우울한 반응(depressive reaction)으로, DSM-III에서는 공식적으로 주요우울장애로 처음 발표되었다. DSM-IV(APA, 1994)에서 기본적인 임상적 형태의 우울증은 주요우울장애, 기분저하증(dysthymia), 양극성장애의 맥락에서 일어나는 우울삽화(depressive episodes)이었다. DSM-5에서는 우울장애(depressive disorders)와 양극성 및 관련장애(bipolar and related disorders)를 각각의 독립된 장으로 구분하여 기술하였으며,

DSM-5의 주요우울장애 진단기준은 DSM-IV의 진단기준과 크게 다르지 않다. 변화의 예를 들자면 DSM-IV에서 부록으로 제시되었던 월경전불쾌감장애가 우울장애군의 진단으로 확정되고 주요우울삽화에서 '애도기간'에 대한 예외기준이 없어졌다. DSM-5에서 우울장애는 파괴적 기분조절부전장애, 주요우울장애, 지속성 우울장애(기분저하증), 월경전불쾌감장애, 물질/약물치료로 유발된 우울장애, 다른 의학적 상태로 인한 우울장애, 달리 명시된 우울장애, 명시되지 않는 우울장애를 포함한다. 이 모든 장애의 공통 양상은 슬프고, 공허하거나 과민한 기분이 있고, 개인의 기능실행능력에 영향을 주는 신체적 및 인지적 변화가 수반되는 것이다(APA, 2013/2015, p. 163).

우울장애는 다양한 요인들이 작용하는 복합적인 상태로 규정할 수 있는데, **주요우울장애**(major depressive disorder)는 우울한 기분이나 무가치감 또는 부적절한 죄책감과 같은 심리적 증상뿐 아니라 현저한 체중 변화나 불면증 또는 지나친 수면과 같은 신체적 증상을 수반할 수 있다. 우울증을 규정하는 진단기준은 발달단계에 상관없이 기본적으로 유사하다고 볼 수 있으나, 아동과 청소년에게는 우울한 기분보다는 과민한 기분으로 나타날 수 있으며, 지속성 우울장애(기분저하증)를 규정하는 기간은 성인의 경우 2년이지만 아동과 청소년의 경우는 적어도 1년으로 되어 있다. 주요우울장애로 진단하기 위해서는 9개 증상 중 5개 증상 이상이 최소 2주 이상 지속되어야 하는데, 5개 증상 중에서 '우울 기분'과 '거의 모든 활동에서 흥미나 즐거움의 상실' 중에서 1개 또는 2개 증상 모두가 필수증상으로 반드시 포함되어야 한다. DSM-5에서는 주요우울장애의 부호를 제시하는데, 단회성 또는 재발성 삽화 여부, 현재 심각도, 정신병적 양상의 여부, 관해 상태에 따라 달라진다(APA, 2013/2015, p. 170). 〈표 4-1〉은 주요우울장애에 대한 DSM-5의 진단기준(APA, 2013/2015, pp. 169-171)을 제시한다.

표 4-1 주요우울장애의 DSM-5 진단기준

A. 다음의 증상 가운데 5가지(또는 그 이상)의 증상이 2주 연속으로 지속되며 이전의 기능 상태와 비교할 때 변화를 보이는 경우, 증상 가운데 적어도 하나는 (1) 우울 기분이거나, (2) 흥미나 즐거움의 상실이어야 한다.

주의점: 명백한 다른 의학적 상태로 인한 증상은 포함되지 않아야 한다.

1. 하루 중 대부분 그리고 거의 매일 지속되는 우울 기분에 대해 주관적으로 보고하거나(예: 슬픔, 공허감 또는 절망감) 객관적으로 관찰됨(예: 눈물 흘림)
   주의점: 아동 · 청소년의 경우는 과민한 기분으로 나타나기도 함
2. 거의 매일, 하루 중 대부분, 거의 또는 모든 일상 활동에 대해 흥미나 즐거움이 뚜렷하게 저하됨
3. 체중 조절을 하고 있지 않은 상태에서 의미 있는 체중의 감소(예: 1개월 동안 5% 이상의 체중 변화)나 체중의 증가, 거의 매일 나타나는 식욕의 감소나 증가가 있음
   주의점: 아동에서는 체중증가가 기대치에 미달되는 경우
4. 거의 매일 나타나는 불면이나 과다수면
5. 거의 매일 나타나는 정신운동 초조나 지연(객관적으로 관찰 가능함. 단지 주관적인 좌불안석 또는 처지는 느낌뿐만이 아님)
6. 거의 매일 나타나는 피로나 활력의 상실
7. 거의 매일 무가치감 또는 과도하거나 부적절한 죄책감(망상적일 수도 있는)을 느낌(단순히 병이 있다는 데 대한 자책이나 죄책감이 아님)
8. 거의 매일 나타나는 사고력이나 집중력의 감소 또는 우유부단함(주관적인 호소나 객관적인 관찰이 가능함)
9. 반복적인 죽음에 대한 생각(단지 죽음에 대한 두려움이 아닌), 구체적인 계획 없이 반복되는 자살 사고, 또는 자살 시도나 자살 수행에 대한 구체적인 계획

B. 증상이 사회적, 직업적, 또는 다른 중요한 기능영역에서 임상적으로 현저한 고통이나 손상을 초래한다.

C. 삽화가 물질의 생리적 효과나 다른 의학적 상태로 인한 것이 아니다.

주의점: 진단기준 A부터 C까지는 주요우울삽화를 구성하고 있다.

주의점: 중요한 상실(예: 사별, 재정적 파탄, 자연재해로 인한 상실, 심각한 질병이나 장애)에 대한 반응으로 진단기준 A에 기술된 극도의 슬픔, 상실에 대한 반추, 불면, 식욕저하, 그리고 체중의 감소가 나타날 수 있고, 이는 우울삽화와 유사하다. 비록 그러한 증상이 이해될 만하고 상실에 대해 적절하다고 판단된다 할지라도 정상적인 상실 반응 동안에 주요우울삽화가 존재한다면 이는 주의깊게 다루어져야 한다. 이러한 결정을 하기 위해서는 개인의 과거력과 상실의 고통을 표현하는 각 문화적 특징을 근거로 한 임상적 판단이 필요하다.

D. 주요우울삽화가 조현정동장애, 조현병, 조현양상장애, 망상장애, 달리 명시된, 또는 명시되지 않는 조현병 스펙트럼 및 기타 정신병적 장애로 더 잘 설명되지 않는다.

E. 조증 삽화 또는 경조증 삽화가 존재한 적이 없다.

주의점: 조증 유사 혹은 경조증 유사 삽화가 물질로 인한 것이거나 다른 의학적 상태의 직접적인 생리적 효과로 인한 경우라면 이 제외 기준을 적용하지 않는다.

DSM-5에서 지속성 우울장애(기분저하증)는 DSM-IV의 만성 우울장애와 기분부전장애를 통합한 것으로 아동 및 청소년의 경우 적어도 1년 동안(성인의 경우 2년 동안) 우울 기분이 있는 날이 없는 날보다 더 많고, 하루 대부분 지속되는 우울 기

표 4-2 지속성 우울장애(기분저하증) DSM-5 진단기준

이 장애는 DSM-IV에서 정의된 만성 우울장애와 기분부전장애를 통합한 것이다.

A. 적어도 2년 동안, 하루의 대부분 우울 기분이 있고, 우울 기분이 없는 날보다 있는 날이 더 많으며, 이는 주관적으로 보고하거나 객관적으로 관찰된다.

주의점: 아동 · 청소년에서는 기분이 과민한 상태로 나타나기도 하며, 기간은 적어도 1년이 되어야 한다.

B. 우울 기간동안 다음 2가지(또는 그 이상)의 증상이 나타난다.

1. 식욕부진 또는 과식
2. 불면 또는 과다수면
3. 기력의 저하 또는 피로감
4. 자존감 저하
5. 집중력 감소 또는 우유부단
6. 절망감

C. 장애가 있는 2년 동안(아동 · 청소년에서는 1년) 연속적으로 2개월 이상 진단기준 A와 B의 증상이 존재하지 않았던 경우가 없었다.

D. 주요우울장애의 진단기준을 만족하는 증상이 2년간 지속적으로 나타날 수 있다.

E. 조증 삽화, 경조증 삽화가 없어야 하고, 순환성장애의 진단기준을 충족하지 않아야 한다.

F. 장애가 지속적인 조현정동장애, 조현병, 망상장애, 달리 명시된, 또는 명시되지 않는 조현병 스펙트럼 및 기타 정신병적 장애와 겹쳐져서 나타나는 것이 아니다.

G. 증상이 물질(예: 남용약물, 치료약물)의 생리적 효과나 다른 의학적 상태(예: 갑상선기능저하증)로 인한 것이 아니다.

H. 증상이 사회적, 직업적, 또는 다른 중요한 기능 영역에서 임상적으로 현저한 고통이나 손상을 초래한다.

주의점: 주요우울삽화의 진단기준은 지속성 우울장애(기분저하증)에는 없는 4가지 증상이 포함되어 있기 때문에, 극소수가 2년 이상 지속되는 우울 증상들을 가지게 되며, 지속성 우울장애의 진단기준을 만족하지 못한다. 만약 질환의 현 삽화 기간동안 어느 시점에서든 주요우울장애의 진단기준을 모두 만족한다면 주요우울장애로 진단해야 한다. 그러나 만약 그렇지 않다면 달리 명시된 우울장애 또는 명시되지 않는 우울장애를 진단할 수 있는 근거가 된다.

분으로 나타나는 필수 증상이 있고, 식욕부진 또는 과식, 불면 또는 과다수면, 기력의 저하 또는 피로감, 자존감 저하, 집중력 감소 또는 우유부단, 절망감의 6개 증상 중 적어도 2개가 나타나며, 장애가 있는 1년 동안(성인의 경우 2년 동안) 증상이 없는 기간이 2개월을 지나도록 지속되지 않아야 하는 것과 같은 진단기준을 포함한다(APA, 2013, pp. 177–178). 일반적으로 지속성 우울장애는 주요우울장애보다 증상이 덜 심각하고 만성적인 형태로 나타난다고 볼 수 있다. 앞의 〈표 4–2〉는 지속성 우울장애의 DSM–5의 진단기준(APA, 2013/2015, pp. 177–178)을 나타낸다.

2 유병률

유병률은 얼마나 많은 사람이 장애를 가지고 있는지를 측정하는데, 장애를 가진 사람의 수를 전체 인구집단의 사람 수로 나누어 산출한다. 이전에 살펴본 발생률이 새로운 사건에 대한 빈도라면, 유병률은 존재하는 사건에 대한 빈도라고 할 수 있다. **시점유병률**(point prevalence rate)은 어느 한 시점에서의 특정장애의 유병상태를 나타내며, **기간유병률**(period prevalence rate)은 특정기간 동안 어떤 인구에서의 특정장애상태를 나타내며, **평생유병률**(lifetime prevalence rate)은 평생에 특정장애를 한 번 이상 경험한 사람들의 비율을 나타낸다. 우울장애는 아동기의 가장 일반적인 정서장애에 속하는 불안장애와 높은 상관을 보일 뿐 아니라, 품행장애, 반항성장애, 물질남용장애와 같은 외현적 장애들과 함께 발생하기도 한다.

주요우울증의 시점유병률은 아동표본의 경우 1% 미만으로, 청소년 표본의 경우 6%까지 높게 보고되다가 성인의 경우 2~4% 사이의 범위를 보이는 것으로 알려져 있다(Kessler & Wong, 2009, p. 6). 미국에서 9~16세의 아동 및 청소년 6,674명을 대상으로 한 조사에서, DSM–IV 진단기준에 기초하여 어떠한 우울장애든지 간에 우울장애의 3개월 유병률은 연령별로 0.5~3.7%의 범위를 보였으며, 평균 2.2%

로 보고되었다(Costello, Mustillo, Erkanli, Keeler, & Angold, 2003). 2001년에서 2003년에 수행된 미국의 전국적 조사자료에서 DSM-IV 진단기준에 따른 주요우울장애의 12개월 유병률은 6.6%으로 추정되었으며(Kessler & Wong, 2009, p. 7), 청소년의 경우 주요우울증의 12개월 유병률의 추정치는 2.5~13.3%의 범위로 보고되고 있다(Merikangas & Knight, 2012, p. 56). 미국에서 주요우울장애의 평생유병률 추정치의 범위는 낮게는 6% 높게는 25%까지 넓게 보고되고 있으며(Kessler & Wong, 2009, p. 7), 일부 연구에서 청소년의 주요우울장애의 평생유병률은 9.3~23.0%로 보고되고 있다(Merikangas & Knight, 2012, p. 56).

DSM-5에 따르면, 미국에서 주요우울장애의 12개월 유병률은 약 7%이며, 연령에 따라 현저한 차이가 있어 18~29세의 유병률은 60세 이상에서보다 3배가량 높다(APA, 2013/2015, p. 174). 여성은 청소년 초기부터 시작하여 남성보다 1.5에서 3배가량 높은 비율로 경험하는데(APA, 2013/2015, p. 174), 유병률에서의 성별, 연령별 차이와는 달리, 경과나 치료반응에서 성별이나 연령별 차이는 분명하지 않다.

주요우울장애는 사춘기에 발병가능성이 현저히 증가한다. 연령이나 정보제공자, 우울증 유형에 따라 유병률에 차이가 있으나, 일반적으로 사춘기 전 아동이 우울장애로 진단되는 비율은 낮아서, 미국에서 수행된 연구에서 학령기 아동의 우울증 유병률은 2.8%로 추정되었다(Costello, Foley, & Angold, 2006). 우울장애의 유병률은 청소년기를 거치면서 증가하는데, 미국에서 전국적 표집으로 8~15세 아동 및 청소년 3,042명을 대상으로 조사한 결과, DSM-IV진단기준에 기초한 기분장애의 12개월 유병률은 3.7%로, 이 중에서 주요우울장애가 2.7%, 기분부전증이 1.0%로 나타났으며, 연령으로 세분하여 살펴보면 8~11세의 기분장애 유병률은 2.5%, 12~15세의 기분장애 유병률은 4.8%를 나타내었다(Merikangas, He, Brody, et al., 2010).

청소년기에 우울증이 증가하는 것에 대하여 다양한 설명이 가능하다. 청소년기는 2차 성장급등기로, 청소년은 호르몬의 변화를 경험하고 뇌가 성숙하는 생물학적 변화를 경험하게 되며, 이 시기는 Piaget의 인지발달단계 이론에서 형식적 조작기에 해당하며 일반화와 예측이 가능한 인지적 발달을 경험한다. 청소년기의 우울증의 증가는 청소년들이 개별화과정을 겪으며 부모와의 관계나 또래관계에서 변화를 보이며, 이전보다 강력한 정서적 상태를 느끼는 사회적 및 정서적 변화를 경험하는 데에도 기인할 수 있다.

미국 전국동반이환조사(National Comorbidity Survey)의 15~24세의 약 1,700여 명의 자료를 통하여 DSM-III-R에 기초한 평생유병률을 산출한 결과 주요우울증(major depression)의 평생유병률은 15.3%이며, 성별에 따라 구분하면 남자는 10.5%, 여자는 20.6%로 나타났다(Kessler & Walters, 1998). 유병률의 이러한 성차는 미국 고등학생 약 1,700여 명을 대상으로 한 오리건 청소년 우울증조사(Oregon Adolescent Depression Survey)에서도 나타났는데, 1차년도 연구에서 주요우울증의 평생유병률은 18.5%이었으며 성별로 세분하면 여자청소년의 주요우울증 평생유병율은 24.8%, 남자청소년의 주요우울증 평생유병률은 11.6%로 나타났다(Lewinsohn, Hops, Roberts, Seeley, & Andrews, 1993).

소년의 우울증 비율은 안정적이거나 훨씬 적게 증가하는 데 비하여 소녀의 우울증 비율은 12~13세경 증가하기 시작하여(Nolen-Heoksema & Hilt, 2009, p. 386), 주요우울장애의 성차는 15~18세 사이에 가장 두드러지게 나타나며, 18세 이후에는 여자 대 남자의 비율이 정착되기 시작한다고 보는 것이 일반적이다. 우울증 유병률의 성차가 나타나는 이유는 몇 가지로 설명될 수 있다. 첫째, 생물학적 설명에 따르면 유전적이거나 호르몬 요인이 영향을 미칠 수 있는데, 직접적이기보다는 유전적 소인과 호르몬 변화의 복잡한 상호작용이 있을 수 있다(Nolen-Hoeksema & Hilt, 2009, p. 397). 둘째, 심리적 설명에 따르면, 여성의 대인지향(interpersonal orientation)과 반추(rumination)경향을 들 수 있는데, 여성은 남성과 비교하면 보다 광범위한 사람들과의 강한 정서적 결속을 느끼려 하고, 슬프고 우울하고 걱정스러운 기분에 대한 반응으로 반추를 더 많이 하는 경향이 있다(Nolen-Hoeksema & Hilt, 2009, p. 391-393). 소녀들의 높은 사회정서적 지향성은 여러 사실에서 살펴볼 수 있는데, 소녀들은 소년에 비해 또래 간의 사건을 더 많이 경험하고, 반추하고, 인지적 취약성을 더 많이 보이고, 공포나 슬픔과 같은 사회적으로 복종적인 감정을 감추지 않고 더 나타내고, 더 강한 관계적 욕구를 나타내며, 돌봄을 증진시키는 호르몬인 옥시토신의 수준이 더 높게 나타난다(Hankin, Wetter, & Cheely, 2008, p. 398). 셋째, 사회적 설명에 따르면, 여성은 남성보다 종종 더 많이 부정적 사건이나 상황에 직면하고 그러한 사건이나 상황에 집중하는 경향이 있다(Nolen-Hoeksema & Hilt, 2009, p. 393).

주요우울장애 이외에 지속성 우울장애의 유병률을 살펴보면, DSM-5의 지속성 우울장애는 DSM-IV의 기분부전장애와 만성 주요우울삽화를 통합한 것으로, 미국에서 지속성 우울장애의 1년 유병률은 약 0.5%, 만성 주요우울장애의 1년 유병률은 약 1.5%으로 추정되었다(APA, 2013/2015, p. 179).

국내에서 수집된 조사에 따르면, 우울장애의 유병률은 아동기에 0.5% 이하였다가, 중학교 집단에서 0.5% 정도, 고등학교 집단에서 2.12%로 나타났다(조수철 외, 2005; 정유숙, 홍현주 2012, p. 207에서 재인용). 우울증상의 경우, 2013년 국민건강통계에 따르면 우리나라 12~14세 인구의 9.3%, 15~18세 인구의 12.4%가 1년 내에 연속적으로 2주 이상 일상생활에 지장이 있을 정도로 슬프거나 절망감 등을 느끼는 우울증상을 경험한 것으로 나타났다(보건복지부, 질병관리본부, 2013, p. 290). 성에 따라 세분하면, 12~14세의 경우 남자는 6.2%, 여자는 12.5%이었으며, 15~18세의 경우 남자는 7.0%, 여자는 18.1%이었다(보건복지부, 질병관리본부, 2013, p. 290). 청소년건강행태온라인조사 통계에서 층화표집을 통하여 전국 797개교의 중고등학생 68,043명을 대상으로 조사한 결과, 우울감 경험률은 전체집단에서 23.6%이었고, 남학생의 경우 19.7%, 여학생의 경우 27.8%로 나타났다(질병관리본부, 교육부, 보건복지부, 2015, p. 231, p. 233).

국내연구에서는 우울장애나 증상뿐 아니라, 우울반응에서도 성별차이가 나타나서, 초중고생 8,745명을 대상으로 정신건강 실태조사를 한 결과, 여학생이 남학생보다 죄책감/자기혐오, 부정적 자기상/정신운동지연, 신체적 측면, 정서적인 표현/부정적 인지와 같은 모든 우울요인에서 평균점수가 높았다(한국청소년정책연구원,

2012, p. 56). 그러나 초등학생 4학년생부터 고등학생까지의 아동 및 청소년을 대상으로 한 횡단연구에서는 우울증상의 성차가 중학생 때에 발현되어 여아가 남아보다 높으나 고등학생 때에는 성차가 소멸된다는 결과가 보고되기도 하였다(신민정, 정경미, 김은성, 2012).

3 측정도구

Santor, Gregus와 Welch(2006)는 1918년 이래로 약 80여 년 동안 우울의 심각성을 측정하는 280개 이상의 도구가 개발되고 발표되었으며, 이러한 측정도구들은 각기 다른 내용, 반응형식, 목적을 가지고 있다고 기술하였다. Nezu, Nezu, Friedman과 Lee(2009)는 우울증의 측정도구에 대한 장에서, **측정도구를 선택할 때 고려하여야 할 질문으로 다음 4가지를 추천하였다**(pp. 55-60).

1. 사정(assessment)의 목적이 무엇인가?

사정은 다양한 목적을 가질 수 있다. 목적에는 ① 선별, ② 진단과 분류, ③ 문제영역이나 증상의 기술, ④ 사례개념화(case formulation)와 임상적 가설검증, ⑤ 치료계획, ⑥ 행동예측, ⑦ 결과평가가 포함될 수 있으며, 이러한 목적에 따라 도구 선택이 달라질 수 있다.

2. 누구를 사정하고 있는가?

사정대상의 연령은 중요하여, 성인을 측정하는 도구가 아동에게 적합할 수 없는데, 언어적 차이 뿐 아니라 전반적 증상군이나 행동표현이 다를 수 있기 때문이다. 사정대상이 동환이환이 있는지 여부와 문화적 차이가 존재하는지도 고려해야 할 점이다.

3. 해당 측정도구의 가치는 무엇인가?

측정도구의 가치가 있으려면, 해당도구가 목적에 맞는 적절한 유형의 정보를 제공하여, 심리측정적 특성에서 강점이 있어야 한다. 해당 측정도구의 가치는 비용-편익분석(cost-benefit analysis)을 통하여 평가될 수 있는데, 시간, 잠재적인 위험 및 윤리적 위반, 절차적 효과, 단기이익과 장기이익, 유용성을 살펴보아야 한다.

4. 정보제공자가 누구인가?

예를 들어, 임상가가 평정하는지 또는 자기보고인지에 따라 측정도구의 선택이 달라질 수 있다. 자기보고는 비교적 간결하고 시간이 적게 걸리는 반면 반응자 편향이 생길 수 있고, 임상가 평정은 더 신뢰롭기는 하나 특별한 훈련이 요구될 수 있다.

Essau와 Ollendick(2009, p. 39)은 청소년 우울증의 진단과 사정에 대한 내용을 기술하며, 우울장애를 사정하는 도구를 선택하는 지침을 나열하였는데, 앞에서 Nezu와 동료들(2009)이 추천한 질문과 관련된 표본의 연령, 정보제공자, 심리측정적 특성 이외에도, 우울한 현상, 도구의 내용, 다른 병리의 포함여부, 다른 연구와의 비교여부, 자원들(resources)을 제시하였다. 예를 들어, 우울한 현상의 경우, 우울장애와 동반이환의 빈도에 관심이 있으면 고도로 구조화되거나 반구조화된 면접을 사용하고, 우울증상의 빈도와 심각성에 관심이 있으면 질문지 및 평정척도나 구조화된 면접 일부를 사용하고, 치료효과에 관심이 있으면 구조화된 면접, 질문지 및 평정척도, 사회심리적 손상이나 삶의 질에 대한 측정을 적용할 수 있다(Essau & Ollendick, 2009, p. 39).

근래에 우울증상, 우울증후군, 우울장애를 측정하는 도구들이 계속 개발되고 있다. 다양한 도구들 중에서 어떤 도구를 선택할 때에는, 우선 특정도구의 신뢰도와 타당도가 충분하게 고려되어야 한다. 또한 연구문제와 연구설계에 적합한가도 고려해야 한다. 아동 및 청소년의 우울은 다양한 접근을 통하여 평가될 수 있는데, 제1부에서 살펴본 DISC, K-SADS나 DICA와 같은 광범위한 진단면접스케줄을 통하여 우울을 사정하는 방식이 있으며, 임상가가 평정하거나 스스로 보고하는 자기보고식 평정척도로 우울을 측정할 수 있다. 부모나 교사를 포함하는 중요한 타인이 평정하는 방식을 사용할 수도 있는데 제1부에서 살펴본 부모용 아동 · 청소년 행동평가척도(CBCL)나 교사용 아동 · 청소년 행동평가척도(TRF), BASC를 들 수 있다. 아동 및 청소년의 우울은 가족사정(family assessment)을 통해서도 평가되는데 척도나 면접을 통하여 가족사정에 대한 정보를 얻을 수 있다. 드물게는 아동과 청소년을 직접 관찰하기도 하며, 아동 및 청소년의 우울을 평가하기 위한 인지왜곡, 귀인양식, 사회적 기술과 같이 우울장애를 발달시키는데 관련된 측면들을 측정하거나 심리사회적 손상을 측정하는 척도들을 사용하여 측정하기도 한다. 아동 및 청소년의 우울을 측정하는 도구를 임상가 면접용과 자기보고형으로 구분하여 대표적인 도구들을 살펴보고자 한다.

먼저, 임상가가 평정하는 면접에는 해밀턴 우울평정척도에 기초한 아동우울평정척도 개정판(Children's Depression Rating Scale-Revised, CDRS-R; Poznanski, Freeman, & Mokros, 1985), Bellevue 우울지표(The Bellevue Index of Depression, BID; Petti, 1978)가 포함되며, 자기보고 측정도구는 Kovacs의 아동용 우울척도(Children's Depression Inventory, CDI; Kovacs, 1982, 1991, 1992), Beck 아동용 우울척도(Beck Depression Inventory-Youth, BDI-Y; Beck, Beck, & Jolly, 2001), 역학연구용 우울척도-아동용(Center for Epidemiologic Studies Depression Scale for Children, CES-DC; Weissman, Orvaschel, & Padian, 1980), Reynolds 아동/청소년 우울척도(Reynolds Child Depression Scale, RCDS; Reynolds Adolescent Depression Scale 1 & 2, RADS 1 & 2; Reynolds, 1989, 1987, 2002), 우울자기평정척도(Depression Self-Rating Scale, DSRS; Birleson, 1981), 아동 및 청소년용 우울경험질문지(Depression Experiences Questionnaire for Adolescents, DEQ-A; Blatt, Schaffer, Bers, & Quinlan, 1992) 등이 포함된다.

해밀턴 우울평정척도(Hamilton Depression Rating Scale, HDRS; Hamilton, 1960)는 임상가나 관찰자가 성인의 우울심각성을 측정할 수 있게 되어 있다(Curry & Craighead, 1993, p. 261). 원척도는 21문항으로 구성되었으나 17문항이 전체 점수에 사용되며, 각 문항은 0점에서 2점까지의 3점척도 또는 0점에서 4점까지의 5점척도로 평정하게 되어 있다. 우울한 기분, 죄책감, 자살, 불면증, 일과 흥미, 지체, 흥분, 불안, 신체적 증상, 건강염려증, 통찰, 체중감소를 살펴보며 총점의 범위는 0에서 50점이다. 아동우울평정척도(Children's Depression Rating Scale: CDRS)는 해밀턴 우울평정척도를 초등학생이 사용할 수 있도록 한 수정판이라 할 수 있다(Essau, Hakim-Larson, Croker, & Petermann, 1999, p. 42). 아동우울평정척도는 Poznanski, Cook과 Carroll(1979)에 의해 개발되었으며, 원판은 6~12세 사이의 아동을 대상으로 임상가가 측정하는 15범주로 구성되어 있으며, 우울점수의 심각도를 산출하는데, 이후 Poznanski와 동료들(Poznanski et al., 1984; Poznanski, Freeman, & Mokros, 1985)에 의하여 17문항으로 구성된 개정판(CDRS-R)이 발표되었다. 임상가는 아동에게 우울증이 있는지 여부와 심각도를 측정하기 위하여 일련의 질문을 하고 아동의 반응을 5점 또는 7점척도로 평정하며 실시하는데, 약 20분~30분 정도 소요된다. 임상가가 평정하는 반구조화된 면접의 문항들은 우울한 기분, 울음, 자아존중감, 죄책감, 병적인 생각, 자살생각 및 시도, 학업, 사회적 철회, 짜증, 흥미상실, 식욕과 수면의 곤란, 신체적 불평, 피로, 불쾌한 기분, 말의 속도, 활동감소와 같은 내용을 평가하게 되어 있다.

The Bellevue 우울지표(BID)는 임상가가 평가하는 40문항으로 구성되어 있으며, 6~12세의 아동이나 아동의 부모와의 면접에 기초한다. 반응양식은 증상이 없음(0점)에서 증상이 심각함(3점)의 4점척도로 구성되었으며, 우울한 기분, 자기변명 관념화, 사회화 저하, 학교에 대한 태도변화, 에너지 상실, 식욕이나 체중의 이상변화의 내용을 포함한다. 이후에 Kazdin에 의하여 26문항으로 구성된 개정판(BID-R)이 개발되었다(Essau et al., 1999, p. 42).

이러한 임상가의 면접과 별도로, 아동과 청소년은 자기보고를 통하여 자신의 내적 생활에 대한 정보를 제공할 수 있다. 자기보고형 질문지인 아동용 우울척도(Children's Depression Inventory Self-Report: CDI SR)는 Kovacs(1982, 1991, 1992)가 아동의 우울증상을 측정하기 위하여 개발한 척도이다. 원 척도는 지난 2주일 동안 자신을 가장 잘 묘사한 내용을 선택하도록 되어 있는데, 총 27문항으로 구성되어 있다. 개정된 아동용 우울척도(Children's Depression Inventory 2nd Edition, CDI-2; Kovacs, 2011)에는 1문항이 추가되어 28문항으로 구성되어 있다. 아동용 외에도 부모평정용과 교사평정용을 활용하여 부모나 교사가 아동의 우울증상을 평정할 수 있으며 10~20분 정도 소요된다. 각 문항에서 기술하는 3개 문장 중 1개를 선택하도록 되어 있으며 각 문항의 문장에는 0점, 1점, 2점이 배정되어 점수를 합산하도록 되어 있다. 7~17세 아동과 청소년에게 실시할 수 있으며, 점수가 높을수록 우울증상을 많이 경험하는 것을 의미한다. Kovacs(1991, 1992)는 원 척도의 하위요인을 부정적 정서(negative mood), 대인관계문제(interpersonal problems), 비효율성(ineffectiveness), 흥미저하(anhedonia), 부정적 자아존중감(negative self esteem)의 5요인으로 제시하였으며, 2판에서는 부정적 정서, 대인관계문제, 비효율성, 부정적 자아존중감의 요인을 추출하였으며, 대규모 표본에 기초한 규준자료가 있다. CDI를 한국형으로 개발하기 위한 국내연구(조수철, 이영식, 1990)가 수행되었다.

Beck 아동용 우울척도(Beck Depression Inventory-Youth: BDI-Y)는 Beck, Beck과 Jolly(2001)가 7~14세까지의 아동의 우울증상을 측정하기 위해 개발한 도구이다. 총 20문항으로 구성되어 있으며 자기보고식 검사로 5~10분 정도 소요된다. 한국판 Beck 아동용 우울척도의 표준화를 위한 예비연구(임지영, 2005)에서는 부정적 태도 요인과 부적 정서 및 신체증상 요인인 2개의 요인이 추출되었다.

역학연구용 우울척도(Center for Epidemiologic Studies Depression Scale: CES-D)는 Radloff(1977)가 개발한 20문항으로 구성되어 있으며, 문항들은 원래 임상적 우울증의 주요증상들을 대표하기 위하여 이전에 개발된 척도들로부터 추출되었으며, 간결하게 고안되어 10분 이내에 자기보고식 검사를 완수할 수 있다. 지역사회의 일반인구집단을 대상으로 지난 1주일 동안 경험한 우울증상의 빈도를 1일 이하의 '극히 드물게'(0점), 1~2일의 '가끔'(1점), 3~4일의 '자주'(2점), 5~7일의 '거의 대부분'(3점)의 4단계로 보고한다. Radloff(1977)는 CES-D척도에서 우울정동,

긍정적 정동, 신체 및 행동둔화, 대인관계문제의 4개의 요인들이 추출된다고 보고하였다. 역학연구용 우울척도-아동용(Center for Epidemiologic Studies Depression Scale for Children, CES-DC; Weissman et al., 1980)은 6~17세의 아동 및 청소년을 대상으로 제작되었으며, 지난 1주일 동안의 심각성보다는 우울증상의 빈도를 강조하여, 높은 점수는 우울증상의 빈도가 높음을 나타낸다. 역학연구용-우울척도 아동용은 이후 여러 나라에서 사용되었으나, 일부 연구들은 신뢰도 및 타당도에 의문을 갖거나, 아동 및 청소년이 사용하는 데 제약이 있다고 지적한다(Essau et al., 1999, p. 46).

Reynolds 아동/청소년 우울척도(Reynolds Child Depression Scale, RCDS; Reynolds Adolescent Depression Scale, RADS; Reynolds, 1989, 1987)는 William Reynolds가 개발한 30문항으로 구성되어 있다. RCDS-2는 7~13세의 아동을 대상으로 지난 2주일간 어떻게 느꼈는가에 기초하여 마지막 문항만 5개의 얼굴그림에서 선택을 하고 나머지 29문항은 '거의 결코 아니다'에서 '늘 그렇다'까지의 4점 척도인 30문항으로 구성되어 있고, 단축형(RCDS-2: SF)은 30문항 중에서 선정된 11문항을 사용한다. 청소년용인 RADS-2(Reynolds, 2002)는 11~20세의 청소년이 '거의 결코 아니다'에서 '대부분 그렇다'까지의 4점척도로 자기보고하는 30문항으로 구성되어 있으며, 우울한 기분, 흥미상실/부정적 정동, 부정적 자기평가, 신체적 불평의 4요인으로 구성되어 있다. RADS-2의 일부 문항들은 결정적(critical) 문항으로 총점과 연계하여 해석하면서 임상적으로 우울한 청소년과 우울하지 않은 청소년을 선별하는데 활용될 수 있다.

우울자기평정척도(Depression Self-Rating Scale: DSRS)는 Birleson(1981)에 의해 개발되었으며, 지난 1주일간 경험한 정동 및 인지적, 행동적 증상들을 나타내는 18개의 문항들로 구성되어 있으며, '전혀 아님'(0점)에서 '대부분 그렇다'(2점)의 3점척도로 구성되어 있다(Curry & Craighead, 1993, p. 259).

아동 및 청소년용 우울경험질문지(Depression Experiences Questionnaire for Adolescents: DEQ-A)는 Blatt와 동료들이 우울양식을 평가하기 위하여 개발한 성인용

표 4-3 우울측정도구의 예

평가 도구명	측정연령 범위	총 문항(문항형태)	하위측정영역	주요출처
임상가면접				
CDRS-R	6~12세	17문항 (14문항은 7점척도, 3문항은 5점척도)	우울한 기분, 울음, 자아존중감, 죄책감, 병적인 생각, 자살생각 및 시도, 학업, 사회적 철회, 짜증, 흥미상실, 식욕과 수면의 곤란, 신체적 불평, 피로, 불쾌한 기분, 말의 속도, 활동감소 등의 내용	Poznanski et al., 1985
BID	6~12세	40문항 (4점척도)	우울한 기분, 자기변명 관념화, 사회화 저하, 학교에 대한 태도변화, 신체화 불평, 에너지 상실, 식욕과 체중의 변화	Petti, 1978
자기보고형				
CDI-2	7~17세	28문항 (3개의 문장에서 1개 선택하여 0~2점 배정)	부정적 정서, 부정적 자아존중감, 비효율성, 대인관계 문제	Kovacs, 2011
BDI-Y	7~14세	20문항 (4점척도)	국내연구에서 부정적 태도, 부적 정서 및 신체증상 추출됨	Beck et al., 2001
CESD-DC	6~17세	20문항 (4점척도)	우울정동, 긍정정동, 신체 및 행동둔화, 대인관계 문제	Weissman et al., 1980
RCDS/ RADS-2	8~12세/ 11~20세	각 30문항 (RCDS: 29문항은 4점척도, 1문항은 5개의 얼굴그림에서 선택/RADS 2: 4점척도)	RCDS는 5요인 RADS-2는 우울한 기분, 흥미상실/부정적 정동, 부정적 자기평가, 신체적 불평	Reynolds, 1989; 2002
DSRS		18문항 (3점척도)		Birleson, 1981
DEQ-A	11세~후기 청소년기	66문항 (7점척도)	국내연구에서 의존성, 자기비판성, 효능감이 추출됨	Blatt et al., 1992

주. CDRS-R=Children's Depression Rating Scale-Revised; BID=The Bellevue Index of Depression; CDI-2=Children's Depression Inventory 2nd Edition; BDI-Y=Beck Depression Inventory-Youth; CES-DC=Center for Epidemiologic Studies Depression Scale for Children; RCDS=Reynolds Child Depression Scale; RADS-2=Reynolds Adolescent Depression Scale 2; DSRS=Depression Self-Rating Scale; DEQ-A=Depression Experiences Questionnaire for Adolescents

을 청소년에 맞게 수정하였는데, 총 66문항이며 7점척도로 하위요인은 의존성, 자기비판, 효능감으로 구성되어 있다(Blatt, Schaffer, Bers, & Quinlan, 1992). 조혜수와 권영민(2009)이 국내에서의 적용이 가능한지 타당도를 검증하였다.

그 외에 우울과 관련된 개념을 측정할 수 있는 도구들이 있다. 예를 들어, 아동용 정적정서 및 부적정서척도(Positive and Negative Affect Scale for Children, PANAS-C; Laurent et al., 1999)는 정적정서 및 부적정서를 측정하는 27문항으로 구성되어 있으며, '전혀 아니다'(1점)에서 '매우 그렇다'(5점)의 5점척도로 평정하게 되어 있다. 성인용 정적정서 및 부적정서척도(Positive and Negative Affect Scale: PANAS)는 Watson, Clark와 Tellegen(1988)에 의하여 개발되었으며, 국내에서 타당도를 검증하는 연구(예: 이현희, 김은정, 이민규, 2003)가 진행되었다. 앞의 〈표 4-3〉은 우울장애와 관련하여 대표적 우울측정도구들의 기본사항들을 비교하여 제시한다.

4 가족변인과 병인론

1) 유전가능성계수

유전과 환경의 영향이 우울장애를 어느 정도 설명할 수 있는지 살펴보기 위하여, 쌍생아연구, 입양연구, 가족연구들이 수행되었다. 쌍생아연구들을 메타분석한 연구는 우울장애의 유전가능성계수를 31~42% 사이로 추정하였다(Sullivan, Neale, & Kendler, 2000). 유사하게 DSM-5에 따르면, 주요우울장애를 가진 1차 가족이 있는 경우, 주요우울장애의 위험도가 일반인구에서보다 2~4배 더 높으며, 위험도는 조기 발병형과 재발형에서 상대적으로 더 높으며, 유전가능성계수는 약 40%이며, 신경증적 성격특질이 유전가능성의 상당부분을 차지한다(APA, 2013/2015, p. 175). 조사대상자의 연령, 표본집단의 특성, 정보제공자, 조사도구,

우울증의 중증도 여부, 동반이환의 존재유무 등에 따라 우울장애와 관련된 유전과 환경의 영향에 대한 추정치는 다소 차이를 나타내나, 일반적으로 유전의 영향을 어느 정도 인정하며 공유환경의 영향은 다소 작게 추정하는 경향이 있다. 아동이 보고한 우울증을 조사한 쌍생아연구들의 경향은 유전적 요인이 약 30~50% 정도의 범위 사이인 것으로 추정하고 있다. 우울증에 유전적 요인이 있으나, 우울증은 유전과 환경의 복잡한 상호작용에 의하여 설명될 수 있다. 가족 내 주요우울장애의 유전성에 대한 연구는 어떻게 주요우울장애가 유전되는지에 대하여 결론을 내리지 못하나, 여러 유전자(gene)들이 상호작용하여 우울증에 대한 개인의 감수성(susceptibility)을 증가시키는 것으로 본다(Levinson, 2009, p. 168).

2) 부모와 자녀의 우울장애 연관성

우울증에 대한 가족의 연관성은 2가지 방법으로 조사할 수 있다. 첫째, 상향식(bottom-up)연구는 주요우울장애로 진단받은 아동 발단자(proband)의 친족에 대한 연구이며, 둘째, 하향식(top-down)연구는 우울증 부모의 자녀에 대한 연구이다. 정상집단과 비교했을 때, 1차친족이 우울증을 발달시킬 위험은 상향식연구를 통해서는 약 2배, 하향식연구를 통해서는 약 4배 증가하는 것으로 나타났다(Rice, Harold, & Thapar, 2002).

지역사회 일반청소년 775명을 성인초기인 24세까지 추적한 종단연구에서 사회경제적 지위를 통제한 이후에도 어머니의 우울증은 자녀의 우울증과 연관되었다(Klein, Lewinsohn, Rohde, Seeley, & Olino, 2005). 동일한 표본에서 부모의 우울증은 자녀의 다양한 영역에서의 손상과 관계되었다. 어머니의 우울증은 자녀가 청소년기일 때의 높은 수준의 신체적 증상, 성인기일 때의 사소한 스트레스들과 정신건강서비스를 사용하는 위험을 증대시켰고, 아버지의 우울증은 청소년기의 더 많은 스트레스와 낮은 사회적 유능성, 자살시도와 연관되었고, 성인초기의 낮은 사회적 유능성과 연관되었다(Lewinsohn, Olino, & Klein, 2005).

한편, 우울증을 경험하는 부모에 대한 종단연구들은 이러한 부모의 자녀들이 우울증을 발달시킬 위험이 높다고 밝히고 있다. 예를 들어, 〈표 4-4〉에서 제시되었듯이 임상적 표본을 대상으로 한 연구에서 정동장애나 주요우울장애를 가진 부모의 자녀들은 그렇지 않은 자녀보다 정동장애나 주요우울증을 발달시킬 위험이 4년 뒤 26%에서 10년 뒤 50%까지 높게 나타났다. 임상적으로 우울증을 진단받은 부모를 둔 아동의 우울장애 발생률은 통제집단의 아동의 우울장애 발생률보다 높아서, Weissman과 동료들은 182명의 자료를 분석한 10년 후 추수연구에서 우울한 부모의 자녀들과 우울하지 않은 부모를 둔 통제집단의 우울장애 발생률의 대비는 56% 대 25%이었으며, 151명의 자료를 분석한 20년 후 추수연구에서는 우울한 부모의 자녀들이 주요우울증, 물질의존, 불안장애를 발달시킨 비율이 통제집단의 비율보다 3배 더 높았다고 보고하였다(Weissman, Warner, Wickramaratne, Moreau, & Olfson, 1997; Weissman et al., 2006).

부모의 우울장애가 언제 발병했는가가 자녀의 발병위험도에 영향을 미칠 수 있다. 10년 종단연구에서는 30세 이전에 우울증이 발병한 부모를 둔 아동은 그렇지 않은 아동보다 아동기에 시작되는 조발성 주요우울장애를 발달시킬 확률이 13배, 성인기 발병 주요우울장애를 발달시킬 확률이 7배 증가하였다(Wichramaratne & Weissman, 1998). 우울증을 가진 부모를 둔 아동들은 그렇지 않은 아동보다 우울증의 초기 발병, 오랜 지속, 높은 재발률을 보이는 경향이 있어서, 주요우울장애의 평균 발병연령은 14~15.5세이었으며, 삽화지속기간은 통제군의 경우 17.5주인데 비하여 60.5주이었으며, 재발률 또한 높았다. 어머니의 우울증과 자녀의 우울증을 연관시킨 연구가 아버지의 우울증과 자녀의 우울증을 연관시킨 연구보다 상대적으로 많으나, 메타분석에서 아버지의 우울증도 자녀의 내재화 및 외현화 장애를 증가시킨다고 보고되었다(Kane & Garber, 2004).

표 4-4 우울증이 있는 부모를 둔 자녀들의 장애유병률에 대한 종단연구

	Beardslee et al. (4년 종단; 임상표본)			Hammen et al. (3년 종단; 임상표본)			Weissman et al. (10년 종단; 임상표본)		Lieb et al. (4년 종단; 지역사회표본)		
	부모 한 명 또는 모두 정동장애 있음 (N=105)	부모 한 명 또는 모두 정동장애 아닌 장애 있음 (N=14)	부모가 장애 없음 (N=20)	어머니가 주요우울 장애 있음 (N=22)	어머니가 의학적 질환 있음 (N=14)	어머니가 장애 없음 (N=38)	부모 한 명 또는 모두 주요우울 장애 있음 (N=129)	부모 모두 장애 없음 (N=53)	부모 모두 주요우울 장애 있음 (N=384)	부모 한 명이 주요우울 장애 있음 (N=811)	부모가 주요우울 장애 없음 (N=1,214)
정동장애											
주요우울장애	27(26%)	2(14%)	2(10%)	10(45%)	4(29%)	4(11%)	64(50%)	13(25%)	(28.5%)	(26.1%)	(12.3%)
기분부전장애				8(36%)	1(7%)	1(3%)	7(5%)	3(6%)	(6.8%)	(5.3%)	(1.8%)
경도우울증	24(23%)	2(14%)	3(15%)	12(55%)	6(43%)	4(11%)					
행동장애											
품행장애	8(8%)	1(7%)	1(5%)	7(32%)	2(14%)	3(8%)	44(34%)	11(21%)			
물질장애	1(10%)[a]	1(7%)[a]	1(5%)[a]	5(23%)	1(7%)	1(3%)	40(31%)	14(28%)	(33%)[b]	(34.9%)[b]	(28.4%)[b]
ADHD	10(9%)	0	0	2(9%)	0	2(5%)	5(4%)	2(4%)			
불안											
공포장애	9(9%)	3(20%)	2(10%)	0	0	0	27(21%)	4(8%)			
과불안장애	19(10%)	1(7%)	2(15%)	6(27%)	1(7%)	3(8%)	17(13%)	1(2%)			
분리불안장애	6(6%)	0	2(10%)	4(18%)	1(7%)	3(8%)	16(12%)	6(11%)			
어느 것이나 불안장애							51(40%)[c]	8(15%)[c]	(46.2%)	(39.1%)	(28.6%)

주. [a]알코올남용/의존만 포함; [b]니코틴 제외; [c]공포증, 공황장애, 강박장애, 범불안장애 포함하나 과불안장애나 분리불안장애는 포함 안 함.

우울증이 있는 부모를 둔 자녀들이 장애를 발달시킬 위험은 지역사회의 일반청소년을 대상으로 한 연구에서도 증명되고 있다. 앞의 〈표 4-4〉에서 제시되었듯이 독일에서 수행된 Lieb, Isensee, Hofler, Pfister와 Wittchen(2002)의 연구에서 부모 한 명 또는 부모 모두 주요우울장애가 있는 자녀의 경우 우울장애가 없는 부모의 자녀보다 정동장애의 비율이 2~3배 높게 나타났다. 오스트레일리아에서 지역사회표본을 대상으로 부모의 우울증의 심각도(severity), 만성도(chronicity), 아동이 부모의 우울증에 노출된 시기가 청소년자녀에게 주는 영향을 살펴본 연구에서, 어머니의 우울증 심각도는 만성도보다 더 아동의 우울증을 예측하였고, 어머니의 우울증 만성도는 심각도보다 우울증이 아닌 장애와 더 관련되었다(Hammen & Brennan, 2003). 그러나 부모의 우울증이 자녀에게 부정적 영향을 주는 위험요인이더라도, 우울증을 경험하는 부모를 둔 모든 아동이 문제를 보이는 것은 아니며 상당 수의 아동들은 원만한 적응을 나타낸다. 탄력성을 연구하는 연구자들은 무엇이 이러한 차이를 가져오는지 관심을 가지게 되었다. Beardslee와 동료들(Beardslee, 2002; Beardslee & Podorefsky, 1988)은 카우아이섬의 종단연구를 통하여 탄력성을 주장했던 Werner의 관점을 적용하여 우울증을 경험하는 어머니를 둔 자녀에게 해당하는 보호요인을 다음과 같이 주장하였다. ① 아동이 친밀한 인간관계를 맺고 관여하려는 능력, ② 가정 외에서 과제(tasks)를 완수하는 능력, ③ 부모의 질환과 자기 자신을 분리하여 스스로를 이해하고 반영하는 능력이 해당된다.

Reuben과 Shaw(2015)는 우울한 어머니의 자녀에게 나타나는 탄력성에 대한 이론적 고찰을 통하여, 이들 자녀들의 탄력성은 서로 다른 수준의 위험, 적응영역, 시간에 따라 달라진다고 기술하였다. 부가적으로 기술하면, 첫째, 탄력성은 위험수준에 따라 달라지는데, 어머니의 우울증이 얼마나 심각한지, 어머니의 우울증이 얼마나 만성적인지, 여러 위험요인들과 같이 발생하는지에 따라 다를 수 있다고 기술하였다. 부모의 우울증이 지닌 특성이 아동의 적응에 미치는 영향은 꾸준히 검증되어 왔는데, 예를 들어 프랑스에서 수행된 출생코호트연구에서도 지속적인 우울증상을 가진 어머니를 둔 아동들은 5세 때에 가장 높은 수준의 정서·행동문제를 나타내었다(Waerden et al., 2015). 브라질의 출생코호트연구에서도 만성적이고 증상이 심한 어머니의 우울증은 아동의 첫 6년간에 걸쳐 가장 높은 정신과적 장애, 내재화 및 외현화 장애와 관련되었다(Matijasevich et al., 2015). 미국에서 우울한 부모의 자녀집단과 통제집단 부모자녀들을 23년 후에 측정한 연구에서, 우울한 부모의 자녀들은 성인기에 우울증이 더 많이 나타났으나, 다른 생활영역에서 비교적 유사했으며, 부모우울증의 경과가 완화되지 않은 집단의 경우 기능장애가 가장 많았다(Timko et al., 2008). 둘째, 탄력성은 적응영역에 따라서도 상이한데, 여러 연구들에 따르면 높은 수준의 위험에 노출된 아동이 한 영역에서 긍정적 결과를 보인다고 다른 모든 영역에서도 긍정적 결과를 보일 것으로 일반화하기 어려우며, 비슷한 맥락에서 특정 보호요인도 어떤 결과에 해당하는 특정한 효과만을 가진다고 기술하였다. 셋째, 탄력성에서 시간의 변수를 고려할 필요가 있다고 기술하였다. 대부분의 연구들은 위험집단의 아동들이 일반적으로 시간에 걸쳐 긍정적인 적응 발달궤적을 보인다고 기술하지만, 앞서 제1장의 3절인 취약성과 탄력성에 대한 내용에서 살펴보았듯이, 탄력성은 정적인 상태가 아니므로 탄력성의 역동적 측면을 고려해야 한다.

우울증을 경험하는 부모의 경우, 우울증이 어떠한 경로로 부모로부터 자녀에게로 세대 간 전이가 일어나는지에 대하여는 여러 가지 설명이 있다. 유전적인 연결로 설명될 수 있고, 개인적 및 환경적 요인으로도 설명될 수 있는데, Gotlib과 Goodman(2002)은 우울증의 세대 간 전이를 설명하는 기전으로 유전, 정서조절과정을 방해하는 역기능적인 신경조절체계, 대인과정 또는 인지과정, 우울한 부모의 가족 내에서 아동생활의 스트레스가 많은 환경을 제시하였다(pp. 4-5). 또한 우울한 부모의 어떤 자녀들이 병리를 발달시키지 않도록 하는 중재변인으로 가족의 역할, 아동의 대처과정 및 적응, 아동의 성을 기술하였다(p. 7). Hammen(2009)은 우울증의 세대 간 전이를 통합모델로 설명하였다. 이러한 통합모델의 특징으로는 부모의 우울증이 불리한 환경 및 가족요인의 맥락에서 발생한다고 보고, 다요인적이고 통합적 요소들을 포함하고, 이러한 요소와 결과들은 양방향적인 교류과정에 있으며, 발달적 조망을 포함하는 점을 들 수 있다(p. 290). Hammen(2009)은 우울증의 세대 간 전이의 대인스트레스모델(interpersonal stress model of intergenerational transmission of depression)을 제안하였는데, 어머니의 우울증은 배우자 및 타인과의 대인불화와 연관되고, 그러한 불리한 가족환경은 부모와 자녀 간의 불화와 청소년 자신의 부정적 사회생활사건과 연관되며, 부모-자녀문제는 청소년의 사회적 유능성과 스트레스 생활사건에 영향을 주며, 청소년의 스트레스는 우울증의 근위적 예측요인으로 작용하게 된다(p. 290). 즉, 대인스트레스모델에서는 어머니의 우울증과 자녀의 우울증 간의 관계가 대인 및 스트레스 요인에 의하여 매개된다(p. 290).

부모의 우울증이 자녀에게 전이되는 과정을 설명하는 모형은 학자마다 다양한데, 간략한 모형으로 다음 [그림 4-1]과 같이 도식화할 수 있다. 가족과 관련된 요인 중의 하나로 부모의 양육유형을 들 수 있다. 부모의 양육은 직접적으로 영향을 미칠 수 있으며, 다른 매개변인을 통하여 영향을 미칠 수도 있다. 부모의 우울증은 자녀에게 유전적 및 생물학적 위험을 전달할 뿐 아니라, 부모양육과 같은 환경적 요인을 통하여 연결되는데, 캐나다의 아동 · 청소년 종단연구에서, 육성(nurturance), 거부, 모니터링을 포함하는 부모양육은 부모의 우울증상과 자녀의 내재화, 외현화, 친사회적 행동과 같은 적응지표와의 관계를 매개하였다(Elgar, Mills, McGrath, Waschbusch, & Brownridge, 2007). 또한 부모의 우울증은 자녀의 스트레스에 대한 민감성을 증가시킬 수 있는데 아동이 11세 일 때와 약 2년 6개월이 경과한 이후에 다시 측정한 종단연구에서, 우울삽화를 경험했던 부모를 둔 청소년은 우울증이 없는 부모를 둔 청소년보다 스트레스성 사건의 영향에 더 민감했다(Bouma, Ormel, Verhulst, & Oldehinkel, 2007).

근래에 부모의 우울증을 아버지와 어머니의 우울증으로 구분하여 자녀의 정신장애와 연관시키는 연구들이 수행되고 있으나 아버지의 우울증에 대한 연구는 아직 제한되어 있으며 표본, 설계, 측정방법에 따라 결과도 다양하다. Kane과 Garber(2004)는 아버지의 우울증, 아동의 병리, 부-자녀 간의 갈등 관계에 대한 메타분석을 실시하였는데, 아버지의 우울증은 자녀의 내재화 및 외현화 병리와 부-자녀 간의 갈등과 연관되었고, 이러한 내재화 문제에 대한 효과크기는 임상표본보다는 지역사회표본을 사용할 때, 진단보다는 증상을 측정할 때 더 크다고 보고하였다. 아버지의 우울증은 아동방임의 위험을 증가시켜서, 1,089명을 대상으로 한 출생코호트 종단연구에 따르면 자녀가 3세일 때 아버지가 우울증을 경험한 것은 자녀가 5세일 때 자녀를 방임할 위험률을 증가시켰다(Lee, Taylor, & Bellamy, 2012). 일반적으로 어머니의 우울증이 아버지의 우울증보다 청소년의 우울증에

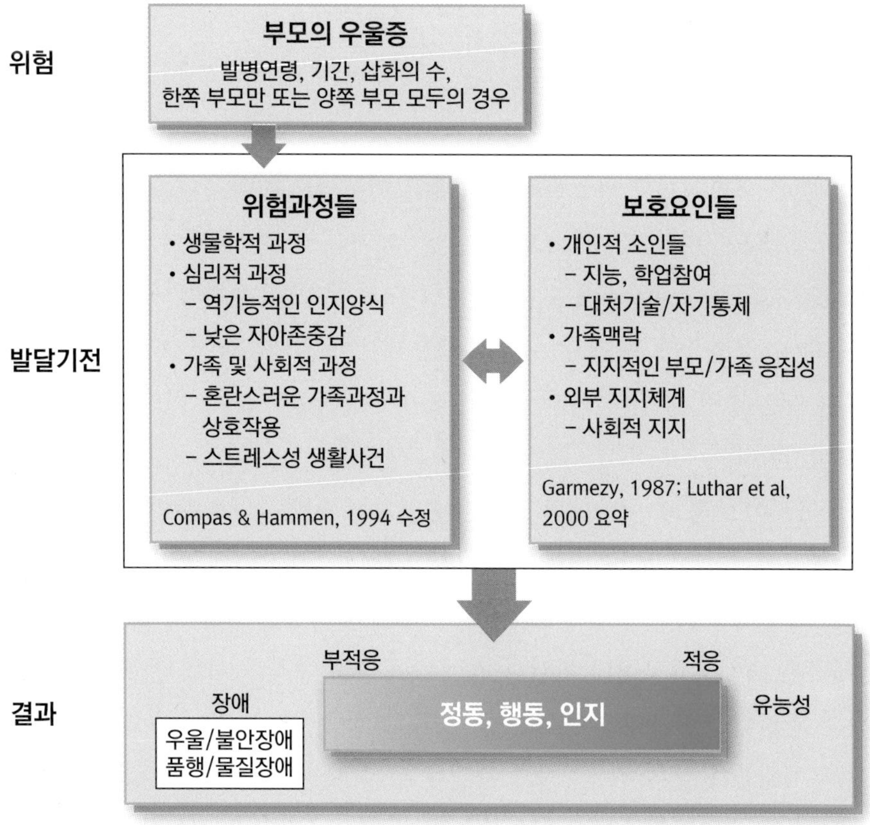

그림 4-1 우울증 있는 부모를 둔 자녀의 위험, 기전, 결과를 설명하기 위한 모델

출처: "General Psychiatrists and Their Patients' Children: Assessment and Prevention," by J. Yuh, K. A. Maloy, K. A. Kenney, and D. Reiss, 2006, *Psychiatric Quarterly, 77*, p. 106.

더 분명하게 연관되었으나, 아버지의 우울증도 청소년에게 불리한 영향을 미친다고 알려져 있다(Hammen, 2009, p. 284). 아버지의 우울증은 부정적 양육행동에 영향을 주어 아동의 장애에 영향을 줄 수 있다. 아버지의 우울증이 양육행동에 미치는 영향에 대한 메타분석은 아버지의 우울증이 양육행동에 미치는 효과크기는 작지만 유의하다고 밝혔는데, 우울한 아버지의 경우 긍정적 양육행동이 감소하고 부정적 양육행동이 증가하였다(Wilson & Durbin, 2010). 종합적으로, 아버지의 우울증에 대한 자료들은 어머니의 우울증에 대한 자료들보다는 적지만, 아버지의 우울증도 아동의 적응에 영향을 주는 것으로 알려지고 있다.

3) 가족관련 원인과 발생

우울증은 복합적이고 다양한 원인들에서 비롯되므로 하나의 위험요인에 의해 발생하기보다는 다양한 위험요인들이 축적되거나 상호작용하여 발생한다. 이론적 고찰(Garber, 2006)은 우울증의 위험요인으로 여성, 우울증의 가족력, 준임상적(subclinical) 우울증상, 불안, 스트레스 생활사건, 신경생물학적 조절장애, 기질/신경증과 같은 성격, 부정적 인지, 자기조절이나 대처방식 문제, 대인관계의 역기능을 포함시켰다.

가족환경이 아동 및 청소년의 우울증에 미치는 영향은 다른 변인에 의하여 매개될 수 있다. 애착은 주양육자와의 정서적 유대를 의미하는데, 부정적 가족관계는 애착형성에 영향을 주어서 이후의 우울증 발달에 영향을 미칠 수 있다. 생애 초기의 애착은 내적작동모델의 발달과 관계되며, 저항애착과 관련된 부모의 양육은 의존과 관련된 우울증상을 초래할 수 있고, 회피애착과 관련된 부모의 거부적 태도는 무가치감과 같은 우울증상과 관련이 될 수 있다. 국내에서 수행된 종단연구는 부모와의 애착수준이 낮은 아동일수록 더 많은 우울감을 경험한다고 보고하였다. 한국청소년정책연구원의 청소년패널자료를 이용한 연구에서, 애착은 우울수준에 영향을 미쳐서, 1차와 2차년도에 부모와 긍정적인 애착을 갖는 아동일수록 다음해인 2차와 3차년도에 우울감을 덜 보였으며, 청소년의 초기 부모애착은 우울에 종단적으로 유의한 영향을 미쳤다(윤명숙, 이재경, 2010; 윤태희, 조영일, 2014). 애착이론에 근거하여 아동기 부모상실경험이 성인기 우울증의 위험요인임을 입증하기도 한다. 전향적 종단연구의 일환으로 수집된 자료에서, 5~9세까지의 아동기에 부모를 상실한 경험은 26세에 측정한 성인기 우울증상과 관련되었는데, 이러한 결과는 애착이론과 연관하여 설명할 수 있다(Coffino, 2009). 애착은 생애초기에 형성되지만 내적작동모델로 설명되는 특성은 전 생애에 걸친 발달에 영향을 줄 수 있으며 특히 아동과 청소년의 적응에 영향을 미칠 수 있다.

인지적 관점에서, 가정 내의 부모양육방식은 이후에 우울증으로 발전되는 인지적 취약성에 영향을 줄 수 있다. 인지이론들은 우울증이 낮은 자기가치감, 학습된 무력감, 우울적인 귀인양식(attributional style)과 관련된다고 설명한다. 귀인양식이란 개인의 행동의 원인과 책임소재를 어디에 귀속시키는가를 살펴보는 것으로, 우울증을 설명하는 인지이론에 의하면 인지이론은 부정적 사건을 내적, 지속적, 전체적으로 귀인하고, 긍정적 사건을 외적, 단편적, 특정적으로 귀인하는 양식과 밀접하게 연관이 되어 있다. 이러한 귀인양식의 발달적 근원은 아직 명확히 밝혀지지 않았으며, 환경적 요인 중에서는 학대와 같은 부정적 인생사건이나 부모의 영향 등이 귀인양식의 발달적 근원으로 추측되고 있다. 부모, 특히 어머니는 양육방식을 통하여 아동의 귀인양식에 영향을 미친다고 알려져 있는데, 역기능적인 귀인양식과 관련된 변인들을 탐색한 종단적 연구에 따르면, 어머니의 수용적 양육은 아동의 귀인양식에 유의한 영향을 나타내었다(Garber & Flynn, 2001).

가족환경이 아동 및 청소년의 우울증에 미치는 영향은 다른 변인에 의하여 조절될 수 있다. DSM-5에 따르면, 다양한 환경적 경험 중에서 불리한(adverse) 아동기경험은 주요우울장애에 대한 일련의 잠재적 위험요인들을 구성하게 된다(APA, 2013/2015, p. 175). 우울한 아동들은 일반적으로 부정적 가족관계와 가족갈등, 통제적 상호작용을 보고하는데, 가족환경은 우울증 발달에 선행되는 위험요인으로 밝혀지고 있다. 미국의 일반청소년을 대상으로 종단연구를 실시한 결과, 지지적이지 않고 갈등이 많은 가족관계는 1년 뒤 청소년의 우울증상을 예측한 반면, 청소년의 우울증상은 가족관계가 악화되는 것을 예측하지 못했다(Sheeber, Hops, Alpert, Davis, & Andrews, 1997). 헝가리의 일반청소년을 대상으로 우울증상을 예방하는 보호요인을 조사한 횡단연구에서 부모변인 중 동성 부모로부터의 사회적 지지는 우울증상을 낮추었으며, 남자청소년의 경우 가족과 함께 저녁식사를 하는 것이 보호요인인 데 비하여 여자청소년의 경우 부모와 문제를 이야기하는 것이 보호요인으로 나타나서, 우울증상을 감소시키는 보호요인에서 성차가 있음을 시사하였다(Piko, Kovacs, & Fitzpatrick, 2009). Mezulis, Hyde와 Abramson(2006)은 영아기에서 초등학교 5학년까지 진행된 종단연구에서 부정적 부모양육이 아동의 우울증의 인지적 취약성에 미치는 영향은 부정적 생활사건에 따라 다르게 나타났다고 밝혔다. 즉, 부정적 생활사건은 조절변인의 역할을 하여, 아동이 부정적 생활사건에 직면했을 때 어머니의 부정적 양육은 아동으로 하여금 부정적 인지양식을 더 발달시키게 하였다.

한편, 가족과 관련된 **보호요인**들은 아동 및 청소년의 우울증을 예방시킬 수 있다. 예를 들어 우울하지 않은 부모 한 명과의 긍정적 관계는 불안정애착에 대한 보호요인으로 작용할 수 있다(Herring & Kaslow, 2002). 부모 중 한 명이 우울한 가정에서 다른 부모와 아동과의 밀접한 결속은 아동이 우울한 부모로부터 벗어나 생각하고 행동할 능력을 갖도록 도울 수 있다(Beardslee et al., 1998).

지역사회의 일반청소년들을 대상으로 2차에 걸쳐 4~6개월 간격으로 수행한 연구에서, 부모와 형제자매를 지지의 근원으로 인식하는 것은 우울증 발병위험을 낮춘다고 보고되었다(McFarlane, Bellissimo, Norman, & Lange, 1994). 발달정신병리학적 측면에서 청소년과 부모와의 관계의 질은 청소년의 우울증상과 상호 영향을 주는 양방향으로 연관되어 있다. 네덜란드에서 수행된 종단연구에서 청소년이 지각한 어머니와의 관계의 질(relationship quality)은 남녀청소년의 우울증상을 예측하였고, 아버지와의 관계의 질은 남자청소년의 우울증상을 예측하였으며, 우울증상은 이후 부모와의 관계의 질을 예측하였다(Branje, Hale III, Frijns, & Meeus,

2010). George, Herman과 Ostrander(2006)는 지역사회의 일반 초등학생을 대상으로 우울증상, 품행문제, 주의력결핍 과잉행동장애증상이 가족환경 특성에 미치는 영향을 살펴보았는데, 우울증상과 품행문제 및 공격성 증상은 가족의 낮은 응집성 및 지적/문화적 추구, 높은 수준의 갈등을 예측하는 한편, 추가적으로 우울증상은 낮은 수준의 표현성, 독립성, 활동을 예측하고 높은 수준의 통제를 예측하였다.

또한 발달정신병리학적 측면에서 어떠한 요인이 발달의 안정성이나 변화에 영향을 미치는 시기가 다를 수 있다. 지역사회의 일반 청년을 대상으로 프랑스에서 수행된 종단연구에서 저소득층 자녀들은 성인기로 전이되는 시기에 우울 및 불안증상을 발달시킬 확률이 높았다(Melchior et al., 2010). 가족의 상호작용과 같은 과정요인 이외에 가정의 구조적 요인도 아동과 청소년의 우울증 발생에 영향을 줄 수 있다. 오스트레일리아에서 수행된 종단연구에서 인생초기의 빈곤은 14세인 청소년기와 21세인 성인초기의 우울 및 불안증상을 강력하게 예측하였다(Najman et al., 2010).

5 가족변인과 발달경과

아동의 우울증과 특히 연관된 **부모양육차원**은 통제-자율(control-autonomy)과 수용-거부(acceptance-rejection)이다(Garber, Gallerani, & Frankel, 2009, pp. 422-423). 현재 우울한 상태인 아동들은 자신의 부모가 통제적이고, 거부적이고, 도움이 되지 못한다고 보고하며, 부모, 특히 어머니 자신도 우울하지 않은 아동의 어머니보다 더 거부적이고 대화를 적게 하고 애정이 부족하다고 스스로를 평가하는 경향이 있다(Garber et al., 2009, pp. 422-423). 아동을 대상으로 한 관찰연구에서도 우울한 아동들의 어머니는 문제해결을 위한 상호작용에서 참여가 부족하며 긍정적 태도도 낮게 나타났다(Dietz et al., 2008). 부정적이고 통제적인 부모양육방식은 우울증을 지속시키는 요인으로 볼 수 있다. 어머니의 우울증과 양육행동에 대한 관찰연구 46편에 대한 메타분석을 실시한 결과, 어머니의 우울증과 부정적 양육행동 간의 관계는 가장 강력하게 나타난 반면, 어머니의 우울증과 긍정적 양육행동 간의 관계는 유의하기는 했으나 비교적 약하게 나타났다(Lovejoy, Graczyk, O'Hare, & Neuman, 2000).

부모와의 의사소통은 청소년의 우울증상이 지속되는 데 영향을 줄 수 있다. 한국청소년패널조사 종단자료에 기초한 연구에서, 중3 시기에 부모와 대화가 잘 이루어지지 않았던 학생일수록 우울의 수준이 높았고, 중3에서 고3 시기 동안 부모와의 대화의 질이 상대적으로 악화된 학생일수록 우울의 변화양상도 더 부정적이었다. 이러한 연구결과는 부모와의 소통이 청소년의 우울수준에 중요한 요인임을 보여 주고 있다(송예리아, 김진영, 2013).

발달정신병리학 관점에서, 가족변인과 우울과의 관계는 **매개변인**을 통하여 설명될 수 있다. 이러한 변인들 중에서, 부모의 피드백은 아동 및 청소년이 지각하는 유능감을 매개로 하여 아동 및 청소년의 우울증상에 영향을 미칠 수 있다. 부모는 유능성의 발달에 영향을 미칠 수 있는데, 유능성에 근거한 우울증 모델(a competency-based model of depression)에 따르면, 아동은 환경으로부터의 정보, 특히 의미있는 타인으로부터의 피드백을 사용하여 자신의 유능성에 대한 신념을 구축한다(Cole, 1991; Jacquez, Cole, & Searle, 2004). 타인의 승인이나 수용은 긍정적인 자기인지에 영향을 주어 우울증상을 감소시키는 반면, 타인의 비판은 부정적인 자기형상과 관련되어 우울증상을 증가시킬 수 있는데, 이러한 이론은 부모를 비롯한 타인의 피드백은 인지적 매개요인인 아동의 유능성을 통하여 아동의 우울증상에 영향을 미친다고 시사한다. 부모로부터 온정과 수용을 경험한 아동들은 다른 관계에서도 자신이 수용될 것이라는 기대를 하게 되며, 자신을 가치있는 존재로 인식하게 된다. 부모의 수용이나 애정은 아동의 신뢰감 형성에 결정적 영향을 미치며, 이러한 신뢰감은 아동으로 하여금 유능성을 발달시키게 한다고 볼 수 있다.

가족변인은 인지양식과 같은 매개변인을 통하여 우울증상에 간접적 영향을 줄 수 있다. 우울증을 설명하는 인지행동이론에서 의도를 잘못 귀인하는 경향이나 인지왜곡은 초기 사회화 경험에 기인하는데, 가족구성원 간의 부정적 상호작용은 비이성적 사고나 부정적 귀인과 밀접하게 관련된다. 부정적 부모양육행동은 귀인양식과 같은 개인적 변인의 부분매개를 통하여 우울증상과 연관될 수 있다. 예를 들어, Garber와 Flynn(2001)는 초등학교 6학년에 시작하여 3년에 걸친 종단연구에서 어머니의 양육방식이 청소년의 전반적 자기가치감과 귀인양식을 예측한다고 보여 주었다. 어머니의 수용과 돌봄이 높을수록 1년 후 청소년의 전반적인 자기가치감이 높았고, 어머니의 심리적 통제방식이 높을수록 1년 후 청소년의 우울성향의 귀인양식이 높았는데, 우울성향의 귀인양식이란 부정적 사건을 내적, 지속적, 전체적으로 귀인하는 반면 긍정적 사건을 외적, 단편적, 특정적으로 귀인하는 경향을 의미한다. 부모-자녀 관계는 우울성향의 귀인양식이나 낮은 자아존중감을 형성시키는데 중요한 역할을 하여, 거부적인 부모양육행동은 아동에게 스스로를 비난하는 태도를 야기하고 그 결과 우울증에 취약하게 한다.

가족의 구조적 변인은 스트레스성 사건과 같은 매개변인을 통하여 아동의 우울증에 영향을 줄 수 있다. Ge, Natsuaki와 Conger(2006)는 미국의 중서부지역의 550가족에 대한 11년에 걸친 종단연구에서 15세 전에 부모가 이혼했던 아동은 부모가 이혼하지 않은 아동에 비하여 우울증상이 현저히 증가하였는데, 이혼 직후 아동이 경험하는 스트레스성 생활사건이 부모의 이혼과 아동의 우울증상간의 관계를 매개하였다.

가족기능은 청소년의 우울증을 지속시키거나 다른 정신의학적 장애로 표현하는 데 작용할 수 있다. Sanford와 동료들(1995)이 캐나다에서 우울증으로 진단받은 임상표본을 대상으로 수행한 종단연구에 따르면, 1년 뒤 추수검사에서도 우울증이 지속된 청소년들은 완화된 청소년들에 비하여 나이가 더 많았고, 물질장애나 불안장애를 더 가지고 있었고, 아버지와의 관여가 적었으며 어머니의 훈육에 덜 반응적이었다. 미국에서 주요우울증으로 진단된 아동 및 청소년들을 36주 후에 추수검사한 결과, 우울증을 포함한 정신장애들을 보인 집단은 회복된 집단에 비하여 어머니가 같이 사는 파트너와 비밀을 털어놓는 관계의 결여, 가족의 역기능, 친구관계의 어려움, 심각하게 실망스러운 사건들이 있었다(Goodyer, Herbert, Tamplin, Secher, & Pearson, 1997). 일반청소년을 대상으로 한 연구에서도 부모와의 사회적 상호작용이 청소년의 우울증상에 관련되었다고 보고되었는데, 미국에서 수행된 단기종단연구에서 부모와의 토론과제에서 나타나는 상호작용을 분석한 결과, 자율성을 저해하는 행동(예: 상대방이 잘못되었다고 설득하거나 상대방에게 동의를 강요하는 것)이나 관계를 저해하는 행동(예: 상대방에게 적대감을 표현하거나 무례하게 가족구성원을 무시하고 방해하는 것)을 포함하는 부모와의 역기능적 상호작용형태는 청소년이 13~14세에 걸쳐 나타내는 우울증상의 변화를 예측하였다.

우울증에 대한 아동기 위험요인은 다른 정신장애의 위험요인으로도 작용하는 일반 위험요인과 우울증의 위험요인으로만 작용하는 특정 위험요인으로 구분할 수 있다. 5~21세에 걸친 종단연구에서는 이러한 일반 위험요인과 특정 위험요인을 구분하여 살펴보았는데, 주요우울증이 있으나 물질남용이나 의존이 없는 집단, 물질남용이나 의존이 있으나 주요우울증이 없는 집단, 2가지 장애가 모두 없는 집단의 위험요인을 조사한 결과, 형제자매의 물질사용장애는 남녀 모두에게서 우울증과 물질장애를 모두 예측하였고, 우울증과 관련된 특정 위험요인은 남녀 모두에게서 부모의 우울증과 불안/우울(anxious/depressed)행동이었으며 남아의 경우에는 또래문제가 포함되었다.

발달정신병리학 관점에서 가족변인과 우울증상과의 관계는 아동의 연령이나 성, 관계의 특성과 같은 변인에 의하여 조절효과를 나타낼 수 있다. 예를 들어, 가족폭력이 아동의 행동문제나 우울증상에 미치는 영향은 아동의 연령이나 성에 의해 다를 수 있다. Sternberg, Lamb, Guterman과 Abbott(2006)는 가족폭력과 아동의 행동문제와 우울증상에 대한 종단적 연구에서 아동의 연령이 어릴수록, 여아일수록 가족폭력의 영향을 받기 더 쉽다고 시사하였다. 가족요인은 외부 환경요인과 정신장애 간의 관계에서 조절역할을 할 수 있는데, 스트레스 사건과 부모-

자녀 간의 밀접함은 3년 뒤 청소년의 우울증상에 영향을 주었다. 특히 어머니와의 밀접함은 스트레스 사건과 우울증상 간의 관계에서 조절역할을 하여, 어머니와 밀접한 청소년의 경우, 부정적 생활사건이 이후 우울증상에 영향을 주지 않은 반면 어머니와 밀접하지 않은 청소년에게는 부정적 생활사건이 이후 우울증상에 영향을 미쳤다(Ge, Natsuaki, Neiderhiser, & Reiss, 2009). 따라서 이러한 조절변인을 파악하여 개입프로그램을 계획하는데 유용하게 사용할 필요가 있겠다.

부모의 우울증과 아동적응 간의 관계는 호혜적이다. Elgar, McGrath, Waschbusch, Stewart와 Curtis(2004)는 어머니의 우울증과 아동의 적응문제는 서로 영향을 준다는 이론적 모델을 설정하였다. 이러한 호혜성은 경험적 연구를 통해서도 검증되고 있는데, 예를 들어 캐나다의 전국적 종단조사자료를 활용하여 14세 이하의 자녀를 둔 어머니의 기분과 아동적응 간의 관계에 있어서 선행요인과 결과에 대한 4년에 걸친 교차지연연구(cross-legged study)에서, 어머니의 우울증상은 아동의 공격성과 충동성에 앞서 나타났고, 아동의 정서문제 이후에 나타났다(Elgar, Curtis, McGrath, Waschbusch, & Stewart, 2003).

6 치료에서의 가족의 역할

다양한 치료방법들이 우울증을 치료하는 데 적용되고 있다. 우울증의 치료방법으로 항우울증제를 처방하는 약물치료, 근원적인 성격조직을 파악하고 이해하는 데 중점을 둔 정신역동적 치료, 가장 널리 연구되며 효과적으로 알려진 인지행동치료, 개인의 인간관계가 우울증에 밀접하게 연관되었다고 전제하는 대인관계치료, 가족관계의 중요성을 강조한 가족치료 등을 들 수 있다.

가족의 역할을 중심으로 살펴보았을 때, 청소년 우울증에 대한 메타분석을 실시한 결과, 우울한 청소년의 임상적 우울증 치료에서 대부분의 경우 가족을 병합하지 않아서 32%의 치료만이 부모를 치료에 포함시켰다고 보았고, 부모가 치료파트너이었을 때의 치료의 평균 효과 크기도 작은 편이었다(Sander & McCarty, 2005). 청소년 우울증 대처 프로그램(Adolescent Coping with Depression Program)으로 알려진 인지행동적 개입프로그램에서 주요우울증이나 기분부전증이 있는 청소년 단독조건, 청소년과 부모 조건, 대기자명단인 통제집단을 비교하였을 때, 두 조건의 개입집단들은 통제집단보다 자기보고식 우울증상이 더 낮아지고 우울증 회복률이 더 높았으나, 부모요소의 효과는 크게 나타나지 않았다(Clarke, Rhode, Lewinsohn, Hops, & Seeley, 1999; Lewinsohn, Clarke, Hops, & Andrews, 1990). 우울한 아동 및 청소년에 대한 이러한 가족 심리교육 프로그램은 부모에게 높은 수준의 만족도, 가족분위기의 향상, 더 긍정적인 정서표현, 부모의 자녀에 대한 긍정적인 태도와 같은 영향을 주고, 아동이 부모의 지지에 대해 더 긍정적으로 지각하도록 영향을 주었으나, 청소년에게 미치는 프로그램의 효과에 대해서는 확실하지 않은 결과를 보인다(Kaslow, Broth, Arnette, & Collins, 2009, p. 546). 그러나 가족은 청소년이 치료에 얼마나 잘 반응하는가에 영향을 주고, 청소년의 우울증은 다른 가족구성원에게 영향을 주며 가족의 역동성은 청소년 우울증의 경과와 결과에 영향을 미치므로 가족은 청소년 우울증에 대한 핵심적 변화주체이다(Kaslow, Broth, Arnette & Collins, 2009, p. 554). 한편, 학령기 아동을 대상으로 한 우울증의 치료에서는 가족의 역할이 큰 비중을 차지하므로 가족중심치료가 중요하다는 주장도 있다. 아동의 치료와 병행하여 부모를 치료과정에 참여시키는 것은 개별치료만을 실시하는 것보다 효과적일 수 있는데, 이러한 방식은 치료과정에서 아동이 새로운 기술을 학습하는 것을 부모가 촉진하도록 돕는 방식을 적용한다.

아동 및 청소년의 우울증을 예방 또는 치료하는 프로그램에서 가족개입정도는 다양한 유형으로 구분할 수 있다. 첫째, 아동 및 청소년 자신의 우울증에 대한 인지행동개입에 부모 및 가족요소를 병합시킨 프로그램, 둘째, 우울한 청소년에 대한 가족개입 프로그램, 셋째, 우울한 청소년을 둔 부모 대상의 프로그램, 넷째, 우울증이 있는 부모와 자녀를 대상으로 하는 가족개입을 중심으로 살펴볼 수 있다.

세부적으로 파악하기 위하여, 첫째, 아동 및 청소년 자신의 우울증에 대한 인지행동개입에 부모 및 가족요소를 병합시킨 프로그램을 살펴볼 수 있다. 일반적으로 아동과 청소년의 우울증상을 완화시키는 데 인지행동개입은 효과적이라고 보고되었다. 예방프로그램의 경우, 현존하는 많은 우울증 예방프로그램은 인지-행동기술을 사용하고 있고 그 효과를 보고하는데, 이러한 인지행동치료에 추가적인 우울예방전략으로 대처기술, 사회적 문제해결력, 사회적 기술, 의사소통기술, 부모양육을 포함할 수 있다(Garber, 2006). 학교에서 인지행동과 사회적 문제해결력을 가르치는 집단개입프로그램인 '펜실베이니아 탄력성 프로그램(Penn Resiliency Program: PRP)'은 참여자에게 신념, 감정, 행동의 연계, 인지양식, 인지적 재구조화 기술 등을 가르치는데, 프로그램에 참여한 청소년들은 참여하지 않은 청소년보다 사후검사나 추수검사에서 우울증상이 적게 나타났으나, 청소년프로그램의 메타분석 결과 효과크기는 성인프로그램의 경우보다 낮아서 0.11에서 0.21로 추정되었다(Brunwasser, Gillham, & Kim, 2009). 부모가 우울증이 있고 청소년이 우울증상의 준증후군을 보인 집단을 대상으로 인지행동 예방프로그램을 실시한 결과, 15개월 후의 추수검사(follow-up)에서 개입집단의 청소년 중에서 9.3%만이 우울한 반면 통제집단의 청소년 중에서 28.8%가 우울했다(Clarke et al., 2001). 아동과 청소년을 대상으로 한 '펜실베이니아 탄력성 프로그램'에 부모개입요소를 결합하여, 6학년과 7학년의 부모에게 인지 및 문제해결력의 핵심기술을 가르쳐서 부모 자신의 전반적 탄력성을 향상시키고, 자녀양육에서 이러한 기술을 모델링하게 하며, 부모가 자녀로 하여금 이러한 기술을 사용하도록 지원하게 하는 집단 6회기를 실시한 결과, 추수검사에서 개입집단 아동의 우울 및 불안증상이 통제집단보다 낮았다고 보고되었다(Gillham et al., 2006). Gillham과 동료들의 예방프로그램에서 볼 수 있듯이 아동 및 청소년을 대상으로 한 우울예방프로그램에 부모를 개입시키는 것을 적극적으로 고려할 수 있는데, 부모는 아동 및 청소년의 인지 및 문제해결력의 발달에 핵심 역할을 하며, 개입이 끝난 후에도 아동에게 계속 영향을 미칠 수 있기 때문이다.

또 다른 프로그램으로 Asarnow와 동료들(2002)은 아동용 우울증상척도(Children's Depression Inventory: CDI)에 근거하여 진단기준에 부합될 수 있는 우울증상을 보고한 4학년에서 6학년 학생들을 대상으로, '스트레스 날리기(Stress-busters)'라는 10회기의 인지행동 가족교육 프로그램을 실시하였다. 프로그램의 3가지 특징으로는 실생활에 일반화시키고 지지적 가족환경을 조성하기 위해 1회기의 가족교육 요소를 포함하고, 부모들은 가족회기에서 아동이 각 인지행동회기에 배웠던 기술에 대하여 시청하고, 일반적인 인지행동요소와 우울증에 특수한 인지행동요소를 제공하는 것이었다. 그 결과 개입집단은 통제집단에 비하여 우울증상이 나아지고 부정적인 자동적 사고가 감소하였으며, 내재적 대처방식을 적게 사용했고, 부모와 아동은 프로그램에 대하여 높은 만족도를 보고하였다(Asarnow, Scott, & Mintz, 2002).

둘째, 우울한 청소년에 대한 가족개입 프로그램들도 효과적이라고 알려져 있다. 우울한 청소년 및 가족을 대상으로 한 심리사회적 치료모델의 예로써 애착 기반의 가족치료(Attachment-Based Family Therapy: ABFT)는 애착이론을 이론적 근거로 설정하고, 구조적 가족치료와 정서중심치료를 임상적 근거로 사용하여 우울한 청소년의 특별한 욕구와 특성에 맞춘 발달적인, 반구조화된 단기 개입이다. 부모의 문제로 비난/적대감, 개인적 고통, 비효과적인 양육기술, 유리감(disengagement)이 포함되며, 청소년의 문제로 동기결여, 부정적 자아개념, 빈약한 정서조절, 유리감이 포함되는데, 치료과제인 관계의 재구조화, 치료동맹 형성, 부모교육, 재애착, 유능감의 촉진을 통하여 변화를 추구한다(Diamond, Siqueland, & Diamond, 2003). 치료 전반부에는 청소년으로 하여금 가족원 간의 애착이나 신뢰를 손상시킨 과거 및 현재의 갈등이나 사건을 규명하고 논의하게 하며, 부모로 하여금 이러한 노출을 인정하고 애착실패에 기여한 것을 사과하게 하며, 치료 후반부에는 청소년의 자율성을 촉진하고 유능성을 향상시키는 데 주력하면서 부모들이 양육, 지지, 격려, 기대감을 제공하게 한다(Diamond et al., 2003). 부모와 십대자녀와의 관계를 강화시키도록 설계된 애착기반의 가족치료는 12~16주로 진행되나 유연성 있게 임상상황에서 더 길게 진행될 수 있으며, 경험적 연구들을 통하여 효과가 검증되고 있다(Ewing, Diamond, & Levi, 2015).

가족의 맥락 안에서 우울한 아동 및 청소년을 치료하기 위한 대인관계 가족치료(Interpersonal Family Therapy: IFT)는 우울한 학령기 아동을 위한 임상적 개입으로 가족체계이론, 인지행동심리, 대상관계이론, 발달정신병리에 기초를 두고 있다(Kaslow & Racusin, 1994, p. 345). 대인관계 가족치료는 기본적으로 역기능적인 가족상호작용이 아동의 우울증을 유지시킨다고 보며, 적응적인 가족 상호작용형태를 육성하고 가족구성원의 인지, 정서, 대인관계, 적응기능을 향상시키는 데 중점을 둔다. Dietz와 동료들(2015)는 가족기반 대인치료(Family-Based Interpersonal Psychotherapy: FB−IPT)를 아동중심치료(child-centered therapy)와 비교한 결과, 가족기반 대인치료에 참여했던 7~12세의 아동들은 아동중심치료에 참여했던 아동들보다 관해가 더 높고, 우울증상이 더 낮아지고, 불안과 대인관계손상이 낮아졌다고 보고하였다. 이 프로그램은 회기에 부모를 개입시켜 부모와 아동 간의 갈등과 대인관계 손상을 다루었는데, 아동의 우울증상을 가족관계 및 또래관계의 부정적 경험과 연관시키고 역할놀이를 통해 의사소통기술을 연습하며 문제해결기술을 다루며 또래와의 긍정적 경험을 증가시키고, 후반부에는 이러한 기술을 공고화하며 유지전략을 논의하고, 재발에 대한 계획을 세우는 것으로 진행되었다(Dietz, Weinberg, Brent, & Mufson, 2015).

셋째, 우울한 아동 및 청소년을 둔 부모 대상의 프로그램들로 부모들을 워크샵이나 컴퓨터에 기반을 둔 심리교육 프로그램에 포함시키는 개입을 들 수 있다. 예를 들어, 우울경험일지(Depression Experience Journal: DEJ)는 우울증으로 병원에 입원한 아동의 가족을 대상으로 건전한 대처방식을 촉진하기 위하여 설계되었는데, 아동기 우울증에 대한 개인적 이야기를 공유하는 웹기반의 앱(Web-based application)이다(Demaso, Marcus, Kinnamon, & Gonzalez-Heydrich, 2006). 우울경험일지에서 이야기들은 집단으로 묶이고 저장되어 쉽게 탐색하고 재방문할 수 있어 전자식 공동체를 형성하는데, 2회의 반구조화된 면접을 통하여 효과를 측정한 결과, 약

77%의 부모들이 우울경험일지가 아동의 우울증에 대한 자신의 사고와 감정에 영향을 끼쳤다고 보고하였고, 부모의 만족은 높았던 반면, 유해성에 대한 우려는 낮았다(Demaso, Marcus, Kinnamon, & Gonzalez-Heydrich, 2006).

넷째, 우울증이 있는 부모와 자녀를 대상으로 하는 가족치료를 살펴볼 수 있다. 이러한 가족치료로 우울증을 경험하는 부모와 자녀들을 대상으로 자녀양육방식을 향상시키는 프로그램이 진행되었는데, 이러한 프로그램들의 효과를 통하여 부모양육이 자녀의 우울증을 설명하는 주요 요인임이 입증되었다. Compas와 동료들은 가족기반 인지행동 예방적 개입프로그램을 8회기에 걸쳐 실시하고 매달 4회기의 추후(booster)회기를 실시하였는데, 집단회기는 부모로 하여금 양육기술을 향상시키고 자녀로 하여금 대처력을 향상시키는 데 주안점을 두었다. 집단프로그램은 우울증상과 우울증의 발생률에 예방적 효과가 있었으며, 12개월 후의 추수검사에서 아동의 대처능력과 긍정적인 부모양육은 매개요인으로 밝혀졌다(Compas et al., 2009; Compas et al., 2010). 부모의 우울증상과 양육행동은 서로 영향을 줄 수 있다. Beach와 동료들은 시골지역의 아프리카 미국인 부모와 11세 아동을 대상으로 한 예방적 개입을 실시하였다(Beach, Kogan, Brody, Chen, Lei, & Murry, 2008). 역학연구용 우울척도(CES-D)척도에서 16점 이상의 점수를 받았던 167명의 주양육자를 대상으로 우울증상을 감소시키고 부모양육 및 아동행동을 향상시키는 프로그램을 실시한 결과, 일관된 훈육, 아동모니터링, 개방적 의사소통과 같이 부모양육이 변화한 것은 장기적으로 부모의 우울증상을 감소시켰다(Beach et al., 2008). Avenevoli와 Merikangas(2006)는 중등정도와 심각한 정도의 우울증이나 재발성 우울증을 경험하는 부모의 자녀와 몇 대에 걸쳐 우울증의 가족력을 가진 아동은 더 큰 위험에 있고 예방노력의 대상이 되어야 한다고 주장하였다. 우울증의 예방적 개입에 대하여는 제3부에서 자세히 논의할 것이다.

치료프로그램은 문화적으로 적절하게 설계, 진행, 전달되어야 효과적인데, 우울증을 예방하기 위한 문화적으로 적절한 프로그램에 대한 시도가 꾸준하게 이루어져 왔다. 예를 들어, Cardemil, Kim, Pinedo와 Miller(2005)는 저소득층 라틴계 어머니를 대상으로 한 가족대처기술 프로그램(Family Coping Skills Program: FCSP)을 소개하였다. 가족대처기술 프로그램은 집단과 가족회기를 통하여 우울증을 예방하는 프로그램으로, 문화적으로 적절한 프로그램을 만들기 위하여 언어선택에 대한 유연성, 문화적으로 관계된 프로그램내용자료, 문화적으로 민감한 프로그램 전달체계, 프로그램 제공자의 다문화적 유능성을 강조하였다. 이렇듯 아동 및 청소년의 우울증을 치료하는 데 있어서 가족의 역할을 살펴볼 때, 문화적 민감성을 중요하게 고려할 필요가 있다.

◆ 보충자료 우울장애에 대한 참고정보를 얻을 수 있는 기관의 예

기관	웹 주소	기관설명
American Academy of Child and Adolescent Psychiatry	www.aacap.org	미국 소아청소년 정신의학회 공식 홈페이지
American Psychological Association	www.apa.org	미국심리학회 공식 홈페이지
Federation of Families for Children's Mental Health	www.ffcmh.org	미국 아동정신건강을 위한 가족연합
International Foundation for Research and Education on Depression(iFred)	www.ifred.org	우울증에 대한 연구와 교육을 위한 국제적 기구
National Institute of Mental Health – mood disorders	www.nimh.nih.gov/health/topics	미국 국립보건원(NIH) 내의 국립정신보건원의 공식 홈페이지

불안장애 제5장

1 특징

불안장애는 과도한 공포와 불안 및 관련된 행동문제의 양상을 보이는데, 공포란 실제 또는 지각되어진 당면한 위협에 대한 정서반응인 반면 불안은 미래의 위협을 예상하는 것으로 생리적 긴장과 각성, 위협에 대한 인지행동적 회피를 포함하는 일반적 용어이다. 어느 정도의 공포나 불안증상을 갖는 것은 일반적일 수 있으나, 불안장애는 과도하거나 발달적으로 적절한 시기를 넘어서서 지속된다는 점이 다르다. 많은 불안장애는 아동기에 발달하고 치료되지 않으면 지속되는 경향이 있으며, 대개 여자에게서 남자에 비해 약 2:1의 비율로 자주 발생한다(APA, 2013/2015, p. 199). 아동기의 불안장애에 대하여 1982년에서 2006년까지 출판경향을 조사한 결과 지난 25년 동안 출판빈도가 점차 현저히 증가하였고, 특히 외상 후 스트레스성 장애, 강박장애, 사회공포증, 다중불안장애의 출판빈도가 증가하였다(Muris & Broeren, 2009).

DSM-5의 진단기준에서는 발달순서를 고려하여 불안장애를 기술하였는데, 애착대상과 떨어지는 것에 공포나 불안을 나타내는 분리불안장애(separation anxiety disorder)부터 시작하여, 다른 상황에서는 말을 하지만 말을 해야 하는 사회상황(예: 학교)에서 지속적으로 말을 하지 않는 선택적 함구증(selective mutism), 특정한 대상이나 상황에 공포나 불안을 나타내거나 피하려는 특정공포증(specific phobia), 사회적 상호작용이나 사회적 상황에 공포를 느끼거나 불안해하거나 피하려는 사회불안장애(social anxiety disorder), 갑작스럽게 엄습하는 극심한 공포나 강렬한 불안을 보이는 공황장애(panic disorder), 특정한 상황들(예: 대중교통수단 이용, 개방된 공간에 있는 것, 폐쇄된 공간에 있는 것, 줄을 서거나 군중 속에 있는 것, 집 밖에 혼자 있는 것)에 대하여 공포나 불안을 나타내는 광장공포증(agoraphobia), 다양한 영역에서 지속적이고 과도한 불안과 걱정을 나타내며 심각한 고통이나 부적응을 수반하는 범불안장애(generalized anxiety disorder)가 포함되었다. 그 외에 물질/약물치료로 유발된 불안장애(substance/medication-induced anxiety disorder), 다른 의학적 상태로 인한 불안장애(anxiety disorder due to another medical condition), 달리 명시된 불안장애(other specified anxiety disorder), 명시되지 않은 불안장애(unspecified anxiety disorder)가 포함되어 있다. 불안장애의 특수한 형태 중에서 발병 연령이 빠르며 비교적 발달적 자료가 풍부한 분리불안장애, 특정공포증, 사회불안장애를 이 장에서 기술할 예정이다.

DSM-5에 따르면, 분리불안장애의 필수 양상은 집이나 애착 대상과의 분리에 대한 과도한 공포와 불안인데, 아동·청소년에서는 최소한 4주 이상(성인의 경우 전형적으로 6개월 이상) 지속되어야 하며, 사회적, 학업적, 직업적, 또는 다른 중요한 기능 영역에서 임상적으로 현저한 고통이나 손상을 초래한다(APA, 2013/2015, p. 202). 분리불안장애에 대하여 DSM-5에서는 DSM-IV에 포함되었던 18세 이전에 발병해야 한다는 진단기준이 삭제되어 성인의 장애가능성을 나타내고 있다. 〈표 5-1〉은 분리불안장애의 DSM-5의 진단기준(APA, 2013/2015, p. 201)을 제시한다. DSM-5에 따르면, 분리불안장애는 부모의 과보호와 지나친 참견과 연관되었을 수 있으며, 소녀들은 소년들보다 학교 가는 것을 싫어하거나 회피하는 것을 더 많이 나타낸다(APA, 2013/2015, p. 204).

특정공포증은 공포나 불안이 특정한 상황이나 대상에 국한되고, 공포스러운 자극이 거의 매번 공포나 불안을 유발하고, 개인들은 특정한 상황이나 대상을 능동적으로 회피하거나 극심한 공포나 불안을 감내해야 하고, 공포나 불안은 실제 위험에 비해 아주 크거나 필요 이상으로 강렬하고, 공포, 불안, 회피반응이 전형적으로 6개월 이상 지속되고, 특정공포증이 사회적, 직업적, 또는 다른 중요한 기능영

표 5-1 분리불안장애의 DSM-5 진단기준

A. 애착대상과의 분리에 대한 공포나 불안이 발달 수준에 비추어 볼 때 부적절하고 지나친 정도로 발생한다. 다음 중 3가지 이상이 나타나야 한다.
  1. 집 또는 주 애착대상과 떨어져야 할 때 과도한 고통을 반복적으로 겪음
  2. 주 애착대상을 잃거나 질병이나 부상, 재앙 혹은 죽음 같은 해로운 일들이 일어날 것이라고 지속적으로 과도하게 걱정함
  3. 곤란한 일(예: 길을 잃거나, 납치당하거나, 사고를 당하거나, 아프게 되는 것)이 발생하여 주 애착대상과 떨어지게 될 것이라고 지속적으로 과도하게 걱정함
  4. 분리에 대한 공포 때문에 집을 떠나 학교, 직장 혹은 다른 장소로 외출하는 것을 지속적으로 거부하거나 거절함
  5. 집이나 다른 장소에서 주 애착대상 없이 있거나 혼자 있는 것에 대해 지속적으로 과도하게 두려워하거나 거부함
  6. 집에서 떠나 잠을 자는 것이나 주 애착대상 곁이 아닌 곳에서 자는 것을 지속적으로 과도하게 거부하거나 거절함
  7. 분리 주제와 연관된 반복적인 악몽을 꿈
  8. 주 애착대상과 떨어져야 할 때 신체증상을 반복적으로 호소함(예: 두통, 복통, 오심, 구토)

B. 공포, 불안, 회피 반응이 아동 · 청소년에서는 최소한 4주 이상, 성인에서는 전형적으로 6개월 이상 지속되어야 한다.

C. 장애가 사회적, 직업적, 또는 다른 중요한 기능 영역에서 임상적으로 현저한 고통이나 손상을 초래한다.

D. 장애가 다른 정신질환으로 더 잘 설명되지 않는다. 예를 들어, 자폐증에서 변화에 대한 저항으로 인해 집 밖에 나가는 것을 회피하는 것, 정신병적 장애에서 분리에 대한 망상이나 환각이 있는 경우, 광장공포증으로 인해 믿을 만한 동반자 없이는 밖에 나가기를 거부하는 경우, 범불안장애에서 건강 문제나 다른 해로운 일이 중요한 대상에게 생길까 봐 걱정하는 것, 질병불안장애에서 질병이 발생할까 봐 걱정하는 것

표 5-2 특정공포증의 DSM-5 진단기준

A. 특정 대상이나 상황에 대해서 극심한 공포나 불안이 유발된다(예: 비행기 타기, 고공, 동물, 주사 맞기, 피를 봄).
주의점: 아이들의 경우 공포나 불안은 울기, 발작, 얼어붙거나 매달리는 것으로 표현될 수 있다.
B. 공포 대상이나 상황은 대부분의 경우 즉각적인 공포나 불안을 유발한다.
C. 공포 대상이나 상황을 회피하거나 아주 극심한 공포나 불안을 지닌 채 참아 낸다.
D. 공포나 불안이 특정 대상이나 상황이 줄 수 있는 실제 위험에 대한 것보다 극심하며 사회문화적 맥락에서 통상적으로 받아들여지는 것보다 심하다.
E. 공포, 불안, 회피 반응은 전형적으로 6개월 이상 지속된다.
F. 공포, 불안, 회피는 사회적, 직업적, 또는 다른 중요한 기능 영역에서 임상적으로 현저한 고통이나 손상을 초래한다.
G. 장애가 다른 정신질환으로 더 잘 설명되지 않는다. 공포, 불안, 회피가 광장공포증에서 공황 유사 증상이나 다른 당황스러운 증상들과 관련된 상황, 강박장애에서 강박 사고와 연관된 대상이나 상황, 외상 후 스트레스장애에서 외상 사건을 상기시키는 것, 분리불안장애에서 집이나 애착 대상으로부터 분리되는 것, 사회불안장애에서의 사회 상황과 연관된 경우가 아니어야 한다.

역에 임상적으로 현저한 고통이나 손상을 야기해야만 한다(APA, 2013/2015, p. 208-209). 공포자극의 종류에 따라 고유진단부호를 가진 특정공포증 진단이 동시에 내려지는데, 동물형은 동물과 곤충에 대한 공포, 자연환경형은 폭풍, 높은 장소, 물 등과 같은 자연환경과 관련된 공포, 혈액-주사-손상형은 피, 상해, 주사나 그 밖에 날카로운 의학용 기구를 볼 때 공포감을 갖는 것, 상황형은 터널, 다리, 엘리베이터, 비행기, 밀폐된 장소와 같은 특정상황에 의해 공포반응이 일어나는 경우이며, 기타형은 질식, 구토를 유발하는 상황이나 아이들의 경우 큰 소리나 가장인물(costumed characters)에 대한 공포와 연관된다(APA, 2013/2015, p. 209). 〈표 5-2〉는 특정공포증의 DSM-5의 진단기준(APA, 2013/2015, pp. 208-209)을 제시한다.

사회불안장애의 경우, 간략한 역사를 개관하면 사회공포증은 1903년 Janet이 말하기나 쓰기에서 타인에 의해 관찰받는 것에 대한 특별한 두려움을 보인 환자를

표 5-3 사회불안장애(사회공포증)의 DSM-5 진단기준

A. 타인에게 면밀하게 관찰될 수 있는 하나 이상의 사회적 상황에 노출되는 것을 극도로 두려워하거나 불안해한다. 그러한 상황의 예로는 사회적 관계(예: 대화를 하거나 낯선 사람을 만나는 것), 관찰되는 것(예: 음식을 먹거나 마시는 자리), 다른 사람들 앞에서 수행을 하는 것(예: 연설)을 들 수 있다.

주의점: 아이들의 경우에 성인과의 관계가 아니라 아이들 집단 내에서 불안해할 때만 진단해야 한다.

B. 다른 사람들에게 부정적으로 평가되는 방향(수치스럽거나 당황한 것으로 보임, 다른 사람을 거부하거나 공격하는 것으로 보임)으로 행동하거나 불안 증상을 보일까 봐 두려워한다.

C. 이러한 사회적 상황이 거의 항상 공포나 불안을 일으킨다.

주의점: 아동의 경우 공포나 불안은 울음, 분노발작, 얼어붙음, 매달리기, 움츠러듦 혹은 사회적 상황에서 말을 하지 못하는 것으로 표현될 수 있다.

D. 이러한 사회적 상황을 회피하거나 극심한 공포와 불안 속에 견딘다.

E. 이러한 불안과 공포는 실제 사회 상황이나 사회문화적 맥락에서 볼 때 실제 위험에 비해 비정상적으로 극심하다.

F. 공포, 불안, 회피는 전형적으로 6개월 이상 지속되어야 한다.

G. 공포, 불안, 회피는 사회적, 직업적, 또는 다른 중요한 기능 영역에서 임상적으로 현저한 고통이나 손상을 초래한다.

H. 공포, 불안, 회피는 물질(예: 남용약물, 치료약물)의 생리적 효과나 다른 의학적 상태로 인한 것이 아니다.

I. 공포, 불안, 회피는 공황장애, 신체이형장애, 자폐스펙트럼장애와 같은 다른 정신질환으로 더 잘 설명되지 않는다.

J. 만약 다른 의학적 상태(예: 파킨슨병, 비만, 화상이나 손상에 의한 신체 훼손)가 있다면, 공포, 불안, 회피는 이와 무관하거나 혹은 지나칠 정도다.

기술하면서 용어가 생겼고 Marks와 Gelder의 글에 근거하여, DSM-III가 발행되면서부터 진단범주에 처음 포함되었다(Ledley, Erwin, Morrison, & Heimberg, 2013, pp. 148-149). Janet이 초기에 개념화한 것처럼, 사회불안장애는 특정 수행과 관련된 두려움으로 묘사되었다. 사회불안장애는 DSM-IV에서 사회공포증으로 소개되었으며, DSM-5에서는 사회불안장애 용어가 기본명칭이며 사회공포증은 괄호 안에 대안적으로 적는다. DSM-5 진단기준에서는 DSM-IV에 비교하여 추가적인 변화가 있는데, 일반적 형식을 빼고 자세히 상술하는 한편, 18세 이상의 개인이 두려움이 너무 지나치거나 비합리적임을 인식한다는 필수조항을 삭제하였다. 또한 DSM-IV에서는 18세 이하는 그 기간이 적어도 6개월이라고 하며 다른 의학적 상태(예: 말더듬, 파킨슨병에서의 떨림)의 공포, 불안, 회피를 배제하였으나, DSM-5에서는 연령에 상관없이 기간은 6개월 이상 지속된다는 진단기준을 충족시켜야 하며, 다른 의학적 상태가 있다면 공포, 불안, 회피가 이와 무관하거나 혹은 지나칠 정도라고 변경되었다(Ledley, Erwin, Morrison, & Heimberg, 2013, p. 149). 〈표 5-3〉은 사회불안장애에 대한 DSM-5의 진단기준(APA, 2013/2015, p. 214)을 제시한다.

2 유병률

지역사회 표본에서 불안장애는 아동 및 청소년에게 존재하는 가장 흔한 장애들 중에 속한다. 임상표본의 경우에는 의뢰되지 않은 일반표본보다 불안장애의 유병률이 더 높다. 특정한 불안장애를 치료하도록 의뢰된 아동은 장애가 전혀 없는 또래보다 새로운 불안장애를 발달시킬 위험이 더 클 수 있다.

대규모 역학연구에 따르면 10~20%의 아동과 청소년들이 발달의 어느 단계에서 불안장애를 발달시킬 수 있으며, 불안장애의 유형이나 발달단계에 따라 유병률의 차이가 있으나, 분리불안장애는 약 3~4%의 아동에게서 발생하고, 일반불안장애는 약 5% 미만의 아동에게서 발생한다고 예측되고 있다(Vasa & Pine, 2006). 이론적 고찰에서는 불안장애의 유병률이 약 5~10% 사이로 추정되며, 소녀에게서 약 2배 정도 우세하게 나타난다고 기술하였다(Klein & Pine, 2002, p. 495). 일반적으로 불안은 학령기 아동이나 청소년에게 가장 흔하게 나타나는 장애에 속하며, 유병률은 4~25%의 범위를 보여, 평균 8%의 유병률을 보고한다(Neil & Christensen, 2009). 그러나 실제 유병률은 이보다 높을 것으로 추정하는데, 아동과 청소년의 불안장애

중 많은 경우가 밝혀지지 않거나 치료되지 않기 때문이다. 미국에서 면대면 조사로 수행된 13~18세인 일반청소년 10,123명을 대상으로 한 전국동반이환조사-청소년 보충판(National Comorbidity Survey-Adolescent Supplement: NCS-A)에서, DSM-IV 진단기준에 기초하여 불안장애의 평생유병률은 31.9%로 가장 높았고, 행동장애가 19.1%, 기분장애가 14.3%의 순으로 나타났다(Merikangas, He, Burstein, et al., 2010). 유병률은 표본에 따라 다르게 추정되는데, Weiss와 Last(2001)는 불안장애의 유병률과 표현에서의 발달적 변이에 대하여 설명하면서, 일반 지역사회 표본에서의 불안장애의 유병률은 10.7~17.3%의 범위로 보고되며, 임상표본은 27.1~44.7%의 범위로 보고되어 임상표본에서 더 흔하게 나타난다고 기술하였다.

국내에서는 대한소아청소년정신의학회(2012, p. 175)에 따르면 일반청소년의 불안장애의 유병률은 1~20%까지 높게 나타나고 있으며, 청소년기에는 두려움과 걱정이 흔히 나타나는데 영아기나 학령기 아동의 경우와는 달리 청소년의 경우 학교에서의 수행이나 사회적 능력 혹은 건강 등이 주된 주제로 나타난다.

DSM-5에 근거하여 세부적으로 3가지 불안장애의 유병률을 살펴보면, 분리불안장애는 아동에서 청소년기를 거쳐 성인이 되면서 유병률이 감소하는데, 미국에서 아동의 유병률은 6개월에서 12개월 유병률은 4%로, 청소년의 12개월 유병률은 1.6%로 추정되었다(APA, 2013/2015, p. 203). 분리불안장애는 12세 미만 아동에게서 가장 흔한 불안장애이며, 분리불안장애는 임상아동의 표본에서는 남녀 동등하게 흔하게 나타나지만, 지역사회에서는 여성에게서 더 빈번하게 나타난다(APA, 2013, p. 192).

특정공포증의 유병률은 DSM-5에서 아동의 경우 약 5%, 13~17세 청소년의 경우 약 16%이며 그 이상의 연령에서는 약 3~5% 정도로 낮아진다(APA, 2013/2015, p. 211). 1995년 이후 15년 동안 발표된 종단 및 횡단연구를 분석하여 정신병리의 청소년기 변화를 조사한 연구에서, 아동기에서 청소년기를 거치면서 분리불안장애는 감소하나 공포장애는 증가하는 것으로 나타났다(Costello, Copeland, & Angold, 2011). 여성이 남성보다 특정공포증을 더 빈번하게 나타내는데, 공포자극에 따라 다르지만 약 2:1의 비율이며(APA, 2013/2015, p. 211), 여성은 동물형, 자연환경형, 상황형 특정공포증을 주로 경험하는 반면, 혈액-주사-손상형은 남녀가 비슷하게 경험한다(APA, 2013/2015, p.211).

사회불안장애의 경우, DSM-5에 따르면 아동과 청소년의 사회불안장애의 12개월 유병률은 성인과 비슷하다. 미국에서 사회불안장애의 12개월 유병률은 약 7%이며, 동일한 진단도구를 이용하여 다른 나라에서 측정한 유병률은 이보다 낮아 약 0.5~2%이며, 유럽에서의 유병률 중간값은 2.3%이다(APA, 2013/2015, p. 216). 사회불안장애의 비율은 일반인구대상에서는 여성이 남성보다 더 높으며, 유병률에서의 이러한 성별차이는 청소년과 성인초기(youth)에게서 더 뚜렷하다(APA, 2013/2015, p. 216). 그러나 임상표본에서는 남성이 여성과 비슷하거나 약간 더 높다(APA, 2013/2015, p. 216). DSM-5에 따르면, 미국에서 사회불안장애의 발병연령 중앙값은 13세이고, 75%는 8~15세 사이에 발병한다.

유럽과 미국의 연구에 의하면 사회불안장애는 아동기에 사회적인 상황에서 나서지 않으려 하고 부끄러움을 타는 것에서부터 나타날 수도 있으며, 발병은 아동기 초기에 시작될 수 있다. 청소년기에는 아동기에 비하여 광범위한 형태의 공포와 회피가 나타나는데, 예를 들어 데이트에 공포가 있을 수 있다(APA, 2013/2015, pp. 216-217). 독일연구자들이 수행한 이론적 고찰에서는 발병연령이 표본에 따라 달라질 수 있다고 기술하는데, 회고적 임상연구에서 사회불안장애의 발병연령은 청소년 후기와 성인기이나, 일반 표본연구에서 사회불안장애의 발병연령은 10~16.6세 사이로 알려져 있으며, 20세 이후에 사회불안장애가 발병하는 경우는 드문 것으로 알려져 있다(Knappe, Beesdo-Baum, & Wittchen, 2010). 일반적 사회불안장애의 경우, 역학연구에 따르면 사회불안장애가 주요우울장애와 알코올 남용에 이어 가장 일반적인 정신적 장애이며, 7~13%의 비교적 높은 평생유병률을 나타낸다(Brook & Schmidt, 2008). 사회불안장애는 약 1~3% 정도의 아동에게서 발생하는데, 사회불안장애 치료를 위해 의뢰된 아동 중에서 약 20%가 주요진단으로 사회불안장애를 진단받고, 다른 불안장애장애로 의뢰된 아동 중에서도 가장 흔한 이차진단이다(Mash & Wolfe, 1999). 앞의 〈표 5-3〉의 진단기준에서 볼 수 있듯이 사회불안장애는 친숙하지 않은 사람들이나 다른 사람에 의해 주시되는 상황에 대한 두려움으로 규정할 수 있는데, 이러한 철회는 학업수행이나 대인관계와 같은 사회적 기능의 감소를 초래하며, 일상생활에 심각한 영향을 주는 만성장애로 발달할 수 있다.

3 측정도구

불안을 사정하기 위하여 임상적 면접, 임상적 평정, 자기보고형 측정도구, 신경생물학적 방법을 사용하는 방법들이 고려될 수 있다. 첫째, 임상적 면접을 살펴보면, 반구조화된 면접은 진단의 유무를 결정하게 하는 일련의 질문을 제시하며, 유연하게 환자의 주요관심사를 이해하게 한다. 구조화 임상면접도구(Structured Clinical Interview for DSM-IV-TR Axis I Disorders-Patient Edition: SCID-I/P)와 불안장애면접도구(Anxiety Disorders Interview Schedule for DSM-IV: ADIS-IV)를 연구상황에서 사용할 수 있으며, 아동과 청소년을 대상으로 한 임상적 면접으로 불안장애면접도구가 있다. 아동용 불안장애면접도구(Anxiety Disorders Interview Schedule for DSM-IV-Child version, AIDS-IV-C; Silverman & Albano, 1996)는 성인용 불안장애면접도구를 수정한 것으로 6~17세의 아동 및 청소년의 불안장애를 측정한다. 임상가가 반구조화된 개별면접을 실시하여 아동과 부모가 먼저 진위형 형태로 응답을 하고, 긍정반응인 경우 더 깊이 진행된다. 불안장애면접도구는 분리불안장애, 사회공포증, 특정공포증, 공황장애, 광장공포증, 범불안장애, 강박장애, 외상후 스트레스장애, 급성 스트레스장애와 같은 불안장애 이외에 상황적 및 인지적 단서, 기분장애와 외현화장애를 측정하고 물질남용이나 섭식장애 등 다른 장애들과 관련된 선별질문을 제공한다. 면접자는 증상의 유무에 따라 진단할 뿐 아니라 각 진단에서 0에서 8까지 심각도를 평정할 수 있다(Brotman, Kamboukos, & Theise, p. 324).

둘째, 임상가용 불안평정척도로 임상가가 전반적 불안을 5점척도로 평정하는 14문항으로 구성된 해밀턴 불안평정척도(Hamilton Anxiety Rating Scale, HARS; Hamilton, 1959)를 예로 들 수 있다. 임상가가 소아과적 불안장애의 빈도, 심각도, 장해정도를 측정하는 소아과적 불안평정척도(Pediatric Anxiety Rating Scale: PARS)는 존스홉킨스 의학센터의 심리약학연구부에서 개발한 척도로 6~17세를 대상으로 증상체크리스트와 심각도를 평정하는 문항으로 구성되어 있다(Research units of pediatric psychopharmacology anxiety study group, 2001). 세부적으로 불안장애를 측정하는 척도로는 사회불안의 경우 광범위한 상황을 측정하는 임상가용 Liebowitz 사회불안척도(Liebowitz Social Anxiety Scale, LSAS; Liebowitz, 1987)가 있는데, 수행상황과 관련된 13문항과 사회적 상호작용에 대한 11문항으로 총 24문항으로 구성되어 있으며, 이를 바탕으로 아동과 청소년에게 시행할 수 있는 아동 및 청소년용 사회불안척도(LSAS-CA; Masia-Warner et al., 2003)도 개발되어 있다.

셋째, 자기보고형 측정도구는 특정한 불안증상과 행동을 규명하고, 발생을 수량화하는 데 목적이 있다. 연구자들은 질문지를 사용함으로써 처치 전후를 비교하거나 여러 진단의 반응을 비교하거나 지역사회에서 불안한 아동을 선별할 수 있으며 종합적 사정의 한 방법으로 질문지를 활용할 수 있다. 아동의 불안증상을 측정하는 척도 중에서 자기보고 평정척도로 개정된 아동불안척도(Revised Children's Manifest Anxiety Scale, RCMAS; Reynolds & Richmond, 1985 & RCMAS-2, Reynolds & Richmond, 2008)와 아동용 다면적 불안척도(Multidimensional Anxiety Scale for Children, MASC; March, 1997)는 아동 및 청소년의 불안증상을 측정하는데 널리 사용되고 있다. 개정된 아동불안척도(RCMAS)의 초판은 Reynolds와 Richmond(1978)가 이전의 아동불안척도를 재구성한 것인데, 불안척도인 28개 문항과 허구문항(filler items)인 9개 문항으로 총 37문항으로 구성되어 있으며 '예'와 '아니요'로 응답하는 진위형 형식으로 이루어져 있다. 아동불안척도(RCMAS)의 주요 하위요인으로는 걱정 과민성, 생리적 불안, 사회적 염려/집중이 있으며 거짓말 척도가 포함되었다. 아동불안척도(RCMAS)의 신뢰도, 타당도에 대한 국내 연구들이 진행되었다(예: 최진숙, 조수철, 1990). 개정된 아동불안척도(RCMAS-2)는 진위형 형식의 49문항으로 구성되었으며, 생리적 불안, 걱정, 사회불안, 방어성(defensiveness)의 하위척도로 구성되었고 타당도척도로 비일관적 반응지표가 포함되었다.

March(1997)가 개발한 아동용 다면적 불안척도(MASC)는 39문항으로 구성되어 있으며, DSM-IV 진단준거에 맞추어 아동기 불안을 측정하며, 0에서 3점까지의 4점 척도에 응답하게 되어 있다. 신체적 증상(12문항), 위험회피(harm avoidance)(9문항), 사회불안(9문항), 분리불안(9문항)의 하위척도로 구분할 수 있으며, 신체적 증상 하위척도는 다시 긴장증상 소척도와 신체화증상 소척도로 구분되고, 위험회피 하위척도는 다시 완벽주의 소척도와 불안한 대처 소척도로 구분되며, 사회불안 하위척도는 다시 수치 두려움 소척도와 수행 두려움 소척도로 구분될 수 있다. 아동용 다면적 불안척도는 전체불안점수와 불안장애지표(anxiety disorders index)와 비일관성지표(inconsistency index)를 산출할 수 있다. 개정된 아동용 다면적 불안척도(Multidimensional Anxiety Scale for Children 2nd Editions: MASC 2)는 문항 수와 소척도 구분이 변경되었으며, 자기보고용과 부모평정용이 있다.

아동용 상태특성불안척도(State Trait Anxiety Inventory for Children, STAIC; Spielberger, 1973)는 특성불안 20문항과 상태불안 20문항을 포함하는 총 40문항으로 구성되어 있다. 특성불안은 다양한 상황에 걸쳐서 일반적이고 확산되는 불안을 갖는 경향인 반면 상태불안은 특수한 상황에서 높은 불안을 갖는 경향이다. 아동용의 특성불안 하위척도와 상태불안 하위척도는 각각 20점에서 60점의 범위를 갖는다. 조수철과 최진숙(1989)이 한국아동을 대상으로 아동용 상태특성불안척도의 신뢰도와 타당도를 조사하였다. 또한, 국내에서는 1970년에 발표된 Spielberger의 성인용 X형 척도를 김정택, 신동균(1978)이 번안 및 표준화하는 연구를 수행하였고, Spielberger가 X형 척도를 기초로 개정한 성인용 Y척도를 한덕웅, 이장호, 전겸구

(1996)가 한국어판으로 제작하는 연구를 수행하였으며, 각 문항에 대하여 '전혀 아니다'(1점)에서 '매우 그렇다' 및 '거의 언제나 그렇다'(4점)의 4점척도로 평정하게 되어 있다.

아동용 척도와 부모용 척도로 되어 있는 정서장애와 관련된 아동불안선별검사(Screen for Child Anxiety Related Emotional Disorders: SCARED)는 Birmaher와 동료들(Birmaher, Khetarpal, Cully, Brent, & McKenzie, 1995; Birmaher et al., 1999)이 개발하였으며, 몇 개의 판(version)이 있다. 초판은 38문항이었으며, 사회공포증 3문항이 더해진 41문항으로 구성된 판이 있으며, Muris, Merckelbach, Schmidt, & Mayer(1999)이 66문항으로 구성한 개정판을 발표하였다. 초판의 38문항은 '대부분 그렇지 않다'에 해당하는 0점에서 '자주 그렇다'에 해당하는 2점까지 3점척도로 평정하게 되어 있다. 사회공포증이 더해진 41문항의 경우 '전혀 그렇지 않거나 거의 그렇지 않다'(0점)에서 '매우 그렇거나 자주 그렇다'(2점)의 3점 척도로 평정하며 공황장애 및 신체화 증상(13문항), 범불안장애(9문항), 분리불안장애(8문항), 사회공포증(7문항), 학교공포증(4문항)의 5요인으로 구성된다. 개정판의 66문항은 '대부분 그렇지 않다'(0점)에서 '자주 그렇다'(2점)까지 3점척도로 평정하게 되어 있으며, 공황장애(13문항), 범불안(9문항), 사회공포증(4문항), 분리불안(12문항), 강박장애(9문항), 외상후 스트레스장애증상(4문항), 특정공포-동물형(3문항), 특정공포-혈액-주사형(7문항), 특정공포 상황-환경형(5문항)으로 분류되는 9개의 하위척도로 구성되어 있다.

Spence 아동불안척도(Spence Children's Anxiety Scale, SCAS; Spence, 1997 & 1998)는 8~12세 아동의 불안을 측정하는 총 44문항으로 구성되어 있는데, 38문항은 6개의 하위척도와 관련된 특정불안을 측정하고 6문항은 부정적 반응편향을 감소시키기 위한 허구문항으로 구성되었다. DSM-IV에 준거하여 38문항은 분리불안, 사회공포, 강박장애, 공포/광장공포, 범불안장애, 신체적 손상에 대한 두려움과 관련된 특정불안증상들을 경험하는 빈도를 '결코 아니다'(0점)에서 '항상 그렇다'(3점)의 4점 척도로 측정한다.

아동용 사회공포증과 불안검사(Social Phobia and Anxiety Inventory for Children: SPAI-C)는 Beidel, Turner와 Morris(1995)가 성인용 사회공포증과 불안검사에 기초하여 개발하였다. 총 26문항으로 구성되어 있으며 '전혀 또는 거의 그렇지 않다'(0점)에서 '거의 항상 또는 항상 그렇다'(2점)의 3점척도로 평정하게 되어 있다. 하위요인으로 부정적 주장과 일반대화기술과 관련된 '주장성/일반적 대화(assertiveness/general conversation)'요인, 파티와 같은 특정상황에 대한 두려움과 사회적 회피에 대한 '전통적 사회적 직면(traditional social encounters)'요인, 대중발표와 같은 수행상황에 관련된 '공적수행(public performance)'요인이 추출되었다(Beidel et al., 1995). 국내에서 성인용 사회공포증과 불안검사의 타당도를 검토한 연구(예: 김남재)가 수행되었다.

아동용 사회불안척도 개정판(Social Anxiety Scale for Children Revised, SASC-R; La Greca & Stone, 1993)은 사회불안과 부정적 평가의 두려움을 측정하기 위한 26문항으로 되어 있으며, 3점척도에서 5점척도로 평정한다. La Greca와 Stone은 사회불안척도를 위한 개념적 기초로 불안의 주관적 경험과 불안의 행동적 결과를 각각 측정하는 것을 강조하였으며, 개정판에서는 3요인이 산출되어, 또래로부터의 부정적 평가에 대한 두려움(fear of negative evaluation from peers), 새로운 사회적 상황에서의 회피와 고통(social aviodance and distress specific to new situations), 일반적인 사회적 회피와 고통(generalized social avoidance and distress) 요인이 나타났다. 청소년용(Social Anxiety Scale for Adolescents: SAS-A)은 사회불안을 측정하는 문항 18개와 허구문항 4개로 총 22개 문항으로 구성되어 있으며, 5점 평가척도로 '전혀 아니다'(1점)에서 '항상 그렇다'(5점)에 대하여 평정한다. 청소년용 사회불안척도의 사회불안을 측정하는 18문항을 사용하여 신뢰도와 타당도를 확인한 국내 연구(예: 양재원, 양윤란, 오경자, 2008)에서 비교적 안정된 신뢰도가 나타났고, 요인분석결과 동일하게 3요인이 추출되었다.

아동용 두려움 조사표(Fear Survey Schedule for Children-Revised, FSSC-R; Ollendick, 1983; Fear Survey Schedule for Children-II, FSSC-II; Gullone & Lane, 2002)는

표 5-4 불안평정도구들의 예

평가 도구명	측정연령 범위	총 문항 (문항형태)	하위측정영역	주요출처
PARS	임상가평정용으로 6~17세 대상	증상체크리스트 50항목, 심각도평정 7문항	사회적 상호작용 또는 수행, 분리불안, 일반불안, 특정공포, 급성 신체적 증상 등	Research Units of Pediatric Psychopharmacology Anxiety Study Group, 2001
RCMAS / RCMAS-2	6~19세	초판은 총 37문항으로 불안척도인 28개 문항과 9개의 허구문항으로 구성된 '예' '아니요'의 진위형 2판은 49문항 (진위형)	초판은 걱정 과민성, 생리적 불안, 사회적 염려/집중이 있으며 거짓말 척도 2판은 생리적 불안, 걱정, 사회불안, 방어성의 요인	Reynolds & Richmond, 1985; 2002
MASC	8~19세	39문항 (4점척도)	신체적 증상들, 사회불안, 위험회피, 분리불안	March, 1997
FSSC-R	9~12세	80문항 (3~5점척도)		Ollendick, 1983
STAIC	9~12세	20문항+20문항 (3점척도)	특성불안, 상태불안	Spielberger, 1973
SCARED	8세 이상 아동	판에 따라 38문항, 41문항이 있으며, 개정판은 66문항 (3점척도)	41문항형의 경우, 5요인: 공황장애 및 신체화 증상, 범불안장애, 분리불안장애, 사회공포증, 학교공포증	Birmaher et al., 1995

SCAS	8~12세	총 44문항으로 불안척도인 38문항과 6개의 허구문항으로 구성됨	분리불안, 사회공포, 강박장애, 공포/광장공포, 범불안, 신체적 손상에 대한 두려움	Spence, 1997
SPAI-C	8~17세	26문항 (3점척도)	주장성. 일반적 대화, 전통적인 사회적 직면, 공적 수행	Beidel et al., 1995
SASC-R/ SASA-R		개정판 아동용은 총 26문항으로 구성되었고, 청소년용은 총 22문항으로 사회불안을 측정하는 18문항과 4개의 허구문항으로 구성됨 (3~5점척도/5점척도)	부정적 평가에 대한 두려움, 새로운 상황에 대한 회피와 불안, 일반적 사회상황에 대한 회피와 불안의 3요인	La Greca & Stone, 1993
CASI		18문항 (3점척도)	신체적 염려, 사회적/통제 염려, 심리적 염려	Silverman et al., 1991

주. PARS=Pediatric Anxiety Rating Scale; RCMAS=Revised Children's Manifest Anxiety Scale; MASC=Multidimensional Anxiety Scale for Children; FSSC-R=Fear Survey Schedule for Children-Revised; STAIC=State Trait Anxiety Inventory for Children; SCARED=Screen for Child Anxiety Related Emotional Disorders; SCAS=Spence Children's Anxiety Scale; SPAI-C=Social Phobia and Anxiety Inventory for Children; SASC-R=Social Anxiety Scale for Children Revised; SASA-R=Social Anxiety Scale for Adolescents Revised; CASI=Childhood Anxiety Sensitivity Index

특정공포에 대한 빈도와 강도를 측정하는데, 9~12세 아동을 위한 80문항으로 구성되어 있으며 3~5점 척도이다. FSSC-II는 11~18세의 청소년을 대상으로 두려움의 빈도와 강도를 측정하며 반응양식은 '두렵지 않다'(1점)에서 '매우 두렵다'(3점)의 3점척도와 5점척도이며 타당도가 검증되었다.

아동기 불안 민감성척도(Childhood Anxiety Sensitivity Index, CASI; Silverman,

Fleisig, Rabian, & Peterson, 1991)는 불안장애와 연관된 개념인 불안민감성을 측정하며, 5점척도인 16문항으로 구성된 성인용 불안 민감성지수(Anxiety Sensitivity Index, ASI; Reiss, Peterson, Gursky, & McNally, 1986)에 근거한다. 아동용은 총 18문항으로 구성되어 있으며, 각 문항은 '전혀 그렇지 않다'에서 '매우 그렇다'의 3점 척도로 평정하며, 요인분석결과 신체적 염려, 사회적/통제 염려, 심리적 염려가 추출되었다. 앞의 〈표 5-4〉는 불안장애와 관련하여 대표적 측정도구들의 기본사항들을 비교하여 제시한다.

4 가족변인과 병인론

1) 유전가능성계수

불안장애의 유전가능성계수는 불안에 대한 일반적 정의에 따라 다를 수 있으며, 조사하려는 특정한 불안장애에 따라서도 차이가 있다. 또한 유전가능성계수는 측정전략에 따라 영향을 받아서 부모가 보고했는지 자기보고인지에 따라, 아동의 성이나 발달수준에 따라, 범주적 분류인지 차원적 접근인지에 따라, 분석된 특정 불안장애에 따라 다르게 나타날 수 있다. 쌍생아자료에서 대부분 형태의 아동기 불안장애의 유전가능성 계수는 40~50%에 못 미친다고 시사하며 비공유환경이 아동기 불안장애의 발생에 더 큰 비중을 차지한다고 밝히고 있다(Klein & Pine, 2002, p. 499). 근래에 불안장애의 유전적 기초에 대한 이론적 고찰에서는 선행연구들로부터 불안장애와 불안특질의 유전학적 영향력은 0.25에서 0.60의 범위에 있다고 추정하였다(McGrath, Weill, Robinson, MacRae, & Smoller, 2012). 일반적으로 쌍생아연구들은 유전자가 불안증상 변량의 약 30~50%를 설명한다고 보며, 특히 불안이나 신경증에 대한 일반적 성향이 유전적이어서 유전적 요인은 일반적 영향으로 작용하는 한편 환경적 요인은 특정장애에 작용한다고 보는 편이다. 이론적 고찰연구들에 의하면, 유전자는 아동불안에서의 약 30%의 변량을, 공유환경은 약 20%의 변량을, 비공유환경과 오차는 나머지 약 50%의 변량을 설명한다고 추정된다(Drake & Ginsburg, 2012). 근래에는 유전과 환경의 주효과에 대하여 논쟁하기보다는, 두 효과가 어떻게 함께 작용하는지 밝히려고 노력한다. 불안의 유전가능성에 대한 연구는 유전자와 불안장애를 매개하는 기질, 성격, 인지적 취약성의 유전적 기초를 규명하는 한편, 특정한 뇌의 기능과 신경인지적 과정을 조사하고, 분자유전학을 적용하여 특정유전자나 유전자 분절을 규명하고 있다.

분리불안장애에 대한 연구결과들은 유전적 영향과 공유환경의 영향이 분리불안장애에서 작용한다고 알려 준다(Eley, 2001, p. 51). DSM-5에 따르면, 아동기 분리불안장애는 유전적일 수 있다. 지역사회 표본의 6세 쌍생아에서 유전가능성계수는 73%로 추정되었는데, 소녀에게서 더 높은 비율로 추정되었다(APA, 2013, 2015, p. 204). Silove와 Manicavasagar(2001)는 초기에 나타나는 분리불안과 성인의 불안장애와의 관계에 대한 장(chapter)에서, 분리불안에 유전적 요소가 관련될 수 있다고 하며, 구조방정식 모형을 통하여 청소년의 분리불안증상에서의 변량의 39%가 유전적 효과에 기인하고, 여성의 경우 41%로 약간 더 높았다는 자신의 연구결과를 인용하였다(p. 461). 한편 사회불안에 대하여 독일연구자들이 수행한 이론적 고찰에 따르면, 사회불안에 대한 입양연구는 찾기 힘들며 버지니아 쌍생아 등록자료를 사용한 쌍생아연구에서 사회불안의 유전가능성계수는 0.20~0.50의 범위를 보인다고 기술하였다(Knappe et al., 2010).

Taylor(1998)는 두려움의 위계적 구조에 대한 이론적 고찰에서, 유전적 요인을 2부류의 위계로 설명하였는데 모든 두려움에 취약성 요인으로 작용하는 일반적 또는 공통적 유전요인(general or common genetic factor)과 특별한 형태의 공포에 내재된 특정 유전적 요인(specific genetic factor)을 구분하면서, 일반적 유전요소는 전형적으로 부정적 정서성이나 신경증으로 말해지는 생물학적인 하위기질(biological substrate)일 수 있다고 기술하였다. 예를 들어, 일반적 유전적 요인은 동물공포증에서 중요한 한편, 특정 유전적 요인은 광장공포증, 상황공포증, 사회공포증과 같은 다른 공포증들에서 중요하다고 기술하였다.

불안민감성(anxiety sensitivity)은 불안과 우울증과 연관되어 있는 소인으로 알려져 있다. 불안민감성은 불안관련증상에 대한 두려움의 정도를 나타내는 개념으로, 그러한 증상들이 해로운 신체적, 심리적, 사회적 결과를 초래할 것이라는 신념에 기초하고 있다. 청소년 쌍생아 및 형제자매 1,300쌍에 대한 종단연구에서 나타났듯이, 불안민감성은 어느 정도 유전적이며 불안민감성에 대한 유전적 효과는 시간에 걸쳐 안정된 편이었다(Zavos, Gregory, & Eley, 2012). 국내에서 수행된 불안민감성의 유전적 영향력에 관한 연구에서 불안민감성의 전체 유전율은 약 20%로 나타났는데(이효윤, 이인혜, 성주헌, 2012), 30세 이상의 성인쌍생아 및 쌍생아 가족을 대상으로 불안민감성의 유전적 영향력을 확인한 연구이므로 아동과 청소년의 경우 차이가 있을 수 있다. McGrath와 동료들(2012)은 불안에 대한 유전학에 있어서 발달적 조망을 도입할 것을 주장하면서, 불안장애에 대한 유전적 기초를 규명하려는 노력이 다른 정신장애보다 상대적으로 지연되었으므로, 첫째, 불안의 초기 기질적 전조를 조사하고 둘째, 다차원적인 불안의 표현형에 대한 잠재모형을 설정하고 셋째, 발달궤적을 조사할 것을 제안하였다.

2) 부모와 자녀의 불안장애 연관성

가족연구설계는 불안장애가 있는 성인의 자녀를 연구하는 하향식(top-down)설계와, 아동을 발단자(probands)로 아동의 성인친족을 연구하는 상향식(bottom-up) 설계가 있다. 대부분의 하향식연구들은 불안증상과 장애에 상당한 가족력이 있음을 보여 준다. 불안장애가 없는 부모에 비하여 불안장애가 있는 부모의 자녀들은 불안장애의 비율이 높다고 알려져 있는데, 불안장애가 있는 부모를 둔 자녀들이 불안장애만을 보이는 경향이 있는 반면, 불안장애와 우울증이 함께 있는 부모나 우울증이 있는 부모를 둔 자녀들은 더 광범위한 병리와 동반이환을 보이는 경향이 있다(Beidel & Turner, 1997). 아동을 발단자로 선택한 상향식연구도 불안장애의 높은 가족력을 보여 준다. 연구에 따라서는 불안장애를 가진 청소년의 부모들이 불안장애 진단기준을 만족시키는 경우가 80%까지 이르고, 불안한 청소년의 부모는 불안장애가 없는 청소년의 부모보다 약 2~3배 불안장애를 더 보고하는 경향이 있다고 알려져 있다(Wei & Kendall, 2014). 가계연구의 결과들은 모든 불안장애의 기저에 있는 가족적 요소를 알려 주며, 이러한 요소는 우울증에 미치는 가족력과 중복된다(Eley, 2001, p. 47).

스웨덴에서 수행된 전국적 역학연구에서 부모 한쪽이 불안장애가 있을 때 아동이 불안장애를 가질 위험은 약 1.9이었는데, 부모 양쪽이 불안장애가 있을 때 아동이 불안장애를 가질 위험은 5.1로 증가하였으며, 불안의 세대 간 전이는 어머니의 경우가 아버지의 경우보다 다소 높았고, 표준화된 발생률은 가장 어린 연령집단에서 부모 양쪽이 불안장애가 있을 때 가장 높게 나타났다(Li, Sundquist, & Sundquist, 2008). 덴마크에서 19세부터 35세까지 종단적으로 조사한 전국적 자료에 따르면, 불안장애가 있는 개인이 불안장애가 있는 1차친족을 가질 가능성은 6.8로 나타났다(Steinhausen, Foldager, Perto, & Munk-Jørgensen, 2009).

DSM-5에 따르면, 사회불안장애에 기저한 특질성향은 행동을 억제하고 부정적 평가를 두려워하는 것이다. 행동억제와 같은 사회불안장애의 특질성향은 유전적으로 강하게 영향받는다. 사회불안환자의 1차친족은 발병 위험이 2~6배 정도 더 높으며, 장애가 발생하는 데에는 장애특정적인(disorder-specific; 예: 부정적 평가에 대한 공포) 유전적 요인과 비특정적인(nonspecific; 예: 신경증적 경향성) 유전적 요인의 상호작용을 포함한다(APA, 2013/2015, p. 217).

행동억제(behavioral inhibition)는 낯선 사람이나 새로운 자극과 상황에 대한 비교적 일관된 형태의 행동 및 정서 반응으로, 행동억제를 하는 아동들은 새로운 대상이나 상황에 대하여 조심스럽고 위축된 반응을 보인다. 메타분석에서 행동억제는 사회불안장애를 발달시킬 위험을 7배 증가시켰다(Clauss & Blackford, 2012). 그러나 이론적 고찰연구에서 행동억제와 같은 소인은 매우 불안정하여 행동억제를 보인 영아 대부분은 성숙하면서 그러한 소인을 유지하지 않는다고 보았다(Bögels & Brechman-Toussaint, 2006). 행동억제기질이 불안의 위험요인이라고 할 수 있으나 행동억제성향이 높다고 모두 불안을 나타내는 것은 아니며 여러 요인들이 행동억제와 상호작용하여 불안문제를 형성한다고 볼 수 있다.

3) 가족관련 원인과 발생

불안장애를 발달시키는 경로는 다양하므로 어느 한 가지 요인만을 분리해서 연구한다면 그 역할을 이해하기 어려울 수 있다. Vasey와 Dadds(2001)는 불안의 발달정신병리학에 대하여 소개하면서, 불안장애는 위험요인과 보호요인의 역동적인 교류적 관계를 통하여 발달된다고 설명하였는데, 불안장애에 내재되어 있거나 불안장애로부터 보호하는 요인들로 다음을 기술하였다. 유전적 요인들, 신경생물학적 요인들, 기질, 정서조절기술들, 인지편향 및 왜곡, 숙달경험과 같은 초기 통제경험들, 부모의 반응들, 공포불안을 야기하는 일반조건화된 자극과 관련된 경험의 범위, 공포를 주는 자극의 노출정도(p. 15). 아동불안과 가족이슈를 검토한 이론적 고찰연구에서는 일반적 병리가 아니라 아동불안에 특성화된 가족요인에 대한 증거가 미약하고 아동불안과 가족요인의 관계에 대한 증거 대부분이 횡단적 자료들에 기초한다고 지적하면서, 아동기 불안을 야기한다고 알려진 가족요인을 계속 조사할 필요가 있으며, 관계를 매개하는 기전을 조사할 것을 제안하였다(Bögels & Brechman-Toussaint, 2006).

Spence(2001, pp.328-329)는 아동기 불안장애의 근원을 아동의 특성, 환경요인, 아동과 환경의 상호작용으로 구분하였다. Spence의 분류에 따르면, 위험요인 중에서 아동의 특성에 관한 위험요인에는 유전적 소인, 기질양식(예: 행동억제), 회피/정서집중적인 대처방식, 비관적/위협편향적 사고방식이 포함되며, 환경적 위험요인에는 사회문화적 요인(예: 낮은 사회경제적 지위, 빈곤한 주거환경, 대가족), 가족스트레스 및 일상생활 어려움, 부정적 생활사건 및 외상 또는 상실, 생애 전환

(life transitions), 부모의 병리, 두려운 반응에 대한 모델링/관찰학습, 두려운 행동에 대한 조작적 조건형성, 고전적 조건형성, 부모가 위협을 암시하는 것, 과보호 및 통제/비판적 양육방식이 포함된다. 반면, 아동의 특성에 관한 보호요인은 문제 집중적 대처기술, 긍정적인 자기말(self-talk), 긴장완화기술을 포함하며, 환경적 보호요인은 사회적 지지, 두려움 없음/대처기술의 모델링, 잠재적 억제(외상이나 사전노출)를 포함한다. 이러한 위험요인과 보호요인에 대한 이해를 근거로, Spence (2001, p. 334)는 **불안장애를 발달시킬 위험집단**을 다음과 같이 제시하였다.

- 진단기준을 충족하지는 않았으나 불안의 초기증상이 있는 영아 또는 아동
- 불안한 부모를 둔 영아와 아동
- 과보호적이거나 지나치게 비판적인 부모를 둔 영아와 아동
- 불안/저항(anxious/resistant) 애착양식을 가진 영아
- 행동억제의 기질양식 또는 낮은 의도적 통제(effortful control)와 결합된 높은 부정적 정서성/신경증을 가진 영아와 아동
- 교통사고나 환경사고와 같은 외상적 사건에 노출되었던 아동
- 부모의 별거나 이혼, 입원, 큰 질병, 고통스러운 절차, 가족의 상실과 같은 스트레스 생애전환이나 부정적 생활사건에 노출되었던 아동

부모의 정신병리 또한 아동의 불안을 예측하는 주요요인으로 알려져 있다. 캐나다에서 수행된 종단연구에서, 자녀가 2~3세일 때 어머니의 우울증은 자녀가 10~11세일 때의 불안을 발달시킬 위험요인이었다(Letouneau, Tramonte, & Willms, 2013). 독일에서 수행된 종단연구에서 부모의 정신병리는 아동의 사회공포증의 발병에 독자적인 기여를 하지만, 사회공포증의 지속과 관련하여 살펴보면 광대역 범주에 속하는 부모의 정신병리는 독자적 기여를 하지 않고 역기능적인 가족의 특성과 상호작용하여 지속성에 기여한다(Knappe et al., 2009).

Morris(2001)는 발달정신병리학접근을 사용하여 사회공포증(social phobia)을 개

관하면서, 사회공포증의 발달과 관련된 요인으로 기질, 가족과정, 또래관계, 외상적 조건형성, 인지왜곡, 사회적 기술의 결손이 포함되며 이러한 요인들이 상호작용한다고 기술하였다(pp. 438-444). 이중에서 가족과정요인은 애착, 양육방식, 가족의 사회성(family sociability), 두려움의 모델링으로 세분할 수 있다. 즉, 불안정애착, 낮은 수준의 돌봄/온정 및 높은 수준의 통제/과보호, 사회적 접촉기회가 제한된 가족, 각성(arousal)이나 지나친 경계상태를 고양시키는 정보를 제공하고 애매모호한 단서들을 위협으로 해석하는 모델링을 보여 주는 가족은 사회불안과 관련되었다(pp. 439-442). 부모자녀 간의 상호작용은 아동의 정보처리 편향성에 영향을 주고, 이러한 편향성이 아동불안에 연관되었을 수 있다(Hadwin, Garner, & Perez-Olivas, 2006). 예를 들어, 부모자녀 간의 특정한 토론이 아동에게 부정적 정보를 주고 불안한 아동의 회피행동을 강화시킬 수 있다. 또한 환경적 위험요인으로, 아동기에 경험한 학대와 심리사회적 역경은 사회불안장애의 위험요인들이다(APA, 2013/2015, p. 217).

기질은 불안장애의 발달에 영향을 주는데, 가족변인을 매개로 하여 간접적으로 불안장애에 영향을 미치거나 기질의 표현이 가족변인에 의하여 조절될 수 있다. 기질에 대한 정의는 학자들마다 다를 수 있으나, '반응성을 조절하는 내적 체계에서의 차이를 포함하여, 특징적인 정서적 반응성에 있어서 개인차'로 정의할 수 있으며, 기질을 아동기의 정신병리를 발달시키는 경향으로 볼 수 있다(Goldsmith, Lemery, & Essex, 2004, p. 20). 기질은 비교적 일관적이고 기본적인 타고난 소인(dispositions)으로 활동성, 반응성, 정서성, 사회성을 표현하고 조정하며, 기질의 주요 요소는 생애 초기에는 생물학적 요인에 의해 강력하게 영향을 받고, 발달이 진행됨에 따라 점차 경험과 맥락에 의해 영향을 받는다(Goldsmith & Alansky, 1987). 기질에 대한 대표적인 연구인 뉴욕종단연구(New York Longitudinal Study: NYLS)에서 Thomas와 Chess는 관찰과 부모면접을 통하여 기본적 반응형태(primary reaction patterns)에서의 개인차를 연구하여 기질을 9가지 범주로 구분하였다(Rothbart & Bates, 2006, p. 102). 기질의 9가지 범주에는 활동성(activity level), 새로운 자극에의 접근이나 철회(approach or with drawal from novel stimuli), 적응성(adaptability), 감각적 역치(sensory threshold), 기분의 우세한 속성(dominant quality of mood), 기분표현의 강도(intensity of mood expression), 지속성과 주의집중(persistence and attention span), 주의산만성(distractibility), 규칙성(rhythmicity)이 속하고, 이를 통하여 영아의 기질을 3가지 기질형태인 순한 기질(easy temperament), 까다로운 기질(difficult temperament), 반응이 느린 기질(slow-to-warm temperament)로 구분하였다. Thomas와 Chess는 영아의 기질과 환경의 상호작용을 통한 '조화의 적합성' 개념을 제시하였다.

Buss와 Plomin(1975)는 기질을 초기에 나타나는 일련의 타고난 요소로 간주하고, 기질차원이 안정되고 지속적인 속성을 반영한다고 보았다(p. 9). Buss와 Plomin은 기질의 3가지 차원으로 정서성(emotionality), 활동성(activity), 사회성(sociability)을 제안하면서 이 3가지 차원이 시간이 흐르면서 개인 내에서 비교적 안정된다고 보았다(p. 7). 여기에서 정서성이란 반응의 강도를 의미하여 정서적 사람은 쉽게 각성되고 두려움을 잘 가지는 것과 같은 특징을 보이며, 활동성이란 전체 에너지의 산출로써 행동의 속도와 강도(tempo and vigor)를 의미하는데, 활동적인 사람은 전형적으로 바쁘게 서두르며 움직이는 것을 좋아하며 지치지 않는 특징을 보이며, 사회성이란 타인과 함께 있는 것을 좋아하는 것이다(p. 7).

Goldsmith와 Campos(1982)는 영아기질에 대한 행동적 기반의 정의를 제안하면서, 기질이란 기본감정(primary emotions)을 경험하고 표현하는 확률에서의 개인차라고 기술하였다(pp. 174-184). 즉, 기질은 정서관련 상태를 행동적 표현하는 반응 패러매터에서의 특징적인 개인차로 정의되었다(Goldsmith & Campos, 1982, p. 189). Rothbart가 발달시킨 기질모델에서는 기질이란 반응성과 자기조절에서의 개인차로 정의되고, 기질은 성격의 정서적, 활동적, 주의적(attentional)인 핵심요소를 나타내는 반면, 성격은 기질 그 이상을 포함하여 사고의 내용, 기술, 습관, 가치, 방어, 도덕, 신념, 사회인지를 포함한다(Rothbart & Bates, 2006, p. 100). Rothbart와 Bates(2006)는 이론적 고찰에서 아동기의 기질차원을 규명하는 데 상당한 진전이 있었다고 기술하며, 기질에 대한 개념의 틀을 광범위한 차원으로 구성하는데, 긍정적 정서와 접근, 과민성과 두려움과 같은 하위구성요소를 포함하는 부정적 정서성, 의도적 통제(effortful control), 관계성 또는 사회적 지향성을 포함시켰다(p. 152).

일반적으로 이러한 기질은 이후의 불안장애의 발달에 영향을 미치는데, 환경적 특성과 같은 다른 요인과의 상호작용을 통하여 영향을 준다. 가족변인은 기질이 불안장애에 미치는 영향을 매개할 수 있으며, 영아의 기질과 부모자녀의 상호작용 양식은 어린 아동에게서 불안을 예측한다. 높은 수준의 행동억제와 새로운 것에 대한 두려움은 자녀양육의 어려움과 연관되었다고 알려져 있다. 행동억제수준이 높고 새로운 것에 대한 두려움이 많은 아동에게 도전을 강요하거나 반대로 과보호를 하게 되면 두려움 반응을 증가시키게 되거나, 아동이 대처능력을 발달시키고 새로운 것에 도전할 기회를 감소시킨다. 학령기 아동을 대상을 한 종단적 분석에서 아동의 안절부절함은 어머니의 비일관적 양육을 촉발시키고, 어머니의 비일관적 양육은 아동에게서 더 큰 두려움과 안절부절함과 같은 부정적 정서성을 증가시켰는데, 이러한 결과는 기질과 부모양육이 양방향적으로 연관되었음을 보여 주었다(Lengua & Kovacs, 2005). 주양육자와 형성하는 아동의 애착은 부분적으로 아동의 기질적 특성의 기능이다. 불안정애착과 불안병리는 감정조절의 문제에서 보았을 때 근원이 같고, 감정조절의 문제는 최소한 부모자녀의 문제와 관계된다.

그러나 애착관계의 중요성은 더 광범위한 발달적 영향의 전체적 맥락 내에서 보아야 한다. 예를 들어, Warren, Huston, Egeland와 Sroufe(1997)의 연구에서 생후 12개월에 Ainsworth의 낯선 상황실험에서 불안/저항애착을 보였던 영아 172명과 어머니를 대상으로 아동이 17.5세가 되었을 때의 불안장애를 측정한 결과 초기 기질과 불안정애착형태는 불안문제를 예측하였다. 즉, 17.5세였던 후기 청소년기에 구조적 진단면접을 실시한 결과, 15%인 26명이 과거 또는 현재에 불안장애를 경험했는데, 불안정애착아동이 아닌 경우 13%의 청소년이 불안장애를 보인 반면, 불안정애착아동의 28%가 불안장애를 발달시켰다.

Warren과 동료들(1997)의 연구에서처럼 애착은 불안장애의 발달과 연관된다고 유추해 볼 수 있다. 애착이란 개인의 삶에서 의미있는 사람들에게 갖는 강한 정서적 유대감으로, 개인들은 애착대상과 상호작용할 때 즐거움과 기쁨을 느끼게 되고, 스트레스가 있을 때 애착대상과 가까이 있음으로써 편안해지게 된다(Berk, 2013, p. 428). 동물행동학 이론에서는 영아의 주양육자에 대한 정서적 유대감이 생존을 향상시키는 진화론적 반응이라고 간주하는데, John Bowlby는 이러한 생각을 영아-주양육자 결속에 처음 적용하였다(Berk, 2013, p. 428-429). Bowlby에 따르면, 영아가 부모와 갖는 관계는 성인을 아기 곁으로 부르는 일련의 타고난 신호체계로부터 시작되어, 애착전 단계(preattachment phase), 애착형성단계(attachment-in-the-making phase), 명백한 애착단계(clear-cut attachment phase), 호혜적 관계의 형성(formation of a reciprocal relationship)의 4단계로 발달한다(Berk, 2013, p. 429). 단계들을 통하여, 아동은 부모가 보이지 않아도 안전기지로 사용할 수 있는 지속적인 정서적 유대감을 구축하게 되는데, 이러한 심상은 아동과 애착대상과의 관계에 대한 표상인 **내적작동모델**(internal working model)로 작용한다.

애착여부는 불안장애의 전조가 될 수 있는데, 주양육자가 영아에게 일관성 있고 민감하게 반응하면 영아는 주양육자를 안전기지로 생각하고 환경을 탐색할 수 있는 반면, 주양육자가 비일관적으로 민감하거나 또는 민감하지 않으면 영아는 주양육자를 안전기지로 생각할 수 없게 되고, 주양육자의 반응성을 예측할 수 없었던 초기경험은 유기될지 모른다는 두려움과 이후의 사회적 관계에 영향을 미칠 수 있다. 이러한 애착과 불안과의 관계에 대한 이론적 접근은 경험적 연구들을 통하여 검증되고 있다. 예를 들어, 뉴질랜드에서 30년에 걸친 종단자료를 사용한 연구에서 청소년기의 긍정적 부모-자녀 애착은 아동기의 불안 및 철회가 이후 불안과 우울증을 발달시킬 위험에 미치는 영향을 완충시키는 역할을 하였다(Jakobsen, Horwood, & Fergusson, 2012). 1984년에서 2010년까지 불안정애착과 아동 및 청소년의 불안의 관계를 다룬 연구 46편을 살펴본 메타분석은 이들 관계의 전반적인 효과크기는 0.30이라고 보고하였다(Colonnesi et al., 2011).

5 가족변인과 발달경과

불안장애가 출현한 다음에도, 다양한 영향들이 불안장애를 유지시키거나 강화할 수 있다. 이러한 요인은 개인적 특성과 개인이 경험하는 환경적 맥락 모두를 포함한다. Vasey와 Dadds(2001, p. 19)는 아동의 불안장애를 유지시키는 주요인으로 ① 인지적 또는 행동적 회피를 포함하는 대처반응에 대한 지나친 의존, ② 사회적 기술, 정서조절, 학업기술에 관하여 무능력함, ③ 인지편향과 왜곡된 신념들, ④ 부모와 또래로부터의 거부와 비판과 같은 처벌과 실패경험, ⑤ 아동이 불안을 유발하는 상황에 노출되지 않도록 보호하고, 불안에 관련된 행동으로 아동을 보상해 주는 부모나 타인의 행동들을 제시하였다. 즉, 아동기 불안은 중요한 발달적 맥락에서의 회피, 처벌과 실패경험, 인지편향과 왜곡, 필수능력영역에서 생긴 무능력, 아동불안을 증진시키거나 불안관련행동을 보상하는 부모, 교사, 타인의 반응들에 의하여 유지되거나 강화된다. 이러한 요인들은 순환적으로 작용하는데, 예를 들어 불안한 아동들은 불안을 유발하는 환경을 피하려 하고, 환경에서 제대로 기능하는데 필요한 기술들에 숙달하지 못하게 되고, 미숙한 상태에서 그러한 환경에 직면하게 되면 실패경험을 더 많이 하게 되고 그에 따른 처벌적인 결과를 경험하게 될 것이다.

불안장애를 설명하기 위하여 **유전과 환경간의 상호작용**에 대한 관심이 높아지고 있다. 불안장애의 표현은 유전적 소인, 발달과정, 생애환경과의 상호작용이며, 한 가지만의 공통경로로는 불안장애의 발달을 설명할 수 없고 불안장애는 다양한 경로들을 통하여 발달한다. 쌍생아 및 가족연구는 유전적 영향이 불안장애에 중요한 기여 요인임을 밝히고 있다. 환경적 요인에 관하여 부모양육과 아동기 불안을 살펴본 선행연구는 크게 부모의 수용차원, 통제차원, 모델링 차원에 초점을 두어 왔다(Brook & Schmidt, 2008).

첫째, **부모의 수용차원**은 부모의 온정이나 책임감, 정서 또는 행동에 대한 관여를 의미하는데, 이러한 부모의 수용차원과 아동의 불안과의 관계를 살펴본 연구는 일관되지 않은 결과를 보고하고 있다. 부모의 양육행동 중에서 부모의 과도한 통제는 아동의 불안과 강한 연관이 있으나, 온정이나 모델링과 불안과의 관계는 비일관적이다. 불안정도가 높은 집단은 자신의 부모가 온정이 부족하고 거부와 과보호를 하며 부정적 상호작용을 한다고 보고한 연구(김무경, 오윤희, 오강섭, 2005; Arrindell, Kwee, Methorst, Van der Ende, Pol, & Moritz, 1989; Hudson & Rapee, 2001)가 있는 반면, 부모의 온정이나 어머니의 수용은 아동의 불안증상이나 불안장애와 관계가 없었다는 결과도 있다(Grüner, Muris, & Merckelbach, 1999; McClure, Brennan, Hammen, & Brocque, 2001). 호주에서 수행된 전향적 종단연구에서 부모의 높은 공격성은 2년 반 이후에 청소년의 높은 우울증상 및 불안증상을 예측한 반면, 높은 긍정적 부모행동은 청소년의 낮은 우울증상만을 예측하고 불안증상을 예측하지 못하였다(Schwartz, Dudgeon, Sheeber, Yap, Simmons, & Allen, 2012). 발달단계는 부모행동이 자녀의 불안장애에 미치는 영향에서 조절변인으로 작용할 수 있는데, 관찰연구에서 나타난 것처럼 불안장애가 있는 청소년의 부모는 불안장애가 없는 청소년의 부모보다 더 높은 간섭과 낮은 온정적 격려를 보였으나, 아동의 경우 이러한 관계가 관찰되지 않았다(Waite & Creswell, 2015). 부모의 정서적 온정은 청소년의 사회공포증의 지속에 영향을 줄 수 있는데, Knappe와 동료들(2009)이 독일에서 수행한 지역사회표본의 청소년 1,395명과 부모들을 대상으로 약 10년 후 종단분석한 결과, 부모가 정서적 온정이 부족한 것은 청소년의 사회공포증이 지속되는 것과 연관되었다.

둘째, **부모의 통제차원**은 과도하게 조절하며 제한하려는 양육행동을 일컬으며, 아동에 대한 지나친 간섭이나 지시, 독재적 의사결정, 과보호 등으로 규정할 수 있는데, 부모의 통제차원과 아동의 불안과의 관계에 대한 연구는 비교적 일관되게 부모의 통제가 아동의 불안증상과 관계된다고 밝히고 있다(Dumas, LaFreniere, & Serketich, 1995; Grüner et al., 1999). Hudson과 Rapee(2001)는 관찰연구를 통하여 부모-자녀 상호작용과 불안장애의 관계를 살펴보았는데, 임상적 진단기준에 근거하여 분리불안이나 특정공포증과 같은 장애를 나타내는 불안한 아동 43명, 적대적 반항장애를 나타내는 아동 20명, 임상적 문제가 없는 아동 32명을 대상으로 관찰한 결과, 스트레스 상황에서 불안한 아동이나 적대적 반항적인 아동의 어머니들은 임상적 문제가 없는 아동의 어머니들보다 더 관여하고 간섭하였으며, 실험상황에서 부정적인 상호작용을 더 많이 나타내었다.

일반적으로 부모의 과도한 통제는 과보호, 제한적 행동, 자율성을 적게 인정하는 행동과 같은 용어들과 동일하게 사용된다. 부모의 과보호는 아동에게 위험이나 위협이 계속 존재한다는 인식을 갖게 할 뿐 아니라 성공적 대처기전을 발달시킬 기회를 제한시켜서 결국 아동이 세상에 대하여 낙관적이고 현실적인 평가를 발달시키지 못하게 한다고 알려져 있다(Dadds & Roth, 2001, p. 290). 부모의 통제가 아동의 높은 수준의 불안과 관련되었음은 McLeod와 동료들(2007)의 부모양육과 아동기 불안과의 연관성을 검증한 메타분석에서도 보고되었다. 메타분석은 47개 연구를 통하여 연관성을 검증하였는데, 양육의 하위요인에 따라 차이를 보여 온정(warmth)인 경우 0.06, 자율성 인정(autonomy-granting)인 경우 0.42의 범위를 보이며, 이들 변인들이 아동불안을 설명하는 변량도 1% 미만에서 18%까지의 범위를 보였다. 전반적으로 부모의 비판 및 거부와 같은 부모양육의 차원이 아동기 불안에 미치는 효과크기는 비교적 적은 편이다. 메타분석에서 부모의 거부는 0.20의 가중평균 효과크기(weighted mean effect size)로 아동기 불안 변량의 약 4%을 설명하였고, 부모양육의 통제차원의 경우 가중평균 효과크기는 0.25로 아동기 불안 변량의 약 6%를 설명하였다(McLeod, Wood, & Weisz, 2007). Van der Bruggen, Stams와 Bögels(2008)는 아동 및 부모의 불안과 부모통제에 대한 메타분석을 수행하였는데, 아동의 높은 수준의 불안은 부모의 높은 수준의 통제와 관련되었으나, 다양한 요인들이 이러한 관계를 조절하여 여아인 경우, 가족의 사회경제적 지위가 높은 경우, 학령기 아동인 경우, 부모통제를 측정하는 과제유형이 토론과제인 경우 효과크기가 더 강했다. 부모의 지나친 통제는 아동으로 하여금 다양한 생활사건을 경험하지 못하게 하며, 생활사건을 통하여 자율성이나 자기효능감을 발달시키지 못한 아동은 회피하는 경향이 생긴다고 유추해 볼 수 있겠다. 일부 연구자들은 부모요인과 아동불안은 곡선적 관계일 수 있다고 주장하는데, 부모의 지나친 통제 뿐 아니라 통제부족도 지나친 자율성 보장이나 철회로 인하여 아동의 불안을 야기시킬 수 있다고 기술하며 후속연구의 필요성을 제시하였다(Wei & Kendall, 2014).

셋째, **부모양육의 모델링 차원**은 아동이 부모의 불안한 행동을 모방하는 것을 의미하는데, 그러한 모델링 행동은 당면한 문제를 해결할 수 없거나 위험한 것으로 묘사하는 것, 문제를 큰 실패로 생각하는 것, 효율적인 대처나 문제해결전략이 결여된 행동 등을 포함하지만, 이에 대한 실증적 연구들은 부족한 실정이다. 또한 부모양육과 불안의 관계를 살펴본 대부분의 연구들은 어머니의 양육에만 초점을 두어 왔으며 성인을 대상으로 부모의 양육태도를 회상하는 방법을 주로 사용하였다. 부모자녀 상호작용의 다양한 측면들이 아동의 불안장애에 기여할 수 있는데, 부모의 과보호를 통해 회피나 불안증진행동을 모델링하게 하거나, 가혹한 양육실제를 통해 직접적으로 불안을 생기게 하거나, 아동을 달래지 못하여 불안을 촉진할 수 있다(Klein & Pine, 2002, p. 499).

그러나 아동불안과 부모양육 간의 관계를 살펴보는 데에는 어려움이 있는데, 그 이유로 부모행동을 정의하고 측정하는 방법에서 볼 수 있듯이 비일관적인 방법론을 들 수 있다. 또한 부모통제와 아동불안과의 관계의 방향성은 알 수 없어서, 부모의 통제나 과보호가 아동불안의 결과물일 수도 있고 상호영향을 주는 교류적 관계일 수도 있다. 불안한 부모는 불안하지 않은 부모보다 과도한 통제나 불안한 행동을 더 나타내며, 온정을 적게 나타내나, 아동의 높은 수준의 불안이 부모의 이러한 불안행동을 야기할 수도 있다. 예를 들어, 어머니의 불안여부와 상관없이 불안한 아동의 어머니는 자녀에 대하여 온정이 적었고, 자율성에 대한 인정도 적었으며(Moore, Whaley, & Sigman, 2004), 임상적으로 불안한 아동의 어머니는 임상적으로 불안한 아동과 함께 상호작용할 때보다 장애가 없는 아동과 함께 상호작용할 때 덜 부정적이었다(Hudson, Doyle, & Gar, 2009). 또한 아동의 불안장애와 부모변인과의 연구들은 주로 어머니와 연관시켜 살펴보는 경향을 보인다.

가족환경은 특정 불안장애의 지속에 영향을 줄 수 있다. 독일에서 지역사회를 대상으로 수행된 연구는 부모의 병리(예: 부모 어느 한 쪽이 사회공포증, 기타 불안장애, 알코올 사용장애인 경우) 및 McMaster의 가족사정척도(family assessment device)로 측정된 바람직하지 못한(unfavorable) 가족환경이 청소년의 사회공포증 지속에 미치는 영향을 10년에 걸쳐 살펴보았는데, 정서적 온정이 부족하고 역기능적인 가족기능특성은 높은 수준의 사회공포증의 지속과 관련되었다(Knappe et al., 2009). 동일한 연구에서 사회공포증의 지속을 예측하는 변인은 사회공포증 발생의 예측변인과 달라서, 사회공포증 발생의 위험요인으로 알려진 부모의 병리 및 바람직하지 못한 가족환경 중에서 바람직하지 못한 가족환경은 그 자체만으로 높은 사회공포증 지속을 예측하였으나, 부모의 병리는 사회공포증 지속에 독립적으로 기여하지 못하고 바람직하지 않은 가족환경과의 상호작용을 통해서만 높은 사회공포증 지속을 예측하였다. 즉, 독일에서 수행된 종단연구에서 부모의 정신병리는 아동의 사회공포증의 발병에 독자적인 기여를 하지만, 사회공포증의 지속에 있어서는 독자적 기여를 하지 않고 역기능적인 가족의 특성과 상호작용하여 지속성에 기여한다(Knappe et al., 2009).

한편, 불안과 관련하여 형제자매의 역할에 대한 조사는 많지 않다. 일반적으로 적개심, 갈등, 통제는 형제자매 간의 문제로 간주되는데, 형제자매 간의 문제는 높은 수준의 아동불안과 연관되어 있다. 이러한 연관의 기전은 다각도로 접근될 수 있는데, 불안한 아동의 회피성향이나 관련증상들이 형제자매관계를 어렵게 만들 수도 있고, 불안한 아동에 대한 부모의 태도나 질투심이 적개심과 갈등을 높일 수 있다. 사회불안에 대한 이론적 고찰에 따르면, 사회불안의 경우 형제자매가 사회불안의 발달에 미치는 영향은 매우 작으며, 부정적 형제자매 상호작용이 극단적인 경우에만 중요할 것으로 보인다(Brook & Schmidt, 2008).

6 치료에서의 가족의 역할

불안장애의 치료에는 심리요법적 개입과 심리약물적 치료가 포함된다. 일반적으로 불안장애가 있는 아동 및 청소년에 대한 임상적 개입은 치료효과를 보여 주었다. 예를 들어, 인지행동치료 패러다임을 적용한 개입의 대부분은 최소한 참여자의 60%에게 효율성을 나타냈으며, 이러한 치료효과는 개별적으로 시행되었든 집단으로 시행되었든 상관없이 치료효과가 유지되었다(Barrett, 2001, p. 320). Barrett(2001, pp. 320-321)는 아동기 불안장애의 치료프로그램에 있어서 고려할 점으로 내적 및 외적 타당도, 아동의 유능성에서의 발달적 차이, 서로 다른 연령과 발달수준에 있는 청소년들에 대한 다양한 개입의 이점(benefits), 문화적으로 민감한 관점, 서로 다른 집단의 아동 및 청소년에게 가장 효과적인 치료 요소들(components of treatments)을 파악해야 한다고 주장하였다.

부모는 아동의 불안장애의 치료에 참여하면서, 자신의 불안을 다루는 방법 및 불안한 상황에서 자녀에게 긍정적인 모델로 작용하는 방법을 배우게 되며, 어떻게 자녀의 용기 있는 행동을 강화하는 지를 알게 된다(대한소아청소년정신의학회, 2012. p. 187). Drake와 Ginsburg(2012)는 아동기 불안장애의 발달, 치료, 예방에 있어서 가족요인을 이론적으로 개관하면서, 가족기반(family-based) 인지행동치료의 요소로 심리교육, 유관성관리(contingency management), 부모의 불안관리, 문제해결기술, 재발방지로 구분하여 설명하였는데 다음과 같이 요약될 수 있다.

첫째, 심리교육은 부모에게 불안 및 주요원인 등에 대한 사실을 제공하고, 부모에게 어떤 치료인지, 언제 치료가 효과적인지를 알려 주면서 희망을 주고 동기부여를 한다. 아동, 부모, 치료자가 한 팀을 이룬다는 것을 상기시키며, 치료자는 코치처럼 부모에게 새로운 기술을 가르치고, 부모와 아동이 가정에서 과제를 연습하도록 매주 과제를 지정하고, 부모가 수행해야 할 특별한 역할을 알려 준다.

둘째, 유관성관리는 조작적 학습이론에 근거하여, 부모는 행동들이 결과에 의하여 통제되며, 강화를 받으면 행동빈도가 증가하고 강화를 받지못하면 행동빈도가 감소하는 것을 배운다. 부모들은 유관성관리를 통하여 용감한 행동을 강화하고 불안한 행동을 무시하게 된다. 유관성관리를 촉진하기 위하여 부모와 자녀는 용감한 행동을 보이고 불안에 대처했을 때 얻을 수 있는 강화원(reinforcer)의 유형목록을 작성하거나, 부모는 가정에서 아동의 용감한 행동을 강화하고 불안한 행동을 소거하기 위하여 강화체계를 수행하는 것에 계약서(written contracts)를 사용할 수 있다.

셋째, 부모의 불안관리로 부모 자신의 불안 및 회피행동과 역기능적 신념을 낮추는 전략을 들 수 있다. 불안한 청소년을 둔 부모의 상당수는 자신의 불안으로 고통받을 수 있는데, 일부 치료에서는 부모를 공동내담자(co-client)로 보고 부모가 자신의 두려움을 직면하는 모델이 되는 방법을 코치받는다.

넷째, 문제해결기술은 일련의 단계를 사용할 수 있는데, 어두문자인 SOLVE는 Settle down(차분할 때 문제를 해결하는 것이 좋음), Own the problem(문제의 일부는 자신의 통제하에 있음을 확인함), List solutions(판단하지 않고 해결책들을 찾아봄), Vote for one solution(각 해결책들의 장단점을 열거한 후에 한 가지 해결책을 선택함), Engage in a solution(최선책을 선택하고, 결과를 평가하고, 필요하면 반복함) 단계를 가시적으로 보여 준다.

다섯째, 재발방지는 아동과 부모에게 불안의 재발을 예상하고 효과적인 대처법을 발달시키도록 가르친다.

이러한 가족기반 인지행동치료의 효과에 대하여 비일관적인 결과가 보고되고 있다. 그러나 연구결과의 비일관성은 작은 표본크기나 다양한 표본특성, 다양한 치료요소 및 전달방식, 다양한 측정도구에서 기인할 수 있다. 스웨덴의 연구자들은 16편의 연구를 비교하여 아동의 불안장애치료에서 부모참여에 대한 메타분석을 수행하였는데, 효과크기가 유의하지 않아서 부모개입은 불안한 아동만을 대상으로 한 치료보다 효과가 더 있지 않았지만 연구에서 아동의 연령차이나 효과가 있는 요소를 구체적으로 파악하지 못했다는 제한점이 지적되었다(Thulin, Svirsky,

Serlachius, Andersson, & Öst, 2014). 반면, 불안장애가 있는 아동을 대상으로 한 아동-부모 개입의 효과를 아동중심개입효과에 비교하였을 때, 8편의 가족인지행동치료의 무선통제시험(randomized controlled trials)의 평균효과크기는 0.26으로 작지만 유의한 정적 효과크기를 산출하여 아동-부모 개입이 아동중심개입보다 더 효과적이라는 연구결과(Brendel & Maynard, 2014)도 보고되었다.

불안장애가 있는 아동의 인지행동적 치료로써 미국의 Kendall과 동료들이 개발한 카핑캣(Kendall's Coping Cat Workbook) 프로그램과 오스레일리아의 Barrett이 적용한 카핑코알라(Coping Koala Group Workbook) 프로그램이 효과적으로 알려져 있다. 불안한 아동을 위한 가족기반 인지행동치료로 FRIENDS를 살펴볼 수 있는데, 프로그램 이름인 FRIENDS는 다음과 같은 전략에 대한 어두문자(acronym)이다.

F–Feeling worried? 걱정하니?

R–Relax and feel good 이완하고 좋은 기분 느끼기

I–Inner thoughts 내적 생각

E–Explore plans 계획들을 탐색하기

N–Nice work so reward yourself 잘했어, 스스로를 보상하기

D–Don't forget to practice 연습하는 것을 잊지 않기

S–Stay calm, you know how to cope now 차분하자, 이제 대처하는 방법을 알잖아

출처: *Evidence-based Psychotherapies for Children and Adolescents* (p. 102), by P. M. Barrett and A. L. Shortt, 2003, New York, NY: The Guilford Press.

FRIENDS 프로그램은 지속적이고 심각한 불안이 있는 아동을 대상으로 사용되거나 정서적 탄력성을 촉진하기 위하여 비임상적 집단에 광범위하게 사용된다.

표 5-5 FRIENDS 프로그램의 아동회기의 내용과 활동

회기	전략	내용	예
1		• 라포형성과 집단참여자 소개 • 집단 안내지침의 설정 • 불안과 불안반응의 개인차를 정상화함	
2		정동교육(affective education)과 다양한 감정에 대한 확인	
3		사고와 감정 간의 관계 소개	
4	F, R	F: 걱정되니?(걱정의 생리적 증상 확인) R: 이완하고 좋은 느낌 갖기(이완 활동과 걱정되거나 슬플 때 하는 즐거운 활동의 확인)	• 매주 금요일 등교 전 아픈 것은 금요일 오후 시험이나 학교에서 일어나는 일에 대한 걱정일 수 있음 • 자전거타는 기술과 같은 이완을 생각함
5	I	I: 내적사고(혼잣말 확인, 도움이 되는 생각하기)	말하는 방법이 자신의 행위와 감정에 영향주는 것을 가르침
6	E	부정적인 혼잣말에 맞서 도전하기 E: 계획을 탐색하기(긍정적 역할 모델과 도움줄 수 있는 사람 확인하기)	문제해결 계획과 불안을 유발하는 상황을 다루는 단계계획을 수립함
7		문제해결기술과 점진적 노출개념의 소개	
8	N	공포를 주는 사물이나 상황에 대한 계획단계 설계하기(점진적 노출) N: 잘했어, 자기보상(부분성공에 대한 보상)	가장 힘들었던 것을 시도할 때마다 자신을 보상하게 함

9	D, S	D: 연습하는 것 잊지말기(기술을 연습) S: 차분하기(어려운 상황에서 대처하는 방법으로 반영)	• 학급에서 말하기나 가족구성원과의 역할놀이를 통하여 정기적으로 기술과 전략을 연습함 • 걱정에 대처하는 방법을 알기 때문에 차분하게 대처할 수 있음을 상기시키기
10		FRIENDS전략의 일반화와 유지	
추후 1기		FRIENDS전략의 검토	
추후 2기		FRIENDS전략의 검토	

출처: *Evidence-based Psychotherapies for Children and Adolescents* (pp. 107−110), by P. M. Barrett and A. L. Shortt, 2003, New York, NY: The Guilford Press. 내용을 발췌 · 정리함

발달적 요구에 따라 7~11세를 대상으로 한 아동용, 12~16세를 대상으로 한 청소년용이 있으며, 집단형태로 실시된다. 매주 약 1시간씩 총 10회기로 구성되며, 종료 후 1개월과 3개월에 추후(booster)회기를 2회 진행한다. 아동회기의 개요는 다음과 같다. 〈표 5-5〉는 FRIENDS 프로그램의 아동회기의 내용과 활동들을 소개한다. 한편 FRIENDS 프로그램은 부모회기의 내용과 활동들을 소개하는데, 부모회기의 개요는 〈표 5-6〉과 같다.

가족이 참여하여 아동의 불안을 치료하는 개입의 효과는 아동의 연령이나 성, 프로그램의 특성과 같은 조절변인의 수준에 따라 달라질 수 있다. 예를 들어, 부모훈련을 병행하는 것은 나이든 아동보다는 어린 아동에게 더 유익할 수 있다. Barrett, Dadds와 Rapee(1996)는 과불안장애(over-anxiety disorder), 분리불안장애, 또는 사회공포증으로 진단받은 7~14세 아동 79명을 인지행동 처치조건(CBT), 인지행동과 더불어 가족불안관리훈련을 처치하는 조건(CBT+FAM), 대기자 명단조건(Waiting-List: WL)에 배정하여 비교한 결과 12주에 걸친 두 처치조건은 대기자 명단조건에 비하여 모두 효과적이었다. 연구대상아동을 7~10세의 어린 아동

표 5-6 FRIENDS 프로그램의 부모회기의 내용과 활동들

회기	내용
1	• 라포형성과 참여자 소개 • 불안의 생리적, 인지적, 학습적 측면과 전략들이 프로그램에서 어떻게 가르쳐지는가에 대한 심리교육 • FRIENDS의 어두와 프로그램의 기본생각에 대한 설명 • 부모들은 심호흡법, 순차적 근육완화를 연습하고, 스스로 차분한 생각을 만드는 방법을 토론함
2	• 부모들은 서로 다른 상황에서 자신의 생각을 확인하고, 도움이 안 되는 생각에 맞서 도전하는 것을 학습함 • 부모들은 아동이 도움이 안 되는 생각과 싸우는 것을 도와주도록 질문하는 것을 배움 • 부모들은 문제해결력을 배우고, 자녀가 공포를 주는 사물이나 상황의 위계에 점진적으로 노출되는 것을 토론함
3	• 관찰학습, 강화, 칭찬, 계획된 무시의 개념을 토론함 • 1) 아동이 어려운 상황에 접근하는 것을 보상함 2) 수행을 부분성공으로 평가하고, 합당하며 성취가능한 목적의 수립에 대한 학습이 강조됨 • 부모가 어려운 상황에 대한 자신의 접근에 대하여 생각하도록 격려함. 부모가 이러한 행동의 결과를 통하여 생각하게끔 격려함
4	• 긍정적 가족기술을 촉진하는 전략을 논의함. 부모는 인간으로써 부모로써의 자신의 강점을 반영함. 파트너와 자녀와 보내는 양질의 시간 및 사회적 네트워크 수립의 중요성이 강조됨 • 부모가 아동을 다루는 데 '연합전선'을 제공하는 방법을 논의함. 여기에 아동의 불안을 보다 효과적으로 다루기 위하여 파트너나 교사를 포함한 다른 성인을 지지하는 생각이 포함됨 • 부모는 학습한 FRIENDS전략을 유지하는 잇점을 확인하고, 잠재적 어려움을 토론하고, 계속 연습하는 계획을 수립함

출처: *Evidence-based Psychotherapies for Children and Adolescents* (p. 109), by P. M. Barrett and A. L. Shortt, 2003, New York, NY: The Guilford Press. 내용을 발췌 · 정리함

집단과 11~14세의 나이 든 아동집단으로 구분하였을 때, 어린 아동집단에서는 CBT+FAM조건이 CBT조건보다 불안장애의 진단으로 측정한 사후검사와 1년 후 추수검사(follow-up)에서 더 효과적이었으나, 나이 든 아동집단에서는 사후검사와 추수검사에서 두 처치집단 간의 차이가 나타나지 않았다. 아동의 성(gender)도 처치조건의 효과에 연관되었는데, 여아의 경우 불안진단을 받지 않을 비율이 사후검사에서의 CBT조건에서는 37%인 데 비하여 CBT+FAM조건에 참여했을 때에는 83%을 나타냈으며, 1년 후 추수검사에서의 CBT조건에서는 57%인 데 비하여 CBT+FAM조건에 참여했을 때에는 100%로 유의한 차이를 나타내었다. 그러나 8~13세의 분리장애아동 64명을 대상으로 스위스에서 Schneider와 동료들(2013)이 수행한 연구에서 분리불안에 맞추어 특성화시킨 부모훈련과 인지행동치료요소를 결합시켜 구성한 16회기의 가족치료 처치조건을 부모훈련 없는 아동대상의 카핑캣 16회기 대조조건과 비교한 결과, 두 조건의 차이는 예상했던 것만큼 유의하지 않았다고 보고되었다. 이러한 결과들은 아동의 연령이나 성, 발달단계, 프로그램의 특성들이 불안장애의 가족치료의 처치효과에 영향을 미칠 수 있음을 시사하고 있으며, 연구들의 제한점들을 보완하여 표본크기를 확장한 후속연구를 통하여 규명할 필요가 있겠다.

임상적으로 부모를 아동의 불안치료에 포함하는 것은 장점들이 있는 듯하나, 경험적 증거들은 일치하지 않는 결과를 보이는데, 이러한 결과는 연구들이 치료에서 부모의 특정한 역할을 규명하지 못하거나 연령을 충분히 조사하지 못한 점에 기인할 수 있다(Rapee, 2012). 발달정신병리학적 측면에서는, 아동의 불안치료에 대한 연구의 방향으로 아동의 발달적 특성을 고려하여 변별효과를 살펴보는 한편, 표본크기를 확대하여 치료요소 및 변화기전을 체계적으로 조사할 필요성을 제기한다.

◆ 보충자료 불안장애에 대한 참고정보를 얻을 수 있는 기관의 예

기관명	웹 주소	기관설명
National Institute of Mental Health – mood disorders	www.nimh.nih.gov/health/topics	미국 국립보건원(NIH) 내의 국립정신보건원의 공식 홈페이지
Anxiety and Depression Association of America	www.adaa.org	불안 및 기분장애의 예방과 치료를 위한 비영리기구
Anxiety Network	www.anxietynetwork.com	불안을 이해하고 극복하는데 도움을 주기 위한 국제적 기구

주의력결핍 과잉행동장애 제6장

1 특징

주의력결핍 과잉행동장애와 관련된 용어는 DSM의 개정에 따라 변화되었다. 미국정신의학회의 '정신질환의 진단 및 통계 편람 제2판(DSM-II, 1968)'에서는 아동기 과잉행동반응(hyperkinetic reactions of childhood)이라는 용어를 사용하였다. 이후 1980년 제3판에서는 반응에서 장애로 변경되었고 과잉행동보다는 충동조절과 주의력에 관심을 두면서 주의력결핍장애(Attention deficit disorder: ADD)라는 용어를 사용하였고, 수정판(DSM-III-R, 1987)과 제4판(DSM-IV, 1994)에서는 주의력결핍 과잉행동장애로 변경되었다. 주의집중의 어려움과 산만하고 부주의한 행동, 충동적인 과잉행동을 나타내는 경우에 주의력결핍 과잉행동장애로 진단하는데 이러한 장애를 지닌 아동은 주의력결핍 우세형, 과잉행동/충동 우세형, 복합형의 3가지 아형으로 구분되었다. 2013년에 개정된 제5판(DSM-5)에서는 약간의 내용이 변경되어서 이 장애가 신경발달장애 범주에 포함되었다. 제5판(DSM-5)에서 신경발달장애란 전형적으로 발달 초기에 발현되며, 개인적, 사회적, 학업적 또는 직업적 기능에 손상을 야기하는 발달적 결함이 특징이라고 기술한다(APA,

표 6-1 주의력결핍 과잉행동장애의 DSM-5 진단기준

A. 기능 또는 발달을 저해하는 지속적인 부주의 및 과잉행동-충동성이 (1) 그리고/또는 (2)의 특징을 갖는다.

1. **부주의**: 다음 9개 증상 가운데 6개 증상이 적어도 6개월 동안 발달 수준에 적합하지 않고 사회적 · 학업적/직업적 활동에 직접적으로 부정적인 영향을 미칠 정도로 지속됨

   주의점: 이러한 증상은 단지 반항적 행동, 적대감 또는 과제나 지시 이해의 실패로 인한 양상이 아니어야 한다. 후기 청소년이나 성인(17세 이상)의 경우에는 적어도 5가지의 증상을 만족해야 한다.

   a. 종종 세부적인 면에 면밀한 주의를 기울이지 못하거나, 학업, 직업 또는 다른 활동에서 부주의한 실수를 저지름(예: 세부적인 것을 못 보고 넘어가거나 놓침. 작업이 부정확함)
   b. 종종 과제를 하거나 놀이를 할 때 지속적으로 주의집중을 할 수 없음(예: 강의, 대화 또는 긴 글을 읽을 때 계속해서 집중하기가 어려움)
   c. 종종 다른 사람이 직접 말을 할 때 경청하지 않는 것처럼 보임(예: 명백하게 주의집중을 방해하는 것이 없는데도 마음이 다른 곳에 있는 것처럼 보임)
   d. 종종 지시를 완수하지 못하고, 학업, 잡일, 또는 작업장에서의 임무를 수행하지 못함(예: 과제를 시작하지만 빨리 주의를 잃고 쉽게 곁길로 샘)
   e. 종종 과제와 활동을 체계화하는 데 어려움이 있음(예: 순차적인 과제를 처리하는 데 어려움. 물건이나 소지품을 정리하는 데 어려움. 지저분하고 체계적이지 못한 작업, 시간 관리를 잘 하지 못함. 마감시간을 맞추지 못함)
   f. 종종 지속적인 정신적 노력을 요구하는 과제에 참여하기를 기피하고, 싫어하거나 저항함(예: 학업 또는 숙제, 후기 청소년이나 성인의 경우에는 보고서 준비하기, 서류 작성하기, 긴 서류 검토하기)
   g. 과제나 활동에 꼭 필요한 물건들(예: 학습 과제, 연필, 책, 도구, 지갑, 열쇠, 서류 작업, 안경, 휴대폰)을 자주 잃어버림
   h. 종종 외부자극(후기 청소년과 성인의 경우에는 관련이 없는 생각들이 포함될 수 있음)에 의해 쉽게 산만해짐
   i. 종종 일상적인 활동을 잊어버림(예: 잡일하기, 심부름하기, 후기 청소년과 성인의 경우에는 전화 회답하기, 청구서 지불하기, 약속 지키기)

2. **과잉행동-충동성**: 다음 9개 증상 가운데 6개 증상이 적어도 6개월 동안 발달 수준에 적합하지 않고 사회적 · 학업적/직업적 활동에 직접적으로 부정적인 영향을 미칠 정도로 지속됨

   주의점: 이러한 증상은 단지 반항적 행동, 적대감 또는 과제나 지시 이해의 실패로 인한 양상이 아니어야 한다. 후기 청소년이나 성인(17세 이상)의 경우에는 적어도 5가지의 증상을 만족해야 한다.

   a. 종종 손발을 만지작거리며 가만두지 못하거나 의자에 앉아서도 몸을 꿈틀거림
   b. 종종 앉아있도록 요구되는 교실이나 다른 상황에서 자리를 떠남(예: 교실이나 사무실 또는 다른 업무 현장, 또는 자리를 지키는 게 요구되는 상황에서 자리를 이탈)

c. 종종 부적절하게 지나치게 뛰어다니거나 기어오름(**주의점**: 청소년 또는 성인에서는 주관적으로 좌불안석을 경험하는 것에 국한될 수 있음)
d. 종종 조용히 여가 활동에 참여하거나 놀지 못함
e. 종종 '끊임없이 활동하거나' 마치 '태엽 풀린 자동차처럼' 행동함(예: 음식점이나 화장실에 장시간 동안 가만히 있을 수 없거나 불편해함. 다른 사람에게 가만히 있지 못하는 것처럼 보이거나 가만히 있기가 어려워 보일 수 있음)
f. 종종 지나치게 수다스럽게 말함
g. 종종 질문이 끝나기 전에 성급하게 대답함(예: 다른 사람의 말을 가로 챔, 대화 시 자신의 차례를 기다리지 못함)
h. 종종 자신의 차례를 기다리지 못함(예: 줄 서 있는 동안)
i. 종종 다른 사람의 활동을 방해하거나 침해함(예: 대화나 게임, 활동에 참견함. 다른 사람에게 묻거나 허락을 받지 않고 다른 사람의 물건을 사용하기도 함. 청소년이나 성인의 경우 다른 사람이 하는 일을 침해하거나 꿰찰 수 있음)

B. 몇 가지의 부주의 또는 과잉행동–충동성 증상이 12세 이전에 있어야 한다.
C. 몇 가지의 부주의 또는 과잉행동–충동성 증상이 2가지 또는 그 이상의 환경에서 존재한다(예: 가정, 학교나 직장, 친구들 또는 친척들과의 관계, 다른 활동에서).
D. 증상이 사회적, 학업적 또는 직업적 기능의 질을 방해하거나 감소시킨다는 명확한 증거가 있다.
E. 증상이 조현병 또는 기타 정신병적 장애의 경과 중에만 발생되지는 않으며, 다른 정신장애(예: 기분장애, 불안장애, 해리장애, 성격장애, 물질중독 또는 금단)로 더 잘 설명되지 않는다.

• **다음 중 하나를 명시할 것**
- **314.01(F90.2) 복합형**: 지난 6개월 동안 진단기준 A1(부주의)과 진단기준 A2(과잉행동–충동성)를 모두 충족한다.
- **314.00(F90.0) 주의력결핍 우세형**: 지난 6개월 동안 진단기준 A1(부주의)은 충족하지만 A2(과잉행동–충동성)는 충족하지 않는다.
- **314.01(F90.1) 과잉행동/충동 우세형**: 지난 6개월 동안 진단기준 A2(과잉행동–충동성)는 충족하지만 A1(부주의)은 충족하지 않는다.

2013/2015, p. 31). 또한 제4판(DSM–IV)에서는 ADHD로 진단되려면 7세 이전에 증상이 나타나야 하였다. 그러나 7세 이전에 나타나는 증상은 주로 과잉행동/충동 우세형이고, 주의력결핍 우세형은 주로 7세 이후에 나타난다고 알려져왔다. 따라서 제5판(DSM–5)에서는 이러한 발달적 측면이 고려되어서 ADHD로 진단되려면 12세 이전에 여러 증상이 나타나는 것으로 변경되었고, 전 생애에 걸친 적용

을 촉진하기 위해 진단기준에 성인의 예가 추가되었다(안동현, 김태호, 2014, p. 110). 〈표 6-1〉은 ADHD에 대한 DSM-5의 진단기준(APA, 2013/2015, pp. 61-62)을 제시한다.

ADHD는 부주의함과 조직적이지 못함, 과잉행동성-충동성 증상이 연령이나 발달단계에 비하여 과도한 경향을 보이며, 아동기에 시작되는 경향이 있으며, 2가지 이상의 환경에서 발현된다(APA, 2013, p. 32, pp. 60-61). 주의력이 결핍된 아동은 발달수준에 적합하게 주의를 기울이지 못한다. 과잉행동성의 경우 끊임없이 활동하고, 충동성의 경우 생각 없이 행동한다. DSM-5에 기술되어진 발달과 경과를 살펴보면, 4세 이전에는 정상적 행동과 과도한 운동활동을 구별하기 어렵고, ADHD는 초등학교 기간 동안에 가장 흔히 식별되며, 부주의가 뚜렷해지고 손상을 유발하며, 초기 청소년기를 지나며 비교적 안정되나 일부의 경우는 반사회적 행동이 발달되어 경과가 악화되기도 한다(APA, 2013/2015, p. 64). 학령전기의 주요 발현 현상은 과잉행동이며, 초등학교 시기에는 부주의가 더욱 두드러지며, 청소년기에는 만지작거림이나 내적인 신경과민, 좌불안석 또는 참을성 부족과 같은 증상으로 한정된다(APA, 2013/2015, p. 64). ADHD는 신경심리학적으로 이질적인 질환으로 개인들은 상이한 영역에서 상이한 정도로 영향을 받는다. 일부에서는 ADHD의 주의력과 과잉행동/충동성의 2차원은 지지하지만 DSM에서처럼 복합형을 포함하여 3가지 유형으로 구분하는 것이 유용한지에 대하여 우려를 제기한다(Wicks-Nelson & Israel, 2015/2015, p. 294), 또한, 아동기에서 청소년기에 걸친 발달궤적을 조사한 실증적 연구를 통하여 ADHD의 3가지 유형들이 별개의 안정적 범주로 볼 수 없다고 시사하기도 한다(Larsson, Dilshad, Lichtenstein, & Barker, 2011).

2 유병률

ADHD의 유병률은 학령기 아동과 청소년에게서 다양하게 나타날 수 있는데, 정보제공자가 누구인지(예: 부모 또는 교사), 진단기준이 무엇인지(예: ICD-10과 DSM-5), 어떤 측정방법이 사용되었는지(예: 질문지 또는 면접), 동반이환이 있는지(예: 동반이환의 포함여부), 인구집단의 속성이 어떠한지에 따라(예: 도시 또는 농촌; 지역 및 문화적 이질성 여부) ADHD의 유병률은 영향받을 수 있다. DSM-5에서는 인구조사결과 ADHD의 유병률이 아동의 경우 약 5%이고, 성인의 경우 약 2.5%이라고 보고하고 있다(APA, 2013/2015, p. 64). 미국에서 수행된 전국적 조사에서 성인 ADHD의 유병률은 4.4%로 추정되었으며, 다른 정신장애와의 공존비율이 높게 나타났고, ADHD가 있는 성인들이 비록 동반이환으로 치료를 받기는 하나 ADHD를 위한 치료를 받은 비율은 조사 전의 12개월 동안 10.9%에 불과하였다(Kessler et al., 2006). DSM-5에 기술된 성별과 관련된 진단적 쟁점에 따르면 일반인구표본에서 남성이 여성보다 ADHD를 더 흔하게 나타내어, 아동의 경우 남녀비는 약 2:1, 성인의 경우 남녀비는 약 1.6:1로 나타나며 여성은 남성에 비하여 주로 부주의증상을 보인다(APA, 2013/2015, p. 65). ADHD에 대하여 성별차이가 보고되지만 차이의 근원에 대해서는 명확하게 밝혀지지 않고 있으며, ADHD유병률의 성차는 의뢰시의 편향성이나 기술보고방식에서의 차이 때문에 나타날 수 있다. 남아의 ADHD 유병률이 여아보다 높은 이유에 대하여 첫째, 실제 차이가 존재한다는 주장과 둘째, ADHD를 평가하는 준거가 여아보다는 남아에게 더 적합하다는 주장과 셋째, ADHD는 남아보다는 여아에게서 더 늦게 발달한다는 주장이 있다(Waschbusch, Andrade, & King, 2006, p. 55).

DSM에 기초하여 유병률을 조사한 연구들에서는 동반이환을 포함하여 ADHD의 유병률을 약 5~10%라고 보고하며, 다소 엄격한 ICD에 기초한 준거를 적용하고 동반이환을 포함하지 않으며 완전한 증후군만으로 진단을 제한하였을 때에는 1~2%의 유병률이 보고되었다(Schachar & Tannock, 2002, p. 404). Polanczyk와 동료들(2007)은 102편의 연구들을 통하여 전 세계적으로 유병률을 파악한 결과 ADHD/HD의 유병률을 5.29%로 추정하면서, ADHD유병률의 추정치가 상이한 이유는 지리적 위치의 차이보다는 연구에 사용된 방법론적 특징에서 비롯될 수 있다고 설명하였다. 미국의 일반인구표본을 통한 연구에서는 DSM-5에서 제시된 것보다 높은 비율의 유병률을 보고하였다. 미국 질병관리본부에 따르면, 자녀가 의료관계자에게서 ADHD로 진단받았는지의 여부를 부모에게 질문한 결과, 4~17세의 아동들에게서 ADHD의 유병률은 2003년 기준 7.8%와 2007년 기준 9.5%에서 2011년 기준 11%로 매년 체계적으로 증가하였으며, 남아의 경우 13.2%, 여아의 경우 5.6%의 유병률을 나타냈다(Centers for Disease Control and Prevention: CDC, 2015). 정신병리가 청소년기를 거치면서 변화하는 경향을 조사하기 위하여, 1995년 이후 15년동안 발표된 종단 및 횡단연구를 분석한 결과, ADHD는 청소년기를 거치면서 감소하는 것으로 나타났다(Costello, Copeland, & Angold, 2011).

정보제공자들이 아동의 ADHD에 대하여 내린 평가가 일치하지 않을 수 있다. Schachar와 Tannock(2002)는 아동의 ADHD에 대하여 정보제공자 간의 일치도가 높지 않은 이유를 다음과 같이 제시하였다. 첫째, 정보제공자들이 각 행동에 대한 공통된 정의를 공유하지 않고 있다. 둘째, 아동의 행동은 상황적 요구에 따라 다르게 평가될 수 있다. 예를 들어, 부주의함은 학교에서 특히 손상된 듯이 나타나 교사에게 현저하게 보일 수 있는 반면, 안절부절함은 가정에서 더 눈에 띌 수 있다. 셋째, 정보제공자의 심리적 상태나 문화적 기대가 아동행동을 지각하는 데 영향을 줄 수 있다. 넷째, 과잉행동에 대한 민감성이 문화에 따라 다를 수 있기 때문이다. 다섯째, 부모는 행동평가를 할 때 자녀 간의 차이를 과장하는 경향이 있기 때문이라고 설명하였다(p. 400).

ADHD는 임상상황에서 더 흔하게 나타난다. Merikangas와 동료들(2011)의 연구에 따르면 미국에서 수집된 동반이환 전국조사-청소년부록(National Comorbidity Survey-Adolescent supplement: NCS-A)에서 13~18세의 청소년을 대상으로 정신장애가 있는 청소년에게서 1/3 정도가 정신건강 서비스를 받는 것으로 나타났는데, 서비스 비율은 ADHD의 경우 59.8%, 행동장애의 경우 45.4%로 가장 높은 데 비하여 불안장애, 섭식장애, 물질사용장애의 경우 17.8%, 15.4%, 12.8%로 1/5 미만이 서비스를 받았으며, ADHD의 경우 남자청소년이 여자청소년보다 더 치료를 받는 경향이 있었다.

국내에서는 2,672명의 소아청소년을 대상으로 실시한 국내정신질환 유병률조사에서 ADHD 유병률이 13.3%로 보고되었다(대한소아청소년정신의학회, 2012; pp. 90-91). 서울, 경기, 충남, 대전, 강원지역 초등학생 2,667명을 대상으로 조사한 결과, ADHD출현율은 5.7%로 조사되었고, 남학생이 여학생에 비해 4.5배 정도 높은 출현율을 보였다(임경희, 조붕환, 2004). 2002년에서 2006년에 서울시 특정구의 초등학교 2학년에서 4학년 학생들 2,935명을 대상으로 조사한 결과 3.3%의 유병률이 추정되었으며, 서울시 학교보건진흥원에서 ADHD학생 선별 및 지원관리사업을 통하여 초등학교 1학년과 4학년 학생들 14,192명을 대상으로 조사한 결과 3.8%의 유병률이 추정되었다(보건복지가족부 보도자료, 아동청소년 ADHD, 우울증 등 선별검사 및 치료지원, 2009년 4월 9일). 소아청소년 광역정신보건센터가 2007년 서울 4개구의 초등학교 1~3학년 1,382명을 상대로 조사한 ADHD검사결과에 의하면 유병률이 5.1%로 나타났으며, ADHD의 출현율은 학령기 아동의 5% 정도로 추정되었다. 교사보고자료에 근거하여 초등학교 4~6학년 아동 1,420명을 대상으로 한국어판 교사용 ADHD평정척도인 K-ARS를 사용하여 17점 이상을 ADHD성향으로 측정하였을 때, 22.32%인 319명이 ADHD성향을 나타냈고, 남학생이 여학생에 비해 약 3:1의 비율로 더 높게 나타났다(송연주, 2014). 신문보도에 따르면, 경기도에 소재한 초등학교 신입생 중에서 부모동의를 얻은 8만 9천여 명을 대상으로 2010년에 조사한 결과, 11.4%인 1만 2백여 명에게서 ADHD가 의심되었고, 그중에서 6천 7백여 명을 대상으로 2차검사를 실시한 결과 25.8%인 약 1천 7백여 명에게서 병원진단이 필요한 것으로 알려졌다(안동현 외, 2015, p. 298).

3 측정도구

조수철과 신민섭(2006)은 ADHD를 진단하는 어려움의 원인을 기술한 학자의 주장을 요약하였는데, 첫째, 진단에 활용가능한 임상평가절차가 비교적 많아서 대표적인 행동표본을 추출하기 어렵고, 둘째, 증상의 출현이 상황에 따라 달라질 수 있는 상황적 변이를 고려해야 하고, 셋째, 아동 및 청소년들이 ADHD와 동반이환을 보일 가능성이 높기 때문이다(pp. 88-90). 이러한 이유로 ADHD의 진단에는 다양한 정보제공자로부터 **다차원적인 평가**가 이루어져야 한다.

ADHD를 사정하기 위해서는 부주의성, 충동성, 과잉행동성과 같이 ADHD의 양상들을 직접 평가할 수도 있고 ADHD와 연관된 기능적 결손을 평가하는 방법도 있다. 세부적인 평가로 면접법 및 행동관찰법, 지적검사 및 성취검사를 사용하는 방법(예: 지능검사나 학업성취검사), 신경인지적 방법(예: 연속수행검사, 실행기능검사), 평정척도를 사용하는 방법, 그림검사나 또래관계를 조사하는 방법 등 다양한 방법들이 활용될 수 있다. 이 절에서는 ADHD의 양상을 평가하는 방법으로 면접과 평정척도만을 중심으로 살펴보겠다.

ADHD의 양상을 평가하기 위하여 **면접**이 시행될 수 있다, 부모와의 면접은 임상상황에서 필요하며, 교사와의 면접도 전화나 대면을 통하여 이루어질 수 있다. 이러한 면접은 1장에서 논의된 광대역 측정도구인 아동과 청소년용 진단면접(DICA). 아동용 진단면접스케줄(DISC), 학령기 아동을 위한 정동장애와 정신분열병스케줄(K-SADS), 아동평가스케줄(CAS) 등을 사용하여 진행할 수 있다. Barkley는 1981년에 출간한 저서에서 ADHD자녀와 부모와의 구체적인 상호작용을 평가하는 면접양식을 다음과 같이 제안하였다(Wicks-Nelson & Israel, 2000/2001, p. 268). 문제가 발생하는 상황들(예: 혼자 놀 때, 친구들과 놀 때, 식사시간에, 아침에 옷을 입을 때, 집에 손님이 왔을 때, 다른 사람 집을 방문했을 때, 공공장소에서 등)과 관련하여 다음의 질문을 한다. ① 이것이 문제영역인가? ② 아동은 이 상황에서 무엇을 하는가? ③ 당신의 반응은 무엇인가? ④ 아동은 이 다음에 어떻게 할 것인가? ⑤ 문제가 계속되면 당신은 이 다음에 어떻게 할 것인가? ⑥ 이렇게 상호작용하다가 결국 어떻게 되는가? ⑦ 이 상황에서 이러한 문제들이 얼마나 자주 일어나는가? ⑧ 당신은 이러한 문제들에 대하여 어떻게 느끼는가? ⑨ 문제가 전혀 없으면 0점, 아주 심각하면 10점이라고 할 때, 이 문제는 당신에게 얼마나 심각한가?(Wicks-Nelson & Israel, 2000, p. 268). 이러한 면접양식을 사용하여 ADHD를 가진 아동의 부모로부터 구체적인 정보를 제공받게 된다. 그러나 시간이 많이 요구되므로 임상상황에서 비용이 높은 편이며, 교사를 제외하고 부모만 면접하는 경우 학교상황에서의 아동행동에 대한 중요한 정보를 얻지 못할 수 있다. 한편, ADHD의 기능적 분석은 아동이 보이는 장해(impairment)를 확인하기 위하여 부모나 교사로부터 정보를 수집하는 것을 포함한다. 기능적 분석을 통하여 의뢰된 행동을 평가하고, 선행인자와 결과와 같은 환경변인들을 평가한다.

평정척도를 사용하는 방법은 사용하기 편하며, 다양한 정보제공자로부터 정보를 얻을 수 있고, 반복수행이 가능하며, 규준이 있는 장점이 있다(조수철, 신민섭, 2006, p. 91). ADHD의 평정척도로 1장에서 소개된 아동행동체크리스트인 부모용 아동 · 청소년 행동평가척도(CBCL)나 교사용 아동 · 청소년 행동평가척도(TRF)를 사용하여 부모 또는 교사로부터 정보를 얻는 것이 가능하다.

널리 사용되는 다른 평정척도로 코너스 평정척도(Conners' Rating Scales: CRS)는 부모, 교사, 아동 및 청소년 자기보고를 통하여 ADHD 및 다른 정신병리증상, 문제행동을 측정할 수 있도록 만들어졌다. 부모 및 교사는 6~18세의 아동 및 청소년에 대하여 평정하고, 연장 아동 및 청소년의 경우에는 자기보고방식으로 평정할 수 있다. 코너스 평정척도는 여러 판(version)이 있으며, 현재 코너스 3판(Conners 3)이 출간되었으나, 여기에서는 개정판의 척도들(Revised Conners' Rating Scales: CRS-R)을 중심으로 개략적으로 살펴보겠다. 주의력결핍 과잉행동장애의 평가에 활용되는 척도로 코너스 부모용 평정척도(Conners Parent Rating Scale: CPRS)가 널리 사용되어지고 있다. 코너스 부모용 평정척도(CPRS)는 원래 정신의학과의 외래로 의뢰된 아동들의 기본문제들에 대하여 부모의 보고를 얻기 위한 종합적 체크리스트로 소개되었고, 점차 행동문제를 선별 및 평가하는 도구로 광범위하게 사용되었다(Conners, Sitarenios, Parker, & Epstein, 1998). 원 척도는 93개의 문항으로 구성되었으며, 48문항과 57문항으로 개정된 판과 10문항으로 구성된 단축형이 있는데, 국내에서는 박은희 외(2003)가 48문항으로 구성된 판에 대하여 신뢰도와 타당도를 검증하였다. 코너스 부모용 평정척도 개정판(Revised Conners' Parent Rating Scale, CPRS−R; Conners, Sitarenios, Parker, & Epstein, 1998a)은 3~17세의 아동을 둔 부모를 대상으로 193개의 문항풀을 분석하였는데, 각 문항은 0점에서 3점까지의 4점척도로 구성되었으며, 요인분석결과 인지문제들, 반항성, 과잉행동−충동성, 불안−수줍음, 완벽주의, 사회문제들, 심리신체화 요인으로 구성되는 7개의 요인이 추출되었다(Conners, Sitarenios, Parker, & Epstein, 1998a). 부모용 개정판 정규문항형(Conners' Parent Rating Scale-Revised: Long Form, CPRS−R:L)은 추가척도와 다른 문항이 포함되어 10개의 하위척도를 포함하는 총 80문항으로 구성되고, 부모용 개정판 단축형(Conners' Parent Rating Scale-Revised: Short Form, CPRS−R:S)은 반항성, 인지문제들/부주의, 과잉행동성, ADHD지표(index)인 4개의 하위척도를 포함하는 27문항으로 구성되어 있다(Conners, 2008, p. 314).

코너스 교사용 평정척도 개정판(Revised Conners' Teacher Rating Scale, CTRS−R; Conners, Sitarenios, Parker, & Epstein, 1998b)은 3~17세의 아동의 교사를 대상으로 131개의 문항풀을 분석하여 39문항을 선택하였는데, 각 문항은 0점에서 3점까지의 4점척도로 구성되었으며, 요인분석결과 과잉행동−충동성, 완벽주의, 부주의−인지문제들, 사회문제들, 반항성, 불안−수줍음 요인으로 구성되는 6개의 요인이 추출되어 부모용의 심리신체화 요인이 제외된 것 이외에는 부모용과 유사하였다(Conners, Sitarenios, Parker, & Epstein, 1998b). 교사용 개정판 정규문항형(Conners' Teacher Rating Scale-Revised: Long Form, CTRS−R:L)은 추가척도와 다른 문항이 포함되어 총 59문항으로 구성되고, 교사용 개정판 단축형(Conners' Teacher Rating Scale-Revised: Short Form, CTRS−R:S)은 부모용 개정판 단축형과 동일한 4개의 하위척도를 포함하는 28문항으로 구성되어 있다(Conners, 2008, p. 315). 국내에서는 박은희 외(2003)가 28문항으로 구성된 교사용 척도 개정판에 대하여 신뢰도와 타당도를 검증하였다.

코너스 청소년 자기보고척도 정규문항형(Conners-Wells' Adolescent Self-Report Scale: Long Form, CASS:L)은 12~17세의 아동 및 청소년을 대상으로 실시되며 가족문제, 정서문제, 품행문제, 인지문제/부주의, 분노통제문제, 과잉행동, 과잉행동지표와 DSM-IV의 증상 하위척도를 포함하는 87문항으로 구성되어 있으며, 코너스 청소년 자기보고척도 단축형(Conners-Wells' Adolescent Self-Report Scale: Short Form, CASS:S)은 27문항, 4개의 하위척도로 구성되어 있다(Conners, 2008, p. 315). 국내에서는 반건호, 신민섭, 조수철, 홍강의(2001)의 연구를 통하여 CASS:S에 대한 신뢰도와 타당도가 검증되었고, 품행문제, 과잉행동문제, 인지문제의 3요인이 추출되었다.

코너스 총체지표 부모용과 교사용(Conners Global Index-Parent: CGI-P & Conners Global Index-Teacher: CGI-T)은 과거에는 과잉행동성 지표로 알려져 있었고, 각 10문항으로 구성되어 있으며, 부모용과 교사용 모두 정서적 경향성 요인과 쉬지않음 및 충동적 행동요인인 2개의 요인으로 구성되어 있다(Conners, 2008, p. 315). 국내에서는 오경자와 이혜련(1989)이 코너스 단축형 평가척도(Abbreviated Conners Rating Scale: ACRS)의 신뢰도 및 타당성을 살펴보는 연구를 수행하였다.

아이오와 코너스 평정척도(IOWA Conners Rating Scale: IOWA)는 Loney & Milich(1982)에 의해 개발되었으며, 부주의 및 과잉행동 하위척도와 적대적 및 반항 하위척도로 구성되어 있다(Rapport, 1993, p. 276). 아이오와(IOWA)는 부주의-공격성에 대한 과활동(Inattentive-Overactive With Aggression)을 나타내는데, 코너스 교사용 평정척도 단축형에서 ADHD행동이 품행문제행동과 혼합된다는 주장을 다루기 위하여 개발되었으며, 아이오와 코너스 평정척도는 ADHD행동과 품행행동을 변별해 주고 치료효과에서 민감도가 높은 것으로 나타났다. 아이오와 코너스 평정척도는 부주의/과잉행동 하위척도 5문항과 또래에 대한 공격성 등과 관련된 적대적/반항 하위척도 5문항인 총 10문항으로 구성되어 있으며, '전혀 그렇지 않다'(0점)에서 '매우 그렇다'(3점)까지의 4점척도로 평정하게 되어 있다. 국내에서는 신민섭, 류명은, 김붕년, 황준원, 조수철(2005)이 아이오와 코너스 평정척도의 신뢰도와 타당도를 검증한 바 있다.

가정상황설문지(Home Situations Questionnaire: HSQ)와 학교상황설문지(School Situations Questionnaire: SSQ)는 Barkley에 의해 개발되었고 부모와 교사가 여러 가지 상황에 걸쳐 문제의 존재유무와 심각성을 지적한다는 점에서 유사한데, 개입의 표적이 될 수 있는 특정행동에 대한 양적정보를 제공하는 것이 장점이다(Rapport, 1993, p. 276). 가정환경설문지는 16개의 상황에서, 학교상황설문지는 12개의 상황에서 특정행동의 유무 및 정도를 9점척도로 평정하게 되어 있다. 이후에 가정상황설문지와 학교상황설문지는 개정되어 개정판에 대한 심리측정적 특성이 보고되었다(DuPaul & Barkley, 1992).

평정척도로 주의력결핍 과잉행동장애 평정척도(ADHD Rating Scale: ADHD-RS)는 DuPaul(1991)이 부모와 교사가 평정할 수 있도록 DSM-III진단기준에서 추출한 ADHD증상에 대한 14문항으로 구성하여 개발하였다. 이후 DSM-III-R과 DSM-IV로 진단 기준이 개정되면서, 개정판(ADHD-RS-IV; DuPaul, Anastopoulos, Power, Reid, Ikeda, & McGoey, 1998)은 과잉행동-충동성을 측정하는 9문항과 주의력결핍을 측정하는 9문항을 포함한 총 18문항으로 구성되어 있다. 또한 Barkley, Gwenyth, Arthur는 1999년에 ADHD-RS-IV의 18개 문항에 품행문제의 문항인 8개 문항을 추가하여 26문항으로 구성된 수정판을 발간하기도 하였다(Makransky & Bilenberg, 2014). ADHD-RS-IV의 18개 문항 중에서 홀수문항은 주의력결핍증상과 관련되며, 짝수문항은 과잉행동성-충동성증상에 관계된다. 각 문항은 4점척도로 문제행동의 빈도에 따라 '전혀 혹은 거의 그렇지 않다'에 해당하는 0점에서 '매우 자주 그렇다'에 해당하는 3점까지로 평가된다. 한국어판(K-ARS-IV)의 개발 및 규준 및 표준화연구가 국내에서 진행되었다(김재원, 박기홍, 최민정, 2003; 소유경, 노주선, 김영신, 고선규, 고윤주, 2002; 이승희, 2015; 장수진, 서동주, 변희정, 2007).

평정척도로 치료연구에서 많이 사용되었던 Swanson, Nolan, and Pelham-IV (SNAP-IV; Swanson, 1992)는 원래 DSM-III에 근거하여 부모와 교사가 ADHD증상들을 평가하도록 Swanson과 동료들에 의하여 1983년에 개발되었고, DSM-IV에 맞추어 SNAP-IV로 개정되었다. SNAP-IV는 총 90문항으로 '전혀 아니다'(0점)에서 '매우 많이 그렇다'(3점)의 4점척도로 평정하며, 문항순서로 항목을 구분하면 1번에서 9번은 부주의항목이며, 10번은 부주의 영역을 요약하기 위한 문항이고, 11번에서 19번은 과잉행동/충동성항목에 해당하며, 20번은 과잉행동/충동성 영역을 요약하기 위하여 추가되었다. 21번에서 29번은 적대적 반항장애의 DSM-IV의 진단기준에 근거하는데, 적대적 반항장애는 ADHD가 있는 아동에게서 동반이환으로 자주 나타나기 때문이다. 41번에서 80번 문항은 ADHD와 중복되거나 가장되어 나타날 수 있는 DSM의 다른 장애에 대한 문항들이며, 81번에서 90번 문항은 Swanson, Kotkin, Agler, Mylnn, Pelham(SKAMP) 평정척도의 10문항으로 교실에서 나타나는 부주의, 과잉행동, 충동성을 다룬다. SNAP-IV는 정규문항을 구성된 판 이외에 MTA판으로 알려진 26문항으로 구성된 단축형이 있다.

벤더빌트 ADHD평정척도는 교사용(Vanderbilt ADHD Teacher Rating Scale, VADTRS; Wolraich, Feurer, Hannah, Baumgaertel, & Pinnock, 1998)과 부모용(Vanderbilt ADHD Parent Rating Scale, VADPRS; Wolraich et al., 2003)이 있다. 교사용은 부주의, 과잉행동/충동성, 복합형, 적대적 반항장애와 품행장애, 불안이나 우울로 채점되며 '전혀 아님'(0점)에서 '매우 자주'(3점)까지의 4점척도로 평정되는 35문항과 학업수행과 행동을 나타내는 수행척도로 5점척도로 평정되는 8문항을 포함하는 총 43문항으로 구성된다. 부모용은 부주의, 과잉행동/충동성, 복합형, 적대적 반항장애와 품행장애, 불안이나 우울로 채점되며 '전혀 아님'(0점)에서 '매우 자주'(3점)까지의 4점척도로 평정되는 47문항과 5점척도로 평정되는 수행척도의 8문항을 포함하는 총 55문항으로 구성되어 있다.

한편, ADHD가 있는 아동을 선별하는 데 학업기술 및 수행결손이 측정되어야 한다는 주장도 제기되고 있다. DuPaul, Gormley와 Laracy(2013)는 2001년에서 2011년에

표 6-2 ADHD 평정도구의 예

평가도구명	측정연령범위	총 문항(문항형태)	하위측정영역	주요출처
CRS-R	Form에 따라 다양 (예: 부모용-6~18세)	Form에 따라 다양 (4점척도) 예: 부모 정규문항형 80문항, 교사 정규문항형 59문항, 청소년 정규문항형 87문항	예: 부모용 정규문항형-인지문제, 반항성, 과잉행동-충동성, 불안-수줍음, 완벽주의, 사회문제들, 심리신체화 요인과 추가 하위척도	Conners et al., 1998a & 1998b
IOWA	6~12세	10문항 (4점척도)	부주의 및 과잉행동 하위척도와 적대적 및 반항 하위척도	Loney & Milich, 1982
HSQ/SSQ	4~18세	16상황/12상황 (9점척도)		Barkley & Edelbrock, 1987
ADHD-RS-IV	5~18세	18문항 (4점척도)	부주의요인과 과잉행동성 및 충동성요인	DuPaul et al., 1998
SNAP-IV	7~12세	90문항 (4점척도)	부주의, 과잉행동/충동성, 관련 장애에 대한 문항, 교실에서 나타나는 ADHD반응	Swanson, 1992
VADTRS/VADPRS		교사용 43문항, 부모용 55문항 (4점척도와 5점척도)	부주의, 과잉행동/충동성, 복합형, 적대적 반항장애와 품행장애, 불안이나 우울로 채점	Wolraich et al., 1998

주. CTRS-R=Revised Conners' Teacher Rating Scale; IOWA=Inattentive-Overactive With Aggression); HSQ=Home Situations Questionnaire; SSQ=School Situations Questionnaire; ADHD-RS=ADHD Rating Scale; SNAP-IV=Swanson, Nolan, and Pelham-IV; VADTRS=Vanderbilt ADHD Teacher Rating Scale; VADPRS=Vanderbilt ADHD Parent Rating Scale

발표된 17편의 논문을 통하여 ADHD와 학습장애의 평균 동반이환율은 45.1%로 높게 나타났다고 보고하면서, ADHD의 선별에서 학업기술 및 수행결손을 측정해야할 필요성을 제기하였다. 〈표 6-2〉는 ADHD와 관련하여 대표적 측정도구들의 기본사항들을 비교하여 제시한다.

4 가족변인과 병인론

1) 유전가능성계수

ADHD는 강한 유전적 토대와 다양한 요인에 의해 야기되는 다요인적인 장애이다. 유전가능성계수가 높은 편으로 DSM-5에 따르면 ADHD를 가진 1차친족에서 발생빈도가 높으며, 특정유전자가 ADHD와 연관이 있는 것으로 밝혀졌다(APA, 2013/2015, p. 64). 쌍생아 연구들은 ADHD에 유전적 기여도가 높음을 보여 주는데, 일반인구집단에 근거한 스웨덴의 쌍생아 종단연구에서 Larsson(2011)은 과잉행동-충동성과 부주의에 기저하는 상당한 유전적 요인이 있다고 밝혔다. 유전가능성계수는 일반적으로 0.7에서 0.9 사이의 범위로 높게 추정되는데, 연구들은 다소 차이가 있으나 20여 편의 쌍생아 연구들을 분석하여 유전가능성계수를 평균 약 76% 또는 77%로 추정하였다(Biederman, 2005; Faraone et al., 2005; Faraone, 2014; Schachar & Tannock, 2002, p. 405). 이렇듯 쌍생아 연구들은 유전적 토대가 ADHD발달에 중요한 병인적 요인이라고 지적한다.

최근의 분자유전학 연구에서는 주의력결핍 과잉행동장애에 관련된 생물학적 기전을 밝히려는 시도가 이루어지고 있다. 분자유전학 연구는 후보유전자로 도파민의 전달에 관여하는 유전자나 세로토닌전달체 유전자에 주로 집중하였는데, 특정유전자가 ADHD와 연관된 것으로 알려지고 있다. Faraone과 동료들(2005)은

ADHD에 관련된 여러 연구들의 교차비(odds ratio)를 통합하여 통계적으로 유용함을 보이는 유전자들로 도파민 4번 수용체 유전자(Dopamine D4 receptor: DRD4), 도파민 5번 수용체 유전자(Dopamine D5 receptor: DRD5), Dopamine transporter gene(DAT), Dopamine Beta-Hydroxylase(DBH), Serotonin transporter(5-HTT), Serotonin receptor(HTR1B), Synaptosomal-associated protein 25(SNAP-25)를 포함하는 7개를 제시하며, 이 유전자들이 ADHD와 연관이 있을 것으로 보고하였다. 그러나 단일한 유전적 및 생물학적 위험요인이 ADHD를 설명해 주기보다는 각 위험요인들은 장애발생에 대하여 작은 변량을 설명하는 것으로 보인다. ADHD의 유전가능성은 높지만 유전적 기전은 명확히 규명되지 않은 실정이며 환경적 노출요인이 ADHD의 유전적 위험을 중재할 수도 있고, 서로 다른 유전적 영향들이 혼합하여 ADHD의 위험을 상승시킬 수도 있다(Daley, 2006). 또한 유전과 환경 간의 연관성에서 유전의 주효과만을 분리시키기는 쉽지 않다. 예를 들어, 태아와 관련된 환경적 요인 중에서 ADHD는 임신 중 흡연과 관련된다고 알려져 있으며, ADHD와 태아기 알코올 노출과의 연관성도 보고되고 있다. 그러나 이러한 결과는 ADHD와 물질장애의 공통적인 유전위험요인을 반영하는 것일 수도 있고, 환경적 요인만으로 규정하기에 제약이 있는데, 임신 중 어머니의 심리적 장애에서 출산 이전의 물질사용의 영향만을 구분하여 인과성을 밝히기 어렵고, 물질사용과 관련되는 부정적 가족환경, 생활양식, 경제적 어려움이 ADHD에 미치는 부가적 영향에서 물질사용의 효과만을 명백하게 밝혀내기는 어렵기 때문이다.

2) 부모와 자녀의 주의력결핍 과잉행동장애 연관성

가족연구에서 ADHD 있는 아동의 부모나 형제자매에서 ADHD의 위험은 2배에서 8배까지 증가하는 것으로 나타났다(Biederman, 2005). 예를 들어, ADHD병력이 있는 가계의 아동들은 병력이 없는 가계의 아동보다 발병률이 높았는데, 남아의 경우 5~6배 높은 발병률을 보이고 여아의 경우 3배 정도 높은 발병률을 보였으며, 입양연구에서도 입양된 아동의 ADHD증상은 양부모보다는 생물학적 부모와 더 유사하였다(Dumas & Nilsen, 2003/2005, pp. 241-242). 부모의 ADHD는 자녀의 ADHD와 연관되어서, ADHD가 있는 아동들에서 최소한 부모 한쪽이 ADHD의 진단준거를 만족시키는 비율은 29~41%로 높게 보고되었다(Agha, Zammit, Thapar, & Langley, 2013; Takeda et al., 2010). ADHD가 있는 아동의 아버지와 형제자매의 약 25%는 그 자신이 ADHD가 있고, ADHD가 있는 아동의 어머니의 약 15~20%는 자신이 ADHD가 있다고 알려졌으며, 반대로 ADHD가 있는 성인의 자녀가 ADHD인 비율은 20~60%로 알려져 있다(Waschbusch et al., 2006, p. 59).

이론적 고찰에 따르면 실행기능은 유전과 환경의 복합적 교류를 통하여 세대 간 전이가 되는데, 도파민 4번 수용체 유전자를 비롯하여 ADHD와 연관된 유전자를 찾는 노력이 진행되고 있다(Deater-Deckard, 2014). 예를 들어, 실행기능의 세대 간 전이에 대한 종단연구에서, 어머니와 취학전 아동의 실행기능 과제수행은 중간정도의 상관인 0.41을 나타냈으며, 숫자 바로 따라 외우기와 거꾸로 따라 외우기 과제에서 생물학적인 부모자녀나 형제자매 간에는 0.35에서 0.44의 상관이 있었던 반면, 입양가족의 부모자녀나 형제자매 간에는 상관이 거의 없는 것으로 나타났다.

ADHD의 세대 간 전이는 몇 가지 기제로 설명될 수 있다. 첫째, 유전적 요소를 공유하는 데에서 비롯될 수 있다. 둘째, 성인의 ADHD는 물질장애나 우울장애, 실직과 연관되어 있고, 부모가 겪는 이러한 어려움은 스트레스의 증가, 자원의 고갈을 초래하여 아동의 ADHD에 관계될 수 있다. 실제로 ADHD가 있는 기혼자는 통제집단 성인보다 더 낮은 결혼적응과 더 많은 가족역기능을 보고하였다(Eakin et al., 2004). 경험적 연구에서 부모의 ADHD문제는 아동의 ADHD에서 임상적 표현이 더 심하고 가족갈등이 더 높은 것과 연관되었고(Agha, Zammit, Thapar, & Langley, 2013), 만성적 가족갈등, 낮은 가족응집력, 부모 특히 어머니의 정신병리는 통제집단보다 ADHD가족에서 더 높았으나 이러한 특성들은 ADHD의 특정 예측인자라기 보다는 아동의 기능과 정서적 건강에 보편적인 예측인자로 볼 수 있다(Biederman, 2005). 셋째, 성인의 ADHD에 연관된 특징들은 자녀행동을 다루기 힘든 상황에서의 양육실제나 양육기술에 부정적으로 영향을 미칠 수 있다. Harvey, Danforth, McKee, Ulaszek와 Friedman(2003)은 ADHD가 있는 아동의 부모의 ADHD증상은 일관적이지 못하거나 적절하지 못한 훈육과 관계된다고 밝혔다. 즉, 부모의 ADHD증상은 일관적이고 적절한 부모양육을 방해할 것이며, 이러한 부모양육은 자녀의 ADHD증상과 연관되었을 수 있다. 국내연구에서 ADHD가 있는 자녀를 둔 부모 중에서 부모도 ADHD인 경우, 자녀만 ADHD가 있거나 기타 정신과 질환이 있는 자녀의 부모집단 및 일반 성인집단에 비하여 양육효능감이 더 낮고 역기능적 양육행동을 더 많이 보였으나 아동의 증상 심각도수준은 부모의 ADHD증상유무에 따라 차이가 없었다(최소영, 최의겸, 박기환, 2010). ADHD의 세대 간 전이를 이해하기 위해서는 유전적 요소, 부모의 ADHD로 인한 스트레스 및 어려움, 부정적 부모양육 등을 고려해야 하겠다.

3) 가족관련 원인과 발생

ADHD는 병인론과 병리생리학 측면에서 다요인적이며 이질적인 장애이다(Sonuga-Barke, 2013, p. 556). ADHD가 있는 아동을 이해하기 위해서 유전적 요인과 신경학적 · 심리적 요인, 발달적 측면들을 포함하는 생물학적 측면과 가족맥락, 사회적 및 문화적 맥락을 고려할 필요가 있다. 양육과 같은 환경적 요인이 ADHD발병에 미치는 영향은 상대적으로 약소하게 평가되는 경향이 있으나, 학자들은 환경적 요인의 영향이 작게 나타난 것이 맥락적 요인이 중요하지 않다는 의미는 아니라고 해석한다. DSM-5에 따르면, ADHD는 아동학대, 방임, 다수의 위탁양육과 관련이 있으나 인과관계인지는 알려져 있지 않다(APA, 2013/2015, p. 64).

한 개의 위험요인만으로 ADHD를 설명할 수는 없으며, 여러 위험요인들과 경로들이 동일한 임상적 표현형으로 나타난다고 볼 수 있다. 일반적으로 아동의 ADHD증상과 부모자녀관계의 연관성을 살펴보면서 인과성을 파악하기에는 어려움이 있다. 예를 들어, Lifford, Harold와 Thapar(2008)이 영국에서 수행한 종단연구에서 학령기 아동의 ADHD증상의 1차 측정치는 아동이 지각한 어머니의 거부적 양육을 예측하였고, 아동이 지각한 아버지의 거부적 양육의 1차 측정치는 아동의 ADHD증상 2차 측정치를 예측하였는데, 방향성이나 매개 및 중재변인을 규명하려는 후속연구들이 필요하다.

연구들은 가족경험이 ADHD의 표현형이나 행동표출에 중요하다고 밝히고 있다. 예를 들어, 어머니의 민감성부족은 아동의 주의력 부족과 연관되는데, Belsky, Fearon과 Bell(2007)이 수행한 종단연구에서 아동이 4세 반과 6세일 때 어머니의 민감성은 아동기에 나타나는 주의력 통제를 예측하였다. Keown(2012)이 수행한 3년 간격의 전향적 종단연구에서 자유놀이 시간에 관찰된 아버지의 민감성이나 어머니의 긍정적 관점(regard)이 부족한 것은 아동중기 소년의 부주의를 예측한 한편, 아버지의 간섭적(intrusive)인 행동은 학령기 소년의 과잉행동성과 충동성 행동을 예측하였다. 부모양육의 문제와 자녀의 ADHD증상과의 관계는 이후 아동기에서보다 영아기에 더 강력하게 보여서, 가족의 영향은 초기 발달의 민감한 시기에 더 큰 역할을 하는 것으로 보인다.

5 가족변인과 발달경과

발달정신병리학적 관점에서 ADHD에는 유전적 요인과 환경적 요인이 관련되어 있는데, 신경생물학적 위험요인들이 다양한 유전적 및 환경적 위험요인과 탄력성에 따른 뇌구조 및 기능이 변화함으로써 발현된다고 볼 수 있다. ADHD에 대한 유전학 연구는 주로 도파민의 전달에 관여하는 후보유전자나 세로토닌과 관련된 후보유전자에 집중되어 있다. 형태나 손상정도는 가족환경이나 부모양육에 의해 영향을 받는다고 볼 수 있는데, 유전적 소인을 가진 아동이 혼란스러운 부모양육을 받게 될 때 ADHD를 나타내게 된다. 환경이 ADHD에 미치는 영향은 개입

연구를 통해서도 입증되는데, 부모에게 대안적인 양육기술을 가르쳤을 때 아동의 ADHD증상이 호전되었기 때문이다.

심리사회적 요인 중에서 가족환경은 ADHD의 경과와 지속에 영향을 미친다고 보인다. DSM-5에 따르면 아동기 초기의 가족 간 상호작용형태가 ADHD를 야기하는 것은 아니지만, ADHD의 경과에 영향을 주거나 이차적으로 품행문제의 발달에 기여할 수 있다(APA, 2013/2015, p. 65). 연구들은 어떠한 가족변인이 ADHD의 지속에 영향을 미치는지 규명하고 있는데, Willoughby와 동료들(2012)은 미국에서 수행한 종단연구에서 ADHD증상의 3~5세까지의 발달적 변화에 따라 아동을 4집단으로 세분화하여, ADHD증상이 높게 지속된 집단, 완화된 집단, 증가된 집단, ADHD증상이 낮게 지속된 집단으로 구분하였다. ADHD증상이 높게 지속된 집단을 다른 세 집단과 구분시키는 유일한 위험요인은 주양육자의 교육이었는데, 낮은 교육수준이 자녀에게 적절한 인지적 자극을 제공하지 못하여 ADHD증상이 지속되는 것과 관계되었을 수도 있다.

어머니의 정신병리는 아동이 ADHD를 지속시키는 데 관련이 있었다. Biederman, Petty, Clarke, Lomedico와 Faraone(2011)은 ADHD가 있는 남아들과 ADHD가 없는 남아들을 11년 후 추후조사하였는데, 추후분석에 포함된 ADHD가 있는 남아 110명 중에서 78%에 해당하는 86명에게서 어떤 형식으로든 ADHD가 지속되었다. 지속의 예측요인으로 ADHD의 심각한 손상, 동반이환, 기저선(baseline) 측정 시 어머니의 정신병리에 노출된 것이 포함되었는데, 이러한 가족 및 부모문제가 아동문제 발달에 보편적 위험요인으로 작용한 것이고 ADHD아동에게 특정한 것은 아닐 수 있다.

국내연구에서 김용희(2005)는 한국아동인성검사를 사용하여 소아정신과에 내원한 ADHD가 있는 아동 61명의 행동특성을 발달지연유형, 정서적 불안정유형, 적응적 유형, 가정불화유형의 4가지 유형으로 구분하였다. 가정불화유형은 부모와의 의견불일치가 높고 가정분위기가 경직되며 아동에게 스트레스가 많은 환경을 의미하였는데 이러한 가정환경에서 아동의 신체화경향이 높다고 보고하면서,

열악한 가정환경이 아동의 기존 ADHD증상을 악화시킨다고 해석하였다. 이수진과 오경자(2012)는 초등학생 부모들을 대상으로 5개월 간격으로 3회 측정한 단기 종단연구를 수행한 결과, 저연령군에서 온정적이고 방치적 양육을 많이 할수록 아동의 부주의문제의 초기치가 높았으며, 고연령군에서는 과잉행동성-충동성 문제의 경우 방치적 양육을 많이 할수록 초기치가 높았고, 방치적 양육을 적게 할수록 시간에 따라 감소하는 변화를 설명하였다.

한편, ADHD에 의하여 가족혼란이 야기될 수 있으며, ADHD의 경과와 가족변인 간의 관계는 상호작용을 통한 교류적 관계라고 볼 수 있다. ADHD의 발달은 유전-환경 상호작용으로 설명할 수 있는데, 유전적 소인을 가진 아동이 혼란스러운 부모양육을 접하게 될 때 ADHD장애를 현저하게 나타내기 쉽다. ADHD를 보이는 아동은 요구가 많고 가족구성원들에게 스트레스를 주고 부정적이고 간섭하는 반응을 유도하고 가족관계나 부모의 심리적 기능에 부정적 영향을 미치게 되며, 역으로 이러한 가족관계나 심리적 기능은 아동의 ADHD증상에 부정적 영향을 미치게 된다. 결국 아동의 ADHD는 부모의 행동에 영향을 줄 수 있고, 부모의 행동은 아동의 ADHD의 발달과 지속에 영향을 줄 수 있다. Margari와 동료들(2013)이 이탈리아에서 ADHD아동의 부모와 건강한 아동의 부모를 대상으로 환자-대조군 연구(case-control study)를 수행한 결과, ADHD아동의 부모는 높은 수준의 ADHD증상, 우울장애, 우울적 성격장애를 보고하였다. ADHD를 보이는 아동의 부모에게 아동관리기술에 대하여 코칭하는 부모훈련프로그램을 실시한 결과, 아동의 ADHD가 향상되었다는 개입연구(예: Sonuga-Barke, Daley, Thompson, Laver-Bradbury, & Weeks, 2001)도 진행되었다. 이러한 연구들은 ADHD와 부모양육 간의 상호작용을 입증하는 근거가 된다.

발달정신병리학 접근에서, 가족관계변인은 ADHD의 출현을 매개하거나 조절하는 역할을 하기도 한다. Russell, Ford, Rosenberg와 Kelly(2014)가 영국의 출생코호트를 분석한 연구에서 ADHD는 가족의 사회경제적 지위의 불이익(예: 빈곤, 수입, 어머니의 교육수준 등)과 연관되어서 ADHD진단을 받은 아동들 중에서 높은 비율이 빈곤선 이하 출신이었고, 이러한 사회경제적 지위가 ADHD에 미치는 영향은 부모애착 및 가족갈등과 같은 가족변인에 의하여 매개되었다. 매개적 역할 이외에 고도로 반응적이고 탄력적인 가족환경은 생물학적 소인을 지닌 아동이 ADHD를 나타내는 것을 어느 정도 조절할 수 있다. 가족변인의 중재모형의 예로 어머니의 온정은 출산시 2.5kg 미만인 저체중과 IQ 간의 관계를 조절하지 않은 반면 저체중과 5세 때의 ADHD증상 간의 관계를 조절하였다는 연구가 보고되었다(Tully, Arseneault, Caspi, Moffitt, & Morgan, 2004). 이 연구에서는 어머니의 온정이 저체중으로 태어났던 쌍생아들의 5세 때의 ADHD증상을 감소시켰으므로, 어머니의 온정을 향상시키는 것이 저체중아의 ADHD증상을 예방할 수 있음을 시사하고 있다.

부모자녀관계와 아동의 ADHD에 대한 많은 연구는 초기에 모-자녀 관계에 집중되어 진행되었다. 그러나 점차 아동의 정서행동발달에서 부-자녀관계의 중요성을 강조하는 연구가 증가하고 있다. 예를 들어, 영국의 학령기 일반아동을 종단적으로 조사한 연구에서 아동이 지각한 아버지의 거부는 아버지가 아동·청소년 행동평가척도로 평정한 아동의 ADHD증상에 영향을 주었다(Lifford, Harold, & Thapar, 2008).

6 치료에서의 가족의 역할

ADHD의 치료에는 약물치료, 부모훈련이나 인지행동요법과 행동관리를 포함하는 심리행동치료, 다중치료(multimodal treatment)가 포함될 수 있다(Schachar & Tannock, 2002, p. 406-409). 약물치료는 광범위하게 사용되고 효율성이 입증되어 ADHD로 진단된 아동의 최소한 85%가 중추신경자극제를 사용한 약물치료를 받는 것으로 추정된다(Chronis, Jones, & Raggi, 2006). 그러나 약물치료는 아동의 학업성취나 교우관계 개선에 대한 효과가 제한적이고, 일부 아동에게는 유용한 반응이 분명하게 나타나지 않으며, 약물치료만으로는 가족 내 만연된 여러 손상과 정신건강을 치료하기에 부족한 경향이 있다(Chronis, Jones, & Raggi, 2006). 심리행동치료도 중요한 치료선택이 될 수 있는데, 특히 약물치료를 원하지 않는 가족에게는 유용한 치료선택이다. 다중치료평가연구(Multimodal Treatment Assessment Study: MTA)에서 ADHD가 있는 아동 579명을 14개월에 걸친 약물치료, 행동치료, 약물과 행동치료를 병행한 병합치료, 지역사회치료의 4가지 치료조건에 무작위 배정하여 비교한 결과, 약물치료 및 병합치료가 다른 치료보다 ADHD와 반항성장애 증상을 감소시키는 데 효과적이었으며, 결과는 복잡했으나 일반적으로 병합치료는 사회적 기술과 부모자녀관계를 향상시켰으며, 병합치료를 받은 아동이 가장 정상적이라 볼 수 있었다. ADHD를 치료하기 위한 약물치료는 부모자녀관계를 향상시켰으며, 행동적 부모훈련은 ADHD를 보이는 아동의 행동문제와 부모의 부정적 행동을 개선시켰고, 약물치료와 행동요법을 병행하는 것은 긍정적 부모양육의 증진과 관계되었다. 그러나 다중치료평가연구가 3년, 6년, 8년에 걸쳐 추수연구(follow-up)되었는데, ADHD증상과 기능에 있어서 집단 간 차이는 사라져서 아동기 때의 치료의 유형이나 강도가 추수검사에서의 기능을 예측하지 못하였다(Molina et al, 2009). ADHD를 보이는 아동을 위한 약물치료가 부모자녀관계를 개선시켰으나, 이러한 관계는 단일방향이기보다는 양방향적이고 호혜적일 수 있다. 부모는 ADHD를 보이는 아동을 치료하는 데 중요한 역할을 담당하는데, 사회학습이론을 적용하여 부모가 모델로서 작용하는 것은 치료에 효과적이며, 행동치료 또는 인지행동적 치료기법을 가정에서 실시하는 방법도 효과적이라고 알려져 있다.

ADHD의 치료에 발달정신병리학적 틀을 적용할 때에는 행동의 발달적인 적절성(developmental appropriateness of behavior)과 발달적으로 민감함(developmentally sensitive)을 고려해야 한다(Chronis, Jones, & Raggi, 2006). ADHD행동이 어떤 발달단계에서는 규준에 맞을 수도 있고, 특정발달단계에서의 환경적 기대에 비추어 볼 때 손상된 것으로 보기 어려울 수도 있다. 따라서 어떤 행동이 발달적으로 적절하기 위해서는 그 행동을 진단하기 이전에 여러 영역에 걸쳐 기능적 손상을 측정해야 하고, 치료의 목적은 아동연령의 규준적 기능에 근거하여야 한다. 또 발달적으로 민감하기 위해서는 아동의 인지발달이나 발달욕구를 고려하여 여러 맥락 내에서 아동을 이해할 필요가 있다. Cunningham(2007)은 ADHD개입을 계획하고 측정하는 데 있어서 가족중심접근을 검토하면서, 고려해야 할 요인으로 아동행동(예: 아동의 적응적 기능), 순응(compliance), 부모양육(예: 아동관리전략, 부모의 감독), 부모의 인지(예: ADHD에 대한 지식, 아동행동에 대한 귀인, 양육유능감, 변화하려는 준비도, 치료에 대한 만족), 부모의 적응(예: 양육스트레스, 성인 ADHD, 부모의 우울증), 가족기능(예: 결혼관계, 의사소통 및 문제해결과 구조적 가족관계)을 제시하였다.

발달정신병리학적 관점에서 ADHD가 다양한 유전적 및 환경적 위험요인과 탄력성요인에 따른 뇌구조 및 기능변화로 매개된다면, ADHD치료의 목적은 환경적 위험요인을 감소시키고 탄력성 및 보호요인을 향상시키는 데 있다. 이러한 관점을 적용하여 부모관리훈련에 부모의 온정을 촉진하고 부모자녀관계의 질을 향상시키는 전략을 포함하는 개입프로그램이 실시되고 있다.

뇌구조와 기능에 관련하여 신경발달을 촉진시키는 개입도 진행되는데, 컴퓨터에 기반을 둔 개입프로그램이나 운동이나 놀이를 활용한 개입프로그램도 시도되고 있다. 예를 들어, Klingberg와 동료들(2005)의 연구에서 ADHD가 있는 아동의 작동기억에 대한 컴퓨터 훈련은 반응억제와 분별력을 향상시켜 아동의 ADHD 부주의 증상을 감소시켰다. 컴퓨터로 진행되는 훈련프로그램이 아동의 독해력과 말따라하기를 향상시켰고, 부주의행동을 감소시켰다는 연구결과(Shalev, Tsal, & Mevorach, 2007)도 보고되었다. 국내에서 ADHD아동의 주의력 훈련을 위해 컴퓨터게임에 기반을 둔 인지행동훈련이 ADHD아동의 실행기능측정치를 향상시켰다고 보고되었다(박미영, 박순말, 조성준, 신민섭, 2010). ADHD성향이 있는 아동에게 컴퓨터 영상프로그램과 심리적 시연기법을 활용하여 사회기술향상 프로그램을 실시한 결과 ADHD의 주요증상이 감소하였고 문제행동의 심각성과 가정상황의 문제상황의 수가 감소하였다는 연구결과도 보고되고 있다(오혜선, 채규만, 김명식,

2007). 또한 운동이나 놀이를 이용한 조절프로그램의 효과도 보고되는데, Lufi와 Parish-Plass(2011)은 ADHD 및 기타 행동장애가 있는 소년에게 스포츠에 기반한 집단치료를 수행한 것이 불안을 지속적으로 감소시켰다고 보고하였다.

학자에 따라서는 ADHD에 대한 교육을 가족상담에 포함할 것을 주장한다. Robin(1998)은 다음의 4가지 단계를 거쳐야 한다고 주장하였다. 첫째, 상담자는 가족의 기능과 ADHD에 대한 객관적 사실을 알려 주고 선택 가능한 치료방법을 알려 준다. 둘째, 상담자는 객관적 사실과 제시된 치료방법에 대한 가족의 반응을 주의깊게 듣고 평가한다. 셋째, 상담자는 ADHD에 대한 잘못된 신념을 바로 잡고 ADHD를 다룰 수 있다는 긍정적 인식을 심어 준다. 넷째, 상담자는 협력적으로 치료를 위해 특정목적을 설정하고 가족에게 적합한 최적의 개입방법을 실행한다 (Erk, 2008/2010, p. 188).

Corkum, McKinnon과 Mullane(2005)는 ADHD를 보이는 아동을 둔 부모를 대상으로 10주 행동훈련 프로그램을 실시하고 평가한 결과, 가정에서의 아동행동을 향상시켰다고 보고하였다. 이 행동훈련 프로그램은 1주에서 4주 사이에는 부모로 하여금 ADHD의 일반적 지식, 부모스트레스, 효과적 의사소통, 자녀의 자아존중감을 육성하도록 하였으며, 5주에서 8주 사이에는 부모가 효과적으로 다양한 행동관리전략을 사용하게 하였고, 9주와 10주 사이에는 ADHD 약물치료와 교육적으로 고려할 점과 관련된 이슈로 구성되어 있었다. Sonuga-Barke와 Halperin(2010)은 ADHD의 발달적 표현형과 인과경로에 대한 문헌고찰을 하면서, 광범위한 임상적 실험 이전에 ADHD에 이르는 발달경로, 이들 경로에서 신경심리학적 매개자(mediator)를 규명하는 것, 목표로 삼은 매개기제가 ADHD를 가진 아동의 치료결과를 향상시키는 정도를 아는 것이 필요하다고 기술하였다.

한편, **부모훈련**의 세부적 측면은 프로그램마다 상이할 수 있으나, Chronis와 동료들(2004)은 임상적 행동개입에서 부모훈련회기의 전형적 순서를 다음 〈표 6-3〉과 같이 요약하였다(p. 2).

표 6-3 부모훈련회기의 전형적 순서

1. 아동의 ADHD장애에 대한 개괄적 정보, 사회학습이론, 행동관리원칙에 대한 개요
2. 가정/학교 일과보고 카드 마련하기/가정행동체크리스트 마련하기/가정과 학교에서의 행동을 보상하는 것
3. 적절한 행동(예: 순응행동, compliance)에 관심갖기와 사소하고 부적절한 행동(예: 보채는 것)을 무시하기
4. 효과적 지시하기와 꾸짖기
5. 규칙을 설정하고 시행하기/……할 때에는 ……한다는 유관성
6. 타임-아웃 절차들
7. 가정에서의 포인트 보상과 반응대가 부여하기(예: 비순응 행동을 할 때, 토큰이나 포인트 제거)
8. 유관성을 가정 밖에서 시행하기, 가정 밖에서 앞으로 일어날 잘못된 행동을 예상하고 그에 대한 계획세우기
9. 문제해결기술들
10. 치료사와의 매주 계약이 종료된 후에 프로그램의 유지

출처: "Enhancements to the Behavioral Parent Training Paradigm for Families of Children with ADHD: Review and Future Directions," by A. M. Chronis, A. Chacko, G. A. Fabiano, B. T. Wymbs, and W. E. Pelham, Jr., 2004, *Clinical Child and Family Psychology Review, 7*, p. 2.

행동적 부모훈련에서 부모는 행동수정원칙과 전략을 배우며, 이러한 전략을 가정환경에 적용하도록 사회심리교육을 받을 수 있다. 각 회기에서 가르치는 행동전략의 기본목적으로는 역기능적 부모-자녀 상호작용의 순환을 끊고 양질의 시간을 증가시키는 것, 효과적 지시 및 보상과 정적 강화를 통하여 긍정행동을 증가시키는 것, 행동을 교정하게 하는 신중한 말들을 전달하고 타임아웃, 반응대가를 통해 문제를 감소시키는 것이 포함된다. 타임아웃은 부모훈련의 가장 일반적인 처벌방법의 하나인데, 아동이 좋아하는 활동이나 친구들로부터 아동을 격리시키는 것을 목적으로 조용한 장소에 가만히 앉아 있게 하는 것이다. 아동이 조용히

타임아웃을 마치면 처벌을 중지하고, 그렇지 못한 경우 타임아웃시간을 증가시킨다(Dumas & Nilsen, 2003/2005, p. 250). 타임아웃이 종료된 후에는 아동에게 처벌을 받게 된 사정을 설명하는데, 이러한 방법은 ADHD증상을 감소시키는 데 효과적이라고 알려져 있다(Dumas & Nilsen, 2003/2005, p. 250). 그러나 부모훈련은 사회계층의 영향을 받을 수 있는데, 부모훈련은 경제적으로 불리한 가족에게 효과가 가장 적게 나타나는 경향이 있으므로, 경제적으로 불리한 가족들에게는 집단으로 시행하는 것보다 개별시행이 더 유용하다고 알려져 있다. 또한 ADHD가 있는 학령기 아동의 부모를 대상으로 한 부모훈련 프로그램은 생활기록카드를 통하여 교사와 부모가 일관된 규칙을 설정하는 것을 포함하여 학교와의 협력이 필요하다(Dumas & Nilsen, 2003/2005, pp. 250−251).

국내에서는 외현적 문제행동과 관련하여 박중규와 오경자(2004)가 임상상황에서 주의집중, 공격성, 비행으로 구성된 외현적 문제행동을 보이는 아동의 부모에게 6주 과정의 인지행동적 부모훈련과 행동적 부모훈련을 실시하였다. 그 결과, 사후평가와 추수평가에서 아동의 문제행동이 개선되었고 어머니의 강압적 훈육 및 양육스트레스, 양육효능감 및 양육역기능사고가 개선되었고 가족구성원에 대한 만족감이 증진된 것으로 나타났는데, 두 집단 간의 차이는 나타나지 않았다.

병합치료는 2가지 이상의 치료방법을 함께 실시하는 것으로, 이러한 병합치료가 ADHD를 가진 아동에게 효과가 있다고 국내연구들에서 보고되었다. ADHD아동에게 인지증진훈련, 사회기술훈련, 부모교육이 병합된 프로그램을 실시한 결과, 아동의 부주의 증상이 감소되었고 사회기술이 증진되었으며, 부모의 효능감이 증진되었다(박현진, 허자영, 김영화, 송현주, 2011). 병합치료와 단일치료를 비교한 연구로써 ADHD가 있는 아동을 대상으로 사회기술 훈련만 진행한 집단과 사회기술훈련과 부모교육을 병합한 집단을 비교분석한 결과, 병합훈련이 아동의 부주의와 충동성을 더 감소시키고 사회적 기술을 더욱 증진시키는 데 효과가 있음을 확인할 수 있었다(윤선영, 구영진, 전진아, 현명호, 김효창, 2007). ADHD를 진단받고 약물치료 중인 학령기 아동 21명을 사회기술훈련과 부모훈련의 병합훈련집단, 부모훈련집단, 통제집단에 각 7명씩 배정한 후에 효과를 비교한 결과, 병합훈련집단은 부모훈련집단에 비해 아동의 사회기술이 향상되었고, 병합훈련집단과 부모훈련집단에서 훈련 후 아동의 문제행동이나 부모의 양육스트레스가 감소되지는 않았으나, 부모훈련의 성과와 양육기법에 대한 부모의 만족도가 높게 나타났다(임혜정, 김혜리, 손정우, 김영랑, 2008).

국내에서 ADHD성향이 있는 3~6세 아동을 대상으로 부모-아동 상호작용치료의 효과를 검증한 연구가 진행되었다. 두정일(2014)은 교사의 평정을 통해 1차 선별된 아동의 부모에게 아동을 평정하게 하여 주의력결핍항목과 과잉행동 및 충동성 항목의 각 9개 항목에서 6개 이상이 보고된 ADHD성향의 아동을 대상으로 부모-아동 상호작용치료를 실시한 결과, 아동의 문제행동과 어머니의 양육스트레스와 우울은 감소한 반면 어머니의 긍정적 상호작용은 증가하고 부정적 상호작용은 감소한 치료성과가 나타났고 이러한 치료성과는 3개월 추수평가에서도 유지되었다.

◆ 보충자료 ADHD에 대한 참고정보를 얻을 수 있는 기관의 예

기관	웹 주소	기관설명
대한소아청소년 정신의학회	www.kacap.or.kr	공식 홈페이지의 일반인 공간에서 정보를 제공
Attention-Deficit Disorder Association	www.add.org	ADHD에 대한 정보, 자원, 네트워킹을 도와줌
Children and Adults with Attention Deficit/Hyperactivity Disorder(CHADD)	www.chadd.org	1987년에 설립된 미국의 비영리 재단으로, ADHD의 증상이 있는 개인들을 위한 교육, 권익옹호, 지원을 제공하는 기관
National Institute of Mental Health – mood disorders	www.nimh.nih.gov/health/topics/attention-deficit-hyperactivity-disorder-adhd/index.shtml	미국 국립보건원(NIH) 내의 국립정신보건원의 공식 홈페이지에서 ADHD정보를 제공

적대적 반항장애와 품행장애 제7장

1 특징

품행문제는 어떻게 문제를 정의하는지, 어떤 측면을 어떠한 방법으로 측정하는지에 따라 관점이 달라질 수 있다. 예를 들어, 과거에 품행장애의 두 가지 특징은 사회화(socialization) 측면과 공격적 행동 측면으로 구분되었는데, DSM에서는 사회화나 도덕적 측면보다는 객관적으로 규정된 행동측면을 강조하였다. 품행문제를 기술하는 방법은 다양하여, 일탈적, 공격적, 저항적, 외현적과 같은 용어들이 사용될 수 있다. 2013년에 개정된 DSM-5에서는 적대적 반항장애와 품행장애가 파괴적, 충동조절 및 품행장애(disruptive, impulse-control, and conduct disorders)의 장(chapter)에 포함되었다. 파괴적, 충동조절 및 품행장애의 장(chapter)에는 적대적 반항장애(oppositional defiant disorder), 간헐적 폭발장애(intermittent explosive disorder), 품행장애(conduct disorder), 반사회적 성격장애(antisocial personality disorder), 병적 방화(pyromania), 병적 도벽(kleptomania), 달리 명시된/명시되지 않는 파괴적, 충동조절 및 품행장애(other specified and unspecified disruptive, impulse-control and conduct disorder)가 포함된다. 이러한 장애들은 아동기나 청소년기에 처음으로 발병하는 경향이 있어서, 실제로 품행장애나 적대적 반항장애가 성인기에 처음으로 발병하는 경우는 매우 드물다(APA, 2013/2015, p. 506).

DSM-5에 따르면 적대적 반항장애의 필수양상은 분노/과민한 기분, 논쟁적/반항적 행동, 보복성 특성인 3가지 군집을 포함하고, 빈번하고 지속적 형태를 보이는 것이다. 적대적 반항장애는 품행장애에는 포함되어 있지 않은 분노/과민한 기분과 같은 정서조절의 문제를 포함한다(APA, 2013/2015, p. 520). 적대적 반항장애의 증상들은 한 가지 상황에서만 제한적으로 나타날 수도 있으며, 집에서만 문제를 보이는 경우가 가장 흔하다. 증상이 여러 상황에 만연된 정도가 장애의 심각도 지표가 된다는 점을 고려할 때, 개인이 다양한 상황이나 대인관계에서 반항 행동을 보이는지를 평가하는 것이 중요하다(APA, 2013/2015, p. 507).

품행장애는 적대적 반항장애보다 더 심각한 공격적이고 반사회적인 행동으로 볼 수 있는데, 품행장애의 특성은 사람과 동물에 대한 공격, 재산파괴, 사기 또는 절도, 심각한 규범 및 규칙위반인 네 가지 군집으로 분류되는 증상들을 포함하고, 사회적 규범과 타인의 기본권을 파괴하는 지속적이고 반복적인 행동 형태를 보인다. 적대적 반항장애와 품행장애를 비교할 때, 적대적 반항장애는 비교적 예후가 좋다는 주장이 있는 반면, 적대적 반항장애와 품행장애가 위계적으로 관련되어서 적대적 반항장애의 일정 비율은 품행장애로 진전된다는 주장이 있으며, 이러한 연관성은 일반 표본집단보다는 의뢰된(referred) 집단보다 현저하게 나타나는 경향이 있다. 한편, 적대적 반항장애와 품행장애는 비교적 독립적이라는 주장도 제기되는데, Rowe, Costello, Angold, Copeland와 Maughan(2010)은 DSM-IV에 근거하여 지역사회 표집으로 9~21세의 1,420명을 대상으로 한 종단연구에서 품행장애 이전에 적대적 반항장애가 선행되더라도, 적대적 반항장애의 과반수는 품행장애를 발달시키지 않는다고 설명하였다. 동일한 연구에 따르면 적대적 반항장애가 품행장애의 전조였던 남아에 비하여, 여아의 경우에는 적대적 반항장애가 품행장애로 진전되는 것이 분명하지 않은 경향이 있었다(Rowe et al., 2010).

적대적 반항장애와 품행장애에 대한 DSM-5의 진단기준(APA, 2013/2015,

pp. 506-507, pp. 515-516)은 〈표 7-1〉과 〈표 7-2〉에 제시되어 있다. 두 장애의 진단기준은 경도, 중등도, 고도로 구분하여 현재의 심각도를 명시하게 되어 있다.

표 7-1 적대적 반항장애의 DSM-5 진단기준

A. 분노/과민한 기분, 논쟁적/반항적 행동, 또는 보복적인 양상이 적어도 6개월 이상 지속되고, 다음 중 적어도 4가지 이상의 증상이 존재한다. 이러한 증상은 형제나 자매가 아닌 적어도 한 명 이상의 다른 사람과의 상호작용에서 나타나야 한다.

분노/과민한 기분

1. 자주 욱하고 화를 냄
2. 자주 과민하고 쉽게 짜증을 냄
3. 자주 화를 내고 크게 분개함

논쟁적/반항적 행동

4. 권위자와의 잦은 논쟁, 아동이나 청소년의 경우는 성인과 논쟁함
5. 자주 적극적으로 권위자의 요구나 규칙을 무시하거나 거절함
6. 자주 고의적으로 타인을 귀찮게 함
7. 자주 자신의 실수나 잘못된 행동을 남의 탓으로 돌림

보복적 특성

8. 지난 6개월 안에 적어도 두 차례 이상 악의에 차 있거나 앙심을 품음

주의점: 진단에 부합되는 행동의 지속성 및 빈도는 정상 범위 내에 있는 행동과 구별되어야 한다. 다른 언급이 없다면 5세 미만의 아동인 경우에는 최소한 6개월 동안 거의 매일 상기 행동이 나타나야 한다(진단기준 A8). 5세 이상의 아동인 경우에는 6개월 동안 일주일에 최소한 1회 이상 상기 행동이 나타나야 한다(진단기준 A8). 이런 빈도에 대한 기준은 증상을 기술하기 위한 최소 기준을 제공한 것일 뿐이며, 반항적 행동이 동일한 발달 수준에 있고 성별이나 문화적 배경이 같은 타인에게서 전형적으로 관찰되는 것보다 더 빈번하고 강도가 높은지와 같은 다른 요인들도 고려해야 한다.

B. 행동장애가 개인 자신에게, 또는 자신에게 직접적으로 관련 있는 사회적 맥락(예: 가족, 또래 집단, 동료) 내에 있는 상대방에게 고통을 주며, 그 결과 사회적, 학업적, 직업적, 또는 다른 중요한 기능 영역에 부정적 영향을 준다.

C. 행동은 정신병적 장애, 물질사용장애, 우울장애 또는 양극성장애의 경과 중에 국한하여 나타나지 않는다. 또한 파괴적 기분조절부전장애의 진단기준을 충족하지 않아야 한다.

표 7-2 품행장애의 DSM-5 진단기준

A. 다른 사람의 기본적 권리를 침해하고 연령에 적절한 사회적 규범 및 규칙을 위반하는 지속적이고 반복적인 행동 양상으로, 지난 12개월 동안 다음의 15개의 기준 중 적어도 3개 이상에 해당되고, 지난 6개월 동안 적어도 한 개 이상의 기준에 해당된다.

사람과 동물에 대한 공격성

1. 자주 다른 사람을 괴롭히거나, 위협하거나, 협박함
2. 자주 신체적 싸움을 걺
3. 다른 사람에게 심각한 신체적 손상을 입힐 수 있는 무기사용(예: 방망이, 벽돌, 깨진 병, 칼, 총)
4. 다른 사람에게 신체적으로 잔인하게 대함
5. 동물에게 신체적으로 잔인하게 대함
6. 피해자가 보는 앞에서 도둑질을 함(예: 노상강도, 소매치기, 강탈, 무장강도)
7. 다른 사람에게 성적 활동을 강요함

재산 파괴

8. 심각한 손상을 입히려는 의도로 고의적으로 불을 지름
9. 다른 사람의 재산을 고의적으로 파괴함(방화로 인한 것은 제외)

사기 또는 절도

10. 다른 사람의 집, 건물 또는 자동차에 무단침입함
11. 어떤 물건을 얻거나 환심을 사기 위해 또는 의무를 피하기 위해 거짓말을 자주 함(즉, 다른 사람을 속임)
12. 피해자와 대면하지 않은 상황에서 귀중품을 훔침(예: 부수거나 침입하지 않고 상점에서 물건 훔치기, 문서위조)

심각한 규칙 위반

13. 부모의 제지에도 불구하고 13세 이전부터 자주 밤늦게까지 집에 들어오지 않음
14. 친부모 또는 양부모와 같이 사는 동안 밤에 적어도 2회 이상 가출, 또는 장기간 귀가하지 않은 가출이 1회 있음
15. 13세 이전에 무단결석을 자주 함

B. 행동장애가 사회적, 학업적, 또는 직업적 기능 영역에서 임상적으로 현저한 손상을 초래한다.

C. 18세 이상일 경우, 반사회적 성격장애의 기준에 부합되지 않는다.

• **다음 중 하나를 명시할 것**
- **312.81(F91.1) 아동기 발병형**: 10세 이전에 품행장애의 특징적인 증상 중 적어도 1개 이상을 보이는 경우이다.
- **312.82(F91.2) 청소년기 발병형**: 10세 이전에는 품행장애의 특징적인 증상을 전혀 충족하지 않는 경우이다.
- **312.89(F91.9) 명시되지 않는 발병형**: 품행장애의 진단기준을 충족하지만, 첫 증상을 10세 이전에 보였는지 또는 10세 이후에 보였는지에 대한 정보가 없어서 확실히 결정하기 어려운 경우이다.

2 유병률

DSM-5에 따르면, 적대적 반항장애의 유병률은 1~11%이고, 평균 유병률은 약 3.3%로 추정되며 연령이나 성별에 따라 다양하다(APA, 2013/2015, p. 508). 적대적 반항장애는 청소년기 이전에는 남아와 여아의 비율이 약 1.4:1로 남아에게서 빈번하게 나타나나, 청소년기와 성인기에는 일관적이지 않은 결과가 보고된다(APA, 2013/2015, p. 508). Costello와 동료들(2003)이 지역사회 표집으로 미국의 아동 1,420명을 9~16세까지 종단적으로 조사한 결과, 적대적 반항행동은 청소년기에 들어가며 증가하였는데, DSM-IV에 기초하여 적대적 반항장애를 진단받은 3개월 유병률은 9~10세 아동이 2.1%이었고, 13세 2.7%, 14세 3.1%, 15세 4.1%, 16세 2.2%로 나타났다. 동일한 연구에서 조사된 연령을 망라하여 3개월 유병률은 남아의 경우 3.1%, 여아의 경우 2.1%로 나타났다. Nock, Kazdin, Hiripi와 Kessler(2007)는 미국의 전국적 성인표본인 동반이환 전국조사 2차(National Comorbidity Survey Replication: NCS-R)를 사용하여, 적대적 반항장애의 평생 유병률이 남성의 경우 11.2%, 여성의 경우 9.2%로 평균 10.2%라고 추정하였다. 동일한 연구에서 회고적 자료를 통한 적대적 반항장애의 발병연령 중앙값은 12.0세이었으며, 적대적 반항장애는 이차적인 정서, 불안, 충동조절, 물질사용장애를 발달시킬 위험과 크게 연관되었다고 보고하였다.

DSM-5에 따르면, 품행장애의 1년 유병률은 2~10% 범위로 추정되고, 중앙값은 4%이며, 품행장애의 유병률은 인종이나 민족이 다른 다양한 나라들에 걸쳐서 상당히 일관적으로 나타난다(APA, 2013/2015, p. 518). 품행장애는 아동기에서 청소년기로 갈수록 증가하며, 여성보다는 남성에게서 더 높다(APA, 2013/2015, p. 518). 일반적으로 심각한 형태의 공격성은 청소년기에 증가하는 경향이 있다. 그러나 품행장애의 유병률에 있어서 남녀의 성차가 실제 차이인지 또는 진단기준이 품행문제의 표현방법에 있어서의 성차에 민감하지 못했기 때문인지에 대하여 논의가 계속되고 있다. 예를 들어, 소녀들은 소년에 비하여 신체적 공격성보다 간접적인 관계적 공격성을 나타내기 때문에 중등도의 품행장애로 진단되지 않을 수 있다.

품행장애는 가장 빈번하게 진단되는 장애 중의 하나인데, 서구국가에서는 1929년 이래 품행장애 유병률이 5배 증가하였고, 영국의 국립통계청이 수행한 5~15세 아동에 대한 조사에서는 5.3%가 품행장애를 보였으며, 빈곤한 지역과 비취업가구, 한부모가족에서 그 비율이 더 높았다(Dwivedi & Sankar, 2007, p. 199). 반항성장애와 품행장애는 사회경제적 지위가 낮은 가정의 청소년에게 더 많이 나타난다(Loeber, Burke, Lahey, Winter, & Zera, 2000). 세부적 경향을 살펴보면, 영국의 아동 및 청소년 10,438명의 전국적 표본을 대상으로 DSM-IV의 진단기준을 토대로 발달적 역학을 살펴본 연구에서, 품행장애는 연령에 따라 증가하는 경향을 보였으며 여아보다는 남아에게서 더 흔하게 나타났다(Maughan, Rowe, Messer, Goodman, & Meltzer, 2004). 같은 연구에서 증상프로파일은 연령에 따라 다르게 나타났는데, 품행장애의 진단준거 중에서 가출과 같은 지위위반(status violation)과 비공격적 품행장애는 연령에 따라 증가하나, 공격적 증상은 연령이 증가할수록 덜 빈번하게 나타났다. 예를 들어, 8~10세 사이의 소년들의 경우 싸움이 가장 흔한 증상 중의 하나였으나, 13~15세의 소년들의 경우 훔치기가 싸움보다 더 많이 보고되었다(Maughan et al., 2004).

품행장애의 유병률 추정치는 포함되는 연령에 따라 차이가 나타난다. 미국의 동반이환 전국조사-청소년 보충자료(National Comorbidity Survey-Adolescent supplement: NCS-A)에서 13~18세의 청소년 10,123명을 대상으로 했을 때, 적대적 반항성 장애는 전체 12.6%이었으며, 남아에게서 13.9%, 여아에게서 11.3%로 나타났고, 품행장애는 전체 6.8%로 남아에게서 7.9%, 여아에게서 5.8%로 나타났다(Merikangas, He, Burstein, et al., 2010). 연령범위가 어려진 8~15세의 아동 및 청소년 3,042명을 대상으로 한 전국적 조사(National health and nutrition examination survey)에서 품행장애는 2.1%로 추정되었는데, 남아에게서 2.3%, 여아에게서 1.9%로 추정되었다(Merikangas, He, Brody, et al., 2010).

국내조사로 서울특별시교육청 산하 학교보건진흥원이 펴낸『학교보건연보』에 따르면 2005년 9~12월 서울시내 소아청소년과 부모 총 2,672명을 대상으로 정신장애를 조사한 결과 주의력결핍과잉행동장애와 적대적 반항장애 및 품행장애를 보인 경우가 전체 응답자의 25.72%로 가장 많았다(두정일, 이정숙, 2012).

3 측정도구

반항적인 아동에 대한 평가는 부모, 아동, 교사를 대상으로 한 면접을 비롯하여, 부모 및 교사의 아동행동에 대한 평정척도, 부모 및 아동의 가족기능에 대한 평정척도, 청소년의 문제행동 및 적응에 대한 평정척도들이 활용될 수 있다. 반항적 행동 및 품행문제를 평가하기 위하여 부모와 교사와의 면접이 시행될 수 있다, ADHD의 경우와 유사하게, 이러한 면접은 1장에서 논의된 광대역 측정도구인 아동과 청소년용 진단면접(DICA), 진단면접스케줄(DISC), 학령기 아동을 위한 정동장애와 정신분열병 스케줄(K-SADS), 아동평가스케줄(CAS) 등을 사용하여 진행할 수 있다. 이 절에서는 반항성 행동 및 품행장애의 양상을 평가하는 방법으로 평정척도만을 중심으로 살펴보겠다. 먼저 광대역 측정도구로 1장에서 살펴본 부모용 아동 · 청소년 행동평가척도(CBCL)와 교사용 아동 · 청소년 행동평가척도(TRF), 청소년 자기행동평가척도(YSR)를 활용할 수 있고, 이전의 6장에 소개된 ADHD와 연관하여, 아이오와 코너스 평정척도(IOWA Conners Rating Scale; IOWA)의 2가지 하위척도 중의 하나인 적대적 및 반항 하위척도를 사용하여 적대적 및 반항적 행동을 측정할 수 있다.

행동평정척도로 Eyberg 아동행동질문지(Eyberg Child Behavior Inventory: ECBI)와 Sutter-Eyberg 학생행동질문지 개정판(Sutter-Eyberg Student Behavior Inventory-Revised: SESBI-R)은 아동의 적대적 행동과 품행문제를 측정할 수 있다(Eyberg &

Pincus, 1999, Eyberg & Pincus, 2008에서 재인용). ECBI는 부모가 2~16세 아동의 가정에서의 행동문제를 측정하는 36문항으로 구성되어 있으며, 행동이 문제가 되는지 진위형으로 응답하는 문제척도와 아동에게 얼마나 자주 일어나는지 빈도를 '전혀 없음'(1점)에서 '항상'(7점)까지의 7점척도로 평정하는 강도척도로 구성되어 있다. SESBI-R은 ECBI의 교사용이라 할 수 있는데, 교사가 학교에서의 아동행동을 측정하는 38문항으로 구성되어 있으며, 문제척도와 강도척도를 포함하고 있다.

공격성 질문지(Aggression Questionnaire: AQ)는 Buss와 Durkee가 적대감의 다양한 요소를 측정하기 위해 1957년에 개발한 Buss-Durkee 적대감 질문지(Buss-Durkee Hostility Inventory: BDHI)의 개정판이다. 1992년에 발간된 AQ(Buss & Perry, 1992)는 5점척도로 평정하는 자기보고식 29문항으로 구성되었으며 신체적 공격성, 언어적 공격성, 분노, 적대감의 4개의 하위척도로 구성되었다. 이후 2000년에 Buss와 Warren은 5점척도로 평정하는 34문항으로 구성된 질문지를 발간하였고 신체적 공격성, 언어적 공격성, 분노, 적대감, 간접적 공격성의 5개의 하위척도로 구성되어 있다.

표 7-3 공격성 및 품행문제에 관한 평정도구의 예

평가도구명	측정연령 범위	총 문항(문항형태)	하위측정영역	주요출처
ECBI/ SESBI-R	2~16세	36문항/38문항 (7점척도와 진위형)	1요인	Eyberg & Pincus, 2008
AQ	9세 이상	34문항 (5점척도)	신체적 공격성, 언어적 공격성, 분노, 적대감, 간접적 공격성	Buss & Perry, 1992
CATS	6~12세	39항목(13상황에 3쌍) 2개의 대안 중 선택	공격성, 주장성, 순종성 차원	Deluty, 1979

주. ECBI=Eyberg Child Behavior Inventory; SESBI-R=Sutter-Eyberg Student Behavior Inventory-Revised; AQ=Aggression Questionnaire; CATS=Children's Action Tendency Scale

아동행동경향척도(Children's Action Tendency Scale, CATS; Deluty, 1979)는 자기보고식 평정척도로 39항복으로 이루어져 있다. 반응차원의 점수는 공격성, 주장성, 순종성으로 분류되는데, 13개의 갈등상황에 대하여 공격성, 주장성, 순종성이 짝을 이룬 문항이 3쌍으로 제시되어, 1쌍을 이룬 2개의 대안 중에서 응답자가 어떻게 할 것인지 자신의 행동으로 할 가능성이 높은 것을 선택하도록 되어 있다. 〈표 7-3〉은 적대적 반항장애와 품행장애와 관련하여 대표적 측정도구들의 기본사항들을 비교하여 제시한다.

4 가족변인과 병인론

1) 유전가능성계수

어떤 어린 아이가 어떻게 반항적인 아동으로 되는 것인가? DSM-5에 따르면, 유전적 위험인자로써, 적대적 반항장애에만 특수한 표지자가 존재하는지의 여부는 확실하지 않다.

그러나 행동유전학 연구들은 반사회적 행동에 유전적 영향력이 있음을 보여 준다. 반사회적 행동에 대한 쌍생아 및 입양연구의 메타분석은 가산적 및 비가산적 유전적 영향력을 0.41로 추정했으며, 공유환경 영향력을 0.16, 비공유환경 영향력을 0.43으로 추정하였다(Rhee & Waldman, 2002). 유전적 취약성은 환경적 요인과 상호작용하여 품행장애를 발생시킨다고 볼 수 있는데, 아동학대가 품행문제의 위험요인으로 간주되지만 학대를 경험하는 모든 아동이 품행장애를 발달시키지는 않는 것에서도 알 수 있다. 영국에서 수행된 5세 쌍생아 및 가족을 대상으로 한 Jaffee와 동료들(2005)의 연구는 유전과 환경의 상호작용을 분명하게 보여 주는데, 학대경험은 품행장애의 유전적 위험이 낮은 아동에게 품행장애의 가능성을 2%

증가시킨 데 비하여, 유전적 위험이 높은 아동에게는 품행장애의 가능성을 24% 증가시켰다.

2) 부모와 자녀의 적대적 반항장애와 품행장애 연관성

세대 간 전이는 유전 및 환경요인의 영향력으로 설명할 수 있는데, 품행장애가 있는 부모나 형제자매를 둔 경우 품행장애의 발병위험이 높아지며, 친부모가 심한 알코올사용장애, 우울장애나 양극성장애, 조현병이 있거나 과거에 ADHD나 품행장애의 병력이 있는 경우 아동에게서 품행장애가 상대적으로 흔하게 발병하는 경향이 있다(APA, 2013/2015, p. 519). 부모의 반사회적 행동장애의 병력은 자녀의 품행장애 증가와 연관되어 있으며, 아동기에 일찍 발병하는 조발성 행동은 가족력의 영향이 더욱 뚜렷하게 나타나는 경향이 있다. 세대 간 전이는 유전적 요인과 아동학대나 부정적 부모양육과 같은 환경적 요인의 영향으로 설명할 수 있으나 영향력의 정도를 비교하기 어렵다. 이러한 어려움을 지적하며 Blazei, Iacono와 Krueger(2006)는 반사회적 행동의 세대 간 전이에 대한 이론적 고찰논문에서 유전과 환경의 상호작용을 살펴보거나 유전 및 환경의 영향력의 정도를 파악할 수 있는 후속연구가 필요하다고 제안하였다. 예를 들어, 유전적 성향에서 반사회성의 위험을 지닌 아동은 부정적 양육에 더 취약할 수 있고, 환경요인으로 알려진 아동학대와 반사회적 행동의 연관성은 유전적 및 환경적으로 매개된다고 볼 수 있다. 아동을 학대하는 부모의 행동과 아동의 반사회적 행동은 부모와 아동 간에 공유되는 유전적 성향으로도 부분적으로 설명될 수 있기 때문이다.

3) 가족관련 원인과 발생

품행문제는 다양한 영향요인들 간의 복합적인 상호작용을 통해 나타난다. Loeber와 Farrington(2000)은 범죄를 저지르는 아동에 대한 이론적 고찰 논문에서,

아동의 비행과 그 이후 심각한 폭력위반과 관련된 아동기 위험요인들을 아동, 가족, 학교, 또래, 이웃요인으로 구분하여 제시하였다. 이중에서 가족요인으로는 부모가 나타내는 반사회적이거나 비행적인 행동, 물질남용, 미숙한 아동양육(예: 미숙한 감독, 신체적 처벌, 미숙한 의사소통), 미숙한 부모자녀관계, 신체적 및 성적학대, 부모의 방임, 어머니의 우울증, 임신 중 흡연, 십대 출산, 자녀훈육에 대한 부모 간 불일치, 한부모 양육, 대가족, 주양육자의 잦은 교체, 가족의 낮은 사회경제적 지위, 어머니의 낮은 학력, 부모의 실직, 아동으로 하여금 무기에 쉽게 접근하게 하는 가족구성원의 부주의함이 포함되었다. 캐나다에서 수행된 온타리오 아동건강조사에서 품행장애에 영향을 주는 가장 유의한 위험요인들은 가족의 역기능, 부모의 정신질환, 4~11세 아동의 경우 낮은 수입의 3가지로 나타났다(Earls & Mezzacappa, 2002, p. 423).

가족과 관련된 위험요인으로, **부모의 정신병리**는 청소년 자녀의 행동문제와 연관되었다고 알려져 있다. 알코올 및 물질의존과 관련하여, Marmorstein, Iacono와 McGue(2009)는 지역사회표본인 미네소타 쌍생아 가족연구(Minnesota Twin Family Study)에서 부모가 물질의존이 없는 경우 청소년 자녀의 적대적 반항장애 유병률이 3.3%, 품행장애 유병률이 4.8%인 데 비하여, 알코올 의존 부모를 둔 자녀의 경우 적대적 반항장애의 유병률이 10.5%, 품행장애의 유병률이 24.8%, 대마계 제제(cannabis) 의존 부모를 둔 자녀의 경우 적대적 반항장애의 유병률이 21.8%, 품행장애의 유병률이 30.7%로 나타났다. 박종효(2005)의 연구에서는 유아기에서 아동기 중반에 이르는 미국의 종단자료를 사용하여 유아기와 학령전기에 측정된 어머니의 우울증상이 심할수록 학령초기의 외현화 문제행동이 높게 나타났다고 보고하였다. 이러한 어머니의 우울증은 아동의 외현화 문제행동에 독립적으로 기여하기도 하고, 또래공격 및 피해행동을 통해 추가적으로 기여하기도 하였다. 품행장애에 관한 환경적인 인과성 위험요인들이 연구되기도 하는데, 임신 중 어머니의 흡연은 광범위하게 연구되어 왔다. 전향적 종단연구들을 통하여, 임신 중 어머니의 흡연은 아동과 청소년의 품행장애와 성인의 반사회적 성격장애의 위험을 증가시키는 것과 연관되었다고 알려져 있다(Earls & Mezzacappa, 2002, p. 423).

또한, 아동의 행동문제는 가족의 안정성과 관련되며, 특히 아동기에 불행한 사건들이 한꺼번에 발생하는 것은 파괴적 장애와 품행장애의 위험요인이 될 수 있다. 미국의 15~54세의 청소년 및 성인에게서 수집된 전국적 대표적 표본인 동반이환 전국조사(National Comorbidity Survey: NCS)를 통하여 부모의 이혼 및 아동학대경험이 장기적인 정신건강과 어떠한 연관이 있는지 살펴본 연구에서, 부모의 이혼과 아동학대를 모두 경험한 것은 부모의 이혼이나 아동학대 중 하나만 경험한 경우보다도 외상 후 스트레스장애, 파괴적 장애, 품행장애, 자살시도와 같은 정신장애들을 발달시킬 확률을 증가시켰음을 밝히며, 부모이혼의 장기적 영향력은 아동학대와 부모의 정신병리와 함께 발생했는지를 평가하는 것이 중요하다고 시사하였다(Afifi, Boman, Fleisher, & Sareen, 2009). 유치원생과 초등학교 1학년생인 아동을 둔 가족을 대상으로 2년에 걸친 종단조사에서도 높은 수준의 가정 무질서는 더 많은 아동품행문제와 연관되었다(Deater-Deckard et al., 2009). 이러한 가정 무질서는 빈곤한 가정상태, 부모의 낮은 교육수준과 IQ, 낮은 가정문해환경, 높은 스트레스, 부모의 온정부족과 높은 적대감과 관련되었다(Deater-Deckard et al., 2009).

부모의 특정한 양육방식은 품행장애를 유발하는 위험 및 예후인자로 보고된다. 환경적 위험 및 예후 인자로 적대적 반항장애가 있는 아동 및 청소년의 가정환경은 엄격하거나 비일관적이고 방임적인 양육을 하는 경우가 흔하다(APA, 2013/2015, p. 509). 예를 들어, 종단적 입양연구에서 부모-청소년 간의 갈등과 청소년의 품행문제의 관련성을 4년 간격으로 살펴보았는데, 1차 측정된 부모-청소년 간의 갈등이 2차 측정된 품행문제의 발달을 예측한 반면, 1차 측정된 품행문제는 2차 측정된 부모-청소년 간의 갈등을 예측하지 않았다(Klahr, Rueter, McGue, Iacono, & Burt, 2011). Gardner, Ward, Burton과 Wilson(2003)은 자녀가 3세 때 가정에서의 모-자녀 간의 자발적 공동놀이 시간의 양은 4세 때 품행문제가 낮은 것을 예언하였는데, 모-자녀 간의 자발적 공동놀이와 같은 긍정적이고 순향적인

(proactive) 부모양육과정은 초기 다른 위험요인과 상관없이 품행문제의 발달에 독자적으로 기여한다고 보고하였다. 이론적 고찰에 따르면, 부모양육과 아동의 공격성에는 비선형적인(nonlinear) 요소가 있어서, 가벼운 신체적 처벌은 외현화 행동과 미약하게 관계된 반면 더 심한, 학대적인, 처벌적인 신체적 처벌은 외현화 행동과 더 강력하게 관계되었다(Burke, Loeber, & Birmaher, 2002). 또한 부모의 신체적 훈육의 효과는 문화, 성, 관계특성에 따라 영향을 받으며, 유전적 영향력을 고려하지 않고 부모훈육과 아동행동 간의 표현형의 상관만을 보는 것은 완전한 설명이 아니라고 시사한다(Burke, Loeber, & Birmaher, 2002).

발달정신병리학 관점에서 부모양육과 자녀 품행문제와의 관계는 다른 변인에 의하여 조절될 수 있다. 부모의 감독과 모니터링은 가족환경이 청소년의 품행문제에 미치는 영향을 중재할 수 있는데, 부모가 자녀의 활동에 밀접하게 관여하는 것은 사회경제적 역경과 관련된 위험을 약화시킬 수 있다. 1년에 걸친 단기종단연구는 폭력에 노출된 고위험군 청소년들에게서 신앙심과 부모관여는 품행문제를 감소시켰다고 보고하였다(Pearce, Jones, Schwab-Stone, & Ruchkin, 2003). 동일한 연구에서 부모관여는 부모나 보호자가 청소년의 생활에 관여하고 관심을 갖는 정도에 대하여 청소년이 어떻게 지각하는가로 평가하였는데, 청소년의 생각에 대해 부모가 물어보거나 흥미를 권장하거나 좋은 조언을 하고 자유시간을 함께 보내고 친구에 대해 관심을 갖고 학교활동에 시간을 보내는 정도를 측정하였다. 연구결과는 사회통제이론으로도 설명되었는데, 사회통제이론에서는 모든 청소년들이 비행을 일으킬 수 있는 가능성을 가지고 있으며 사회적 통제가 존재하지 않는다면 모든 청소년들이 비행행위를 범할 것이라고 보는데, 개인의 비행을 막는 사회적 결속의 4가지 요소로 애착, 헌신, 관여, 신념을 제시하고 있다(공계순, 박현선, 오승환, 이상균, 이현주, 2013, pp. 261-262). 연구자들은 사회통제이론의 사회적 질서는 관습적인 도덕적 신념 및 가치에 기초하는데, 부모와의 사회적 결속은 이러한 신념과 가치를 내재화하고 수행하게 하므로 부모관여는 품행문제에 보호요인으로 작용할 수 있다고 해석하였다(Pearce et al., 2003).

부모양육과 아동 및 청소년의 품행문제는 서로 영향을 주는데, 양방향적 교류관계는 강압이론에서도 나타난다. 강압(coercion)은 기본적인 대인 간 역동으로, 보상자원을 얻고 불쾌한 경험을 감소시키기 위해 개인이 혐오적 행동을 사용하는 것이다(Dishion, 2014, p. 451). 이러한 관계는 양방향적인데, 예를 들어 2세와 3세 경에 강압적 역동은 불순응과 반항적 행동을 가져오며 3세 때의 불순응과 반항적 행동은 이후 부모자녀관계의 강압적 상호작용을 예측하는 것으로 알려져 있다. 다양한 연구들이 강압이론을 경험적으로 입증하기 위하여 수행되었다. 그러한 연구의 예로 부모 각각의 가혹한 언어적 훈육과 청소년의 품행문제 및 우울증상 간의 상호교류적 관계에 대한 교차지연모델(cross-legged model)을 통하여 교류적인 강압이론을 입증하였는데, 청소년이 7학년이었던 13세일 때 부모가 보고했던 가혹한 언어적 훈육은 청소년이 8학년일 때의 품행문제와 우울증상을 증가시켰고, 7학년일 때의 청소년의 나쁜 품행은 1년 뒤에 부모가 보고한 가혹한 언어적 훈육을 증가시켰다(Wang & Kenny, 2014).

아동학대는 아동의 품행문제와 연관된 것으로 알려져 있다. 국내연구로 신혜영과 최해림(2003)은 초등학생을 대상으로 횡단적 자료를 수집하여 부모로부터의 학대경험이 높을수록 아동의 공격성과 대인불안이 높았고, 학대의 하위유형인 신체적 학대, 정서적 학대, 방임 중에서 신체적 학대가 공격성과 대인불안에 가장 큰 영향을 미치는 것으로 보고하였다. 이경숙, 엄혜련, 정영윤(2004)의 연구에서도, 중고등학교에 재학 중이면서 학교부적응과 비행문제를 보이며, 교사에 의해 DSM-IV의 품행장애와 반항성장애의 진단기준이 최소 1~2개 이상으로 표기된 잠재된 비행청소년 30명을 일반청소년 30명과 비교한 결과, 잠재된 비행청소년은 일반청소년보다 아동초기 부정적 생활사건을 더 많이 경험하였으며, 부모와의 애정경험이 적었고, 아버지의 거부경험과 방임경험이 많았다. 개입프로그램에서도 가족갈등이 청소년후기의 반사회적 행동을 초래함을 보여 준다. 가족체크업(Family Check-Up: FCU)은 생태학적 입장에서 개별가족의 요구를 반영한 가족중심 개입인데, 이러한 개입은 초기 및 중기 청소년기의 가족갈등을 감소시킴으로써 후기 청소년기의 반사회적 행동을 감소시키는 효과를 보여 주었다(Van Ryzin & Dishion, 2012).

5 가족변인과 발달경과

품행장애는 많은 아동에게서 진단되지만 이중 일부가 비행이나 반사회적 성격장애로 이어진다. **부모의 반사회적 성격장애와 낮은 IQ 점수**는 품행장애의 지속성을 예측하게 해 준다. 4년에 걸친 종단연구에서 품행장애로 진단된 임상집단 소년들의 증상변화는 언어지능과 부모의 반사회적 성격장애 간의 상호작용의 함수였다. 즉, 언어지능이 평균 이상이며, 부모가 반사회적 성격장애가 없는 소년집단의 품행장애증상은 부모가 반사회적 성격장애가 있는 소년집단에 비교했을 때 4년에 걸쳐 현저하게 호전되었다(Lahey et al., 1995).

부정적인 부모양육은 품행장애와 연관되었다고 알려져 있다. 품행문제와 관련된 부정적인 양육행동은 부적절한 부모모니터링과 낮은 부모관여, 거부와 방임, 비일관적 훈육을 포함한다. 부모양육과 비행과의 연관성을 파악하기 위하여 161편의 연구논문에 대한 메타분석에서 부모모니터링, 심리적 통제, 거부와 적대감 같은 부정적 지원은 비행변량의 11%를 설명하였다(Hoeve, Dubas, Eichelsheim, Van der Laan, Smeenk, & Gerris, 2009). 첫째, **부모모니터링**은 '아동이 있는 장소, 활동, 적응에 대한 관심을 갖고 추적(tracking)하는 일련의 연관된 부모행동(Dishion & McMahon, 1998, p. 61)'이라고 정의할 수 있다. 이러한 모니터링은 아동이 성장함에 따라 모니터하는 방법도 달라진다. 부모가 아동에 대해 알 수 있는 방법으로 아동이 자발적으로 이야기하거나, 부모가 아동이나 아동 친구들에게 정보를 요청하거나, 부모가 아동의 활동을 제한하거나, 규칙을 설정하는 통제를 통하는 것이 가능한데, 이중에서 부모의 통제는 청소년에게는 부정적 감정을 초래할 수 있다.

부모모니터링과 품행문제의 관계에서 조절변인의 역할을 탐색해 볼 필요가 있는데, 모니터링과 품행문제의 관계가 아동이나 부모의 성이나 환경적 차이에 의해 달라지는지 살펴볼 필요가 있겠다.

부모의 모니터링이 비행행동에 미치는 영향은 간접적일 수 있다. 4년에 걸친 종단연구에서 낮은 모니터링, 낮은 온정과 지지, 비일관적 훈육, 귀납적 추론이 부족한 것, 강압적 벌과 같은 부적절한 부모양육이 변화한 것은 청소년의 비행개입에 직접 영향을 미치기 보다는 비행 또래와의 관계를 감소시킴으로써 간접적으로 비행행동을 감소시켰다(Simons, Chao, Conger, & Elder, 2001).

둘째, **부모의 거부와 방임**은 품행문제와 연관되어 있다. 종단연구에서 284명의 저소득층 소년들을 2~8세까지 6년여에 걸쳐 조사하였는데, 2세에 측정한 위험요인이 이후의 다양한 발달궤적과 어떤 관계가 있는지 살펴보았다(Shaw, Gilliom, & Ingoldsby, 2003). 비교적 심각하고 지속적인 품행문제를 유지했던 만성적 집단(chronic group)과 처음에는 약간 높은 수준으로 품행문제가 있으나 안정적으로 감소하는 상위중지집단(high desister group)을 비교한 결과, 어머니의 거부적 양육과 두려워하지 않는 경향은 만성적 집단에 속할 확률을 증가시켜서, 어머니의 거부적 양육은 아동기 초기에 품행문제가 높았던 남아들의 발달경과를 구분하는 요인이었다. 국내연구에서 청소년의 비행수준에 따라 집단을 구분하여 비행관련 위험요소 및 보호요소를 분석하였는데, 비행 무경험 학생집단이 학대적 양육을 가장 적게 받았으며, 한편 부모의 지지 및 학습관여와 같은 가족관련 보호요소는 가장 높은 수준을 보였다고 보고하였다(유성경, 이소래, 2001).

부모의 양육행동과 아동행동과의 관계는 **양방향적 상호작용**임을 고려해야 한다. 청소년이 지각한 부모의 거부는 청소년의 우울증 및 공격성과 상호작용을 나타내는데, 4년에 걸쳐 지역사회의 일반청소년을 대상으로 조사한 종단연구에서 청소년의 우울증상은 부모의 거부를 종단적으로 예측하였고, 역으로 부모의 거부는 청소년의 공격성을 종단적으로 예측하였다(Hale III, Valk, Akse, & Meeus, 2008). 아동은 수동적으로 영향을 받는 것이 아니라 능동적인 참여자로 부모와 상호작용한다고 볼 수 있다.

품행장애증상의 진행과 관련하여 시간변량을 고려할 필요가 있다. 발달정신병리학적 틀에서 품행장애증상의 발현이나 심각도가 시간이 경과함에 따라 항상 동일한 것은 아니며, 품행장애의 위험요인도 시간에 따라 변화할 수 있다. 따라서, 시간에 따라 변화하는 증상과 이러한 행동과 관련된 개인적 및 환경적 위험요인들을 이해해야 한다.

부모와의 애착도 청소년의 품행문제나 공격성과 관련이 있을 수 있다. 국내연구에서 청소년의 부모애착과 자동적 사고 및 공격성과의 관계를 횡단적 연구로 살펴보았는데, 부모애착은 자동적 사고에 영향을 미치고, 자동적 사고는 공격성에 영향을 미쳐서 자동적 사고의 매개적 역할을 보여 주었다(박정녀, 최해림, 2005). 국내연구에서 소년원에 수감 중인 비행집단과 외현화 문제행동에 대한 자기평정척도에서 점수가 높았던 고등학생으로 구성된 위험집단, 문제행동을 보이지 않는 고등학생으로 구성된 정상집단을 비교하였는데, 비행집단의 애착유형이 정상 및 위험집단의 애착유형과 다르게 나타났으며, 비행집단 및 위험집단은 정상집단보다 부모의 애정과 합리적 설명을 낮게 지각하는 것으로 보고하였다(옥정, 오윤희, 정현옥, 2001).

형제자매관계는 청소년의 비행행동에 영향을 미친다고 알려져 있다. 형제자매의 영향은 성별구성이나 연령에 따라 달라질 수 있으나, 형제 갈등이 크거나 손위형제가 비행행동에 참여하는 것은 손아래형제의 비행을 증가시키는 경향이 있다. 형제자매쌍을 대상으로 청소년초기에서 중기까지 4년에 걸친 종단연구에서는 비행행동에 미치는 관계 측면이 형제관계인지 자매관계인지에 따라 차이가 있음을 시사했는데, 손위형제자매의 비행과 더불어 여동생의 비행은 언니의 적대-강압이 높은 것과 온정-지지가 낮은 것에 관계된 반면 남동생의 비행은 형의 적대-강압과 온정-지지가 모두 높은 것에 관계되었다(Slomkowski, Rene, Conger, Simons, & Conger, 2001).

6 치료에서의 가족의 역할

Farrington과 Welsh(2003)은 가족기반 범죄예방 프로그램의 효과성에 대한 메타분석에서 40개의 프로그램의 평균효과크기는 비행에 대하여 0.321이었으며, 유병률이 실험집단에서는 34%로, 통제집단에서는 50%로 감소되었으며, 가장 효과적인 유형의 프로그램은 행동부모훈련을 사용한 프로그램이었다고 보고하였다. 집단비교에서 효과크기(effect size)는 치료집단과 비교집단의 평균의 차이를 그 측정치의 표준편차로 나눈 값으로 정의하는데, 정적 효과크기값은 치료의 긍정적인 결과와 연관되었고, 0은 치료효과가 없는 것, 부적 효과크기값은 치료의 부정적인 결과와 연관되어 있다(Weisz, 2004/2008, p. 12-13). Cohen(1988)에 의하면 효과크기 0.20은 작은 효과, 0.50은 중간 효과, 0.80은 큰 효과로 해석한다(Weisz, 2004/2008, p. 13 재인용). 이후에 수행된 메타분석에서도 가족 및 부모훈련프로그램은 아동의 행동문제를 감소시키는 데 효과적이며 표본크기에 따라 가중치를 부여한 평균효과크기는 0.35이며, 100명 이하의 작은 표본일수록 효과크기가 더 크다고 보고하였다(Piquero, Farrington, Welsh, Tremblay, & Jennings, 2009). Dretzke와 동료들(2009)은 품행문제가 있는 18세 이하의 아동의 치료를 위한 임상적 무작위 대조시험 57개를 메타분석한 결과, 일관적으로 부모양육프로그램이 아동행동결과를 향상시켰다고 보고하였다.

부모관리훈련은 아동과 청소년의 공격적 행동이나 불순응의 치료에 성공적인 것으로 알려져 있다. **부모관리훈련 오리건 모델**(Parent Management Training Oregon Model, PMTO; Patterson, Reid, Jones, & Conger, 1975)을 살펴보면, 오리건 사회학습센터의 Gerald Patterson과 동료들은 아동의 행동문제를 예방하고 감소시키기 위하여 일련의 행동적 부모훈련 전략을 개발하였고 근래에는 이러한 행동부모훈련원칙들(behavior parenting training principles)을 다양한 집단에 적용하고 있다. Dishion, Forgatch, Chamberlain과 Pelham(2016)은 행동가족치료의 오리건 모델에 대한 이론적 고찰에서, 가족의 욕구에 따른 행동적 부모개입이 달라진다고 설명하며 가족체크업모델(Family Check-Up model: FCU)은 손상되지 않은 가족, 일부의 경우 최소한의 지원만으로 변화하기를 원하는 가족의 욕구를 다루고, 부모관리훈련(PMTO)은 혼란스럽거나 부적응적인 가족에게 가장 적합하며, 위탁보호치료(Treatment Foster Care-Oregon model: TFCO)는 원가족이나 다른 영구적 돌봄환경에 아동 및 청소년을 배치하려는 궁극적 목적으로 약화되고 와해되는 가족이나 아동의 욕구를 다루는 데 가장 적합하다고 기술하였다. 부모관리훈련은 부모에게 자녀행동을 수정하기 위한 기본적 행동원리들을 가르치고 부모가 아동의 행동을 모니터하도록 격려하고, 아동행동문제를 개선하기 위하여 부모가 행동수정프로그램을 개발하고 수행하도록 도와준다. 치료자는 3~12세의 아동을 둔 부모를 개별적으로 만나고 매주 치료회기와 부모와의 전화접촉을 포함하며, 치료시간은 가족의 욕구에 따라 다양하나 평균 17시간으로 보고되고 있다. 최근 자료에 따르면 부모관리훈련은 다양한 형태로 시행될 수 있으며, 임상사례인 개별가족회기의 평균은 25회기이며, 부모집단이나 비디오나 전화를 통한 원격건강회기들(telehealth sessions)의 평균은 6회기에서 14회기의 범위 내에 있다고 알려져 있다(Dishion et al., 2016).

문제해결기술훈련과 부모관리훈련의 병합치료(Problem-Solving Skills Training and Parent Management Training, PSST+PMT; Kazdin, 2003)를 살펴보면, Kazdin과 동료들은 품행장애가 있는 아동을 치료할 때 문제해결기술훈련과 부모훈련을 같이 실시하는 것이 효과적이라고 주장하였다. 문제해결기술훈련은 파괴적 행동이 있는 아동을 위한 행동치료로, 아동은 문제해결전략을 배워서 실생활에 일반화시키게 된다. 핵심회기를 살펴보면, 1회기에서 소개와 더불어 단계들을 학습하고, 2회기와 3회기에서 단계들을 적용하고, 4회기에서 단계들을 적용하고 역할놀이를 하며, 5회기에서 부모, 아동, 치료사가 함께 만나고, 6회기에서 11회기에 실생활에 적용을 하고, 12회기에 종결과 역할을 예행연습하는 것으로 구성되었다. 부모관리훈련은 아동 및 청소년자녀의 행동을 변화시키기 위해 부모에게 사회학습 기법을 가르치는 기법으로 구성된다(Kazdin, 2005/2007, p. 16). 부모관리훈련의 핵심적 특징으로는 학습이론 및 연구에 기반을 두고 있으며, 행동과 전후사건 간의 관계에 대한 다양한 원리나 진술을 포함하고, 부모는 적극적 훈련을 통해 구체적 기술을 개발하고 치료에 대한 평가를 통합하는 것을 들 수 있다(Kazdin, 2005/2007, pp. 17-18). 부모관리훈련의 치료회기는 1주에 1회, 총 12에서 16회기로 구성되며, 각 회기는 45분에서 60분간 지속되는데, 전형적으로 회기는 가정에서의 프로그램과 지난 주 동안 일어난 것들을 검토하면서 시작되며, 핵심적 치료회기의 주제는 다음과 같다(Kazdin, 2005/2007, pp. 132-134).

- 치료 전 소개와 오리엔테이션

1. 행동을 정의하고 관찰하고 기록하기: 관찰이 가능한 구체적 문제를 정의하고 계획을 마련함
2. 정적 강화: 정적 강화의 개념 및 적용요인을 학습하고, 연습함
3. 강화로부터의 타임아웃: 타임아웃과 효과적 적용을 학습함
4. 관심 보이기와 계획적으로 무시하기: 긍정적인 행동에 관심 기울이기와 바람직하지 않은 행동에 대한 무시하기에 관해 배우고 연습함
5. 행동조성과 학교 프로그램: 부모들은 점진적 접근을 강화하고 촉진자극을 사용하다가 점차 사용을 줄이도록 훈련받고, 가정에 기반을 둔 강화프로그램을 수행하는 계획을 개발함
6. 재검토와 문제해결: 확장기술을 발전시키기 위해, 지난 주의 관찰내용과 강화프로그램 적용상황을 검토함
7. 가족모임: 자녀와 부모와 함께 참석하여 프로그램을 논의하고 필요에 따라 수정함
8. 낮은 비율 행동: 부모들은 자주 발생하지 않는 행동을 다루는 법을 훈련받음
9. 질책: 부모들은 효과적 질책을 배움

10~11. 타협하기: 새로운 행동프로그램을 협상하고 계약서에 포함시킴

12. 기술 검토, 연습 그리고 종결: 자료를 재검토하고, 필요에 따라 수정하고, 다양한 상황에 비추어 연습함

국내에서는 외현적 행동장애로 치료 중인 아동을 대상으로 6주 과정의 행동적 부모훈련과 인지행동적 부모훈련을 실시한 결과 아동의 문제행동이 개선되고, 부모의 양육스트레스가 감소하였으며, 양육효능감 및 주관적 만족감이 향상되었다고 보고되었다(박중규, 오경자, 2004).

부모-아동 상호작용 치료(Parent-Child Interaction Therapy, PCIT; Brinkmeyer & Eyberg, 2003)는 파괴적 행동을 보이는 어린 아동을 대상으로 부모-자녀 상호작용형태를 변화시키는 데 초점을 두었다. Eyberg가 개발한 개인훈련형식의 프로그램인 PGIT는 전통적 놀이치료 가치들과 아동관리에 대한 행동적 사고를 통합시킨 프로그램으로 소개되며, 지시적 예방프로그램으로 분류되기도 한다(Webster-Stratton & Taylor, 2001). 매주 1시간 회기로 평균 12~16회기에 걸쳐 진행되는데, 부모양육을 유형으로 구분한 Diana Baumrind의 연구, 사회학습이론, 애착이론에 근거한다. 부모-아동 상호작용 치료의 목적은 부모-자녀 애착관계 및 부모의 행동관리기술을 향상시키는 데 있다. 치료단계는 아동 주도 상호작용회기(child-directed interaction phase)와 부모 주도 상호작용회기(parent-directed interaction phase)로 구분된다. 아동 주도 상호작용회기의 목적은 부모의 반응성(responsiveness)을 증진시키고 양육적이고 안정적인 부모자녀관계를 수립하는 데 있다. 아동 주도 상호작용회기에서는 아동이 놀이활동을 주도하는 데 특정한 긍정적 관심기술과 적극적 무시기술을 통하여 긍정적 양육과 수용을 촉진시킨다. 부모 주도 상호작용회기의 목적은 아동의 불순응, 공격성, 부정적 행동을 감소시키기 위하여 부모가 한계를 설정하고 훈육의 일관성을 향상시키는 데 있다. 부모 주도 상호작용회기에서는 부모가 놀이활동을 주도하고, 부모는 필요할 때 아동에게 분명한 지시를 내리는 것과 훈련상황동안 구체적으로 칭찬하는 방법이나 불순응에 대하여 타임아웃을 사용하는 것을 배운다. 치료자는 치료회기를 통해 부모가

표 7-4 부모-자녀 상호작용 치료규칙의 예

단계	규칙	예
아동 주도	자녀의 적절한 행동을 칭찬하라.	• 장난감을 치우다니 잘했어! • 말을 위해 울타리를 친 것은 좋은 생각이야!
	적절한 말로 반영하라.	• 아동: 나는 블록을 갖고 노는 것이 좋아요. 부모: 이 블록은 재미있지.
	적절한 놀이를 모방하라.	• 아동: (종이 위에 원들을 그리고 있다.) 부모: 나도 너처럼 종이 위에 원들을 그릴 거야.
	적절한 행동을 묘사하라.	• 네가 탑을 쌓고 있구나. • 네가 네모를 그렸구나.
	열성적이 되라.	• 아동: (탑 위에 파란 레고를 조심스럽게 놓고 있다.) 부모: (아동의 등을 부드럽게 만지며) 네가 장난감들을 '정말로' 살살 다루고 있구나.
	명령들을 피하라.	• 다음에는 농장을 갖고 놀자. • 그 돼지들을 이리 줘.
	질문들을 피하라.	• 지금 짓고 있는 것이 뭐니? • 기차를 갖고 놀고 싶지?
	비판적 진술을 피하라.	• 그렇게 놀지 말아라. • 안 돼, 얘야, 네가 그렇게 하지 말아야 해.
	위험하거나 파괴적이 아닌 한, 부정적 행동을 무시하라.	• 아동: (말대꾸하며 장난감을 줍는다.) 부모: (말대꾸를 무시한다: 줍는 것을 칭찬한다.)
	공격적이고 파괴적인 행동에는 놀이시간을 멈춘다.	• 아동: (부모를 때린다.) 부모: (아동 주도 상호작용을 멈춘다. 이런 것을 무시할 수는 없다.) 네가 나를 때렸기 때문에 특별한 놀이시간을 그만둘 거야. 아동: 어~ 엄마, 미안해. 잘할게. 부모: 특별한 놀이시간은 이제 끝났어. 아마 다음에는 네가 특별한 놀이시간에 잘 놀 수 있을 거야.

부모 주도	명령은 간접적보다는 직접적이어야 한다.	• '네가 그 블록을 내게 건네 줄 거니?' 대신에 '그 블록을 내게 건네 주렴.'
	명령은 긍정적으로 진술되어야 한다.	• '방에서 여기저기로 뛰어다니지 마.' 대신에 '이리 와서 내 곁에 앉으렴.'
	명령은 한 번에 하나씩 주어져야 한다.	• '신발장에 신발을 넣고, 목욕하고, 이를 닦아라.' 대신에 '신발장에 신발을 넣어라.'
	명령은 모호하기보다는 구체적이어야 한다.	• '조심해.' 대신에 '그 의자에서 내려와라.'
	명령은 연령에 적합해야 한다.	• '담청색 플라스틱 레고의 위치를 마루에서 보관함으로 변경해라.' 대신에 '파란 레고를 그 박스에 넣어라.'
	명령은 공손하게 한다.	• 아동이 블록으로 탁자를 탁탁 칠 때, '(소리지르며) 당장 그 블록을 갖고 오지 못해.' 대신에 '그 블록을 내게 건네 주렴.'
	명령은 주어지기 전이나 아동이 순응한 후에 설명되어야 한다.	• 부모: 가서 손 씻으렴. 아동: 왜? 부모: (무시하거나 아동이 불순응하면 타임아웃 경고를 한다.) 아동: (복종한다.) 부모: 이제 네 손이 깨끗해졌구나! 학교갈 때 다 깨끗해진 것이 좋다.
	명령은 필요할 때에만 사용되어야 한다.	• 아동: (아동이 여기저기 뛰어다닌다.) 부모: 이 의자에 앉으렴. (명령을 사용하기 좋은 시간)

출처: *Evidence-Based Psychotherapies for Children and Adolesceuts*, by M. Y. Brinkmeyer and S. M. Eyberg, 2003, New York, NY: The Guilford Press. 아동주도 상호작용의 규칙은 pp.208-209, 부모 주도 상호작용의 규칙은 pp. 211-212에서 발췌 · 정리함

자녀와 상호작용하도록 코치하고, 부모가 자신감을 가지고 스스로 절차를 사용할 때까지 차분하고 일관되게 기술을 적용할 수 있도록 한다. 〈표 7-4〉는 부모-아

동 상호작용 치료에서 사용되는 치료규칙을 예시를 통하여 보여 준다.

국내에서는 두정일과 이정숙(2012)이 DSM-IV의 반항성 장애의 진단기준에서 4개 이상의 항목에 해당하는 파괴적 행동문제가 있는 학령전기 아동과 어머니를 대상으로 매주 1회 총 12회기동안 집단 부모-아동 상호작용치료를 실시한 결과 자녀의 행동문제와 어머니의 양육스트레스가 유의하게 감소하였다. 치료단계는 긍정적인 양육기술을 가르치고 부모-아동 관계의 질을 개선시키는 데 초점을 두고 있는 아동 주도적인 상호작용과 치료자의 코칭을 통하여 효과적 지시방법과 일관성있게 아동을 대하는 방법을 학습하는 부모 주도적인 상호작용으로 구성되어 있었다(두정일, 이정숙, 2012).

대단한 시절(Incredible Years, IY; Webster-Stratton & Reid, 2003)은 아동의 공격성 및 행동문제를 감소시키고 가정과 학교에서의 사회적 유능성을 증가시키기 위하여 설계되었다. 대단한 시절은 선택적 예방프로그램으로 분류되어 소개되기도 하고(WHO, 2004, p. 38), 선택적 예방과 지시적 예방 모두 해당하는 프로그램으로 소개되기도 한다(Webster-Stratton & Taylor, 2001). 부모, 아동(2~8세), 교사를 대상으로 한 서로 다른 3가지 훈련프로그램이 있다. 부모프로그램의 목적은 다음을 통하여 부모의 유능성을 증진하고 가족을 강화하는 것이다.

- 긍정적인 부모양육, 아동과의 관계, 양육에 대한 일반적 자신감을 증진시킴
- 비판적이고 신체적으로 폭력적인 훈육을 긍정적인 전략으로 대체함
- 부모의 문제해결력, 분노관리, 의사소통력을 향상시킴
- 가족의 지지망과 학교 관여/결속을 증진시킴
- 여러 환경의 일관성을 위하여 부모와 교사가 협업하도록 도움
- 부모가 가정에서 아동의 학업관련활동에 관여하는 것을 증진시킴

기본(BASIC) 부모훈련 프로그램의 경우 1회기당 2시간으로 총 13주에서 14주에 걸쳐 총 26시간으로 구성된다. 파괴적 행동으로 진단된 2~10세 자녀를 둔 부모

8~12명을 대상으로 집단부모훈련 프로그램을 실시하는데, 비디오 모델링을 통한 부모훈련과 구조화된 집단토론을 강조한다. 비디오는 1~2분 길이의 짧은 비디오 일화 250편을 담고 있는데, 이러한 일화는 사회학습 및 아동발달 원칙을 보여 주고 토론 및 문제해결을 촉진하게 된다. 이 프로그램은 긍정적 부모-자녀 상호작용을 향상시키고, 효과적인 모니터하기, 무시하기, 효과적 지시하기, 논리적 결과, 타임아웃과 같은 일련의 비폭력적인 훈육기술을 가르치고, 부모가 자녀의 문제해결력을 가르치는 방법을 배우게 한다.

중다체계치료(Multisystemic therapy, MST; Henggeler & Lee, 2003)는 심각한 반사회적 행동과 비행을 보이는 청소년을 대상으로 수행되는 가족 및 지역사회 기반의 치료이다. 생태학적 모델과 가족체계이론에 근거하여, 중다체계이론에서는 청소년이 상호연관된 여러 체계 내에 속한 것으로 본다. 개념적인 전제는 중다체계이론을 설계하고 수행하는 데 중요하다. 이러한 개념적인 전제로서 ① 심각한 임상문제는 다결정론적인 속성을 지니며, ② 주양육자는 장기적 결과를 나타내는 데 핵심적 역할을 하며, ③ 증거-기반 실천들을 통합해야 하며, ④ 서비스 접근을 방해하는 장벽을 극복하는 집중적 서비스를 개발하며, ⑤ 품질보증체계를 고려해야 한다. 중다체계치료는 가족에게 편리한 시간에 가정과 지역사회에서 실시되며 융통성 있고 개별화되어 있는데, 전형적으로는 가정에서 3~5개월의 기간 동안 제공된다. Henggeler와 Lee(2003)가 제시한 중다체계치료 원칙은 다음과 같이 요약정리할 수 있다(p. 304).

- 문제를 규명하고 문제가 가족의 현재 사회적 환경에서 어떻게 유지되는지 평가한다.
- 치료계약은 가족의 긍정적 측면을 강조한다.
- 책임 있는 행동을 증가시키고 무책임한 행동을 감소시키는 데 집중한다.
- 치료는 특정한 잘 정의된 문제를 대상으로 현재중심적이고 행동지향적이어야 한다.

- 규명된 문제를 유지시키는 체계 내 및 체계 간의 연속성을 표적으로 한다.
- 발달적으로 적합하고 청소년의 발달적 욕구에 적합해야 한다.
- 청소년과 가족의 지속적인 노력이 요구되는 강력한 개입을 설계한다.
- 개입의 효과를 계속적으로 평가하고 긍정적 결과를 위한 치료팀의 책무성이 요구된다.
- 다양한 맥락에서 가족구성원의 욕구를 다루도록 주양육자의 역량을 강화시켜 치료의 일반화를 촉진하고 치료변화를 장기간 유지하게 설계한다.

중다체계치료는 포괄적이고 개별화된 접근을 강조하는데, 중다체계치료는 반사회적 행동이 서로 다른 아동들에게서 서로 다른 원인을 가지고 있다는 가정에 기초하기 때문이다. 프로그램은 아동에 맞추어 행동, 가족훈육, 학교성취, 또래압력에 주력할 수 있고, 부모로 하여금 아동의 학교생활을 감독하고 교사와의 소통을 증진시키게 하고, 치료사로 하여금 부모의 부부갈등이나 약물사용을 해결하기 위하여 노력할 수 있게 한다. 중다체계치료는 일반적인 개인치료보다 성인초기뿐 아니라 중년기에도 효과가 있었던 것으로 나타났다. 심각한 비행청소년 176명을 대상으로 대략 평균 21.9년 후 추수검사를 진행하였는데, 체포, 구금, 민사소송자료를 분석한 결과 중다체계치료집단의 중범죄 재범률은 34.8%로 개인치료집단의 재범률인 54.8%보다 낮았고, 경범죄 위반율도 5배 낮았던 반면, 개인치료집단은 중다체계집단보다 가족과 관련된 민사소송 교차비가 2배 높았다(Sawyer & Borduin, 2011).

아동정신건강서비스를 위한 협업모델인 Multiple Family Group(MFG)에 대한 실험적 종단연구에서 도시에 거주하며 반항성장애나 품행장애를 보이는 학령기 아동과 그 가족들은 가족규칙(rules), 책임(responsibilities), 관계(relationships), 상호존중적 의사소통(respectful communication)으로 구성되는 가족생활의 '4R'을 학습하고, 그 외 스트레스를 감소시키고 자녀양육에 대한 사회적 지지를 확장하는 것을 학습하였다. 한 집단은 6~8가족으로 형성되었고 각 회기는 사회적 네트워크 형성, 정보교환, 집단토론, 개별가족 연습, 숙제배정으로 구성되었다. 참여집단은 통제집단보다 아동의 반항성증상과 부모양육스트레스가 현저히 감소되었다(McKay et al., 2011).

Garland, Hawley, Brookman-Frazee와 Hurlburt(2008)는 4~12세 아동의 파괴적 행동문제에 대한 대표적 심리사회적 치료들을 선별하여 이러한 치료에서 공통으로 나타난 핵심요소들을 추출하였다. 이 중 부모를 매개로 한 개입을 살펴보면, 내용적 공통요소로 정적강화의 원칙, 효과적 한계설정/처벌의 원칙, 부모-자녀관계 확립, 문제해결기술, 분노관리가 추출되었고, 기술적 공통요소로 심리교육/교수법, 숙제배정 및 검토, 역할놀이/행동시연, 자료제공, 목적 및 진전도를 검토하는 것이 포함되었다. 그러나 품행문제에 대한 부모개입의 효과가 다른 상황으로 모두 일반화되는 것은 아니어서 품행문제의 효과적인 개입을 위해서는 다각도의 노력이 필요하다. 예를 들어, 품행문제가 있는 아동을 대상으로 한 가족개입에 관한 연구에서 약 2/3의 아동들이 임상적으로 유의한 개선을 보였으나, 교사가 개입되지 않은 경우 이러한 개선된 품행이 교사보고에 나타나지 않는다고 알려져 있다(Webster-Stratton & Taylor, 2001).

Eyberg, Nelson과 Boggs(2008)는 증거기반의 심리적 치료에 대한 이론적 고찰 논문에서, 앞으로의 연구는 파괴적 행동장애가 있는 아동 및 청소년의 조절변인과 변화기전에 대한 이해를 증진시켜야 한다고 강조하면서, 단순하게 '치료가 작용하느냐?'에서 벗어나 '이 치료가 누구에게 작용하느냐?' '이 치료가 어떻게 작용하느냐?' '이 치료만으로는 충분하지 않은 때가 언제인가?' '이 치료가 비용 효율적인가?'와 같이 정밀하게 변화되어야 한다고 주장하였다. 따라서, 파괴적 행동장애가 있는 아동 및 청소년을 대상으로 한 효율적 심리치료를 위해서는 어떻게 효과가 나타나는지 설명해 주는 매개변인과 효과의 강도를 변화시키는 조절변인을 이해하려는 노력이 선행되어야 한다.

◆ 보충자료 적대적 반항장애 및 품행장애에 대한 참고정보를 얻을 수 있는 기관의 예

기관	웹 주소	기관설명
Center for the Study and Prevention of Violence Institute of Behavioral Science, University of Colorado at Boulder	www.colorado.edu/cspv/index.html	콜로라도대학 내 다학제 기관으로 폭력 및 반사회적 행동을 예방하고 청소년의 긍정적 발달을 증진시키기 위하여 연구자, 현장전문가, 정책입안자들을 연결하는 역할을 담당함
ConductDisorders.com	www.Conduct-Disorders.com	문제를 가진 아동들을 양육하는 부모들의 집단임
Oregon Social Learning Center	www.oslc.org	미국 오리건주 유진에 위치한 비영리 다학제 연구기관으로, 아동의 공격성, 반사회적 행동, 비행에 대하여 연구를 수행함
Parent Advocacy Coalition for Educational Rights(PACER Center)	www.pacer.org	부모가 부모를 돕는다는 개념에 기초하여, 장애를 가진 아동과 청소년의 가족을 위한 부모훈련 및 정보센터
Positive Behavioral Interventions and Supports(PBIS)	www.pbis.org	미국교육부의 특수교육국이 설립한 센터로 역량강화를 위한 정보와 기술적 지원을 함

섭식장애 제8장

1 특징

DSM-5에서 급식 및 섭식장애(feeding and eating disorders)는 장기간 지속되는 섭식의 장애 또는 섭식과 관련된 행동들로 인해 음식소비나 섭취의 변화가 생기고 신체적 건강이나 심리사회적 기능에 심각한 손상을 가져오는 것으로 특징지어진다(APA, 2013/2015, p. 353). DSM-5에서는 이식증(pica), 반추장애(rumination disorder), 회피적/제한적 음식섭취장애(avoidant/restrictive food intake disorder), 신경성 식욕부진증(anorexia nervosa), 신경성 폭식증(bulimia nervosa), 폭식장애(binge-eating disorder)에 대한 진단기준을 제공하며, 달리 명시된 급식 또는 섭식장애(other specified feeding or eating disorder), 명시되지 않은 급식 또는 섭식장애(unspecified feeding or eating disorder)를 포함한다(APA, 2013, p. 329).

이러한 섭식장애 유형 중에서 청소년기에 특히 나타나는 신경성 식욕부진증과 신경성 폭식증을 중심으로 살펴보고자 한다. 〈표 8-1〉은 DSM-5의 신경성 식욕부진증의 진단기준(APA, 2013/2015, p. 364)을 제시한다. 신경성 식욕부진증은 체중증가와 비만에 대한 두려움으로 음식섭취를 현저하게 감소시키거나 거부함으

표 8-1 신경성 식욕부진증 진단기준

A. 필요한 양에 비해 지나친 음식물 섭취 제한으로 연령, 성별, 발달 과정 및 신체적인 건강 수준에 비해 현저하게 저체중을 유발하게 된다. **현저한 저체중**은 최소한의 정상 수준보다 체중이 덜 나가는 것으로 정의되며, 아동과 청소년의 경우, 해당 발달 단계에서 기대되는 최소한의 체중보다 체중이 적게 나가는 것을 의미한다.
B. 체중이 증가하거나 비만이 되는 것에 대한 극심한 두려움, 혹은 체중증가를 막기 위한 지속적인 행동은 지나친 저체중일 때도 이어진다.
C. 기대되는 개인의 체중이나 체형을 경험하는 방식에 장애, 자기평가에서 체중과 체형에 대한 지나친 압박 혹은 현재의 저체중에 대한 심각성 인식의 지속적 결여가 있다.

• **다음 중 하나를 명시할 것**
 – **(F50.01)제한형**: 지난 3개월 동안, 폭식 혹은 제거 행동(즉, 스스로 구토를 유도하거나 하제, 이뇨제, 관장제를 오용하는 것)이 반복적으로 나타나지 않는다. 해당 아형은 저체중이 주로 체중관리, 단식 및 과도한 운동을 통해 유발된 경우를 말한다.
 – **(F50.02)폭식/제거형**: 지난 3개월 동안, 폭식 혹은 제거 행동(즉, 스스로 구토를 유도하거나 하제, 이뇨제, 관장제를 오용하는 것)이 반복적으로 나타났다.

로써 체중이 비정상적으로 저하되는 경우를 의미하며, 음식섭취를 거부한다는 의미인 거식증으로 알려져 있기도 한다. 신경성 식욕부진증은 청소년기에 시작되나 신경성 폭식증은 대개 성인초기에 시작된다. DSM-5에 따르면, 신경성 식욕부진증의 3가지 필수양상이 있는데, 첫째, 저체중을 유발하는 지속적인 음식물 섭취의 제한, 둘째, 체중증가 또는 비만이 되는 것에 대한 극심한 두려움 또는 체중증가를 방해하는 지속적 행동, 셋째, 체중과 체형에 대한 자기인식의 혼란(disturbance)이다(APA, 2013/2015, p. 365).

DSM-5에 따르면 신경성 폭식증의 경우 3가지 필수양상이 있는데, 반복되는 폭식삽화(진단기준 A), 체중증가를 막기 위한 반복되는 부적절한 보상행동(진단기준 B), 체형과 체중이 자기평가에 과도하게 영향을 미친다는 것이다(진단기준 D). 진단을 받기 위해서는 폭식과 부적절한 보상행동이 반드시 일어나야 하며, 평균적으로 최소 지난 3개월 동안 일주일에 1회 이상 있어야 한다(진단기준 C; APA,

표 8-2 신경성 폭식증의 진단기준

A. 반복되는 폭식 삽화. 폭식삽화는 다음 2가지의 특징이 있다.
   1. 일정 시간 동안(예: 2시간 이내) 대부분의 사람들이 유사한 상황에서 동일한 시간 동안 먹는 것보다 분명하게 많은 양의 음식을 먹음
   2. 삽화 중에 먹는 것에 대한 조절 능력의 상실감을 느낌(예: 먹는 것을 멈출 수 없거나, 무엇을 혹은 얼마나 많이 먹어야 할 것인지를 조절할 수 없는 느낌)

B. 체중이 증가하는 것을 막기 위한 반복적이고 부적절한 보상 행동(예: 스스로 유도한 구토, 이뇨제, 관장약, 다른 치료약물의 남용, 금식 혹은 과도한 운동 등이 나타남)

C. 폭식과 부적절한 보상 행동이 모두 평균적으로 적어도 3개월 동안 일주일에 1회 이상 일어난다.

D. 체형과 체중이 자기평가에 과도하게 영향을 미친다.

E. 이 장애가 신경성 식욕부진증의 삽화 기간 동안에만 발생하지 않는다.

2013/2015, p. 372). 신경성 폭식증을 지닌 사람들은 전형적으로 정상 혹은 과체중 범위에 있다(APA, 2013/2015, p. 375). 신경성 폭식증이 있는 사람은 실제 체중에 상관없이 계속적으로 더 마르기를 원하거나, 보상행동을 중단하면 체중이 증가할 것이라고 확신하는 경향이 있다. 〈표 8-2〉는 신경성 폭식증에 대한 DSM-5의 진단기준(APA, 2013/2015, pp. 371-372)을 제시한다.

2 유병률

DSM-5에 따르면, 젊은 여성들 간에 신경성 식욕부진증의 12개월 유병률은 약 0.4%이며, 남성이 여성보다 훨씬 적게 나타내어, 일반적으로 임상집단에서 여성과 남성의 비율은 약 10:1 비율로 나타난다. 신경성 식욕부진증은 일반적으로 청소년기 또는 성인초기에 시작된다(APA, 2013/2015, p. 367).

DSM-5에 따르면, 젊은 여성에게서 나타나는 신경증 폭식성의 12개월 유병률은 1~1.5%이다. 신경성 폭식증은 청소년후기나 성인초기에 절정(peak)에 이르므

로 시점유병률은 성인초기의 성인에게서 가장 높다. 남성이 여성보다 훨씬 적게 나타내어, 여성과 남성의 비율은 약 10:1 비율로 나타난다(APA, 2013/2015, p. 374). [그림 8-1]은 유럽 6개국(벨기에, 프랑스, 독일, 이탈리아, 네덜란드, 스페인)의 자료를 분석하여, 섭식장애의 유형에 따른 발생연령과 평생유병률의 변화를 보여 준다.

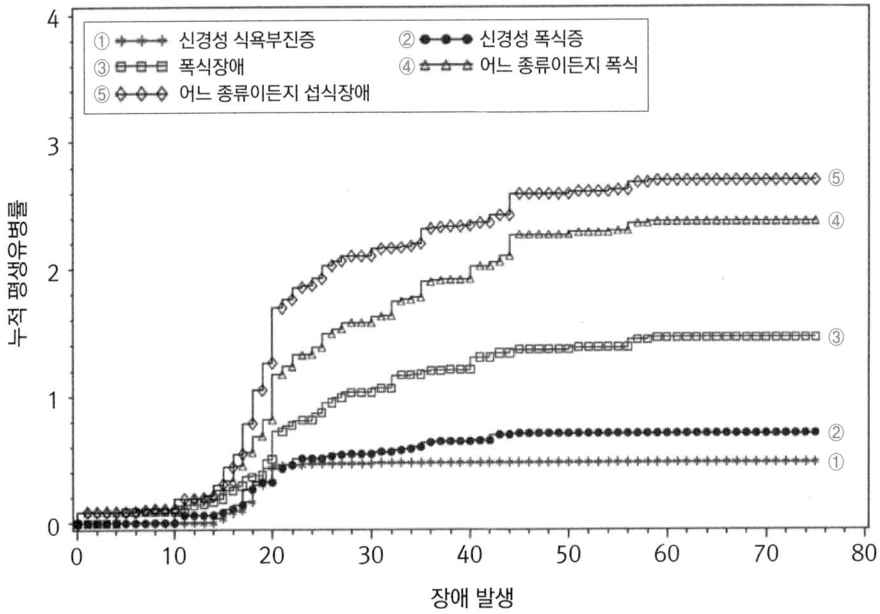

그림 8-1 유럽 6개국에서의
신경성 식욕부진증, 신경성 폭식증, 폭식장애, 폭식, 섭식장애의 누적 평생유병률

출처: "The Epidemiology of Eating Disorders in Six European Countries: Results of the ESE MeD-WMH Profect," by A. Preti et al., 2009, *Journal of Psychiatric Research, 43*, p. 1129.

섭식장애는 다른 장애와 공존하거나 치료를 하지 않는 경우가 상대적으로 많기 때문에 공중보건 측면에서 관심사가 되고 있다. 동반이환은 섭식장애 있는 청소년에게서 흔해서 섭식장애와 정동장애가 함께 나타나는 경우가 많다. Chavez와 Insel(2007)의 섭식장애에 대한 개괄적인 이론논문에 따르면, 신경성 식욕부진증의 경우 사망률이 5%로 다른 정신의학적 장애의 사망률보다 높으며, 신경성 식욕부진증은 자살로 인한 사망의 비교위험도를 50배 증가시킨다고 알려져 있다. 종단연구에서 신경성 식욕부진증의 조사망률(crude mortality)은 4.0%, 신경성 폭식증의 조사망률은 3.9%, 분류되지 않는 섭식장애의 조사망률은 5.2%로 나타났다(Crow et al., 2009). 독일에서 12년에 걸쳐 수행된 연구에서 신경성 식욕부진증의 사망률은 7.7%로 나타났으며, 영어와 독일어로 출판된 신경성 식욕부진증 연구 119편에 대한 분석에서는 평균사망률이 5%였으며, 생존자 가운데 평균회복율은 46.9%, 개선된 경우는 약 1/3, 만성인 경우는 약 1/5을 차지하였다(Fichter, Quadflieg, & Hedlund, 2006; Steinhausen, 2002a). 이렇듯, 청소년의 섭식장애의 결과로 극심한 경우 사망에 이를 뿐 아니라 성장장애나 최대골량의 감소와 같은 심각한 의학적 문제를 초래할 수 있다.

신경성 식욕부진증은 전형적으로 청소년기에 시작되어 소녀와 젊은 여성에게 주로 영향을 미치는데, 여성들 간에 신경성 식욕부진증의 유병률은 0.3%로 추정되는 한편, 신경성 폭식증의 발생연령은 신경성 식욕부진증보다 늦어서 젊은 여성에게 주로 나타나며 지역사회표집에서 약 1~2%의 유병률을 나타내며, 관해(remission) 추정치는 31~74%에 이르는 범위를 보이나 재발이 흔한 편이다(Wilson, Grilo, & Vitousek, 2007). 연구집단에 따라 차이가 있지만 신경성 식욕부진증의 시점유병률은 0.1~0.9%이며(Lock & Kirz, 2013, p. 486), 신경성 폭식증은 청소년후기 또는 성인초기(18~24세)에 발생률이 높고, DSM-5의 진단기준을 사용하면 유병률은 대략 2%로 상승한다고 보기도 한다(Craighead, Martinez, & Klump, 2013, p. 454). 2001년에서 2003년에 걸쳐 미국의 동반이환 전국조사 2차(National Comorbidity Replication)인 전국적 면대면 가구조사에서 DSM-IV 진단기준에 기초하면 신경성 식욕부진증, 신경성 폭식증, 폭식장애의 평생유병률은 여성에게서 각각 0.9%, 1.5%, 3.5%이었고, 남성에게서 각각 0.3%, 0.5%, 2.0%로 추정되었다(Hudson, Hiripi, Pope, & Kessler, 2007). 유럽 6개국에서 18세 이상의 응답자들을 대상으로 섭식장애의 역학을 조사한 연구에서는 신경성 식욕부진증, 신경성 폭식증, 폭식장애의 평생유병률은 0.48%, 0.51%, 1.12%로 각각 나타났으며, 모든 장애에서 여성이 남성보다 3배에서 8배 더 높게 나타났다(Preti et al., 2009). 핀란드에서 1975~1979년 출생코호트 여성들을 대상으로 2002년에 실시된 조사에 따르면, DSM-IV에 근거한 신경성 폭식증의 평생유병률은 2.3%이었으며, 신경성 폭식증의 발생률은 16~20세를 기준으로 0.3%, 10~24세를 기준으로 0.15%로 나타났다(Keski-Rahkonen et al., 2009).

국내의 청소년건강행태온라인조사 통계에서 전국 797개교의 중·고등학생 68,043명을 대상으로 조사한 결과, 정상체중률은 전체집단에서 78.8%이었으며, 월간 체중감소시도율은 전체집단에서 32.0%이지만 성차가 나타나서 남학생의 경우 22.7%, 여학생의 경우 42.2%로 나타났다(질병관리본부, 교육부, 보건복지부, 2015, p. 201, p. 203, p. 205, p. 207). 동일한 조사에서 신체이미지 왜곡인지율은 전체집단에서 27.5%이였으며, 남학생의 경우 20.7%이였던 반면, 여학생의 경우 34.7%로 나타났다(질병관리본부, 교육부, 보건복지부, 2015, p. 221, p. 223).

3 측정도구

섭식장애가 있는 환자를 조사하기 위하여 행동사정, 구조화된 면담, 평정척도, 자기보고 질문지들이 사용될 수 있다. 행동사정은 음식섭취와 식사행동에 대한 주제로 시작할 수 있다. 섭식장애와 관련된 면접으로 식사장애검사(Eating Disorder Examination, EDE; Cooper & Fairburn, 1987; Fairburn & Cooper, 1993)와

표 8-3 임상면접 체크리스트

1	사회인구학적 양상과 치료사
2	체중과 체중에 대한 기록사 a. 현재 체중과 신장 b. 현재 신장에서 체중범위: 가장 높았거나 낮았던 체중, 장애 발생 이전에 가장 안정적이었던 체중, 체중의 연도별 변화
3	체중 통제행동(빈도, 강도, 기간) a. 식사조절, 금식 b. 구토 c. 음식뱉기 d. 운동 e. 체중조절을 위한 물질의 남용(예: 하제 등)
4	폭식과 섭식행동 a. 지난 3개월 동안 폭식의 빈도 b. 폭식음식(섭취 후에 삽화를 유발한 음식) c. 폭식의 전형적 시간대와 상황 d. 삽화 전, 중간, 후의 기분 e. 통제상실의 경험 f. 섭식에 대한 묘사
5	체중 및 체형에 대한 태도 a. 비난수준(신체전부와 특정부위) b. 체형에 대한 잘못된 인식 c. 가설적 질문: '만약 체중이 5파운드 증가하여 모든 증상을 없앤다면, 체중증가를 견딜 것인가?' '그러한 증가가 기분과 자아존중감에 어떠한 영향을 미치는가?' d. 체중재기, 체중 몰두, 체중에 대한 간섭적 사고, 체중재기에 대한 반응의 빈도 e. 환자 체중에 대한 타인 태도의 지각
6	신체적 증상들(예: 심장부정맥, 심동지완, 피부의 황색화)
7	심리적, 대인관계적 내용

출처: *Handbook of Child and Adolescent Assessment* (pp. 391–392), by D. M. Garner and P. Parker, 1993, Needham Heights, MA: Allyn and Bacon.

신경성 식욕부진증과 신경성 폭식증에 대한 구조적 면접(Structured interview for anorexic and bulimic disorders)이 있다. EDE는 반구조화 면담으로 섭식장애의 치료연구에 가장 일반적으로 사용된다. EDE는 신경성 식욕부진증과 신경성 폭식증의 임상적 양상과 병리를 측정하도록 고안되었으며, 62문항으로 지난 4주간의 행동양상과 태도의 이상을 측정한다. EDE는 16세 이상인 경우 0점에서 6점까지의 7점척도로 자기보고형으로 식사장애검사 질문지(EDE-Q; Fairburn & Beglin, 1994)로 제작되었고, 8~14세의 경우 아동용(ChEDE; Bryant-Waugh, Cooper, Taylor, & Lask, 1996)이 개발되었다. 초판은 5개의 하위척도, 개정판은 4개의 하위척도로 구분되는데, 제한(restraint), 식사관심(eating concern), 체중관심(weight concern), 체형관심(shape concern)으로 구분되었다. 국내에서 식사장애검사에 대한 타당도를 검증하는 연구가 수행되었다(강동우, 허시영, 이민규, 이혜경, 이영호, 2006).

한편 Garner와 Parker(1993)는 섭식장애와 관련하여 임상 면접에 측정되어야 할 중요한 영역 몇 개를 체크리스트로 제시하였다. 앞의 〈표 8-3〉은 체크리스트의 세부내용을 제시한다.

식사태도검사(Eating Attitude Test, EAT; Garner & Garfinkel, 1979)는 신경성 식욕부진증과 신경성 폭식증과 관련된 행동과 태도를 측정하며, 6점척도인 40문항으로 구성되었다. 식사태도척도-26(Eating Attitude Test-26; Garner, Olmsted, Bohr, & Garfinkel, 1982)는 26문항으로 개정된 것을 많이 사용하고 있으며, 국내에서 이민규, 고영택, 황을지, 이영호(2001)에 의해 타당도가 검증되었고, 거식, 폭식/음식에 대한 몰두, 섭식통제의 3요인으로 구성되어 있다. 아동의 부적응적인 섭식태도와 행동을 측정하기 위한 아동용(ChEAT; Maloney, McGuire, & Daniels, 1988)은 23문항으로 구성되어 있으며, 8~13세의 아동을 대상으로 개발되어 있다.

섭식장애검사(Eating Disorders Inventory, EDI; Garner, Olmsted, & Polivy, 1983)는 광범위하게 사용되며 섭식장애가 발생하고 유지되는 데 관계된 태도, 행동, 특성을 평가하는 다측면적인 도구이며, 원래 초판은 총 64문항으로 8개의 하위척도로 발간되었고, 2번 개정되어 EDI-3(Garner, 2004)는 91문항으로 12개의 하위척도로 구성되어 있으며, 6점척도로 평정한다. 하위척도는 날씬함에 대한 욕구(7문항), 신경성 폭식증(8문항), 신체불만족(10문항), 낮은 자아존중감(6문항), 사적 소외, 대인불안정성(7문항), 대인소외, 감응결손, 정서조절부족, 완벽주의, 금욕주의, 성숙에 대한 두려움을 포함하며, 이 중 날씬함에 대한 욕구는 폭식증과 섭식장애의 발달에 대한 예측에 유용하고, 신체불만족은 섭식병리에 대한 예측에 유용하여, 하위척도에서 고득점자는 초기 개입의 대상자가 될 수 있다. 아동용으로는 Garner에 의해 개발된 아동용 EDI(EDI-C)가 있으며, 9~16세를 대상으로 한 아동용(Kid's Eating Disorders Survey, KEDS; Childress, Brewerton, Hodges, & Jarrell, 1993)은 3점척도인 자기보고식 14문항으로 구성되어 있다.

신체불만족과 신체이미지의 혼란(disturbance)을 측정하는 자기보고형 평정척도로는 34문항으로 구성된 체형만족도 평가지(Body Shape Questionnaire, BSQ; Cooper, Taylor, Cooper, & Fairburn, 1987)가 있는데, 빈도에 따른 6점척도로 평정하며 체형에 대한 염려, 체지방에 대한 느낌, 신체상과 체중과 연관된 자기상에 대한 염려를 측정한다. 원래 BSQ는 자신의 신체에 대한 염려가 있는 여성들과의 개방형 면접을 통하여 51문항을 도출한 후, 이후 연구를 통하여 34문항으로 축소시켰다. 국내에서 노영경과 김봉환(2005)에 의해 타당도가 검증되었다.

삼요인 섭식섭문지(Three-Factor Eating Questionnaire, TFEQ; Stunkard & Messick, 1985)는 섭식제한을 측정하는 한편 섭식제한과 비만 및 섭식장애와의 관계를 측정한다. TFEQ는 51문항이며, 1부는 진위형의 36문항이며, 2부는 4점척도인 15문항으로 구성되어 있다. 척도는 3가지 하위척도로 구분되는데, 인지적 섭식절제 척도 21문항, 탈억제(disinhibition) 척도 16문항, 배고픔 척도 14문항으로 구성되어 있다.

신경성 폭식증검사 개정판(Bulimia Test-R, Bulit-R; Thelen, Farmer, Wonderlich, & Smith, 1991)은 Smith와 Thelen(1984)가 개발한 Bulimia Test(BULIT)를 개정한 것이다. BUILT는 1점에서 5점까지의 5점척도인 자기보고형 36문항으로 구성되었으며, 폭식행동을 측정하는 28개의 문항과 체중조절행동을 측정하는 8개 문항 중에서 폭식행동을 측정하는 28개 문항을 합산하여 단일점수로 계산하므로 28점에서

140점의 점수범위를 갖는다. 선다형척도로 평정하며 7학년에서 12학년을 대상으로 한다. 신경성 폭식증과 관련된 증상에 대한 점수를 제공하며, 이후 폭식행동을 측정하는 28문항으로 구성된 개정판이 발간되었다.

섭식절제척도(Restraint Scale, RS; Herman, Polivy, Pliner, Threlkeld, & Munic, 1978)는 식이행동, 섭식절제, 다이어트 및 체중과 관계된 10문항으로 구성되었으며, 문항에 따라 0점에서 3점 또는 0점에서 4점척도로 평정하게 되어 있다. 초기연구에서는 다이어트에 대한 염려 요인과 체중변동에 대한 요인이 추출되었으며, 이후의 연구에서 문항이 삭제되어 사용되기도 하였다(Van Strien, Herman, Engels, Larsen, & Van Leeuwe, 2007). 국내에서는 이임순(2002)이 타당도를 검증하는 연구를 수행하였다.

이 외에도 알려진 척도들을 소개하면, 일반적 섭식병리에 대한 진단을 제공하는 자기보고형 질문지(Eating Disorder Diagnostic Scale, EDDS; Stice, Telch, & Rizvi, 2000)가 있는데, EDDS는 22문항으로 구성되어 있다. 신체불만족 및 신체상에 대한 문제를 측정하는 자기보고형 도구(Body Image Avoidance Questionnaire, BIAQ; Rosen, Srebnik, Saltzberg, & Wendt, 1991)는 체형이나 체중에 대한 염려를 측정하며 19문항으로 구성되어 있고 6점척도로 평정한다. 섭식제한을 측정하는 자기보고형 도구인 식이행동질문지(Dutch Eating Behavior Quesionnaire, DEBQ; Van Strien, Frijters, Bergers, & Defares, 1986)는 33문항으로 구성되어 있으며, 3가지 하위척도인 정서적 섭식태도(13문항), 외부적 섭식태도(10문항), 절제적 섭식태도(10문항)를 포함하며, 각 문항은 5점척도로 평정한다. 국내에서 김효정, 이임순, 김지혜(1996)에 의해 신뢰도와 타당도를 검증하는 연구가 진행되었다.

국내에서 섭식억제척도(이민규, 한덕웅, 2001)가 개발되었는데, 인지, 정서 및 행동의도의 3차원에서 각 차원별 5개 문항으로 총 15개 문항으로 구성되었다. 문항들은 0점에서 6점까지의 7점척도로 평정하게 되어 있다. 〈표 8-4〉는 섭식장애와 관련하여 대표적 측정도구들의 기본사항들을 비교하여 제시한다.

표 8-4 섭식장애 평정도구의 예

평가 도구명	측정연령 범위	총 문항 (문항형태)	하위측정영역	주요출처
EDI-3/ KEDS		91문항(6점척도) 14문항(3점척도)	EDI-3의 하위척도: 마르고 싶은 욕망, 신경성 폭식증, 신체불만족, 낮은 자아존중감, 사적 소외, 대인불안정성, 대인 소외, 감응결손, 정서조절부족, 완벽주의, 금욕주의, 성숙에 대한 두려움	Garner, 2004
BSQ		34문항 (6점척도)	전반적으로 신체상과 체중에 대한 염려를 측정함	Cooper et al., 1987
TFEQ		51문항 (진위형의 36문항과 4점 척도인 15문항)	인지적 섭식절제 척도, 탈억제(disinhibition) 척도, 배고픔 척도	Stunkard & Messick, 1985
Bulit-R	7~12학년	28문항(폭식행동) (5점척도)		Thelen et al., 1991
EAT	13세 이상	40문항(6점척도) 아동용은 23문항 EAT-26와 KEAT-26은 26문항	EAT-26 국내연구: 거식, 폭식/음식에 대한 몰두, 섭식통제	Garner & Garfinkel, 1979
RS		10문항 (4점척도 또는 5점척도)	초기연구에서 다이어트에 대한 관심요인과 체중변동요인이 추출됨	Herman et al., 1978
DEBQ		33문항 (5점척도)	정서적 섭식태도, 외부적 섭식태도, 절제적 섭식태도	Van Strien et al., 1986

주. EAT=Eating Attitude Test; EDI=Eating Disorders Inventory; BSQ=Body Shape Questionnaire; TFEQ=Three-Factor Eating Questionnaire; Built-R=Bulimia Test-R; RS=Restraint Scale; DEBQ=Dutch Eating Behavior Questionnaire

4 가족변인과 병인론

1) 유전가능성계수

DSM-5에 따르면, 유전적 위험 및 예후 인자로 1차친족 가운데 이 장애를 가진 사람이 있을 경우 신경성 식욕부진증과 신경성 폭식증의 위험성이 증가한다. 또한, 신경성 식욕부진증을 가진 사람이 1차친족에 있을 경우 양극성 장애와 우울장애의 위험성이 증가한다. 일란성 쌍생아의 신경성 식욕부진증의 일치율은 이란성 쌍생아의 일치율보다 높다(APA, 2013/2015, p. 368). 신경성 식욕부진증의 유병률에서 역사적 및 비교문화적 차이는 이 장애가 날씬함을 평가하는 문화와 환경과 관련됨을 지지한다(APA, 2013/2015, p. 368).

쌍생아 연구는 섭식장애의 50~60%의 변량이 유전적 요인에 의해 설명된다고 시사한다(Spanos, Klump, Burt, McGue, & Iacono, 2010). 미네소타 쌍생아 가족연구(Minnesota Twin Family Study)에서 섭식장애증상의 유전가능성계수는 사춘기 동안 증가하여 사춘기 전에는 위험이 0이었다가 사춘기 후에 50%이며, 유전가능성은 에스트로젠수준이 가장 높을 때 장애적 섭식에 가장 크게 영향을 미친다고 시사하였다(Novotney, 2009). 신경성 식욕부진증의 유전성은 높다고 알려졌으나, 신경성 폭식증의 유전가능성 추정치는 다양하게 나타나며 유전적 영향력은 섭식장애 자체보다도 성향적 특질일 수 있다(Steinhausen, 2002b; p. 559, p. 566). 이론적 고찰에서 신경성 식욕부진증의 가산적 유전적 영향력은 58~88%로 추정되고 신경성 폭식증의 가산적 유전적 영향력은 다양하여 28~83%로 추정되며, 폭식의 경우 일반적 유전추정치는 46%로 보았는데, 비일관적 결과와 방법론적 차이로 인하여 결론을 내리기 어려우므로 방법론이 강화된 후속연구가 필요하겠다(Jacobi, Hayward, Zwaan, Kraemer, & Agras, 2004). 근래에는 신경성 식욕부진증에 대한 13개국 유전 컨소시움으로 대규모 유전체전장연구를 수행하거나 뇌영상촬

영법(fMRI)을 통하여 생물학적 기저를 밝히려는 시도가 진행되고 있다(Novotney, 2009). 일부에서는 섭식장애와 중독이 보상회로의 신경전달체계에서 유사하다고 설명하며, 섭식장애의 생물학적 취약성을 유전학 및 뇌영상학의 첨단기술과 연관시켜 조사할 필요가 있다는 주장도 제기된다(Halmi, 2009).

2) 부모와 자녀의 섭식장애 연관성

가계연구에 따르면 섭식장애를 가진 개인의 친족들에게서 섭식장애의 유병률이 높다고 알려져 있다. 가계연구에서 93명의 발단자와 2,125명의 가족들의 자료를 분석한 결과 가족구성원의 신경성 식욕부진증과 신경성 폭식증의 비율은 각각 5.1%와 4.3%로 나타났으며, 신경성 식욕부진증을 가진 발단자의 가족들은 발단자와 동일한 진단의 군집을 이루는 경향을 보였다고 보고하였다(Woodside, Field, Garfinkel, & Heinmaa, 1998). 미국에서, 신경성 식욕부진증 152명, 신경성 폭식증 171명, 정상인 181명으로 구성된 504명의 발단자와 1차친족 1,831명을 대상으로 비교위험도를 조사한 결과 신경성 식욕부진증 발단자와 신경성 폭식증 발단자가 신경성 식욕부진증을 보이는 경우는 정상 대조집단에 비교하여 각각 11.3배, 12.3배 더 높았으며 신경성 식욕부진증 발단자와 신경성 폭식증 발단자가 신경성 폭식증을 보이는 경우는 정상 대조집단에 비교하여 각각 4.2배, 4.4배 더 높았다(Strober, Freeman, Lampert, Diamond, & Kaye, 2000).

일반적으로 통제집단의 친족들과 비교했을 때, 섭식장애가 있는 개인의 친족들의 섭식장애 유병률이 더 높았고, 준섭식장애(subthreshold eating disorder)의 비율도 높았으며, 신경성 식욕부진증과 신경성 폭식증을 모두 보이는 경우가 있는 것은 섭식장애가 광범위한 섭식관련병인으로 가족을 통해 표현된다고 보인다(Bulik, 2004, p. 8). 표집크기가 작았던 임상연구에서 섭식장애 있는 청소년의 어머니와 통제집단을 비교한 결과, 섭식장애 있는 청소년의 어머니는 식사태도검사의 신경성 폭식증 요인점수가 더 높았고, 더 빈번한 폭식증상과 더 많은 섭식장애증상을 보였다(Gracia de Amusquibar & De Simone, 2003). 영국에서 섭식장애 있는 어머니에 대한 종단연구에서 섭식장애 있는 어머니의 자녀들은 10세가 되었을 때 측정한 식사장애검사에서 제한, 체중관심, 체형관심의 하위 척도에서 통제집단보다 더 높은 점수를 보였는데, 이러한 문제 있는 식습관과 태도는 섭식장애를 발달시킬 위험을 높일 수 있다(Stein et al., 2006).

3) 가족관련 원인과 발생

섭식장애를 설명하는 원인은 다양한데, 심리-정신역동적인 원인론, 가족체계 원인론, 생물학적인 원인론, 유전적 원인론, 사회문화적 원인론 및 인지행동학적 원인론이 제기되고 있으나, 이 중 어느 하나만으로 섭식장애의 발생이나 현상을 설명하기 어렵다(이영호, 2011, p. 124).

가족은 날씬함에 대한 이상형이 전달되고 내재화되는 데 중요한 역할을 한다. 가족체계는 섭식장애에 연관되어 있다고 알려져 있는데, 가족체계에 중점을 둔 치료에서는 섭식장애가 있는 개인의 문제를 야기하는 부적절한 가족과정을 변화시키는 데 중점을 둔다. 사회화의 대행자로써 부모는 마름이 중요하다는 사회적 메시지를 강화함으로써 청소년의 섭식문제를 발달시킬 수 있다. 가족이 이상형에 대한 압력 뿐 아니라 적절한 섭식행동이나 자아존중감을 확립하게 하는 대처기술을 가르치지 못하면 섭식장애를 발달시키게 할 수 있다. 가족체계원인론으로 Minuchin은 신경성 식욕부진증 환자의 가족특징으로 결속, 과보호, 경직성, 갈등해결의 부재 및 부모문제에 대한 아동의 개입을 열거하였다(이영호, 2011, p. 125). 신경성 폭식증환자의 가장 대표적인 가족특성은 부모자녀 갈등과 표면화된 적대감과 같은 가족불화(family discord)이며, 신경성 폭식과 관련된 다른 가족특성으로 빈번한 부모부재, 비관여, 높은 기대감, 비난, 부부간 불화를 들 수 있다.

국내에서 청소년의 섭식장애와 가족기능과의 관계를 살펴본 연구에서 가족의 밀착이 강하고 갈등회피 경향이 강하며 부정적 감정의 표현이 적을수록 신경성 식욕부진증 내담자의 증상이 심하게 나타나는 한편, 대인 경계가 부적절하고 감정표현이 격렬하고 가족밀착이 약할수록 폭식증 내담자가 체중을 줄이고 섭취량을 줄이려는 경향이 강했다(정영선, 2005). 신경성 식욕부진증이 있는 청소년환자의 경우 아형에 따라 차이를 보일 수 있는데, 폭식형 신경성 식욕부진증이 있는 청소년은 건강한 청소년이나 제한형 신경성 식욕부진증이 있는 청소년에 비교할 때, 가족기능이 손상되었다고 인식하였고, 제한형 신경성 식욕부진증이 있는 청소년과 건강한 청소년은 가족기능의 인식에는 차이가 없었다(Casper & Troiani, 2001).

미국에서 섭식장애 발생의 위험요인을 규명하기 위하여 1,103명의 여자청소년을 3년 후까지 추적한 결과 2.9%인 32명이 섭식장애를 나타냈으며, 신체에 몰두하는 것과 사회적 압력이 섭식장애발생의 중요한 위험요인으로 나타났다(The McKnight investigators, 2003). 이 연구에 따르면 마른 체형에 몰두하는 것이 조기에 나타나는 것을 고려할 때, 섭식장애의 예방프로그램은 6학년 이전에 제공하며 마른 체형에 대한 인식과 사회적 압력에 기여하는 요인들을 알아 내고 감소시키는 데 예방의 초점을 둘 필요가 있다(The McKnight investigators, 2003). 영국에서 신경성 식욕부진증의 아동기 위험요인을 규명하기 위해 1970년 코호트가 출생, 5세, 10세, 30세이었을 때 자료를 수집하여 30세에 신경성 식욕부진증의 위험요인을 분석한 결과, 여성인 경우, 영아기 급식문제, 어머니의 우울증상, 불충분한 섭식이력의 4개의 위험요인이 파악되었고 높은 자아존중감과 어머니의 높은 체질량지수는 보호요인으로 규명되었다(Nicholls & Viner, 2009).

DSM-5에 따르면 신경성 폭식증의 발생원인에는 가계전달은 물론 유전적 취약성 또한 존재한다. 아동기 비만과 이른 사춘기 성숙은 신경성 폭식증 위험을 증가시킨다. 환경적 위험 및 예후 인자로, 아동기에 성적 학대나 신체적 학대를 경험한 사람들은 신경성 폭식증을 발달시킬 위험이 높다. 그러나 아동기의 신체적 학대나 성적학대가 섭식장애와 연관되었다고 알려져 있기는 하지만 이러한 학대가 전반적 정신병리의 위험요인이지 섭식장애에만 특징적인 것은 아니라는 주장도 있다.

섭식장애의 경우 아동과 어머니의 관계의 공통적 특징으로는 어머니가 딸에게 기대가 높고, 자신의 실패나 좌절에 대한 대리적 보상을 받으려 할 수 있으며, 이로 인해 딸의 사생활에 지나친 간섭을 하는 경향이 있고, 신경성 폭식증의 경우 어머니와 아동 사이의 표면화된 갈등이 나타나는 경향이 있다(이영호, 2011, p. 242). 아버지의 경우, 신경성 식욕부진증이나 신경성 폭식증을 가진 개인의 아버지에게서 알코올리즘이나 우울증이 많이 보고되었다(이영호, 2011, p. 242).

5 가족변인과 발달경과

섭식장애를 가진 여자청소년의 가족들은 일정한 특성을 가지는 것으로 알려져 왔다. 일찍이 Minuchin과 동료들은 신경성 식욕부진증을 보이는 청소년가족의 상호작용 유형의 5가지 특성을 기술하면서 ① 가족밀착으로 가족구성원들이 서로 지나치게 관여하고 개인의 경계가 쉽게 무너지며, ② 과잉보호로 아동의 자율기능 발달이 방해받으며, ③ 경직성이 있어서 가족은 자녀의 사춘기나 청소년기에 따른 변화를 두려워하며, ④ 갈등회피가 있으며, ⑤ 갈등해결력이 미약하다고 보았다(Mash & Barkley, 1996/2000, p. 400)

아동 및 청소년의 섭식장애와 가족관계는 상호호혜적이라고 볼 수 있다. 김혜진과 정경미(2008)의 연구에서 유아기와 학령기의 부모는 자녀의 섭취문제로 인한 스트레스를 경험한다는 결과가 나타났다. 자녀가 가족관계를 인식하는 것이 부모가 보고한 가족관계보다 섭식장애와 더 관련될 수 있다. 초등학교 5~6학년 여학생 모녀를 대상으로 한 연구에서 어머니가 보고하는 관여수준보다는 여학생이 지각하는 어머니의 관여수준이 높을수록 여학생의 신체불만족, 체중에 대한 걱정, 섭식절제수준이 더 높았다고 보고하였다(노은아, 안창일, 2005). 비슷한 맥락에서 미국 여자청소년을 대상으로 가족의사소통과 섭식장애행동을 종단적으로 조사한 결과, 여자청소년의 섭식장애문제는 그들이 지각한 부모와의 의사소통의 변화와 관련되어 조사 첫 해에 섭식장애 문제가 있었던 여학생들은 같은 시기에 부모와 의사소통이 잘 되지 않았고, 섭식문제가 점차 증가한 여학생들은 어머니와의 의사소통이 점차 감소하는 경향을 보였으나 이러한 변화는 부모가 지각한 의사소통과는 관련되지 않았다(이정, 2007).

가족요인은 섭식장애에 직접적 영향을 주기보다는 개인적 변인을 통하여 영향을 미칠 수 있다. 예를 들어, 국내 횡단연구에서 여대생의 완벽주의가 높을수록 자기비난을 많이 하게 되고 이에 따른 신체비교와 신체불만족이 커져서 폭식행동이 증가한다는 모형을 검증하거나, 여대생의 완벽주의 성향과 정서조절양식이 이상섭식행동에 주효과 및 상호작용효과를 미친다고 보고하였는데(손은정, 2010; 오경자, 정현강, 2008), 가족관계는 완벽주의와 같은 위험요인에 영향을 미칠 수 있다. 여대생을 대상으로 국내에서 진행된 횡단연구(가인숙, 현병호, 2006)에서 부모 과보호의 수준은 폭식행동을 설명했는데, 부모의 과보호 수준이 높다고 지각할수록 수치심이 높아져서 빈번한 폭식행동을 하게 된다고 해석하였다. 미국에서 수행된 역학연구에 따르면 10년 후 추수검사에서 완벽주의는 섭식장애의 발생뿐 아니라 유지에 관련된 변인이었는데, 이러한 결과는 섭식장애의 예방과 치료에 있어서 높은 완벽주의를 주요변화목표로 삼을 것을 시사한다(Holland, Bodell, & Keel, 2013).

가족의 상호작용은 섭식장애의 경과와 관련이 있을 수 있다. White, Haycraft와 Meyer(2014)는 횡단연구에서 가족식사시간이 더 빈번하고 긍정적 분위기이며, 우선순위가 주어질수록 여자청소년의 섭식장애적 태도가 낮아졌다고 보고하며, 가족식사시간은 청소년의 심리적 웰빙을 촉진하는 데 중요하며 여자청소년을 섭식장애로부터 보호할 수 있다고 시사하였다.

그러나 종단연구에서는 부모자녀 갈등이 섭식행동에 영향을 주기보다는 섭식행동이 부모자녀 갈등을 야기하는 것으로 유추하기도 한다. Spanos와 동료들(2010)의 전향적 종단연구에서 일란성 쌍생아가 14세 때 장애적 섭식에서 차이를 보이는 것은 이후 17세 때 부모-자녀 간의 갈등에서 차이를 보이는 것과 관련되었으나 반대의 경우는 입증되지 않았다. 연구자들은 유전적으로 동일한 일란성 쌍생아간의 부모-자녀 갈등의 이러한 차이는 장애적 섭식에서의 차이의 위험요인이기보다는 결과임을 시사한다고 설명하였다. 여자청소년의 건강하지 못한 섭식과 부모-자녀관계의 방향을 2년 간격으로 검증한 종단연구에서, 청소년 중기에서 후기의 기간에 식사태도척도의 일부 척도로 측정한 섭식행동과 태도는 덜 긍정적인 부모-자녀관계를 예측한 반면, 반대의 경우는 입증되지 않았다 (Archibald, Linver, Graber, & Brooks-Gunn, 2002).

6 치료에서의 가족의 역할

신경성 식욕부진증에 대한 주요심리치료적 접근은 개별심리치료, 행동치료, 가족치료가 있으며, 영양상담, 운동을 감독하는 것, 환자와 가족에 대한 심리교육적 측정도 중요한 치료의 요소로 간주한다. 이 중에서 **가족치료**는 신경성 식욕부진증을 치료하는 데 가장 광범위하게 연구되어 왔다. 신경성 식욕부진증을 치료하는 다양한 심리치료중재 중에서 가족기반 치료들은 임상적으로 유의한 체중 증가와 섭식 및 기분에 연관된 결과를 도출하는 데 가장 효과적으로 밝혀지고 있다(Chavez & Insel, 2007). 가족치료는 신경성 식욕부진증에 효과적이며 영국의 Maudsley병원의 임상연구가들이 개발한 Maudsley모델은 많이 조사되는 치료 중의 하나인데, 청소년 환자를 위해 10~20번의 가족회기를 6~12개월에 걸쳐 시행하며 치료 초기단계에서는 부모가 자녀의 섭식과 체중을 통제하도록 하다가 단계적으로 통제가 약해져서 후기 회기에서는 자녀가 연령에 적합한 자율성을 갖고 자신의 섭식장애를 해결하도록 한다(Wilson et al., 2007). Maudsley모델은 신경성 식욕부진증을 가진 청소년의 욕구에 특별히 맞추어진 접근방식으로, 무선배정 임상실험들에서 효과를 나타내었다.

영국의 Maudsley병원의 가족협력치료의 치료단계는 다음의 단계로 구분할 수 있다(Keel & Haedt, 2008).

1. 내담자를 재급식하는 단계: 부모가 내담자를 재급식하도록 지원하고, 부모의 지도하에 내담자가 체중을 회복하는 단계이다. 형제자매가 내담자를 지원하도록 격려한다. 가족이 재급식계획을 고안하도록 격려하며, 어린 내담자일수록 부모가 적극적인 역할을 하게 된다.
2. 새로운 형태의 관계를 형성하는 단계: 내담자가 일단 재급식에 참여하고 체중을 증가시키려고 하면, 큰 갈등없이 체중증가가 가능해진다. 섭식장애의 증상이 여전히 주요과제이지만, 다른 가족이슈에 대하여 논의한다.
3. 종료단계: 내담자가 건강한 목표체중에 도달하면, 내담자와 부모와의 건강한 관계형성에 중점을 둔다. 내담자의 연령에 따라서 자율성의 증가나 적절한 가족경계와 같은 주제가 종종 다루어진다.

신경성 식욕부진증과 비교했을 때 신경성 폭식증은 체계적 가족치료가 거의 없으나, 부모나 가족구성원은 신경성 폭식증을 가진 청소년을 돕는 데 중요한 역할을 할 수 있다. 부모가 심판하려 하거나 비판하기보다는 지지적으로 참여할 때, 신경성 폭식증을 가진 청소년은 부모참여가 효과적이라고 본다(Lock & Grange, 2005).

이영호(2011, pp. 436-437)는 섭식장애를 가진 성인이나 청소년의 치료에서 가족을 치료에 참여시키려 결정할 때 고려해야 할 점으로, 첫째, 흔히 자신의 문제가 가족에 미치는 영향을 미안해하여 환자가 가족이 치료에 참여하는 것을 반대한다는 것과 둘째, 부모가 원인을 제공했다고 느끼는 강한 죄책감과 자기비난에 빠져 치료참여를 꺼릴 수 있음을 지적하였다. 이영호(2011, pp. 438-439)가 제시한 섭식장애의 가족치료에 있어 일반적 지침 또는 섭식장애 치료자들이 가족을 대하는 기본적 태도에 대한 지침을 요약하면 다음과 같다.

- 환자의 가족을 비난하는 태도로 접근하지 않는다.
- 섭식장애가 있다는 이유로 이들 가족에게 문제가 있다고 가정하지는 않는다.
- 가족들이 이제까지 최선을 다했다고 생각한다.
- 가족들이 스트레스로 지쳐있음을 생각한다.
- 가족들이 도움을 원하고 있다고 생각한다.
- 가족들이 공개적이고 직접적인 대화를 하도록 한다.
- 비밀유지 한도 내에서 치료의 진척을 가족과 상의한다.
- 가족이 장애에 대하여 가능한 한 지식을 많이 갖도록 가족이 보인 흥미나 노력을 격려한다.
- 가족치료에 초점을 둔 특수치료를 할지 결정한다.

김율리와 전옥순(2013)은 가족이 섭식장애 환자에게 도움이 되기 위해서는 병이 아니라 사람에게 이야기하는 것임을 생각하고, 환자가 신경성 식욕부진증과 싸우겠다는 생각이 들도록 도와주며, 섭식장애에 대해 가능한 한 많이 알면서 환자를 판단하려 하지 말고 이해하도록 노력할 것을 조언하였다(pp. 60-61). 부모가 자녀의 섭식행동을 변화시키기 위한 구체적 방법으로는 간식이나 식사를 언제 누구와 어디에서 무엇을 먹을지 등에 대하여 자녀에게 선택권을 주고, 자녀의 이상섭식을 바꾸기 위하여 가족이 일치단결하는 것이 중요하며, 자녀가 식사계획을 구체적으로 함께 세우게 하는 방법을 제시하였다(김율리, 전옥순, 2013, pp. 87-95).

섭식장애의 가족치료는 학파나 학자에 따라 다양하나, 이영호(2011, pp. 443-445)는 3가지 기본모델로 만남을 통한 회복, 구조적 개입을 통한 회복, 체제변화를 통한 회복(healing through systems change)을 논의하며, 임상적 실제에서는 이 3모델이 복합적으로 사용될 수 있다고 설명하였다. 만남을 통한 회복에서는 치료자가 가족전체의 대화를 촉진시키도록 시도하며(이영호, 2011, p. 443), 구조적 개입을 위한 회복은 치료의 목표를 가족 내 역기능적 측면을 교정하는 데 두며, 체제변화를 통한 회복은 순환질문법(circular questioning methods)이라는 면담법을 사용한다(이영호, 2011, p. 444).

신경성 식욕부진증을 가진 청소년을 치료하는 심리치료개입 중에서 가족기반치료는 임상적으로 의미 있는 체중증가를 가져오고 섭식 및 기분과 관련된 결과의 향상에 가장 효과적으로 밝혀지고 있다. 그러나 비록 가족기반 신경성 식욕부진증 치료가 임상적인 긍정적 유용성이 있을지라도 청소년을 위한 최상의 치료라고 하기에는 이르다고 보기도 한다(Chavez & Insel, 2007). 신경성 폭식증의 경우, 일반적으로 인지행동치료가 가장 큰 임상적 유용성을 보인다고 알려져 있으며, 인지행동치료와 약물치료를 병행하는 병행치료는 추가적 장점이 있는 편이다(Chavez & Insel, 2007).

근래에는 청소년의 신경성 식욕부진증에 대한 각기 다른 가족치료의 상대적 효과를 비교하기도 한다. 신경성 식욕부진증이 있는 청소년과 가족을 대상으로 가족이 섭식과 관계된 행동을 관리하는 데 중점을 둔 가족기반치료(Family-Based Treatment: FBT)집단과 일반적 가족과정을 다루는 체계적 가족치료(Systemic Family Therapy: SyFT)집단으로 분류하여 9개월에 걸쳐 16회기 치료를 진행한 결과 두 집단은 섭식장애 증상이나 동반이환에서 집단 간 차이가 없었으나, 가족기반치료집단은 체계적 가족치료보다 관해율이 높고, 치료 초기에 더 빨리 체중이 증가하였으며, 입원일이 적었고, 회복하는 데까지의 치료비가 절반 이하로 더 적게 들었다(Agras et al., 2014). 치료효과의 비교연구에서처럼 조절효과가 나타나는 경우도 있는데, 일반적으로 심각한 강박적 측면이 있는 경우에는 섭식관련된 행동에 대한 가족관리를 강조하는 가족기반치료보다도 일반적 가족과정을 다루는 가족체계치료가 더 나은 치료로 알려져 있다.

섭식장애를 가진 청소년내담자에 대한 독일의 자료를 분석한 국내연구에서 신경성 식욕부진증의 경우, 내담자와 상담자가 가족기능을 부정적으로 평가할수록 장애의 정도가 심하게 나타났고, 외부관찰자의 상호작용에서 가족의 밀착과 갈등회피경향이 강하고 부정적 감정의 표현이 적을수록 내담자의 증상이 심하게 나타났다(정영선, 2005). 동일한 연구에서 폭식증의 경우, 외부관찰자의 상호작용에서 가족의 밀착이 강하고 갈등회피경향이 강하며 부정적 감정의 표현이 적을수록 내담자의 증상이 심하게 나타났다(정영선, 2005).

◆ 보충자료 섭식장애에 대한 참고정보를 얻을 수 있는 기관의 예

기관명	웹 주소	기관설명
Academy for Eating Disorders	www.aedweb.org	섭식장애의 연구, 교육, 치료, 예방을 주도하는 데 목적을 둔 전문가집단
The International Association of Eating Disorders Professionals	www.iaedp.com	섭식장애전문가들을 위한 국제적 조직
National Association of Anorexia Nervosa and Associated Disorders(ANAD)	www.anad.org	신경성 식욕부진증이 있는 개인을 지원, 교육하고 연결하는 미국의 기관
National Eating Disorders Association(NEDA)	www.nationaleating-disorders.org	섭식장애가 있는 개인과 가족을 위하여 설립된 미국의 비영리기관

알코올관련장애 제9장

1 특징

물질관련 및 중독장애(substance-related and addictive disorders)는 술, 담배, 마약 등과 같은 중독성 물질을 사용하거나 과몰입함으로써 부적응적인 증상을 나타내는 것이다. 물질장애는 산발적으로 물질을 섭취하는 실험적 시도에서 시작하여 쾌락효과를 얻기 위해 정규적인 사용으로 진행되고, 내성이 발달되어 동일한 효과를 얻기 위해 복용량이나 횟수를 증가시켜 사회심리적 손상이나 해로운 결과와 연관되고, 결국 의존성이나 강박적 행동을 나타내게 된다.

DSM-5에서 물질관련장애는 물질관련 및 중독 장애(substance-related and addictive disorders)라는 별도의 장에 포함되어 있으며, 10개의 구체적인 물질로 특정장애를 정의하여, 알코올관련장애(alcohol-related disorders), 카페인관련장애(caffeine-related disorders), 대마관련장애(cannabis-related disorders), 환각제관련장애(hallucinogen-related disorders), 흡입제관련장애(inhalant-related disorders), 아편계관련장애(opioid-related disorders), 진정제, 수면제 또는 항불안제 관련장애(sedative-, hypnotic-, or anxiolytic-related disorders), 자극제관련장애(stimulant-related disorders), 담배관련장애(tobacco-related disorders), 기타(또는 미상의) 물질관련장애[other (or unknown) substance-related disorders]로 구분되어 있다(APA, 2013, p. 481).

DSM-5에서 물질관련장애는 물질사용장애(substance use disorders)와 물질로 유발된 장애(substance-induced disorders)의 2집단으로 구분된다(APA, 2013/2015, p. 527). 물질사용장애의 필수양상은 중요한 물질관련 문제들이 있음에도 불구하고 개인이 물질을 지속적으로 사용하는 것을 나타내는 인지적, 행동적, 생리적 증상군으로 중요한 특징은 뇌 회로의 기저 변화이다(APA, 2013/2015, p. 529). 물질을 과도하게 사용하는 것은 뇌의 보상체계를 활성화시킨다고 알려져 있다. 물질로 유발된 장애의 전반적 범주는 중독, 금단, 기타 물질/약물치료로 유발된 장애들을 포함한다(APA, 2013/2015, p. 532). DSM-IV에서 물질남용과 물질의존진단을 분리한 데 비하여, DSM-5에서는 물질남용과 물질의존을 분리하지 않으며, 물질사용장애의 심각도는 열거된 진단기준의 수에 기초한다. DSM-IV에서 남용을 진단하는 역치는 1개 이상, 의존을 진단하는 역치는 3개 이상을 기준으로 정해진 데 비하여 DSM-5에서 물질사용장애를 진단하는 역치는 2개 이상의 기준으로 정해진다.

이 장에서는 물질관련장애 중에서 알코올관련장애를 선택하여 기술하는데, DSM-5에서 알코올관련장애는 알코올사용장애, 알코올중독, 알코올금단, 기타 알코올로 유발된 장애, 명시되지 않는 알코올관련장애를 포함한다. 특히 알코올사용장애만을 다루고자 하는데, 알코올사용장애의 경우 DSM-5에서는 알코올남용과 알코올의존을 통합하고, 2~3개의 증상을 보일 때에는 경도, 4~5개의 증상을 보일 때에는 중등도, 6개 이상의 증상을 보일 때에는 고도로 구분하고 있다. DSM-5에 따르면 알코올사용장애는 금단, 내성, 갈망감이 포함된 행동과 신체적 증상군으로 정의된다(APA, 2013/2015, p. 538). 〈표 9-1〉은 알코올사용장애에 대한 DSM-5의 진단기준(APA, 2013/2015, pp. 537-538)을 보여 준다.

표 9-1 알코올사용장애(Alcohol Use Disorders) 진단기준

A. 임상적으로 현저한 손상이나 고통을 일으키는 문제적 알코올사용 양상이 지난 12개월 사이에 다음의 항목 중 최소한 2개 이상으로 나타난다.
1. 알코올을 종종 의도했던 것보다 많은 양, 혹은 오랜 기간 사용함
2. 알코올사용을 줄이거나 조절하려는 지속적인 욕구가 있음. 혹은 사용을 줄이거나 조절하려고 노력했지만 실패한 경험들이 있음
3. 알코올을 구하거나, 사용하거나, 그 효과에서 벗어나기 위한 활동에 긴 시간을 보냄
4. 알코올에 대한 갈망감, 혹은 바람, 혹은 욕구
5. 반복적인 알코올사용으로 인해 직장, 학교, 혹은 가정에서의 주요한 역할 책임 수행에 실패함
6. 알코올의 영향으로 지속적으로, 혹은 반복적으로 사회적 혹은 대인관계 문제가 발생하거나 악화됨에도 불구하고 알코올사용을 지속함
7. 알코올사용으로 인해 중요한 사회적, 직업적 혹은 여가 활동을 포기하거나 줄임
8. 신체적으로 해가 되는 상황에서도 반복적으로 알코올을 사용함
9. 알코올사용으로 인해 지속적으로, 혹은 반복적으로 신체적 · 심리적 문제가 유발되거나 악화될 가능성이 높다는 것을 알면서도 계속 알코올을 사용함
10. 내성(다음 중 하나로 정의됨)
    a. 중독이나 원하는 효과를 얻기 위해 알코올 사용량의 뚜렷한 증가가 필요
    b. 동일한 용량의 알코올을 계속 사용할 경우 효과가 현저히 감소
11. 금단(다음 중 하나로 나타남)
    a. 알코올의 특징적인 금단 증후군
    b. 금단 증상을 완화하거나 피하기 위해 알코올(혹은 벤조디아제핀 같은 비슷한 관련 물질)을 사용

2 유병률

일반적으로 알코올사용장애의 유병률은 조사종류, 측정방법, 개념정의, 연구집단에 따라 다르다. 알코올사용장애는 흔한 장애로 알려져 있으며, 세계보건기구에서 2010년 발간된 자료에 따르면 알코올은 장애 및 질병에 대한 위험요인 중에서 세 번째로 큰 요인이다(Ray, Courtney, & Bacio, 2013, p. 550). 알코올사용은 청

소년 초기에 시작되어 16~20세에 이르는 청소년 후기에 증가하며, 특히 고등학교 이후에 급속히 증가한다. 자율성과 독립성이 증가하는 청소년 후기는 신경학적 및 인지적 과정과 행동적 및 사회적 기능이 변화하고 외부 맥락도 현저하게 변화하는 시기이다. 미국의 역학조사에 따르면, DSM-IV에 근거한 알코올남용과 의존은 매우 흔하고 기능장애와 관련이 있지만, 알코올의존이 있는 개인들의 24.1%만이 치료를 받았다(Hasin, Stinson, Ogburn, & Grant, 2007). 미국에서 조사된 알코올의존의 12개월의 시점유병률은 약 3.8%이며, 평생유병률은 12.5%로 알려져 있다(Ray, Courtney, & Bacio, 2013, p. 550).

미국에서 조사된 자료에 따르면 알코올의 12개월 유병률은 12~17세 사이에는 4.6%, 18세 이상의 성인에서는 8.5%로 추정되며, 18~29세 사이에 16.2%로 가장 높고 65세 이상에서 1.5%로 가장 낮으나, 미국의 인종/민족 소집단에 따라 현저하게 다르다(APA, 2013/2015, p. 540). 성별에 따라서는 성인 남자(12.4%)가 성인 여자(4.9%)보다 장애의 비율이 높다(APA, 2013/2015, p. 540).

음주경험의 비율은 지역, 시기, 대상에 따라 다소 차이를 보인다. 미국의 미래모니터링(Monitoring The Future: MTF)은 1975년 시작된 이래 매년 코호트자료를 사용하여 알코올을 비롯한 물질사용의 역학 및 원인을 조사하는데, 2011년 조사에 따르면 8학년생들의 27%, 10학년생들의 50%, 12학년생들의 64%가 알코올을 사용하였고, 음주에 대한 비율은 인종과 성과 같은 하위집단의 특성에 따라 다양하였다(Patrick & Schulenberg, 2014). 미국의 종단연구에서 첫 음주경험의 누적증가율은 10.5세에 참여자의 25%였다가 13세까지 가파르게 증가하여 13세에는 64%이었으며, 18세에는 88%로 나타났는데, 첫 음주경험은 알코올사용에 대한 부모의 기준이 분명할수록, 친구의 알코올사용이 낮을수록 지연되었다(Kosterman, Hawkins, Guo, Catalano, & Abbott, 2000). 일반적으로 10~15세에 해당하는 청소년 초기는 음주시작과 관련되어서 13~14세에 음주시작이 최고조를 이루고, 16~20세의 청소년후기는 1번에 5잔 이상을 소비하는 폭음과 같은 위험한 음주행위의 특징을 보인다(Chartier, Hesselbrock, & Hesselbrock, 2011).

국내조사에서 초중고생 8,745명을 대상으로 정신건강 실태조사를 한 결과, '최근 1년간 술을 마신 적이 있다'에 대해 전체 응답자 중 33.0%가 '있다'에 응답한 반면 67%가 '전혀 없다'에 응답하였다(한국청소년정책연구원, 2012, p. 76). 청소년건강행태온라인조사 통계에서 층화표집을 통하여 전국 797개교의 중고등학생 68,043명을 대상으로 조사한 결과, 평생음주경험율은 전체집단에서 40.8%이었으며, 학교급별로 구분하면 중학교집단의 경우 26.2%, 고등학교집단의 경우 53.7%로 나타났다(질병관리본부, 교육부, 보건복지부, 2015, p. 95). 동일한 조사 통계에서 현재음주율은 전체집단에서 16.7%이며, 학교급별로 구분하면 중학교집단의 경우 7.4%, 고등학교집단의 경우 24.9%로 나타났다(질병관리본부, 교육부, 보건복지부, 2015, p. 98). 처음 음주경험연령은 전체집단 평균 13.1세이었으며, 현재 음주자의 위험음주율은 전체집단에서 50.2%, 문제음주율은 전체집단에서 6.0%로 나타났다(질병관리본부, 교육부, 보건복지부, 2015, p. 113, p. 117).

3 측정도구

알코올사용장애를 판별하는 측정방법 중에서, 알코올사용장애확인검사(Alcohol Use Disorders Identification Test, AUDIT; Babor, Higgins-Biddle, Saunders, & Monteiro, 2001)는 위험하거나 해로운 알코올소비를 선별하기 위한 도구로써 세계보건기구(WHO)에서 6개국 협업프로젝트를 통하여 개발되었는데, ICD-10에 포함된 3가지 영역을 측정한다. 자기보고 또는 임상가가 실시하는 10문항으로 구성되어 있는데, 유해한 알코올사용(심리적 및 신체적 건강이나 사회적 및 직업적 기능에 직접적인 부정적 결과를 야기하는 음주)에 대한 3문항, 알코올의존에 대한 3문항, 위험한 알코올사용(문제를 발달시킬 위험을 증가시키는 음주)을 알려 주는 4문항을 포함한다. 각 문항은 '전혀 아니다'인 0점에서 '매일 또는 거의 매일'의 4점까지의 5점척도로 응답하도록 되어 있어 총점은 0점에서 40점의 범위를 보인다. 국내에서는 김종성 외(1999)의 연구를 통하여 신뢰도와 타당도가 검증되었다.

CRAFFT(Knight, Sherritt, Shrier, Harris, & Chang, 2002)는 문제성 물질사용을 발달시킬 위험이 있는 청소년을 선별하기 위한 도구이다. 14~18세의 청소년에게 발달적으로 적합하도록 개발되었고, 알코올 소비에 덧붙여 약물사용에 초점을 두었다. CRAFFT는 6개의 질문에 대한 어두문자인데, 각 질문은 진위형으로 응답하게 되어 있다. 각 질문은 음주운전 혹은 음주한 청소년이 운전하는 차량이나 오토바이에 동승한 적이 있거나, 긴장을 완화하기 위한 방법으로서 사용여부를 묻는 내용 등을 다루고 있다. 실시와 채점이 1분 정도로 간단하고 별도의 훈련이 필요하지는 않으나 자격이 있는 임상가가 사용하도록 한정하기 위하여 저작권이 보호되어 있다(Knight et al., 2008, p. 445).

CAGE(Ewing, 1984)는 자기보고형 검사로 성인의 알코올리즘을 선별하거나 알코올관련 문제행동을 측정하는 자기보고형 도구이다. 국내에서 19세 이상 성인이나 대학생을 대상으로 알코올문제를 측정하는 데 사용되었다. CAGE는 4개의 질문에 대한 어두문자인데, ① 술을 끊어야 한다고(Cut down) 느낀 적이 있습니까? ② 당신이 술을 마시는 것을 비난하는 사람들 때문에 귀찮을 때가(Annoyed) 있습니까? ③ 음주 때문에 기분이 나쁘거나 죄책감을 느낄 때가(Guilty) 있습니까? ④ 술을 마신 다음 날 아침 불쾌감을 없애고 기운을 차리기 위해 해장술을(Eye opener) 마실 때가 있습니까?'를 묻는 질문으로 각 질문은 진위형으로 응답하게 되어있다(Ewing, 2008, p. 444).

개인적 경험 선별질문지(Personal Experience Screening Questionnaire, PESQ; Winters, 1992)는 12~18세 청소년의 물질사용장애를 선별하기 위하여 개발되었다. PESQ는 진위형과 선다형인 40문항으로 구성되었으며 빈도, 형태, 결과와 관련된 내용영역과 보고에 대한 방어성(defensiveness)과 사용에 대한 과잉평가를 다루는 질문들로 구성되어 있으며 하위척도로 문제심각성, 방어성, 희귀성이 포함된다.

Michigan 알코올리즘 선별검사(Michigan Alcoholism Screening Test, MAST;

Selzer, 1971)는 구조화된 자기보고 혹은 면접으로 사용하며 25문항으로 구성되어, '아니요'에 응답했을 때 0점, '예'에 응답했을 때 1, 2, 5점의 점수를 받는다. 국내에서 장환일과 전진숙(1985)에 의하여 신뢰도와 타당도가 검증되었다.

음주자의 변화동기에 대한 척도로 변화단계척도(Stages of Change Readiness and Treatment Eagerness Scale, SOCRATES; Miller & Tonigan, 1996)는 19문항으로 5점 척도로 구성되어 있다. 변화단계척도는 원래 1981년 Miller에 의해 문항군이 개발되었으며, 2판은 5점척도인 32문항으로 구성되었는데, 각 8문항으로 구성된 하위척도는 숙고전 단계, 숙고단계, 결정단계, 실행단계와 논리적으로 상응하도록 의도하였다. 1991년에 개발된 5판은 20문항으로 구성되었는데, 요인분석결과 1문항을 제거하여 19문항으로 구성된 판으로 구성되었으며, 음주에 대한 양가감정(ambivalence) 하위척도, 음주문제에 대한 인식(recognition) 하위척도, 음주행동을 변화시키려는 실천단계(taking steps)를 의미하는 3개의 하위척도로 구성되어 있다. 국내에서 전영민(2005)의 연구를 통하여 한국판 변화단계척도의 신뢰도와 타당도가 검증되었다.

Alcohol Dependence Scale(ADS; Skinner & Allen, 1982)은 자기보고형으로 진위형과 선다형의 25문항으로 구성되었으며, 알코올의존증후군의 심각성을 측정한다. 알코올음주 심각성에 대한 1개의 척도로 나타난다.

Alcohol Expectancy Questionnaire(AEQ; Brown, Christiansen, & Goldman, 1987)는 개인이 음주로부터 긍정적 효과를 기대하는 정도를 자기보고하는 척도이다. 하위척도로는 경험에서 긍정적인 전체적 변화, 성적 증진, 사회적 신체적 즐거움, 주장성, 이완과 긴장완화, 각성과 대인권력이 있다. 개정판은 1점에서 5점까지의 5점척도로 되어 있고, 120문항으로 구성되어 있다. 청소년용(Christiansen, Goldman, & Inn, 1982)은 100문항으로 구성되어 있다. 〈표 9-2〉는 알코올사용장애와 관련하여 대표적 측정도구들의 기본사항들을 비교하여 제시한다.

표 9-2 알코올사용장애 평정측정도구의 예

평가도구명	측정연령 범위	총 문항 (문항형태)	하위측정영역	주요출처
AUDIT		10문항 (5점척도)	유해한 알코올사용, 알코올의존, 위험한 알코올사용	Babor et al., 2001
CRAFFT	14~18세	6문항 (진위형)		Knight et al., 2002
CAGE		4문항 (진위형)		Ewing, 1984
PESQ	7~12학년	40문항 (진위형과 선다형)	문제심각성, 방어성, 희귀성	Winters, 1992
MAST		25문항 (진위형에 따른 가중치)		Selzer, 1971
SOCRATES short form		19문항 (5점척도)	양가감정, 음주문제에 대한 인식, 음주행동을 변화시키려는 단계	Miller & Tonigan, 1996
ADS		25문항 (진위형과 선다형)	알코올음주 심각성	Skinner & Allen, 1982
AEQ		120문항 (청소년용은 100문항) (5점척도)	경험의 긍정적 전체적 변화, 성적 증진, 사회적 신체적 즐거움, 주장성, 이완과 긴장완화, 각성과 대인권력	Brown et al., 1987

주. AUDIT=Alcohol Use Disorders Identification Test; PESQ=Personal Experience Screening Questionnaire; MAST=Michigan Alcoholism Screening Test; SOCRATES short form=Stages of Change Readiness and Treatment Eagerness Test; ADS=Alcohol Dependence Scale; AEQ=Alcohol Expectancy Questionnaire

4 가족변인과 병인론

1) 유전가능성계수

쌍생아와 입양연구들은 물질사용과 남용의 전반적 경향에 중간정도의 유전적 영향이 있다고 지적한다(Rutter, 2002). Merikangas와 Avenevoli(2000)의 유전역학(genetic epidemiology)연구에서 부모력(parent history)에 근거한 물질사용장애의 기여위험도는 55%이었으며, 물질의존부모를 둔 자녀는 물질장애문제가 없는 자녀들보다 물질남용을 할 확률이 2배 더 높았는데, 이는 부모력이 물질남용과 의존에 특히 중요한 위험요인임을 시사한다. DSM-III-R에 근거한 알코올의존의 유전 및 환경 영향력을 분석한 결과, 알코올의존에서 유전에 기인한 변량은 약 64%로 추정되었다(Heath et al., 1997).

DSM-5에 따르면 알코올사용장애는 가족력이 있어서 위험도 변량의 40~60%는 유전적 영향으로 설명된다. 위험성은 알코올사용장애를 가진 사람의 가까운 친족에게서 3~4배 높은데, 이환된 친족의 수가 많을수록, 가까운 친족일수록, 알코올관련문제가 심각할수록 위험성이 높아진다(APA, 2013/2015, p. 541). 알코올사용장애를 가진 개인의 일란성 쌍생아는 이란성 쌍생아에 비해 장애를 가질 위험성이 유의하게 높다. 알코올사용장애가 있는 부모에게서 태어난 아이는 태어나자마자 장애가 없는 양부모에게 입양되어도 알코올사용장애 발생의 위험도가 3~4배 증가한다(APA, 2013/2015, p. 541).

2) 부모와 자녀의 알코올관련장애 연관성

알코올사용의 세대 간 전이에는 유전적 요인과 환경적 요인이 모두 작용한다. 최근에는 가족연구를 통하여 알코올의존을 발달시키는 감수성에 관련된 후보유전자를 규명하려는 연구들이 진행되고 있다. 부모의 알코올의존은 청소년이 이른 나이에 음주를 시작하고 지속적으로 알코올을 사용하는 것과 관련되었다. Marmorstein, Iacono와 McGue(2009)는 지역사회 표본인 미국 미네소타 쌍생아 가족 연구(Minnesota Twin Family Study)를 통하여 부모의 알코올 및 물질의존이 청소년후기에 있는 자녀의 외현화 및 물질장애를 발달시킬 확률을 약 2~3배 증가시킨다고 밝혔는데, 부모가 알코올의존이 있는 자녀를 저위험군 자녀와 비교한 교차비는 알코올의존의 경우 2.18, 물질의존의 경우 2.25로 나타났다. 부모의 음주는 청소년의 음주에 대한 발달궤적을 설명하는 강력한 예측인자이다. 종단연구에서 부모의 과음은 자녀가 더 어린 연령에 음주를 시작하고 과음을 하는 것과 관련되었으며, 이러한 영향은 낮은 사회경제적 지위에 속한 청소년에게 특히 현저하게 나타났다(Vermeulen-Smit et al., 2012). 영국의 출생코호트자료에서도 물질 및 부모직업과 관련된 사회적 불이익과 더불어, 어머니의 음주는 아동이 10세일 때의 알코올사용과 관련되었다(MacLeod et al., 2008). 네덜란드에서 청소년 및 성인초기의 쌍생아와 가족으로부터의 종단자료에서, 아버지가 빈번하게 음주를 하는 것과 음주하는 친구가 많은 것은 2년 후 문제음주를 가장 크게 예측하였고, 아버지의 빈번한 음주는 7년 후에도 여전히 문제음주의 위험요인이었다(Poelen, Engels, Scholte, Boomsma, & Willemsen, 2009).

알코올사용장애를 가진 부모를 둔 청소년에게서 청소년기의 비행이나 공격행동은 음주시작연령이나 사용문제와 관련되었다. 미시간 종단연구에서 알코올사용장애를 가진 부모를 둔 자녀의 아동초기 문제행동은 음주를 시작하는 이른 연령과 관련되었고, 스웨덴 입양연구에서 아동기에 자극추구(novelty seeking)가 높고 위험회피가 낮은 것은 추수검사에서 알코올리즘과 연관되었다(Zucker & Wong, 2006, p. 303). 부모의 알코올사용과 청소년의 알코올사용이 연관된 것은 부모양육에 의해서 설명되기도 한다. 핀란드에서 수행된 지역사회 표본자료에서 부모의 알코올사용행동은 자녀가 14세와 17.5세일 때의 알코올 사용행동과 정적으로 연관되었으며, 이러한 연관성은 청소년이 지각한 부모양육에 의해 매개되었고, 청소년이 지각한 부모모니터링과 훈육은 청소년의 알코올사용과 중독을 낮추었다(Latendresse et al., 2008).

알코올사용장애의 세대 간 전이는 1991년 Sher가 제시한 기전으로 설명할 수 있는데, 강화증가(enhanced reinforcement)경로, 일탈경향(deviance proneness)경로, 스트레스와 부적정서(stress and negative affect)경로의 다음 3가지가 포함된다(Chassin et al., 2012). 강화증가경로에 따르면 알코올사용효과에서의 유전적 개인차와 사회적으로 전달된 정보가 결합되어 알코올중독자의 자녀들(Children of Alcoholics: COAs)은 알코올사용에 대하여 상대적으로 정적강화를 더 많이, 부정적 효과를 더 적게 경험하고 기대한다. 일탈경향경로에 따르면, 행동 과소통제의 유전적 개인차와 양육부족이 결합하여 알코올중독자의 자녀들은 충동적이며, 감각추구적이며 일탈하기 쉽게 된다. 스트레스와 부적정서경로에 따르면 유전적 기질특성과 양육문제가 결합하여, 알코올중독자의 자녀들은 정서조절이나 대처가 부족하며, 생애초기 역경과 계속적인 환경스트레스에 노출되게 되고, 환경스트레스에 대한 대처방법으로 알코올을 사용하게 될 것이다.

3) 가족관련 원인과 발생

먼저 일반적으로 물질사용의 가족관련 요인을 살펴보면, Alan Carr(2002/2009)는 사회발달모형에 대한 선행연구를 제시하면서, 약물의 오락적 사용에서부터 유해한 약물남용으로 진전시키는 위험요인을 다음과 같이 열거하였다(Carr, 2002/2009, p. 348)

- 부모의 알코올 및 약물사용
- 불명확한 규칙, 느슨한 감독 및 비일관된 규율
- 만성적이며 심각한 가족갈등
- 청소년기로 지속되는 아동초기의 행동문제

- 낮은 학문적 성취, 학습장애, 학교문제
- 사회적 기술 및 부정적인 기분상태를 조절하는 데 요구되는 기술의 부족
- 정상이 아닌 또래집단성원
- 비조직적이고, 스트레스가 많으며, 비지지적이거나 약물을 즉시 사용할 수 있는 높은 범죄집단의 가족성원

Kumpfer & Bluth(2004)는 물질남용장애에 대한 취약성과 탄력성에 대한 이론적 고찰 논문을 기술하며 선행연구들에서 규명된 물질사용의 가족위험요인과 부모와 자녀간의 교류과정을 통하여 아동의 탄력성을 구축할 수 있는 보호과정을 제시하였다. Kumpfer와 Bluth(2004)가 제안한 물질사용의 가족위험요인과 보호과정을 표로 정리한 결과는 〈표 9-3〉으로 제시된다.

음주위험에 관계되는 매개 및 조절변인으로 다양한 개인적 및 환경적 변인들이 포함된다. 대학생의 음주위험을 살펴본 이론적 검토에서 감각추구(sensation seeking)성향, 인종, 성, 종교성향, 대학교 이전에 알코올을 사용한 경험과 더불어 부모는 대학생의 알코올사용에 대한 태도와 행동에 영향을 준다고 밝혀졌다(Borsari, Murphy, & Barnett, 2007). 미국의 미래모니터링(Monitoring The Future: MTF)연구는 횡단자료로 인과관계나 상호호혜적 관계를 추론하거나 결과를 일반화하기 어려운 제한점이 있으나, 청소년의 알코올사용에 영향을 미치는 위험요인과 관련된 사항으로 부모와 또래, 학교와 일, 종교나 지역사회에 대한 애착, 운동 및 스포츠참여, 외현화행동과 다른 약물 사용여부, 위험감수 및 감각추구성향, 웰빙, 음주에 대한 태도 등을 밝히고 있다(Patrick & Schulenberg, 2014). 국내에서 1990년에서 2012년까지의 연구들을 메타분석한 결과, 음주유무의 경우 긍정적 음주태도, 음주빈도의 경우 음주 친구의 수, 음주량의 경우 친구음주빈도의 효과크기가 가장 컸으며, 음주 및 약물지식 및 가정경제수준에 따라 음주유무의 효과크기가 차이를 보였다(조혜정, 2014).

표 9-3 물질사용의 가족위험요인과 보호과정

가족위험 요인	1. 부모와 형제자매의 약물남용 2. 서투른 아동양육과 사회화 경험 3. 아동에 대한 비효과적인 감독 4. 비효과적인 훈육기술 5. 부정적인 부모-자녀관계 6. 부정적인 가족환경(예: 지나친 가족갈등, 부부불화, 가정폭력) 7. 가족해체와 가족스트레스 8. 사회적으로 유리된 가족과 지역사회 지원의 결여 9. 가족 내 문화적응의 차이 및 역할전환이나 자녀보다 문화적응이 미흡한 부모가 청소년에 대한 통제력을 상실하는 것
보호과정	1. 최소한 1명의 돌보는 성인을 제공하는 것 2. 친사회적 애착과 결속을 촉진하는 것 3. 긍정적인 성인남성의 참여를 촉진하는 것 4. 권위적(authoritative) 부모양육방식으로 심리적 밀접함과 행동적 기대의 균형을 취하는 것 5. 부모의 온정과 정서적 지지를 촉진하는 것 6. 부모-자녀가 함께 보내는 시간을 증가시키는 것 7. 긍정적인 민족 및 문화정체감을 촉진하는 것 8. 문화적응의 차이와 가족갈등을 완충시키는 것 9. 건전한 역할 모델을 제공하는 것 10. 청소년이 생애기술과 유능성을 배우도록 가르치고 코칭하는 것 11. 감정이입과 정서적으로 반응적인 돌봄을 제공하는 것 12. 강압적 교류과정을 억제하는 훈육과 감독 13. 스트레스를 감소시키고 가족질서와 조직을 증가시키는 것 14. 부모나 가족이 자녀의 수행에 대하여 적절하게 높은 기대를 발달시키고 소통하는 것 15. 의미 있는 가족참여를 위하여 도움을 요구하고 기회를 제공하는 것 16. 꿈과 인생목적을 조장하는 것(facilitating) 17. 알코올과 약물에 대한 규칙과 기준을 설정하는 것 18. 강한 확대가족과 친구지원구조를 유지하도록 촉진하는 것 19. 기타 보호요인이나 과정: 응집력 있고 갈등이 없는 가족관계, 청소년이 대처기술과 자신감을 발달시킬 기회를 갖도록 생활경험에서 적절한 정도의 모험을 제공함, 학업, 사회적, 생활경험의 발달을 지원하는 것, 긍정적인 규범 및 도덕발달을 촉진하는 것, 긍정적인 친구나 활동을 선택하도록 돕는 것

가족폭력은 물질사용의 위험요인으로 알려져 있다. 가족폭력은 직접적으로 또는 폭력행동을 매개로 하여 1년 후 측정된 청소년의 물질사용과 관련되었다(Espelage, Low, Rao, Hong, & Little, 2014). 종단연구에서 가족갈등이 높고 가족구성원 간의 유대감이 낮은 것, 또래의 높은 반사회적 활동은 12~21세에 불법약물을 복용하기 시작하는 것과 관련되었는데, 가족유대감의 영향은 18세 이후에 감소되기 시작하였고 또래의 반사회적 활동의 영향은 15세 이후에 증가하기 시작하는 것으로 나타나서, 약물중독 예방프로그램은 가족과 또래변인을 구성요소로 포함할 것을 시사하였다(Guo, Hill, Hawkins, Catalano, & Abbott, 2002).

1,810명의 청소년을 매년 측정한 2년에 걸친 연구에서 청소년의 기질차원은 부모-자녀 갈등과 부모의 물질사용과 같은 가족위험요인이 청소년의 물질사용에 미치는 영향에서 조절변인으로 작용하였는데, 청소년의 과제집중지향성과 긍정적 정서성이 높을 때 부모의 위험요인의 영향은 감소한 반면 청소년의 활동수준이 높고 부정적 정서성이 높을 때 부모의 위험요인의 영향은 증가하였다(Wills, Sandy, Yaeger. & Shinar, 2001). 기질을 비롯한 개인적 변인은 알코올사용 및 남용에 대한 조절변인으로 작용할 수 있다. 아동초기, 청소년기, 성인기에 걸친 종단연구에서, 개인적 변인이 가족환경적 변인보다 성인기 알코올사용 및 남용에 연관되었다. 미국의 종단연구에서 아동초기의 가정의 사회경제적 지위와 부정적 가족상호작용은 성인기 알코올사용 및 남용과 관계가 없는 반면, 낮은 수준의 행동억제와 높은 수준의 공격성은 성인기의 알코올사용 및 문제음주를 예측하였다(Dubow, Boxer, & Huesmann, 2008).

가족변인은 또래관계와 같은 위험요인에 영향을 주어 물질사용에 영향을 미칠 수 있다. 청소년기에 또래의 영향은 점차 증가하고, 가족의 영향은 감소하는 것으로 알려져 있다. 18년에 걸친 종단연구에서 10대 청소년의 약물사용과 비행의 가장 강력한 예측인자는 또래의 유사행동이었는데, 초기에 가족과 관련된 변인과 아동기에서의 또래관계의 질이 이러한 또래행동을 예측하였으며, 이러한 결과는 가족과 또래맥락에서 아동초기의 경험을 청소년기의 문제행동의 발달과 연결시키는 것이 중요함을 보여 주었다(Garnier & Stein, 2002).

세부적으로 알코올사용장애와 관련하여 살펴보면, 가족의 알코올사용은 자녀에게 다양한 경로로 영향을 미칠 수 있다. 자녀는 모델링을 통하여 부모의 알코올사용의 영향을 받을 수 있다. 알코올을 사용하는 부모는 일반적으로 부정적 생활사건을 경험하므로 자녀의 알코올 사용에 영향을 줄 수 있다.

어머니의 음주는 아동의 알코올관련 문제 또는 장애를 발달시킬 위험요인으로 알려져 있다. 오스트레일리아에서 수행된 종단연구에서 임신 초기의 알코올 노출은 21세에 측정된 조발성(early-onset) 알코올장애를 발달시킬 위험을 3배 증가시켰고, 미국에서 수행된 종단연구에서도 태내 알코올 노출은 21세에 측정된 알코올 문제와 연관되었다(Alati et al., 2006; Baer, Sampson, Barr, Connor, & Streissguth, 2003). 한편, 청소년중기에 해당하는 중학생을 대상으로 한 연구에서 가족에 대한 충성, 가족구성원 간의 신뢰, 가족의 미래에 대한 낙관성 같은 가족주의(familism)는 8학년 때의 알코올 사용수준을 일관되게 예측하였다(Horton & Gil, 2008).

알코올과 관련된 특정양육(alcohol-specific parenting)이 청소년의 음주시작과 관련되는데, 종단연구에서 부모의 음주는 청소년의 음주를 예측하였으며, 어머니가 음주를 많이 할수록 개인적 경험을 더 많이 털어놓고, 청소년의 알코올을 시작하는 확률이 증가되었다(Handley & Chassin, 2013). 동일한 연구에서 아버지가 청소년의 알코올 사용을 조절할 수 있는 정당성이 낮을 경우(예: 자녀는 부모가 10대일 때 음주했으므로 자신에게 금주하라고 할 권리가 없다고 함), 청소년의 알코올을 시작하는 확률이 증가되었다(Handley & Chassin, 2013). Kaplow와 동료들(2002)은 종단연구자료를 분석하였는데, 조발성 물질장애의 유치원시기 예측요인으로 남자인 경우, 부모의 물질남용, 부모의 낮은 언어적 추론 수준, 높은 수준의 지나친 반응성, 더 많은 사고문제, 더 많은 사회적 문제해결력 결손을 포함시켰고, 이러한 위험요인이 전혀 없는 아동은 12세에 물질장애를 시작할 확률이 10% 미만인 반면, 2개 이상의 위험요인을 가진 아동은 물질장애를 시작할 확률이 50% 이상이었다(Kaplow, Curran, Dodge, & the conduct problems prevention research group, 2002).

가족구조 및 부모의 통제가 청소년기의 문제음주행위와 관련을 보이기도 한다. 부모모니터링이 낮거나 중간정도인 것은 자녀가 중학교에서 고등학교로 올라갈 때 과음을 시작하는 것과 관련되었다(Jackson & Schulenberg, 2013). 호주에서 수행된 연구에서, 자녀가 5세일 때 어머니의 통제가 낮은 것은 자녀가 14세가 되었을 때의 간헐적 음주행위를 예측하였는데, 특히 어머니의 빈번한 파트너 교체와 낮은 통제는 청소년기 자녀의 문제음주행위를 예측하였다(Alati et al., 2009).

부모의 음주는 아버지와 어머니가 각각 나뉘어 자녀의 음주에 독자적 영향을 미칠 수 있으며, 부모의 음주 영향은 동반이환 여부에 따라 상이한 영향력을 나타낼 수 있다. 아버지의 음주문제는 알코올장애에만 관계되기 보다는 알코올장애와 다른 정신건강문제와 공존하는 경우에 더 깊게 연관되었다(Salom, Williams, Najman, & Alati, 2014).

부모의 양육행동이 알코올사용에 미치는 영향은 개인적인 매개변인을 통하여 이루어질 수 있다. Brody와 Ge(2001)의 종단교류연구(longitudinal transactional model)에서 청소년, 부모, 관찰자를 통하여 측정된 양육행동과 청소년이 보고한 알코올사용행동을 조사하였다. 양육적-반응적 양육행동이 높고 강압적-갈등적 양육행동이 낮을수록 교사가 측정한 자기조절이 높게 나타났고, 청소년의 알코올사용이 낮게 나타났다. 자기조절의 매개적 역할은 부모가 청소년에게 자신의 행동을 통제하는 방법을 가르침으로써 청소년을 알코올의 과도한 사용으로부터 보호할 수 있음을 시사한다.

청소년이 알코올을 포함한 일반적 물질을 사용하는 것에서 형제자매와의 상관은 부모자녀의 상관보다 높고, 손아래보다는 손위의 물질사용의 영향이 더 크며, 음주형태는 연배가 차이 나는 이성형제자매보다 동년배인 동성형제자매의 경우 더 비슷하다고 알려져 있다. 형제자매의 물질사용과 형제자매가 청소년의 물질사용에 미치는 영향은 '사회전염(social contagion)'이론으로 설명되기도 한다. 사회전염이론은 개념적으로 사회학습이론과 유사한데, 형제자매관계는 함께 시간을 보내고 공동의 친구를 가지는 공유환경을 형성하여 청소년의 물질사용을 증가시킬 수 있다. Rende, Slomkousk, Lloyd-Richardson과 Niaura(2005)는 7학년부터 12학년의 청소년을 대상으로 물질을 사용하는 친구나 형제자매와의 잦은 접촉은 청소년의 음주 및 흡연행동에 유전적 관계성보다도 더 영향을 미쳤다고 보고하였다. 캐나다의 대규모 건강조사에서는 알코올을 비롯한 물질사용에 미치는 가족의 영향을 분석하였는데, 알코올사용에서 손위형제에서 손아래형제로의 영향은 부모에서 자녀로의 영향보다 월등히 우세하였으며, 형제간 연령차이가 2년 이하일 때와 남자형제일 때 일치도가 더 높았다(Boyle, Sanford, Szatmari, Merikangas, & Offord, 2001). 형제간 알코올사용의 일치도가 높은 것은 손위형제의 음주가 모델링으로 작용할 수 있고, 손아래형제가 손쉽게 알코올을 얻을 수 있게 할 뿐만 아니라 알코올사용에 대하여 인지하는 방식에 영향을 주기 때문으로 설명할 수 있다.

5 가족변인과 발달경과

아동기나 청소년기에 문제있는 알코올사용을 시작한 것은 50대까지 지속되기도 하며, 높은 사회경제적 계층의 개인들은 낮은 사회경제적 계층의 개인들보다 예후가 더 좋은데, 낮은 사회경제적 계층은 종종 신경적 손상, 가족폭력, 사회적 실패, 반사회적 행동과 같은 혼란과 연관되어 있다(Weinberg, Harper, & Brumback, 2002, p. 450).

East와 Khoo(2005)가 수행한 연구에서 한부모가정의 어머니인 경우 약 1.5년 뒤의 두 번째 측정에서 자녀의 형제자매관계가 더 가까웠고, 이러한 형제자매 간 온정 및 가까움(warmth/closeness)은 2번째 측정 후 약 3.3년 후인 세 번째 측정에서 청소년의 알코올 및 약물사용의 감소와 관계되었다.

알코올의 오용을 예방하는 데 있어서 효과적인 부모양육의 중요성은 잠재성장모형(latent growth model)연구를 통하여 입증되었다. Barnes, Reifman, Farrell과

Dintcheff(2000)는 미국의 일반청소년 506명과의 면담을 통하여 가족이 알코올 사용에 주는 영향을 조사하였는데, 부모의 모니터링과 지지가 높은 것은 청소년이 알코올에 초기에 관여하는 것을 적게 하였고 계속적으로 오용하는 것을 낮추었다. 부모의 관여와 지지는 조절역할을 할 수 있는데, 부모의 관여와 지지가 높을 때에는 유전적 취약성과 물질사용과의 관계의 강도가 현저하게 약화되었다(Brody et al., 2009). 일반 성인 음주자 598명을 대상으로 한 국내의 횡단연구에서 취약한 성격과 가족 및 친구를 포함한 주변인의 음주행동이 직접적으로나 간접적으로 음주 및 음주문제에 영향을 미친다고 보고되었다(김인석, 이연희, 2003).

6 치료에서의 가족의 역할

청소년 약물남용 가족중심치료의 이론적 토대는 선행연구에서 크게 가족체계이론, 인지행동이론, 사회생태발달이론으로 요약할 수 있다(정수경, 2004). 가족체계이론은 상호작용을 변화시켜 가족기능을 향상시키는 것이 청소년 자녀의 기능향상과 관계있으며, 약물행동을 비롯한 문제행동을 감소시킬 것이라고 가정한다(정수경, 2014). 인지행동이론에서는 청소년의 약물남용을 강화되고 조건화된 행동으로 보며, 가족 내의 신호를 측정 관리하여 약물남용과 연관된 조건과 행동을 감소시키고 약물남용에 맞지 않는 조건들을 강화시키는 한편, 사회생태발달이론에서는 가족 이상으로 임상적 개입의 범위를 확대시켜, 약물남용 청소년과 가족에서 발달상의 위험요인과 보호요인을 파악하고 치료하는 데 주력한다(정수경, 2014).

가족개입은 물질사용의 치료에 효과적인 것으로 알려져 있는데, 특히 부모를 대상으로 한 행동관리기술은 효과적인 것으로 알려져 있다. 가족치료의 목표에는 물질남용과 그 결과에 대해 부모를 교육함으로써 치료 및 약물중독에 대한 지식을 축적시키고 단호하고 일관적이면서도 지지적인 제한설정 및 감독을 할 수 있도록 부모의 기술을 향상하는 것, 가족구성원 간의 의사소통을 개선시키는 것 등이 포함된다.

기존의 이론 및 연구들을 토대로 최은영, 양종국, 김영근, 이윤희, 김현민(2014)은 비행 및 약물사용 청소년들의 가족상담적 개입에서 가족구조를 파악하기 위한 질문을 다음과 같이 요약정리하였다(pp. 274-276).

- 가족을 구성하는 사람들이 누구라고 생각하는가?
- 가족 내 각 구성원들의 위치와 역할은 무엇이며, 얼마나 유동적인가, 자녀의 성장에 따라 어떻게 변화되어 왔는가?
- 가족 내 하위집단은 어떻게 구성되었으며, 집단 간 또는 개인과 집단 간의 연계성은 어떠한가?
- 공식적인 힘의 소유자와 실제적인 힘의 소유자는 누구이며, 어떻게 힘을 행사하는가?
- 가정에 어려움이 없을 때와 있을 때 위의 사항이 어떻게 변화하는가?
- 가족들간의 의사소통 양식은 어떠한가?
- 가족과 주변환경의 연계성은 어떠한가?
- 청소년의 위치와 역할은 약물사용 이전과 이후에 어떻게 변화하였는가?
- 청소년 문제가 가족에게 갖는 의미는 무엇인가?
- 청소년 문제에 대처할 수 있는 방안은 무엇인가?
- 청소년 문제를 촉진하거나 저지할 수 있는 가족 내 요인은 무엇인가?
- 청소년 문제로 가장 큰 어려움을 겪는 구성원은 누구이며 이유는 무엇인가?
- 청소년 문제를 중지하는 데 도움을 줄 수 있는 가장 건강하고 힘 있는 구성원은 누구인가?

근래에는 치료에 앞서 알코올로 인한 문제를 예방하기 위한 가족기반 예방프로그램의 역할을 강조하는데, 이러한 예방의 주안점은 자녀가 알코올을 시작하는 것과 관련되어 있다. 일반적으로 부모가 너무 이른 나이에 알코올을 시작할 경우의 위험성을 인지할 뿐 아니라, 자녀와 의사소통을 하며, 알코올 사용에 대해 기대하는 것과 규칙, 위반했을 때의 결과를 명확히 하고, 자녀의 활동을 모니터하는 환경을 제공하면 문제 있는 음주를 예방하는 데 도움이 될 수 있다. 일반적으로 알코올 남용을 예방하는 것은 물질남용 중에서도 더 어렵다고 보는데, 그 이유는 다음과 같이 요약할 수 있다. 첫째, 알코올사용의 위험성에 대한 정보가 모호하기 때문이다. 발달 중인 청소년들에게 위법인 소량의 음주는 해롭다는 것이 명확하지 않을 수 있다. 둘째, 음주가 청소년에게는 불법이지만 성인에게는 아니므로, 10대들이 알코올을 금단의 과일로 생각할 수도 있다. 셋째, 알코올은 여러 문화에서 예식이나 제례에서 사용되거나, 대중매체를 통하여 사회적 유연제 역할을 하고 성인이 되는 통과의례로 비추어진다. 넷째, 10대들은 성인만큼 쉽게 알코올을 구할 수 있다. 다섯째, 연구자들에 따르면 청소년들은 각기 다른 취약성이 있어서, 알코올로 인한 만성적 문제로 고통받는 정도가 다를 수 있으므로, 취약한 개인에게는 예방이 어려울 수 있다(Sussman, 2006, p. 226).

◆ 보충자료 알코올관련장애에 대한 참고정보를 얻을 수 있는 기관의 예

기관명	웹주소	기관설명
서울 알코올상담센터	www.karf.or.kr	한국중독연구재단
Alcoholics Anonymous	www.aa.org	알코올관련장애 자조집단
National Institute on Alcohol Abuse and Alcoholism	www.niaaa.nih.gov	미국 국립보건원 내 알코올 남용 및 중독에 대한 기관
National Institute on Drug Abuse	www.nida.nih.gov	미국 국립보건원 내 약물남용에 대한 기관
Substance Abuse and Mental Health Services Administration(SAMHSA)	www.samhsa.gov	물질남용 및 정신질환의 영향을 최소화하는 데 목적을 둔 미국정부기관

특정학습장애 제10장

1 특징

DSM-5에 따르면 특정학습장애는 학업적 기술을 배우고 사용하는 데에서의 어려움과 관련되어 있다. DSM-III 진단체계에서는 학습장애가 학업기술장애로 축 II에 기술되었고, DSM-IV부터 학습장애로 축 I에 기술되었다. DSM-IV에서는 학습장애를 학생들이 성취해야 할 수준과 실제로 성취한 수준 간의 차이를 고려하는 불일치 모델(discrepancy model)을 사용하여 진단하였다. 그러나 능력과 성취 간의 불일치 모델은 학습장애를 진단하는 데 몇 가지 한계를 갖고 있다. 예를 들어, 불일치가 어느 정도 커야 학습장애로 진단하는지에 대해 완전한 의견일치가 이루어지지 않았고, 진단을 받으려면 이미 학업실패를 보여야 하며, 특정한 집단에서는 변별력이 낮게 나타났다. DSM-5에서는 특정학습장애는 신경발달장애의 장에 포함되어 있으며, 읽기 손상 동반, 쓰기 손상 동반, 수학 손상 동반으로 구분되어 있다. DSM-5(APA, 2013/2015, p. 32)에 따르면, 특정학습장애는 효율적이고 정확하게 정보를 지각하고 처리하는 능력에서 결함이 있을 때 진단되는데, 정규교육과정에서 처음으로 발현되며, 기초학업기술을 학습하는 데에서의 지속적인 어려움이 특징이다. 손상된 학업기술수행은 연령에 비추어 평균보다 훨씬 낮거나, 허용가능한 수행수준이 되려면 대단한 노력을 기울여야 한다(APA, 2013/2015, p. 32). 다음 중 한 가지 이상의 증상을 6개월 이상 나타낼 경우에 특정학습장애로 진단된다. 〈표 10-1〉은 DSM-5에서의 특정 학습장애의 진단기준(APA, 2013/2015, pp. 69-70)을 보여 준다.

표 10-1 특정학습장애의 DSM-5 진단기준

A. 학업기술을 배우고 사용하는 데 있어서의 어려움, 이러한 어려움에 대한 적절한 개입을 제공함에도 불구하고 다음의 증상 중 적어도 한 가지 이상이 최소 6개월 이상 지속된다.
1. 부정확하거나 느리고 힘겨운 단어 읽기(예: 단어를 부정확하거나 느리게 더듬더듬 소리 내어 읽기, 자주 추측하며 읽기, 단어를 소리 내어 읽는 데 어려움이 있음)
2. 읽는 것의 의미를 이해하기 어려움(예: 본문을 정확하게 읽을 수 있으나 읽은 내용의 순서, 관계, 추론 또는 깊은 의미를 이해하지 못함)
3. 철자법의 어려움(예: 자음이나 모음을 추가하거나 생략 또는 대치하기도 함)
4. 쓰기의 어려움(예: 한 문장 안에서 다양한 문법적, 구두법 오류, 문단 구성이 엉성함, 생각을 글로 표현하는 데 있어 명료성이 부족함)
5. 수 감각, 단순 연산값 암기, 또는 연산절차의 어려움(예: 숫자의 의미, 수의 크기나 관계에 대한 빈약한 이해. 한 자리 수 덧셈을 할 때 또래들처럼 단순 연산값에 대한 기억력을 이용하지 않고 손가락을 사용함. 연산을 하다가 진행이 안 되거나 연산과정을 바꿔 버리기도 함)
6. 수학적 추론의 어려움(예: 양적 문제를 풀기 위해 수학적 개념, 암기된 연산값 또는 수식을 적용하는 데 심각한 어려움이 있음)

B. 보유한 학습 기술이 개별적으로 실시한 표준화된 성취도 검사와 종합적인 임상 평가를 통해 생활연령에 기대되는 수준보다 현저하게 양적으로 낮으며, 학업적·직업적 수행이나 일상생활의 활동을 현저하게 방해한다는 것이 확인되어야 한다. 17세 이상인 경우 학습의 어려움에 대한 과거 병력이 표준화된 평가를 대신할 수 있다.

C. 학습의 어려움은 학령기에 시작하나 해당 학습 기술을 요구하는 정도가 개인의 능력을 넘어서는 시기가 되어서야 분명히 드러날 수도 있다(예: 주어진 시간 안에 시험보기, 길고 복잡한 리포트를 촉박한 마감 기한 내에 읽고 쓰기, 과중한 학업부담).

D. 학습의 어려움은 지적장애, 교정되지 않은 시력이나 청력 문제, 다른 정신적 또는 신경학적 장애, 정신사회적 불행, 학습지도사가 해당 언어에 능숙하지 못한 경우, 불충분한 교육적 지도로 더 잘 설명되지 않는다.

주의점: 4가지의 진단 항목은 개인의 과거력(발달력, 의학적 병력, 가족력, 교육력), 학교의 보고와 심리교육적 평가 결과를 임상적으로 통합하여 판단한다.

발달과 경과에 대하여 DSM-5에 따르면, 특정학습장애의 발병 및 발견, 진단은 아동이 읽기, 철자법, 쓰기, 산술을 배워야 하는 초등학교 시기에 이루어지나, 언어지연이나 결함, 운율이나 숫자 세기의 어려움이나 쓰기에 필요한 소근육기술의 어려움과 같은 전구증상은 보통 정규 교육과정을 시작하기 전인 아동기 초기에 나타나며, 증상발현은 연령에 따라 달라지므로, 학습문제는 평생에 걸쳐 지속되거나 변화할 수 있다(APA, 2013/2015, pp. 73-74).

미국의 국립학습장애연합회(National Joint Committee on Learning Disabilities: NJCLD, 1990)의 정의에 따르면 학습장애란 듣기, 말하기, 읽기, 쓰기, 추리력, 수학능력을 습득하거나 사용하는 데 심각한 어려움을 나타내는 이질적인 장애군이다. 이 정의에 따르면 학습장애는 중앙신경체계 기능장애에 기인하는 개인 내적인 것이며, 생애에 걸쳐 발생할 수 있으며, 학습장애가 다른 장애조건(예: 감각기능장해, 정신지체, 심각한 정서문제)나 외부영향[예: 문화차이, 충분하지 않고 부적절한 교수(instruction)]과 함께 발생할 수 있으나, 학습장애가 이러한 조건이나 영향의 결과는 아니라고 본다.

유사한 맥락에서 한국특수교육학회(2008)에서는 학습장애를 다음과 같이 규정하였다. "학습장애란 개인 내적 원인으로 인하여 일생동안 발달적 학습(듣기, 말하기, 주의집중, 지각, 기억, 문제해결 등)이나 학업적 학습(읽기, 쓰기, 수학 등) 영역 중 하나 이상에서 심각한 어려움을 겪는 것을 말한다. 이 장애는 다른 장애조건(감각장애, 정신지체, 정서장애 등)이나 환경실조(문화적 요인, 경제적 요인, 교수적 요인 등)와 함께 나타날 수 있으나 이러한 조건이 직접적인 원인이 되어 나타난 것은 아니다(p. 32)." 한국특수교육학회의 이러한 정의는 학습장애가 개인 내적 원인에 기인하여 전 생애에 걸쳐 나타나며, 발달적 학습장애와 학업적 학습장애로 구분되고, 다른 장애나 불리한 환경은 학습장애의 직접적인 원인이 될 수는 없지만 중복되어 나타날 수 있음을 명시한다. 한국특수교육학회의 학습장애 개념구분에 따르면, 발달적 학습장애(developmental learning disabilities)는 학령전기 아동 중 학습과 관련된 기본적 심리과정에 현저한 어려움을 보이는 경우로 구어장애, 주의집중장애, 지각장애, 기억장애, 사고장애로 나타나는 반면, 학업적 학습장애(academic learning disabilities)는 학령기 이후 학업과 관련된 영역에서 현저한 어려움을 보이는 경우로 읽기장애, 쓰기장애, 수학장애로 나뉜다. 김애화, 김의정, 김자경, 최승숙(2012)은 대부분의 국내외 정의들을 통하여 학습장애의 주요 5가지 공통요소를 다음과 같이 열거하였다. 첫째, 학습장애의 원인이 개인에게 내재한다. 둘째, 학습장애는 이질적이며, 기초학습영역에서 어려움을 보인다. 셋째, 학습장애가 발생하는 일차적 원인이 다른 장애 및 외적 요인인 경우를 포함하지 않는다. 일부 정의에서는 다른 장애 및 외적 요인의 중복가능성을 명시하기도 한다. 넷째, 일생에 걸쳐 나타난다. 다섯째, 일부 정의는 불일치 준거나 중재반응준거를 포함한 진단준거를 제시한다(p. 29).

읽기장애는 대표적 학습장애로, 음운인식, 일견단어, 문맥단서, 단어구조분석을 통한 단어재인에서의 어려움이나 읽기유창성 및 이해력의 어려움으로 나타나며, 쓰기장애는 판독하기 어려운 글씨, 소리 나는 대로 쓰거나 철자 오류, 글의 구성 및 작문에서의 심각한 어려움으로 나타나며, 읽기장애와 쓰기장애가 함께 나타나기도 하고, 쓰기장애만 나타나기도 한다(한국특수교육학회, 2008, p. 33). Lyon과 Shaywitz(2003)는 난독증의 정의를 설명하면서, 2003년의 현행 정의로써 "난독증은 신경생물학적 원인을 가진 특정학습장애이며, 정확한 그리고/또는 유창한 단어인지의 어려움, 철자 및 해호화(decoding)능력이 부족한 것으로 특징지어진다. 이러한 어려움은 전형적으로 다른 인지능력 및 효과적 학급교수(classroom instruction)제공과 관련하여 예상치 않는 언어음운요소의 결함에서 기인한다. 이차적 결과로 독해문제의 어려움이 있을 수 있고, 읽기경험을 감소시켜 어휘 및 배경지식의 성장을 방해할 수 있다(p. 2)."라고 설명하였다.

발달적 산술장애(developmental dyscalculia) 또는 난산증은 선천적 또는 정규수학학습을 받기 이전에 개인에게 존재하는 계산장애로 아동기에 나타나는 징후이며 숫자인식, 직관적인 수 감각, 수의 의미이해, 수의 상대적 크기 비교, 수학적 추론에서의 발달적 지연이 포함된다(김소희, 2012).

2 유병률

일반적으로 DSM-5에 기초한 특정학습장애의 유병률을 살펴보면, 학령기 아동의 경우 서로 다른 언어 및 문화권에서 5~15% 정도로 나타나고 성인의 경우 약 4%로 추정되고 있다(APA, 2013/2015, p. 73). DSM-5에서 성별과 관련된 진단적 쟁점에서, 특정학습장애는 2:1에서 3:1정도로 여성보다는 남성에게서 더 흔하다(APA, 2013/2015, p. 76).

학습장애가 있는 아동들은 심각한 정서적, 사회적, 행동적 문제를 나타내기도 한다. 가장 빈번하게 연관된 행동장애는 ADHD인데, ADHD가 있는 아동을 대상으로 수행된 연구에서 25~40%에게서 학습장애가 나타난다고 보고되며 학습장애가 있는 아동 중에서 ADHD의 빈도는 15~25%로 나타난다고 보고된다(Capozzi et al., 2008). 학습장애는 사회적 기술의 결함과 관련되어서, 학습장애가 있는 아동들은 사회적 기술이 부족하다고 알려져 있다. 한편, 읽기장애가 있는 아동들은 내재화 문제에 취약하며, 특히 읽기장애가 있는 소녀가 내재화 문제를 발달시킬 위험이 크다는 주장이 있다.

미국에서는 학습장애의 유병률이 급격하게 증가하였는데, 측정방법이 변화하였고, 특수교육서비스의 자격요건의 기준이 변화한 데에서 기인한 것일 수 있다. 자격요건의 기준은 약간의 문제가 있는 아동들에게 특수교육의 기회를 제공하기 위한 행정적 의도에서 변화하였다.

세부적으로 살펴보면, 읽기장애는 가장 흔하게 나타나는 학습장애로, 초기 연구들은 읽기장애가 학습장애의 약 80%를 차지한다고 하였으나 근래에 수행된 연구들은 다른 학습장애의 유병률이 생각보다 높아서 읽기장애는 학습장애 전체의 약 50%를 차지한다고 보았다(Samms-Vaughan, 2006, p. 273). 또한 읽기장애는 비교적 짧은 기간 동안 지속되는 경우가 많아서 3년 이상 어려움이 지속되는 청소년이 절반에 불과하다고 알려지기도 하였다(Dumas & Nilsen, 2003/2005, p. 201). Katusic,

Colligan, Barbaresi, Schaid와 Jacobsen(2001)은 미국 미네소타주 로체스터에서 1976년과 1982년 사이에 출생한 5,718명의 모든 아동을 대상으로 연구한 결과 사용한 공식에 따라 읽기장애의 누적발생률은 다양하여 5.3~11.8%로 추정되었고, 방법에 상관없이 남아는 여아보다 2~3배 영향을 더 받는다고 보고하였다. 반면 읽기장애의 성차가 없다는 입장도 있는데, 학습장애를 가진 남아들은 외현화문제와 동반이환을 보이는 경우가 많아서 여아보다 더 많이 의뢰되기 때문에 실제보다 성차가 있는 것으로 보인다고 주장한다.

발달적 산술장애 또는 난산증의 유병률에 대하여 Kucian과 Aster(2015)의 이론적 고찰에 따르면, 약 3~6%의 아동들이 숫자를 이해하는 데 어려움을 겪는 발달적 산술장애를 나타낸다고 보고되며, 다른 이론적 고찰(Soares & Patel, 2015)에서는 발달적 산술장애의 유병률은 장애에 대한 정의나 진단기준에 따라 달라서 3~14%의 범위에 있다고 보고된다. 그러나 난독증에 비하여 발달적 산술장애는 큰 관심을 받지 못하여, 미국에서 어느 특정일(2013년 4월 23일)에 PubMed를 통하여 학술데이터를 검색한 결과 난독증에는 7,500개의 자료가 검색된 반면 발달적 산술장애는 269개의 자료가 검색된 것에 불과했고, 미국에서 국립보건원이 2000년에서 2009년까지의 기간 동안 발달적 산술장애의 연구에는 약 2백만 달러($2 million)를 사용한 데 비하여, 난독증의 연구에는 1억 7백만 달러($107 million)를 사용하였다고 알려져 있다.

국내의 경우, 2001년에 수행된 국립특수교육원 실태조사에서 학습장애 출현율은 1.17%이었으며, 2006년의 교육부 자료에 따르면, 특수교육 대상 학생 62,903명 중에서 학습장애 학생은 6,733명이어서 여기에서 학습장애 출현율은 10.80%로 나타났다(한국특수교육학회, 2008, p. 33).

3 측정도구

김애화, 김의정, 김자경, 최승숙(2012)은 학습장애 진단모델들에 대한 구체적 설명과 문제점을 기술하면서, 학습장애를 진단하기 위한 모델로는 학생의 능력과 성취 사이에 현저한 불일치가 있을 경우 학습장애로 진단하는 불일치모델, 학습문제를 가진 학생을 선별하여 조기중재를 실시하고 중재에 대한 반응에 따라 학습장애의 적격성을 결정하는 중재반응모델(Response To Intervention: RTI), 학업성취의 절단점수를 기준으로 학습장애의 적격성을 결정하는 저성취모델, 학업성취 및 인지처리를 통한 진단모델을 제시하였다(pp. 108-132).

학습장애에 대한 정확한 진단을 위해서는 **다학제적 평가팀**이 필요한데, 소아과 의사, 교육심리학자, 아동정신건강전문가들이 평가팀에 포함되어야 한다. 상세한 의학적, 발달적 및 행동적, 사회적 역사(history), 가족사와 교육사(family and educational history)를 통하여 아동의 과거 및 현재 성취수준에 대한 정보를 얻고, 위험요인들을 파악하고, 가족지원 및 아동과 가족의 대처전략, 이미 받았던 개입의 효과성을 살펴보는 포괄적 평가과정을 고려해야 한다(Samms-Vaughan, 2006, pp. 282-283).

학습장애의 신경학적 검사는 여러 명의 의료전문가들이 수행하는 형식적 신경학적 평가와 미세한 신경학적 징후에 대한 검사를 포함하는데, 미세한 신경학적 징후에 대한 검사는 9개의 기하학 형태를 복사하도록 하는 Bender-Gestalt검사 및 사람의 형태를 그리도록 하는 Goodenough-Harris그림검사를 포함하는 시각-운동검사, 제시된 연령대에서의 과제 수행능력을 관찰하는 대·소근육검사를 포함한다(Lerner, 2000/2005, pp. 135-139). 일반적으로 학습장애를 진단하기 위하여, 웩슬러 아동 지능검사를 비롯한 지능검사, 기초학력검사를 비롯한 학업성취도검사, 그림어휘력검사를 비롯한 인지처리검사 등을 사용할 수 있다.

선별검사를 살펴보면, 부모, 교사에 의한 평정척도 가운데, 한국판 학습장애 평가척도(Korean Version of the Learning Disability Evaluation Scale: K-LDES)는 미국에서 McCarney에 의해 개발된 학습장애 평가척도(Learning Disability Evaluation Scale: LDES)를 신민섭, 조수철, 홍강의(2007)가 국내실정에 맞게 번안, 수정하였다. 한국판 학습장애 평가척도는 6~11세의 학령기 아동을 대상으로 한 선별검사로, 하위척도로 7개 하위영역인 주의력, 생각하기, 말하기, 읽기, 쓰기, 철자법, 수학적 계산이 포함되며, 총 88문항을 '전혀 그렇지 않다'에 해당하는 1점에서 '항상 그렇다'에 해당하는 3점까지 교사나 부모가 평정하도록 되어 있다. 각 하위척도 평가치가 7점 미만일 때 해당 영역에 학습문제가 있는 것으로 간주한다.

학습장애진단목록(Learning Disabilities Diagnostic Inventory: LDDI)은 읽기, 쓰기, 수학, 듣기, 말하기, 사고 및 추론의 6개의 하위척도로 구성되는데, 교사나 언어치료사, 심리학자, 전문가들이 각 하위영역별로 15문항씩 총 90문항을 사용하여 학생을 1점에서 9점까지 평정하게 되어 있다. 국내에서 표준화된 학습장애진단목록(K-LDDI)는 8~18세를 대상으로 학습장애의 선별 및 진단을 위하여 시행할 수 있다.

국내에서도 학습장애를 선별하기 위한 검사를 개발하려는 연구가 진행되어 왔다. 학습장애를 진단하는 데 사용되는 학습 성취도 검사 중 쓰기검사가 제작되었는데, 철자를 듣고 직접 받아쓰는 형식의 총 40문항으로 구성되었다(이유리, 노주선, 김근향, 김지혜, 2000). 또한 국내에서 학습장애 위험학생을 선별하기 위한 검사가 개발되었는데, 학습장애 위험학생 선별검사는 총 85문항으로 구성된 초등학교 1~2학년용과 총 104문항으로 구성된 초등학교 3~6학년용으로 제작되어 표준화되었다(김애화 외, 2008). 학습장애 위험학생 선별검사는 선행자료와 교사 및 전문가의 의견을 반영하여 읽기, 쓰기, 수학, 듣기, 말하기, 사고 및 추론의 6개의 하위검사로 개발되었는데, 교사가 학생을 행동정도에 따라 '항상 못함'에 해당하는 1점에서 '항상 잘함'에 해당하는 5점까지의 5점척도로 평정하게 되어 있다.

한편, 국내에서 초등학생이 자기보고 형식으로 학습장애를 선별하는 초등학생용 학습장애 자기진단 선별척도가 개발되었다(김동일, 김동민, 이기정, 2012). 학습장애 자기진단 선별척도는 수용언어, 표현언어, 수학, 주의집중 및 조직화, 사회성의 5개의 하위척도로 구성된 총 25문항으로 아동은 '그렇지 않다'에 해당하는 1점에서 '매우 그렇다'의 3점까지의 3점척도로 문항을 평정할 수 있다. 〈표 10-2〉는 특정학습장애와 관련하여 대표적 측정도구의 기본사항을 비교하여 제시한다.

표 10-2 특정학습장애의 평정측정도구의 예

평가도구명	측정연령 범위	총 문항 (문항형태)	하위측정영역	주요출처
K-LEDS	6~11세	88문항 (3점척도)	주의력, 생각하기, 말하기, 읽기, 쓰기, 철자법, 수학적 계산	신민섭, 조수철, 홍강의, 2007
LDDI	8~18세	90문항 (9점척도)	읽기, 쓰기, 수학, 듣기, 말하기, 사고 및 추론	
학습장애 위험 학생 선별검사	초등학생	• 초등학생 1~2학년용: 85문항 • 초등학생 3~6학년용: 104문항 (5점척도)	읽기, 쓰기, 수학, 듣기, 말하기, 사고 및 추론	김애화 외, 2008
초등학생용 학습장애 자기진단 선별척도	초등학생	25문항 (3점척도)	수용언어, 표현언어, 수학, 주의집중 및 조직화, 사회성	김동일 외, 2012

주. K-LEDS=Korean Version of the Learning Disabilty Evaluation Scale; LDDI=Learning Disabilities Diagnostic Inventory

4 가족변인과 병인론

1) 유전가능성계수

쌍생아 연구는 읽기장애를 설명하는 유전적 영향을 알려 준다. 읽기와 수학수행에 대한 쌍생아 연구에서 발단자(proband)인 읽기결손을 가진 쌍생아 526쌍과 통제집단 쌍생아 355쌍을 비교한 결과, 읽기 및 수학수행의 유전가능성계수는 발단자집단의 경우 각각 0.81과 0.88인 반면, 통제집단의 경우 각각 0.69와 0.67이었다. 더구나 읽기 및 수학수행의 공변량의 유전적 영향력은 발단자집단의 경우 83%, 통제집단의 경우 58%이어서, 읽기와 수학수행의 일정부분은 동일한 유전적 영향력에 기인한다고 추정되었다(Knopik & DeFries, 1999). 이러한 연구결과는 일반유전자 가설(generalist genes hypothesis)과 연관되는데, 이 가설은 동일한 유전자기 능력의 개인차에 크게 영향을 미친다고 보는 것으로 학업성취나 인지능력에 대한 대부분의 유전적 영향력은 특수하기 보다는 일반적이라고 본다. Kovas, Haworth, Harlaar, Petrill, Dale과 Plomin(2007)은 10세 쌍생아 2,596쌍을 대상으로 이 가설에 대한 경험적 연구를 수행한 결과, 읽기와 수학장애 모두 중간 정도의 유전적 영향력을 보였으며, 읽기장애와 수학장애의 유전적 상관은 0.67로 동일한 일련의 일반적 유전자들이 읽기 및 수학장애에 영향을 크게 미친다고 시사하였다. 이 가설은 읽기와 쓰기, 언어 및 인지장애에 대하여 확장 검증되었는데, 12세가 되었을 때 이들 장애 간의 유전적 상관이 높아서 특질 간 유전적 영향력이 중복되어 있었다고 추정하였다(Haworth et al., 2009).

일반적으로 읽기과정에서 유전적 영향력은 40~60%로 추정하나, 인생주기, 언어, 사회적 집단에 따라 다양하게 나타난다(Grigorenko, 2001). 또한 읽기능력이나 읽기 장애는 유전과학과 사회과학의 교차점이라고 볼 수 있는데, 읽기는 사회화가 필요한 기술로써 읽기를 습득하기 위해서는 이미 읽기기술을 갖고 있거나 지식을 전수할 수 있는 사회적 타인 또는 읽기습득을 도와줄 수 있는 사회적 도구가 필요하므로, 읽기에서의 유전적 요인을 탐색하는 것은 가르침이 있다는 가정을 전제할 필요가 있기 때문이다(Grigorenko, 2001). 일반적으로 난독증의 가족력과 부모의 문해력 기술은 자녀의 문해력 문제나 특정학습장애를 예측한다(APA, 2013/2015, p. 75).

2) 부모와 자녀의 특정학습장애 연관성

유전적 요인과 환경적 요인 모두 특정학습장애에 영향을 미친다. DSM-5에서 읽기와 쓰기에서의 특정학습장애의 비교위험도는 상당히 높아서, 이러한 학습적 어려움이 있는 사람의 1차친족은 장애가 없는 사람의 1차친족과 비교하여 각각 4~8배, 5~10배 더 높았다(APA, 2013/2015, p. 75). 발달적 난독증에 대한 이론적 고찰은 읽기성취에는 강력한 유전요소가 있다고 기술하는데, 8편의 가족연구를 분석한 결과로 읽기에 장애가 있는 아동을 둔 부모가 읽기문제를 갖는 범위는 25~60%에 이르며, 중앙값은 37%이었다고 보고하였다(Grigorenko, 2001). 역으로, 난독증이 있는 부모를 둔 자녀의 23~65%와, 난독증이 있는 형제자매를 둔 아동의 40%는 난독증이 있었는데, 최근의 분자유전학 연구에 따르면 특정염색체가 읽기장애와 관련되었다고 보고, 읽기장애의 유전좌위(loci)는 66번, 15번, 18번 염색체에 있으며, 보다 최근에는 16번과 19번 염색체가 언어손상과 연관된다고 확인하였다(Samms-Vaughan, 2006, p. 278).

Shalev와 동료들(2001)은 발달적 산술장애에서 유전의 역할을 살펴보기 위하여, IQ가 85 이상으로 낮은 산술능력 수행을 보이며, 산술성취와 IQ 간의 유의한 불일치를 보이는 아동들의 가족을 연구한 결과, 어머니의 66%, 아버지의 40%, 형제자매의 53%, 2차친족의 44%가 발달적 산술장애가 있었으며, 발달적 산술장애를 가진 아동의 형제자매의 유병률은 40~64%로 추정되어 일반인구집단의 유병률 추정치보다 약 10배 더 높았다. 이러한 연구결과는 발달적 산술장애의 가족력을 증명하고, 유전적 역할이 있음을 시사한다.

부모가 읽기장애인 가족력을 가진 고위험군의 아동들과 그렇지 않은 아동들을 유치원에서 초등학교 2학년까지 3년에 걸쳐 종단연구한 결과, 64명으로 구성된 고위험군 아동들 중에서 34%인 22명(15명의 남아와 7명의 여아)이 읽기장애를 나타낸 반면, 49명의 아동으로 구성된 저위험군 아동들 중에서는 6%인 3명의 아동(2명의 남아와 1명의 여아)만이 읽기장애를 나타내었다(Pennington & Lefly, 2001).

3) 가족관련 원인과 발생

학습장애의 원인으로 유전, 신경학적 측면, 실행기능을 포함하는 생물학적 요인뿐 아니라 가정, 사회, 문화적 요인을 고려할 수 있지만, 가정환경은 뚜렷한 부정적 요인(예: 생물학적 취약성, 교육적 방치)들이 존재하지 않는 한 원인적 역할보다는 결과에 더 가깝다고 할 수 있다(Dumas & Nilsen, 2003/2005, pp. 208-210).

미국의 국립학습장애연합회(NJCLD; 2007)는 영유아 및 취학전 아동의 학습장애의 위험지표와 보호요인을 제시하였는데, 위험지표로 출산 시 조건, 유전이나 환경요인, 발달과업의 지연, 주의집중과 행동을 포함시켰고 유전 및 환경요인을 세분하여 학습장애 가족력, 입양된 경우, 구어나 문어문제의 가족력, 환경독성물질에의 노출, 가정 · 보육기관 · 다른 환경에서 언어노출이 제한된 것, 빈곤 등을 예로 들고 있다. 한편, 보호요인은 산전 · 출산 · 산후관리에 대한 접근성, 어머니의 교육, 양질의 학습기회, 다양한 지원을 포함하므로, 위험군의 아동들은 학습기회를 향상시키는 잘 계획된 반응적 서비스와 지지가 필요하다고 시사하였다. Al-Yagon(2007)은 이스라엘에서 학습장애가 있는 학령기 아동과 어머니 59쌍과 정상적으로 발달하는 아동과 어머니 51쌍을 비교한 결과, 학습장애가 있는 아동의 어머니는 회피대응이 높은 반면 적극적 대응은 낮았고, 전반적 우울증상은 높은 반면 자신감은 낮게 나타났다.

5 가족변인과 발달경과

전향적 추수연구로써 4학년 학생 3,029명으로 구성된 코호트를 조사한 결과 약 5%의 아동들이 발달적 산술장애를 나타내었다(Shalev, Manor, Auerbach, & Gross-Tsur, 1998). 이 연구에 동의하여 1차조사에 참여한 아동들 140명 중에서 3년 후 약 123명을 재검사한 결과 발달적 산술장애의 지속성을 설명하는 변인은 산술장애의 심각성과 형제자매의 산술적 문제였다. 사회경제적 지위, 성(gender), 다른 학습장애의 유무는 산술장애의 지속성을 설명하지 않아서, 발달적 산술장애가 지속되었던 집단과 지속되지 않았던 집단은 사회경제적 지위, 성, 읽기나 철자문제의 유무에 있어서 차이가 없었다.

부모변인은 학습장애의 경과와 관계있는 것으로 알려져 있다. 아동을 학대하는 환경에서는 아동이 자신의 능력을 발휘하지 못하고 불안을 증대시킬 수 있으며 학습장애와 관련될 수 있다. 이탈리아에서 수행된 연구에서 학습장애로 진단받은 학령기 아동에게서 부모와의 불안정 애착은 아동의 내재화, 외현화 행동과 관련이 있어서, 학습장애가 있는 아동의 정신의학적 문제를 가족변인과 연관시켰다. 학습장애로 진단된 56명의 이탈리아의 아동과 부모를 대상으로 연구를 수행한 결과, 아동의 내재화 행동은 아버지의 거부적(dismissing) 애착차원과 어머니의 몰입형(preoccupied) 애착차원과 관련된 반면, 아동의 외현화 행동은 부모 모두의 몰입형 애착차원과 관련되었다(Capozzi et al., 2008). 한편, 아동의 학습장애는 아동의 사회적 능력 및 학습동기를 결여시키고 자아존중감을 저하시키며 부모와의 갈등을 초래할 수 있다. 부모변인이 아동의 학습장애에 영향을 미칠 뿐 아니라 "장애아동을 가진 것이 아니라 장애가족이 되어 가는 것이다(you do not have a handicapped child, you become a handicapped family)"라는 속담처럼 아동의 학습장애가 가족 내의 문제를 야기시키고, 이러한 문제는 다시 아동의 학습장애와 관련이 되는 호혜적 관계일 수 있다.

6 치료에서의 가족의 역할

학습장애에 대한 개입으로 직접적 교수, 음운교육, 행동적 전략, 인지적 개입과 같은 다양한 방법들이 사용되었다. 직접적 교수는 아동이 가진 특정결함에 대한 목표를 설정하여 교육자료를 제시하며, 음운훈련은 읽기장애를 가진 아동이 단어를 인식하도록 도와주며, 행동적 전략은 적응적 학습행동을 보상하는 학급유관성 관리나 과제수행에 대한 빈번한 피드백을 주는 수행피드백을 사용하며, 인지적 개입은 아동에게 자기교수(self-instruction)나 자기모니터링과 같은 인지적 전략을 사용하게 한다.

환경적 요인은 학습장애와 직접적 인과관계를 갖기보다는 학습장애가 있는 아동의 증상이 약화되거나 더 악화될 수 있게 하는 간접적 영향을 주므로 다양한 프로그램들은 학습장애 자체를 치료하기보다는 학습장애의 어려움을 줄이고 증상을 개선하기 위한 것이라고 볼 수 있다(김혜금, 송영주, 임양미, 김현자, 김진숙, 2011, p. 215). 학교-가정통신(school-to-home journal)을 통하여 교사와 부모간의 의사소통을 유지시키는 것을 비롯하여, 부모와 교사가 협업적 교육파트너로써 적극적으로 함께 일하는 것은 아동의 학습장애가 악화되는 것을 예방할 수 있다. 부모와 교사 간의 협업적 파트너쉽은 학교로부터 유리되어 있고 소극적인 저소득층 부모에게 특히 효과가 있다는 주장도 있다.

학습장애의 치료에서 가족개입의 효과를 검증한 연구는 많이 알려져 있지는 않다. Truesdale-Kennedy, McConkey, Ferguson과 Roberts(2006)는 학습의 어려움으로 특수교육대상자인 아동을 위한 가족중심의 지원서비스를 실시한 후에 양적 및 질적 자료를 분석한 결과, 대조집단의 부모들에 비교하여 지원서비스에 참여한 부모들은 프로젝트를 통하여 아동이 사회화 및 의사소통하는 기술을 새로 배우게 되었고, 아동이 보다 독립적이 되었고, 가족 전체에게 도움이 되었다고 보고하였다. 그러나 동일한 연구에서 부모의 건강과 스트레스가 나아지지는 않은 것으로 나타났다.

보충자료 특정학습장애에 대한 참고정보를 얻을 수 있는 기관의 예

기관명	웹주소	기관설명
한국특수교육학회	www.ksse.or.kr	한국 특수교육연구를 촉진하고 특수교육발전에 기여하기 위해 설립된 기관
Council for Exceptional Children	www.cec.sped.org	특수아동협회로 장애아동과 영재아동의 교육적 성공을 증진시키기 위해 조직됨
Council for Learning Disabilities	www.council-for learning-disabilities.org	학습장애 있는 사람들의 삶의 질과 교육을 향상시키기 위해 조직된 기관
International Dyslexia Association	www.interdys.org	난독증의 연구와 치료를 위한 기관으로 교사, 전문가, 난독증 있는 사람들과 부모들로 구성됨
Learning Disabilities Association of America	www.ldamerica.org	학습장애있는 아동의 부모나 성인들이 조직한 기관
National Center for Learning Disabilities	www.ncld.org; www.ld.org	학습 및 주의력 문제 있는 아동 및 성인의 생활을 향상시키는 데 목적을 두고, 1977년 미국에서 설립된 기관

2부 맺음말

제2부에서는 아동기 및 청소년기의 주요정신장애를 이해하기 위한 가족의 역할을 살펴보았다. 정신장애는 공존되어 나타나는 경우가 적지 않음을 인지하지만, 아동기 및 청소년기의 대표적 정신장애 중에서 우울장애, 불안장애, 주의력 결핍 과잉행동장애, 적대적 반항장애와 품행장애, 섭식장애, 물질관련장애 중 알코올관련장애의 알코올사용장애, 특정학습장애를 선택하여 개별적으로 기술하였다.

각 장에서는 공통적 형식을 통하여 아동 및 청소년 정신장애를 이해하기 위한 가족의 역할을 제시하였다. 먼저, 각 정신장애에 대한 기본내용으로 특징을 살펴보는 데, DSM-5에 기초한 진단기준을 살펴본 후 대표적이거나 최근에 수행된 연구를 중심으로 유병률을 제시하고, 관련된 대표적인 측정도구들을 간략하게 소개하였다. 다음으로, 발달정신병리학 접근에 기초하여 종단연구들을 주축으로 각 정신장애의 발생을 살펴보았는데, 유전적 및 환경적 영향력을 추정하고 부모와 자녀 간의 연관성, 장애발생과 관련된 가족변인들을 살펴보았다.

이후의 절은 가족변인과 발달경과를 기술하는데, 이론적 고찰자료와 종단연구를 주축으로 하되 대표적 횡단연구도 포함하여 내용을 개관하였다. 가족변인과 경과를 살펴보기 위하여, 가족관련 위험요인과 보호요인을 파악하는 한편, 매개 및 조절변인을 이해하고자 하였다. 각 장의 마지막 절은 치료에서의 가족의 역할에 대하여 논의하였는데, 가족과 관련된 치료를 살펴보고 대표적 프로그램을 소개하였다. 마지막에는 보충자료로 각 정신장애와 관련된 정보를 얻을 수 있는 일부 기관들의 웹페이지를 참고로 제공하였다.

참고문헌

가인숙, 현명호 (2006). 역기능적 가정, 수치심, 사회적 지지와 폭식의 관계. 한국심리학회지: 건강, 11(2), 209-223.

강동우, 허시영, 이민규, 이혜경, 이영호 (2006). 한국판 식사장애검사(The Korean version of Eating Disorder Examination: KEDE)의 타당화. 한국심리학회지: 건강, 11(2), 407-418.

공계순, 박현선, 오승환, 이상균, 이현주 (2013). 아동복지론(4판). 서울: 학지사.

김남재 (2004). 한국판 사회공포증과 불안검사의 타당화연구. 한국심리학회지: 임상, 23(4), 1011-1027.

김동일, 김동민, 이기정 (2012). 초등학생용 학습장애 자가진단 선별척도 타당화. 아시아교육연구, 13(1), 47-71.

김무경, 오윤희, 오강섭 (2005). 지각된 부모양육행동이 사회불안 증상에 미치는 효과. 한국심리학회지: 임상, 24(3), 599-614.

김소희 (2012). 발달적 산술장애(developmental dyscalculia)의 교육 신경과학적 특성에 대한 고찰. 학습장애연구, 9(2), 71-91.

김애화, 김의정, 김자경, 최승숙 (2012). 학습장애의 이론과 실제. 서울: 학지사.

김애화, 신현기, 이준석, 황민아, 한경근, 박현 (2008). 학습장애 위험학생 선별검사 개발 및 표준화연구. 언어청각장애연구, 13(2), 282-307.

김용희 (2005). KPI-C 프로파일로 본 ADHD아동의 행동특성. 한국심리학회지: 건강, 10(1), 83-93.

김율리, 전옥순 (2013). 섭식장애의 치료: 환자와 가족 그리고 치료자를 위한 지침서. 서울: 학지사.

김인석, 이연희 (2003). 성격, 주변인의 영향, 음주동기가 음주 및 음주문제에 미치는 영향. 한국심리학회지: 임상, 22(3), 525-541.

김정택, 신동균 (1978). STAI의 한국표준화에 관한 연구, 최신의학, 21, 69-75.

김종성, 오미경, 박병강, 이민규, 김갑중, 오장균 (1999). 한국에서 Alcohol use disorders identification test(AUDIT)를 통한 알코올리즘의 선별기준. 가정의학회지, 20(9), 1152-1159.

김재원, 박기홍, 최민정 (2004). 지역사회에서의 주의력결핍-과잉행동장애 선별기준에 대한 연구, 신경정신의학, 43(2), 200-208.

김효정, 이임순, 김지혜 (1996). 식이행동 질문지의 신뢰도, 타당도 연구. *Korean Journal of Clinical Psychology, 15*(1), 141-150.

김혜금, 송영주, 임양미, 김현자, 김진숙 (2015). 정신건강론(개정판). 경기: 정민사.

김혜진, 정경미 (2008). 아동기 섭취문제가 양육 스트레스에 미치는 영향: 발달단계에 다른 행동문제의 매개효과. 한국심리학회지: 임상, 27(4), 843-859.

노영경, 김봉환 (2005). 상담 일반: "체형 만족도 평가지(Body Shape Questionnaire: BSQ)"의 타당화 연구-여대생을 중심으로. 상담학연구, 6(4), 1163-1174.

노은아, 안창일 (2005). 여아의 섭식장애 위험요인들과 관련된 어머니의 요인들: 어머니의 섭식장애 위험요인들과 관여를 중심으로. 한국심리학회지: 건강, 10(2), 127-144.

두정일 (2014). ADHD성향 아동의 문제행동과 그 어머니의 심리 및 상호관계에 미치는 부모-자녀 상호작용치료(PCIT)의 효과연구. 정서·행동장애연구, 30(2), 307-335.

두정일, 이정숙 (2012). 파괴적 행동문제가 있는 아동과 그 부모를 대상으로 실시한 집단 부모-아동 상호작용 치료(PCIT)효과 검증. 한국심리학회지: 상담 및 심리치료, 24(2), 339-363.

대한소아청소년정신의학회 편저 (2012). 청소년정신의학. 서울: 시그마프레스.

반건호, 신민섭, 조수철, 홍강의 (2001). 청소년 ADHD 평가도구 개발을 위한 예비연구-CASS(S)의 신뢰도 및 타당도 연구. 대한소아청소년 정신의학, 12(2), 218-224.

박미영, 박순말, 조성준, 신민섭 (2010). ADHD아동을 위한 컴퓨터 훈련 프로그램기반 CBT 효과검증. 한국심리학회지: 임상, 29(3), 639-657.

박은희, 소유경, 김영신, 최낙경, 김세주, 노주선, 고윤주 (2003). 한국어판 Conners 부모 및 교사용 평가 척도의 신뢰도와 타당도에 대한 예비적 연구. 대한소아청소년정신의학, 14(2), 183-196.

박정녀, 최혜림 (2005). 청소년의 부·모 애착과 자동적 사고 및 공격성. 한국심리학회지:상담 및 심리치료, 17(1), 249-264.

박종효 (2005). 또래 공격행동 및 피해행동에 대한 이해: 선행요인 탐색과 문제행동에 미치는 영향. 한국심리학회지: 발달, 18(1), 19-35.

박중규, 오경자 (2004). 아동의 외현적 문제행동에 대한 부모훈련 프로그램의 효과-인지행동적 부모훈련과 행동적 부모훈련의 비교. 한국심리학회지: 임상, 23(4), 829-849.

박현진, 허자영, 김영화, 송현주 (2011). ADHD아동을 위한 인지증진훈련, 사회기술훈련, 부모교육 병합프로그램 개발 및 효과. 정서 · 행동장애연구, 27(3), 25-59.

보건복지부 보도자료, 아동청소년 ADHD, 우울증 등 선별검사 및 치료지원, 2009년 4월 9일. http://www.mohw.go.kr/front_new/jb/sjb030301vw.jsp?PAR_MENU_ID=03&MENU_ID=0321&CONT_SEQ=264461&page=1dptj 2016년 12월 1일 인출함.

보건복지부, 질병관리본부 (2013). 2013 국민건강통계: 국민건강영양조사 제6기 1차년도. 발간등록번호 11-1351159-000027-10.

소유경, 노주선, 김영신, 고선규, 고윤주 (2002). 한국어판 부모, 교사 ADHD 평가척도의 신뢰도와 타당도 연구. 신경정신의학, 41(2), 283-289.

손은정 (2010). 완벽주의가 폭식행동에 미치는 영향: 자기비난, 신체비교, 신체불만족의 매개효과. 한국심리학회지: 상담 및 심리치료, 22(4), 1103-1122.

송연주 (2014). 초등학생의 ADHD성향 유병률과 ADHD성향, 환경적 변인들 및 또래관계 간의 관계. 아시아교육연구, 15(4), 189-217.

송예리아, 김진영 (2013). 경제적 곤란 및 부모와의 소통과 청소년기 우울의 관계에 대한 종단적 연구. 청소년학연구, 20(5), 131-155.

신민섭, 류명은, 김붕년, 황준원, 조수철 (2005). 한국판 IOWA 코너스 평정 척도의 개발. 神經精神醫學, 44(1), 82-88.

신민섭, 조수철, 홍강의 (2007). 한국판 학습장애 평가척도. 서울: 학지사.

신민정, 정경미, 김은성 (2012). 한국 청소년들의 우울 및 불안에 대한 성차 연구: 발현시기와 연령별 변화를 중심으로, 한국심리학회지: 임상, 31(1), 93-114.

신혜영, 최해림 (2003). 부모로부터의 학대경험과 공격성 및 대인불안간의 관계-초등학교 고학년 아동을 중심으로. 한국심리학회지: 상담 및 심리치료, 15(2), 295-307.

안동현, 김봉석, 두정일, 박태원, 반건호, 신민섭, ... 홍현주 (2015). ADHD의 통합적 이해.

서울: 학지사.

안동현, 김태호 (2014). 아동기 정신장애의 진단분류. 홍강의(편), 소아정신의학(pp. 103-114). 서울: 학지사.

양재원, 양윤란, 오경자 (2008). 아동, 청소년기 사회불안의 측정: 한국판 청소년 사회불안척도(K-SAS-A)의 타당화. 한국심리학회지: 임상, 27(4), 861-878.

오경자, 이혜련 (1989). 주의력 결핍 과잉 행동증 평가도구로서의 단축형 Conners 평가척도의 활용. 한국심리학회지: 임상, 8(1), 135-142.

오경자, 정현강 (2008). 이상섭식행동에 영향을 주는 완벽주의 성향과 정서조절 양식에 대한 연구. 한국심리학회지: 건강, 13(1), 41-55.

오혜선, 채규만, 김명식 (2007). ADHD성향 아동의 사회기술향상 프로그램 개발과 효과 연구-컴퓨터 영상 프로그램과 심리적 시연 기법을 활용하여-. 한국심리학회지: 임상, 26(1), 21-37.

옥정, 오윤희, 정현옥 (2001). 청소년기 애착유형과 지각된 부모양육행동. 한국심리학회지: 임상, 20(2), 259-270.

유성경, 이소래 (2001). 청소년의 비행수준에 따른 위험요소 및 보호요소의 분석. 한국심리학회지: 상담 및 심리치료, 13(2), 187-205.

윤명숙, 이재경 (2010). 부모애착이 초기 청소년 우울에 미치는 종단적 영향분석. *Social Science Research Review, 26*(2), 69-92.

윤선영, 구영진, 전진아, 현명호, 김효창 (2007). ADHD 아동에 대한 사회기술 훈련과 부모 교육 병합 치료의 효과. 한국심리학회지: 건강, 12(3), 529-545.

윤태희, 조영일 (2014). 부모-자녀 애착이 자살생각에 미치는 영향에서 자아존중감과 우울의 종단적 매개효과 연구. 한국심리학회지: 발달, 27(3), 61-87.

이경숙, 엄혜련, 정영윤 (2004). 잠재된 비행청소년의 애착유형(AAI)에 따른 아동기 양육경험과 문제행동. 한국심리학회지: 상담 및 심리치료, 16(3), 511-532.

이민규, 한덕웅 (2001). 섭식억제 척도의 개발. 한국심리학회지: 임상, 20(4), 795-807.

이수진, 오경자 (2012). 아동의 기질과 부모양육이 부주의와 과잉행동-충동성 문제의 발달경로에 미치는 영향. 한국심리학회지: 임상, 31(4), 945-969.

이승희 (2015). 한국어판 ADHD평정척도-IV(K-ARS-IV)의 현황과 개선방안. 정서·행동장애연구. 31(4), 227-259.

이영호 (2011). 식사장애. 서울: 엠엘커뮤니케이션.

이유리, 노주선, 김근향, 김지혜 (2000). 학습장애 진단을 위한 학습 성취도 검사의 개발 연구 I-쓰기 검사를 중심으로. 한국심리학회지: 임상, 19(1), 69-80.

이임순 (2002). 섭식절제척도의 타당도 연구. 한국심리학회지: 건강, 7(1), 143-158.

이정 (2007). Adolescent girls'eating disordered behaviors and family communication over a four-time period: Latent growth modeling (LGM) analysis. 한국심리학회지: 건강, 12(3), 467-492.

이현희, 김은정, 이민규 (2003). 한국판 정적 정서 및 부적 정서 척도(Positive Affect and Negative Affect Schedule; PANAS)의 타당화 연구. 한국심리학회지: 임상, 22(4), 935-946.

이효윤, 이인혜, 성주헌 (2012). 성인쌍둥이 및 쌍둥이 가족을 대상으로 한 불안민감성의 유전적 영향력에 관한 연구: 우울, 음주, 흡연과의 관계. 한국심리학회지: 건강, 17(1), 173-143.

임경희, 조붕환 (2004). 성, 학년, 지역에 따른 초등학생의 ADHD 출현을 조사 연구. 초등교육연구, 17(1), 235-260.

임지영 (2005). 한국판 Beck 아동용 우울척도의 개발 예비연구. 한국심리학회지: 건강, 10(3), 337-347.

임혜정, 김혜리, 손정우, 김영랑 (2008). 학령기 ADHD아동에 대한 사회기술훈련과 부모훈련의 병합치료 효과. 아동교육, 17(1), 225-239.

장수진, 서동수, 변희정 (2007). 한국어판 주의력결핍 과잉행동장애 평가척도의 부모용 규준연구. 소아청소년정신의학, 18(1), 38-48.

장환일, 전진숙 (1985). 한국에서 Michigan 주정의존 선별검사의 적용에 대한 예비조사. 신경정신의학, 24(1), 46-53.

전영민 (2005). 알코올 의존자의 변화동기 평가. 한국심리학회지: 임상, 24(1), 207-223.

정수경 (2004). 약물남용 청소년의 가족중심치료 프로그램 연구에 관한 고찰. 정신보건과 사회사업, 17, 104-132.

정영선 (2005). 청소년의 섭식장애와 가족기능과의 관계연구. 한국심리학회지: 상담 및 심리치료, 17(3), 685-706.

정유숙, 홍현주 (2012). 기분장애: 우울장애 · 양극성장애. 청소년정신의학. 서울: 시그마프레스.

조수철, 고복자, 김봉석, 김붕년, 김재원, 신민섭, ... 정동선 (2005). 2005년도 역학사업 보고서-서울시 소아청소년정신장애 유병률 조사. 서울시 소아청소년광역정신보건센터.

조수철, 신민섭 (2006). 소아정신병리의 진단과 평가. 서울: 학지사.

조수철, 이영식 (1990). 한국형 소아 우울척도의 개발. 신경정신의학, 29(4), 943-956.

조수철, 최진숙 (1989). 한국형 소아의 상태 특성 불안척도. 서울의대정신의학, 14(1), 150-157.

조혜수, 권영민 (2009). 아동 및 청소년용 우울경험질문지(DEQ-A)의 타당화. 한국심리학회지: 발달, 22(3), 145-167.

조혜정 (2014). 청소년 음주에 영향을 미치는 요인에 관한 메타분석. 한국정신보건사회복지학회, 2014년 춘계학술대회, 351-373.

질병관리본부, 교육부, 보건복지부 (2015). 청소년건강행태온라인조사 통계. 발간등록번호 11-1460736-000038-10.

최소영, 최의겸, 박기환 (2010). 성인 ADHD증상이 양육행동 및 자녀의 ADHD증상에 미치는 영향. 한국심리학회지: 임상, 29(1), 169-188.

최은영, 양종국, 김영근, 이윤희, 김현민 (2014). 청소년비행 및 약물중독상담(2판). 서울: 학지사.

최진숙, 조수철 (1990). 소아 불안의 측정 RCMAS의 신뢰도와 타당도 검사. 신경정신의학, 29(3), 691-702.

한국청소년정책연구원 (2012). 아동 · 청소년 정신건강증진을 위한 지원방안 연구 II: 총괄보고서. 연구보고 12-R15.

한국특수교육학회 (2008). 특수교육대상자 개념 및 선별기준.

한덕웅, 이장호, 전겸구 (1996). Spielberger의 상태-특성 불안검사 Y형의 개발. 한국심리학회지: 건강, 1(1), 1-14.

Afifi, T. O., Boman, J., Fleisher, W., & Sareen, J. (2009). The relationship between child abuse, parental divorce, and lifetime mental disorders and suicidality in a nationally representative adult sample. *Child Abuse and Neglect, 33*, 139–147.

Agency for Healthcare Research and Quality (2011). Attention deficit hyperactivity disorder: effectiveness of treatment in at-risk preschoolers; long-term effectiveness in all ages; and variability in prevalence, diagnosis, and treatment. *Comparative effectiveness review* number 44.

Agha, S. S., Zammit, S., Thapar, A., & Langley, K. (2013). Are parental ADHD problems associated with a more severe clinical presentation and greater family adversity in children with ADHD. *European Child Adolescent Psychiatry, 22*, 369–377.

Agras, W. S., Lock, J., Brandt, H., Bryson, S. W., Dodge, E., Halmi, K. A., Jo, B., Johnson, C., Kaye, W., Wilfley, D., & Woodside, B. (2014). Comparison of 2 family therapies for adolescent anorexia nervosa: a randomized parallel trial. *JAMA Psychiatry, 71*(11), 1279–1286.

Alati, R., Maloney, E., Hutchinson, D. M., Najman, J. M., Mattick, R. P., Bor, W., & Williams, G. M. (2010). Do maternal parenting practices predict problematic patterns of adolescent alcohol consumption? *Addiction, 105*(5), 872–880.

Alati, R., Mamun, A. A., Williams, G. M., O'Callaghan, M., Najman, J. M., & Bor, W. (2006). In utero alcohol exposure and prediction of alcohol disorders in early adulthood: A birth cohort study. *Archives of General Psychiatry, 63*, 1009–1015.

Al-Yagon, M. (2007). Socioemotional and behavioral adjustment among school-age children with learning disabilities. *Journal of Special Education, 40*, 205–217.

Amato, P. R., & Cheadle, J. E. (2008). Parental divorce, marital conflict and children' s behavior problems: A comparison of adopted and biological children. *Social Forces, 86*, 1139–1161.

Archibald, A. B., Linver, M. R., Graber, J. A., & Brooks-Gunn, J. (2002). Parent-adolescent relationships and girls'unhealthy eating: Testing reciprocal effects. *Journal of Research on Adolescence, 12*, 451–461.

Arrindell, W. A., Kwee, M. G., Methorst, G. J., Van der Ende, J., Pol, E, & Moritz, B. J. (1989). Perceived parental rearing styles of agoraphobic and socially phobic inpatients. *The British Journal of Psychiatry, 155*, 526–535.

Asarnow, J. R., Scott, C. V., & Mintz, J. (2002). A combined cognitive-behavioral family education intervention for depression in children: a treatment development study. *Cognitive Therapy and Research, 26*, 221–229.

Avenevoli, S., & Merikangas, K. R. (2006). Implications of high-risk famiy studies for prevention of depression. *American Journal of Preventive Medicine, 31*, s126–s135.

Babor, T. F., Higgins-Biddle, J. C., Saunders, J. B., & Monteiro, M. (2001). *The AUDIT: guidelines for use in primary care*. World Health Organization, Department of Mental Health and Substance Dependence.

Baer, J. S., Sampson, P. D., Barr, H. M., Connor, P. D., & Streissguth, A. P. (2003). A 21-year longitudinal analysis of the effects of prenatal alcohol exposure on young adult drinking. *Archives of General Psychiatry, 60*, 377–385.

Barkley, R. A., & Edelbrock, C. S. (1987). Assessing situational variation in children's behavior problems: The Home and School Situations Questionnaires. *Advances in Behavioral Assessment of Children and Families, 3*, 157–176.

Barnes, G. M., Reifman, A. S., Farrell, M. P., & Dintcheff, B. A. (2000). The effects of parenting on the development of adolescent alcohol misuse: A six-wave latent growth model. *Journal of Marriage and the Family, 62*, 175–186.

Barrett, P. (2001). Current issues in the treatment of childhood anxiety. In M. W. Vasey & M. R. Dadds (Eds.), *The developmental psychopathology of anxiety* (pp. 304–324). Oxford University Press, Inc.

Barrett, P. M., Dadds, M. R., & Rapee, R. M. (1996). Family treatment of childhood anxiety: A controlled trial. *Journal of Consulting and Clinical Psychology, 64*(2), 333–342.

Barrett, P. M., & Shortt, A. L. (2003). Parental involvement in the treatment of anxious children. In A. E. Kazdin & J. R. Weisz (Eds.), *Evidence-based psychotherapies for children and adolescents* (pp. 101–120). New York, NY: The Guilford Press.

Beach, S. R. H, Kogan, S. M., Brody, G. H., Chen, Y., Lei, M., & Murry, V. M. (2008). Changes in caregiver depression as a function of the strong African American families program. *Journal of Family Psychology, 22*, 241–252.

Beardslee, W. R. (2002). *Out of darkened room*. Boston, MA: Little, Brown and Company.

Beardslee, W. R., & Podorefsky, D. (1988). Resilient adolescents whose parents have serious affective and other psychiatric disorders. *American Journal of Psychiatry, 145*, 63–69.

Beardslee, W. R., Versage, E. M., & Gladstone, T. R. (1998). Children of affectively ill parents: A review of the past 10 years. *Journal of American Academy of Child and Adolescent Psychiatry, 37*(11), 1134–1141.

Beck, J. S., Beck, A. T., & Jolly, J. B. (2001). *Beck Youth Inventories Manual*. San Antonio, TX: Psychological Corporation.

Beidel, D. C., & Turner, S. M. (1997). At Risk for Anxiety: I. Psychopathology in the Offspring of Anxious Parents. *Journal of the American Academy of Child & Adolescent Psychiatry, 36*, 918–924.

Beidel, D. C., Turner, S. M., & Morris, T. L. (1995). A new inventory to assess childhood social anxiety and phobia: The social phobia and anxiety inventory for children. *Psychological Assessment, 7*(1), 73–79.

Belsky, J., Fearon, P., & Bell, B. (2007). Parenting, attention and externalizing problems: testing mediation longitudinally, repeatedly and reciprocally. *Journal of Child Psychology and Psychiatry, 48*, 1233–1242.

Berk, L, E. (2013). *Child development* (9th ed.). Pearson.

Biederman, J. (2005). Attention-Deficit/Hyperactivity Disorder: a selective overview. *Biological Psychiatry, 57*, 1215–1220.

Biederman, J., Petty, C. R., Clarke, A., Lomedico, A., & Faraone, S. V. (2011). Predictors of persistent ADHD: An 11-year follow-up study. *Journal of Psychiatric*

Research, 45, 150–155.

Birleson, P. (1981). The validity of depressive disorder in childhood and the development of a self-rating scale. *Journal of Child Psychology and Psychiatry, 22*, 73–88.

Birmaher, B., Brent, D., Chiappetta, L., Bridge, J., Monga, S., & Baugher, M. (1999). Psychometric properties of the Screen for Child Anxiety related Emotional Disorders(SCARED): a replication study. *Journal of American Academy Child and Adolescent Psychiatry, 38*, 1230–1236.

Birmaher, B., Khetarpal, S., Cully, M., Brent, D., & McKenzie, S. (1995). *Self-report for childhood anxiety related disorders(SCARED)*. Western Psychiatric Institute and Clinic, University of Pittsburgh.

Blatt, S. J., Schaffer, C. E., Bers, S. A., & Quinlan, D. M. (1992). Psychometric properties of the depressive experiences questionnaire for adolescents. *Journal of Personality Assessment, 59*(1), 82–98.

Blazei, R. W., Iacono, W. G., & Krueger, R. F. (2006). Intergenerational transmission of antisocial behavior: How do kids become antisocial adults? *Applied and Preventive Psychology, 11*, 230–253.

Bögels, S. M., & Brechman-Toussaint, M. L. (2006). Family issues in child anxiety: Attachment, family functioning, parental rearing and beliefs. *Clinical Psychology Review, 26*, 834–856.

Borsari, B., Murphy, J. G., & Barnett, N. P. (2007). Predictors of alcohol use during the first year of college: Implications for prevention. *Addictive Behaviors, 32*(10), 2062–2086.

Bouma, E., Ormel, J. Verhulst, F. C., & Oldehinkel, A. J. (2007). Stressful life events and depressive problems in early adolescent boys and girls: The influence of parental depression, temperament and family environment. *Journal of Affective Disorder, 105*, 185–193.

Boyle, M. H., Sanford, M., Szatmari, P., Merikangas, K., & Offord, D. R. (2001).

Familial influences on substance use by adolescents and young adults. *Canadian Journal of Public Health, 92*(3), 206–209.

Branje, S. T., Hale III, W. W., Frijns, T., & Meeus, W. H. (2010). Longitudinal associations between perceived parent-child relationship quality and depressive symptoms in adolescence. *Journal of Abnormal Psychology, 38*, 751–763.

Brendel, K. e., & Maynard, B. R. (2014). Child-parent interventions for childhood anxiety disorders: A systematic review and meta-analysis. *Research on Social Work Practice, 24*, 287–295.

Brinkmeyer, M. Y. & Eyberg, S. M. (2003). Parent-child interaction therapy for oppositional children. In A. E. Kazdin & J. R. Weisz (Eds.), *Evidence-based psychotherapies for children and adolescents* (pp. 204–223). New York, NY: The Guilford Press.

Brody, G. H., Beach, S. R., Philibert, R. A., Chen, Y. F., Lei, M. K., Murry, V. M., & Brown, A. C. (2009). Parenting moderates a genetic vulnerability factor in longitudinal increases in youths' substance use. *Journal of Consulting and Clinical Psychology, 77*(1), 1–11.

Brody, G. H., & Ge, X. (2001). Linking parenting processes and self-regulation to psychological functioning and alcohol use during early adolescence. *Journal of Family Psychology, 15*(1), 82–94.

Brook, C. A., & Schmidt, L. A. (2008). Social anxiety disorder: A review of environmental risk factors. *Neuropsychiatric Disease and Treatment, 4*, 123–143.

Brotman, L. M., Kamboukos, D., & Theise, R. (2008). Symptom-specific measures for disorders usually first diagnosed in infancy, childhood, or adolescence. In J. A. Rush Jr., M. B. First, D. Blacker (Eds.), *Handbook of Psychiatric Measures* (2nd ed., pp. 251–308). Arington, VA: American Psychiatric Publishing, Inc.

Brown, S. A., Christiansen, B. A., & Goldman, M. S. (1987). The Alcohol Expectancy Questionnaire: an instrument for the assessment of adolescent and adult alcohol expectancies. *Journal of Studies on Alcohol, 48*(5), 483–491.

Brunwasser, S. M., Gillham, J. E., & Kim, E. S. (2009). A meta-analytic review of the Penn resiliency program's efffect on depressive symptoms. *Journal of Consulting and Clinical Psychology, 77*, 1042–1054.

Bryant-Waugh, R. J., Cooper, P. J., taylor, C. L., & Lask, B. D. (1996). The use of the eating disorder examination with children: a pilot study. *International Journal of Eating Disorders, 30*, 187–192.

Bulik, C. M. (2004). Genetic and biological risk factors. In J. K. Thompson (Ed.), *Handbook of eating disorders and obesity* (pp. 3–16). Hoboken, NJ: John Wiley & Sons, Inc.

Burke, J. D., Loeber, R., & Birmaher, B. (2002). Oppositional defiant disorder and conduct disorder: A review of the past 10 years, Part II. *Journal of American Academy of Child and Adolescent Psychiatry, 41*(11), 1275–1293.

Buss, A. H., & Perry, M. (1992). The aggression questionnaire. *Journal of Personality and Social Psychology, 63*(3), 452–459.

Buss, A. H., & Plomin, R. (1975). *A temperament theory of personality development*. New York, NY: John Wiley & Sons, Inc.

Capaldi, D. M., & Eddy, J. M. (2000). Improving children's long-term well-being by preventing antisocial behaviour. In A. Buchanan, & B. L. Hudson (Eds.), *Promoting children's emotional well-being*: Messages from research (pp. 209–229). OUP Oxford.

Capozzi, F., Casini, M. P., Romani, M., Gennaro, L. D., Nicolais, G., & Solano, L. (2008). Psychiatric comorbidity in learning disorder: Analysis of family variables. *Child Psychiatry and Human Development, 39*, 101–110.

Cardemil, E. V., Kim, S., Pinedo T. M., & Miller, I. W. (2005). Developing a culturally appropriate depression prevention program: the family coping skills program. *Cultural Diversity and Ethnic Minority Psychology, 11*, 99–112.

Carr, A. (2002). *Prevention: What works with children and adolescents?* Psychology Press. 김정휘(역) (2008). 발달장애 아동과 청소년 문제의 예방원리와 실제. 서울: 시그

마프레스.

Carr, D., & Springer, K. W. (2010). Advances in families and health research in the 21st century. *Journal of Marriage and Family, 72*(June), 743–761.

Casper, R. C., & Troiani, M. (2001). Family functioning in anorexia nervosa differs by subtype. *International Journal of Eating Disorders, 30*(3), 338–342.

Centers for Disease Control(2015). Attention-Deficit/Hyperactivity Disorder(ADHD). http://www.cdc.gov/ncbddd/adhd/data.html에서 2015년 8월 16일 인출함

Chartier, K. G., Hesselbrock, M. N., & Hesselbrock, V. M. (2010). Development and vulnerability factors in adolescent alcohol use. *Child and Adolescent Psychiatric Clinics of North America, 19*(3), 493–504.

Chassin, L., Lee, M. R., Cho, Y. I., Wang, F. L., Agrawal, A., Sher, K. J., & Lynskey, M. T. (2012). Testing multiple levels of influence in the intergenerational transmission of alcohol disorders from a developmental perspective: The example of alcohol use promoting peers and μ-opioid receptor M1 variation. *Development and Psychopathology, 24*(03), 953–967.

Chavez, M., & Insel, T. R. (2007). Eating disorders: National Institute of Mental Health's perspective. *American Psychologist, 62*, 159–166.

Childress, A. C., Brewerton, T. D., Hodges, E. L., & Jarrell, M. P. (1993). The Kids' Eating Disorders Survey (KEDS): a study of middle school students. *Journal of the American Academy of Child & Adolescent Psychiatry, 32*(4), 843–850.

Christiansen, B. A., Goldman, M. S., & Inn, A. (1982). Development of alcohol-related expectancies in adolescents: Separating pharmacological from social-learning influences. *Journal of Consulting and Clinical Psychology, 50*(3), 336.

Chronis, A. M., Chacko, A., Fabiano. G. A., Wymbs, B. T., & Pelham, W. E. (2004). Enhancements to the behavioral parent training paradigm for families of children with ADHD: Review and future direction. *Clinical Child and Family Psychology Review, 7*, 1–27.

Chronis, A. M., Jones, H. A., & Raggi, V. L. (2006). Evidence-based psychosocial treatments for children and adolescents with attention-deficit/hyperactivity disorder. *Clinical Psychology Review, 26*, 486–502.

Clarke, G. N., Hornbrook, M., Lynch, F., Polen, M., Gale, J., Beardslee, W., O' Connor, E., & Seeley, J. (2001). A randomized trial of a grop cognitive intervention for preventing depression in adolescent offspring of depressed parents. *Archives of General Psychiatry, 58*, 1127–1134.

Clarke, G. N., Rohde, P., Lewinsohn, P. M., Hops, H., & Seeley, J. (1999). Cognitive-behavioral treatment of adolescent depression: efficacy of acute group treatment and booster session. *Journal of the American Academy of Child and Adolescent Psychiatry, 38*, 272–279.

Clauss, J. A., & Blackford, J. U. (2012). Behavioral inhibition and risk for developing social anxiety disorder: A meta-analytic study. *Journal of the American Academy of Child and Adolescent Psychiatry, 51*, 1066–1075.

Coffino, B. (2009). The role of childhood parent figure loss in the etiology of adult depression: Finings from a prospective longitudinal study. *Attachment & Human Development, 11*(5), 445–470.

Cole, D. A. (1991). Preliminary support for a competency-based model of depression in children. *Journal of Abnormal Psychology, 100*(2), 181.

Colonnesi, C, Draijer, E. M., G. J. Stams, Van der Bruggen, C. O., Bögels, S. M., & Noom, M. J. (2011). The relation between insecure attachment and child anxiety: a meta-analytic review. *Journal of Clinical Child & Adolescent Psychology, 40*, 630–645.

Compas, B. E., Champion, J. E., Forehand, R.,...Roberts, L. (2010). Coping and parenting: Mediators of 12-month outcomes of a family group cognitive-behavioral preventive intervention with family of depressed parents. *Journal of Consulting and Clinical Psychology, 78*, 623–634.

Compas, B. E., Forehand, R., Keller, G.,...Cole, D. A. (2009). Randomized controlled trial of a family cognitive-behavioral preventive intervention for children of depressed parents. *Journal of Consulting and Clinical Psychology, 77*, 1007–1020.

Compass, B. E., & Hammen, C. L. (1994). Child and adolescent depression. In R. Haggerty, R. Sherrod, N. Garmezy, & M. Rutter (Eds.), *Stress, risk, and resilience in child and adolescents* (pp. 225–267). Cambridge, Cambridge University Press.

Conners, K. C. (2008). Conners'rating scales-revised(CRS–R). In J. R. Jr. Rush, M. B., First, & D. Blacker (Eds.), *Handbook of psychiatric measures* (2nd ed, pp. 314–317). Washington, DC: American Psychiatric Publishing, Inc.

Conners, K. C., Sitarenios, G., Parker, J. D. A., & Epstein, J. N. (1998a). The revised Conners'parent rating scale(CPRS–R): Factor structure, reliability, and criterion validity. *Journal of Abnormal Child Psychology, 26*(4), 257–268.

Conners, K. C., Sitarenios, G., Parker, J. D. A., & Epstein, J. N. (1998b). The revised Conners'Teacher rating scale(CTRS–R): Factor structure, reliability, and criterion validity. *Journal of Abnormal Child Psychology, 26*(4), 279–291.

Cooper, Z., & Fairburn, C. (1987). The eating disorder examination: A semi-structured interview for the assessment of the specific psychopathology of eating disorders. *International Journal of Eating Disorders, 6*(1), 1–8.

Cooper, P. J., Taylor, M. J., Cooper, Z., & Fairbum, C. G. (1987). The development and validation of the Body Shape Questionnaire. *International Journal of Eating Disorders, 6*(4), 485–494.

Corkum, P., McKinnon, M., & Mullane, J. (2005). The effect of involving classroom teachers in a parenting training program for families of children with ADHD. *Child and Family Behavior Therapy, 27*, 29–49.

Costello, E. J., Copeland, W., & Angold, A. (2011). Trends in psychopathology across the adolescent years: What changes when children become adolescents, and when adolescents become adults? *Journal of Child Psychology and Psychiatry, 52*, 1015–1025.

Costello, E. J., Egger, H., & Angold, A. (2005). 10-year research update review: the epidemiology of child and adolescent psychiatric disorders: I. methods and public health burden. *Journal of American Academy of Child and Adolescent Psychiatry, 44*, 972–986.

Costello, E. J., Foley, D. L., & Angold, A. (2008). 10-year research update review: the epidemiology of child and adolescent psychiatric disorders: II. Developmental epidemiology. *Journal of the American Academy of Child and Adolescent Psychiatry, 45*, 8–25.

Costello, E. J., Mustillo, S., Erkanli, A., Keeler, G., Angold, A. (2003). Prevalence and development of psychiatric disorders in childhood and adolescence, *Archive General Psychiatry, 60*, 837–644.

Craighead, L. W., Martinez, M. A., & Klump, K. L. (2013). Bulimia nervosa and binge eating disorder. In W. E. Craighead, D. J. Miklowitz, D. J., & L. W. Craighead (Eds.), *Psychopathology: History, diagnosis, and empirical foundations* (2nd ed., pp. 445–481), Wiley.

Crow, S. J, Peterson, C. B., Swanson, S. A., Raymond, N., C., Specker, S., Eckert, E. D., & Mitchell, J. E. (2009). Increased mortality in bulimia nervosa and other eating disorders. *The American Journal of Psychiatry, 166*, 1342–1346.

Cunningham, C. E. (2007). A family-centered approach to planning and measuring the outcome of interventions for children with attention-deficit/hyperactivity disorder. *Ambulatory Pediatrics, 7*, 60–72.

Curry, J. F., & Craighead, E. W. (1993). Depression. In T. H. Ollendick & M. Hersen (Eds.), *Handbook of child and adolescent assessment* (pp. 251–268). Needham Height, MA: Allyn and Bacon.

Dadds, M. R., & Roth, J. H. (2001). Family processes in the development of anxiety problems. In M. W. Vasey & M. R. Dadds (Eds.), *The developmental psychopathology of anxiety* (pp. 278–303). Oxford University Press, Inc.

Daley, D. (2006). Attention deficit hyperactivity disorder: a review of the essential facts. *Child: Care, Health, and Development, 32*, 193–204.

Deater-Deckard, K. (2014). Family matters intergenerational and interpersonal processes of executive function and attentive behavior. *Current Directions in Psychological Science, 23*(3), 230–236.

Deater-Deckard, K., Mullineaux, P. Y., Beekman, C., Petrill, S. A., Schatschneider, C., & Thompson, L. A. (2009). Conduct problems, IQ, and household chaos: a longitudinal multi-informant study. *Journal of Child Psychology and Psychiatry, 50*, 1301–1308.

Deluty, R. H. (1979). Children's Action Tendency Scale: A self-report measure of aggressiveness, assertiveness, and submissiveness in children. *Journal of Consulting and Clinical Psychology, 47*(6), 1061–1071.

Demaso, D. R., Marcus, N. E., Kinnamon, C., & Gonzalez-Heydrich, J. (2006). Depression experience journal: A computer-based intervention for families facing childhood depression. *Journal of the American Academy of Child and Adolescent Psychiatry, 45*, 158–165.

Diamond, G., Siqueland, L, & Diamond, G. M. (2003). Attachment-based family therapy for depressed adolescents: programmatic treatment development. *Clinical Child and Family Psychology Review, 6*, 107–127.

Dietz, L. J., Birmaher, B., Williamson, D. E., Silk, J. S., Dahl, R. E., Axelson, D. A. et al. (2008). Mother-child interactions in depressed children and children at high risk and low risk for future depression. *Journal of the American Academy of Child and Adolescent Psychiatry, 47*, 574–582.

Dietz, L., Weinberg, R. J., Brent, D., & Mufson, L. (2015). Family-based interpersonal psychotherapy for depressed preadolescents: Examining efficacy and potential treatment mechanism. *Journal of the American Academy of Child and Adolescent Psychiatry, 54*(3), 191–199.

Dishion, T. J. (2014). A developmental model of aggression and violence: microsocial and macrosocial dynamics within an ecological framework. In M. L. Lewis & K. D. Rudolph (Eds.), *Handbook of developmental psychopathology* (3rd ed., pp. 449–465). New York, NY: Springer.

Dishion, T., Forgatch, M., Chamberlain, P., & Pelham, W. E. (2016). The Oregon model of behavior family therapy: From intervention design to promoting large-scale system change. *Behavior Therapy. 47*(6), 812–832.

Dishion, T. J., & McMahon, R. J. (1998). Parental monitoring and the prevention of child and adolescent problem behavior: A conceptual and empirical formulation. *Clinical Child and Family Psychology Review, 1*(1), 61–75.

Drake, K. L, & Ginsburg, G. S. (2012). Family Factors in the Development, Treatment, and Prevention of Childhood Anxiety Disorders. *Clinical Child and Family Psychological Review, 15*, 144–162.

Dretzke, J., Davenport, C., Frew, E., Barlow, J., Stewart-Brown, S., Bayliss, S., ... & Hyde, C. (2009). The clinical effectiveness of different parenting programmes for children with conduct problems: a systematic review of randomised controlled trials. *Child and Adolescent Psychiatry and Mental Health*, *3*(1), 1–10.

Dubow, E. F., Boxer, P., & Huesmann, L. R. (2008). Childhood and adolescent predictors of early and middle adulthood alcohol use and problem drinking: the Columbia County Longitudinal Study. *Addiction, 103*(s1), 36–47.

Duma, J. E., & Nilsen, W. J. (2003). *Abnormal child and adolescent psychology*. Allyn & Bacon. 임영식, 김혜원, 설인자, 조아미, 한상철(역) (2005). 청소년 이상심리학. 서울: 시그마프레스.

Dumas, J. E., LaFreniere, P. J., & Serketich, W. J.(1995). Balance of power: A transactional analysis of controal in mother-child dyads involving socially competent, aggressive, and anxious children. *Journal of Abnormal Psychology, 104*, 104–113.

DuPaul, G. J. (1991). Parent and teacher ratings of ADHD symptoms: Psychometric properties in a community-based sample. *Journal of Clinical Child Psychology, 20*, 245–253.

DuPaul, G. J., Anastopoulos, A. D., Power, T. J., Reid, r., Ikeda, M. J., & McGoey, K. E. (1998). Parent ratings of attention-deficit/hyperactivity disorder symptoms:

Factor structure and normative data. *Journal of Psychopathology Behavioral Assessment, 20*(1), 83–102.

DuPaul, G. J., & Barkley, R. A. (1992). Situational Variability of Attention Problems: Psychometric Properties of the Revised Home and School Situations Questionnaires. *Journal of Clinical Child Psychology, 21*(2),

DuPaul, G. J., Gormley, M. J., & Laracy, S. D. (2013). Comorbidity of LD and ADHD: Implications of DSM–5 for assessment and treatment. *Journal of Learning Disabilities, 46*, 43–51.

Dwivedi, K. N., & Sankar, S. (2004). Promotion of prosocial development and prevention of conduct disorders. In K. N. Dwivedi & P. B. Harper (Eds.), *Promoting the emotional well-being of children and adolescents and preventing their mental ill health: A handbook*. London, UK: Jessica Kingsley Publishers.

Eakin, L., Minde, K., Hechtman, L, Ochs, E., Krane, E., Bouffard, R, Greenfield, B., & Looper, K. (2004). The marital and family functioning of adults with ADHD and their spouses. *Journal of Attention Disorder, 8*, 1–10.

Earls, F., & Mezzacappa, E. (2002). Conduct and oppositional disorders. In M. Rutter & E. Taylor (Eds.), *Child and Adolescent Psychiatry* (4th ed., pp. 419–436). Malden, MA: Blackwell Publishing.

East, P. L., & Khoo, S. T. (2005). Longitudinal pathways linking family factors and sibling relationship qualities to adolescent substance use and sexual risk behaviors. *Journal of Family Psychology, 19*, 571–580.

Eley, T. C. (2001). Contributions of behavioral genetics research: quantifying genetic, shared environmental and nonshared environmental influences. In M. W. Vasey & M. R. Dadds (Eds.), *The developmental psychopathology of anxiety* (pp.45–59). Oxford University Press.

Elgar, F. J., Curtis, L. J., McGrath, P. J., Waschbusch, D. A., & Stewart, S. H. (2003). Antecedent-consequence conditions in maternal mood and child adjustment: A four-year cross-lagged study. *Journal of Clinical Child and Adolescent Psychology,*

32, 362–374.

Elgar, F. J., McGrath, P. J., Waschbusch, D. A., Stewart, S. H., & Curtis, L. J. (2004). Mutual influences on maternal depression and child adjustment problems. *Clinical Psychology Review, 24*, 441–459.

Elgar, F., J., Mills, R. S. L., McGrath, P. J., Waschbusch, D. A., & Brownridge, D. A. (2007). Maternal and paternal depressive symptoms and child maladjustment: The mediating role of parental behavior. *Journal of Abnormal Child Psychology, 35*, 943–955.

Erk, R. R. (2008). Counseling treatment for children and adolescents with DSM-IV-TR disorders (2nd ed.). Prentice Hall. 노성덕, 김호정, 이윤희, 윤은희(역). (2010). DSM-IV-TR 진단에 따른 아동 · 청소년 상담 및 심리치료(2판). 서울: 시그마프레스.

Espelage, D. L., Low, S., Rao, M. A., Hong, J. S., & Little, T. D. (2014). Family violence, bullying, fighting, and substance use among adolescents: A longitudinal mediational model. *Journal of Research on Adolescence, 24*(2), 337–349.

Essau, C. A., Hakim-Larson, J., Crocker, A., & Petermann, F. (1999). Assessment of depressive disorders in children and adolescents. In C. A. Essau, & F. Petermann(Eds.), *Depressive disorders in children and adolescents: Epidemiology, risk factors, and treatment* (pp. 27–67). Jason Aronson.

Essau, C. A., & Ollendick, T. H. (2009). Diagnosis and assessment of adolescent depression. In S. Nolen-Hoeksema & L. M. Hilt (Eds.). *Handbook of depression in adolescents* (pp.33–52). New York, NY: Routledge.

Ewing, J. A. (1984). Detecting alcoholism: the CAGE questionnaire. *JAMA, 252*(14), 1905–1907.

Ewing, J. A. (2008). CAGE Questionnaire. In J. A. Rush, Jr., M. B. First, & D. B. Blacker (Eds.), *Handbook of psychiatric measures* (2nd ed., pp. 444–445). Washington, DC: American Psychiatric Publishing.

Ewing, S. K., Diamond, G., & Levi, S. (2015). Attachment-based famiy therapy for depressed and suicidal adolescents: theory, clinical model and empirical support.

Attachment and Human Development, 17, 136–156.

Eyberg, S. M., Nelson, M. M., & Boggs, S. R. (2008). Evidence-based psychosocial treatments for children and adolescents with disruptive behavior. *Journal of Clinical Child & Adolescent Psychology, 37*, 215–237.

Eyberg, S., & Pincus, D. (2008). Eyberg child behavior inventory (ECBI). In J. A. Rush, Jr., M. B. First, & D. Blacker (Eds.), *Handbook of psychiatric measures* (2nd ed., pp.317–321). Washington, DC: American Psychiatric Publishing.

Fairburn, C. G., & Beglin, S. J. (1994). Assessment of eating disorders: Interview or self-report questionnaire. *International Journal of Eating Disorders, 16*, 363–370.

Fairburn, C. G., & Cooper, Z. (1993). The eating disorder examination. In C. G., Fairburn, & G. T. Wilson (Eds.), Binge eating: nature, assessment, and treatment (12th ed., pp. 317–360). New York, NY: Guilford.

Faraone, S. V. (2014). Advances in the genetics on Attention-Deficit/Hyperactivity Disorder. *Biological Psychiatry, 76*, 599– 600.

Faraone, S. V., Perlis, R. H., Doyle, A. E., Smoller, J. W., Goralnick, J. J., Holmgren, M. A., & Sklar, P. (2005). Molecular genetics of attention-deficit/hyperactivity disorder. *Biological Psychiatry, 57*, 1313–1323.

Farrington, D. P., & Welsh, B. C. (2003). Family-based prevention of offending: A meta-analysis. *Australian & New Zealand Journal of Criminology, 36*(2), 127–151.

Fichter, M. M., Quadflieg, N., & Hedlund, S. (2006). Twelve-year course and outcome predictors of anorexia nervosa. *International Journal of Eating Disorder, 39*, 87–100.

Fombonne, E. (2002). Case identification in an epidemiological context. In M. Rutter & E. Taylor(Eds.), *Child and Adolescent Psychiatry* (4th ed., pp. 52–79). Malden, MA: Blackwell Publishing.

Garber, J. (2006). Depression in children and adolescents: Linking risk research and prevention. *American Journal of Preventive Medicine, 31*, s104–s125.

Garber, J., & Flynn, C. (2001). Predictors of depressive cognitions in young adolescents. *Cognitive Therapy and Research, 25*, 353–376.

Garber, J., Gallerani, C. M., & Frankel, S. A. (2009). Depression in children. In I. H. Gotlib & C. L. Hammen (Eds.), *Handbook of Depression* (2nd ed., pp. 405–443). NY: The Guilford Press.

Gardner, F., Ward, S., Burton, J., & Wilson, C. (2003). The role of mother-child joint play in the early development of children's conduct problems: A longitudinal observational study. *Social Development, 12*(3), 361–378.

Garland, A. F., Hawley, K. M., Brookman-Frazee, L., & Hurlburt, M. S. (2008). Identifying common elements of evidence-based psychosocial treatments for children's disruptive behavior problems. *Journal of the American Academy of Child & Adolescent Psychiatry, 47*(5), 505–514.

Garmezy, N. (1987). Stress, competence, and development. *American Journal of Orthopsychiatry, 57*, 159–174.

Garner, D. M. (2004). *Eating Disorder Inventory–3 (EDI–3) Professional manual.* Lutz, FL: Psychological Assessment Resources.

Garner, D. M., & Garfinkel, P. E. (1979). The eating attitudes test: An index of the symptoms of anorexia nervosa. *Psychological Medicine, 9*(2), 273–279.

Garner, D. M., Olmsted, M. P. Bohr, Y., & Garfinkel, P. E. (1982). The eating attitude test: Psycholmetric features and clinical correlates. *Psychological Medicine, 12*, 871–878.

Garner, D. M., Olmsted, M. P., & Polivy, J. (1983). The Eating Disorder Inventory: A measure of cognitive-behavioral dimensions of anorexia nervosa and bulimia. *Anorexia nervosa: Recent Developments in Research, 3*, 173–184.

Garner, D. M., & Parker, P. (1993). Eating disorders. In T. H. Ollendick, & M. Hersen (Eds.), *Handbook of child and adolescent assessment* (pp. 384–399). Needham Heights, MA: Allyn and Bacon.

Garnier, H. E., & Stein, J. A. (2002). An 18-year model of family and peer effects on adolescent drug use and delinquency. *Journal of Youth and Adolescence, 31*, 45–

56.

Ge, Z., Natsuaki, M. N., & Conger, R. D. (2006). Trajectories of depressive symptoms and stressful life events among male and female adolescents in divorced and nondivorced families. *Development and Psychopathology, 18*(1), 153–173.

Ge, Z., Natsuaki, M. N., Neiderhiser, J. M., & Reiss, D. (2009). The longitudinal effects of stressful life events on adolescent depression are buffered by parent-child closeness. *Development and Psychopathology, 21*, 621–635.

George, C., Herman, K. C., Ostrander, R. (2006). The family environment and developmental psychopathology: the unique and interactive effects of depression, attention, and conduct problems. *Child Psychiatry and Human Development, 37*, 163–177.

Gillham, J. E., Reivich, K. J., Freres, D. R., Lascher, M., Litzinger, S., Shatte, A., & Seligman, M. (2006). School-based prevention of depression and anxiety symptoms in early adolescence: A pilot of a parent intervention component. *School Psychology Quarterly, 21*, 323–348.

Goldsmith, H. H., & Alansky, J. A. (1987). Maternal and infant temperament predictors of attachment: A meta-analytic review. *Journal of Consulting and Clinical Psychology, 55*, 805–816.

Goldsmith, H. H., & Campos, J. J. (1982). Toward a theory of infant temperament. In R. N. Emde & R. J. Harmon (Eds.), The development of attachment and affiliative systems (pp. 161–193). New York, NY: Plenum.

Goldsmith, H. H., Lemery, K. S., & Essex, M. J. (2004). Temperament as a liability factor for childhood behavioral disorders: The concept of liability. In L. F. DiLalla (Ed.), *Behavior genetics principles: Perspectives in development, personality, and psychopathology* (pp.19–39). Washington, DC: American Psychological Association.

Goodyer, I. M., Herbert, J., Tamplin, A., Secher, S. M., & Pearson, J. (1997). Short-term outcome of major depression: II. Life events, family dysfunction, and friendship difficulties as predictors of persistent disorder. *Journal of American Academy Child and Adolescent Psychiatry, 36*, 474–480.

Gotlib, I. H., & Goodman, S. H. (2002). Introduction. In S. H. Goodman & I. H. Gotlib (Eds.), *Children of depressed parents* (pp. 3–12). Washington, DC: American Psychological Association.

Gracia de Amusquibar, A. M., & De Simone C. J. (2003). Some features of mothers of patients with eating disorders. *Eating and Weight Disorders, 8*(3), 225–230.

Grigorenko, E. L. (2001). Developmental dyslexia: An update on genes, brains, and environments. *Journal of Child Psychology and Psychiatry, 42*(1), 91–125.

Grüner, K., Muris, P., & Merckelbach, H.(1999). The relationship between anxious rearing behaviors and anxiety disorders symptomatology in normal children. *Journal of Behavior Therapy and Experimental Psychiatry, 30*, 27–35.

Gullone, E., & Lane, B. (2002). The Fear Survey Schedule for Children-II: a validity examination across response format and instruction type. *Clinical Psychology & Psychotherapy, 9*(1), 55–67.

Guo, J., Hill, K., G., Hawkins, J. D., Catalano, r. F., & Abbott, R. D. (2002). A develomental analysis of sociodemographic, family, and peer effects on adolescent illicit drug initiation. *Journal of the American Academy of Child and Adolescent Psychiatry, 41*, 838–845.

Hadwin, J. A., Garner, M., & Perez-Olivas, G. (2006). The development of information processing biases in childhood anxiety: A review and exploration of its origins in parenting. *Clinical Psychology Review, 26*, 876–894.

Hale III, W. W., Valk, IV., Akse, J., & Meeus, W. (2008). The interplay of early adolescents'depressive symptoms, aggression and perceived parental rejection: A four-year community study. *Journal of Youth and Adolescence, 37*, 928–940.

Halmi, K. A. (2009). Perplexities and provocations of eating disorders. *Journal of Child Psychology and Psychiatry, 50*(1–2), 163–19.

Hamilton, M. (1959). The assessment of anxiety states by rating. *British Journal of*

Medical Psychology, 32(1), 50–55.

Hamilton, M. (1960). A rating scale for depression. *Journal of Neurology, Neurosurgery, and Psychiatry, 23*, 56–62.

Hammen, C. L. (2009). Children of depressed parents. In I. H. Gotlib & C. L. Hammen (Eds.), *Handbook of depression* (2nd ed., pp.275–297). New York, NY: The Guilford Press.

Hammen, C., & Brennan, P. A. (2003). Severity, chronicity, and timing of maternal depression and risk for adolescent offspring diagnoses in a community sample. *Archives of General Psychiatry, 60*(3), 253–258.

Handley, E. D., & Chassin, L. (2013). Alcohol-specific parenting as a mechanism of parental drinking and alcohol use disorder risk on adolescent alcohol use onset. *Journal of Studies on Alcohol and Drugs, September*, 684–693.

Hankin, B. L., Wetter. E., & Cheely, C. (2008). Sex differences in child and adolescent depression. In J. R. Z. Abela & B. L. Hankin (Eds.), Handbook of depression in children and adolescents (pp. 377–414). New York, NY: The Guilford Press.

Harvey, E., Danforth, J. S., McKee, T. E., Ulaszek, W. R., & Friedman, J. L. (2003). Parenting of children with attention-deficit/hyperativity disorder(ADHD): the role of parental ADHD symptomatology. *Journal of Affective Disorders, 7*, 31–42.

Hasin, D. S., Stinson, F. S., Ogburn, E., & Grant, B. F. (2007). Prevalence, correlates, disability, and comorbidity of DSM–IV alcohol abuse and dependence in the United States: results from the National Epidemiologic Survey on Alcohol and Related Conditions. *Archives of General Psychiatry, 64*(7), 830–842.

Haworth, C., Kovas, Y., Harlaar, N., Hayiou-Thomas, M. E., Petrill, S. A., Dale, P. S., & Plomin, R. (2009). Generalist genes and learning disabilities: A multivariate genetic analysis of low performance in reading, mathematics, language and general cognitive ability in a sample of 8000 12-year-old twins. *Journal of Child Psychology and Psychiatry, 50*(10), 1318–1325.

Heath, A. C., Bucholz, K. K., Madden, P. A. F., Dinwiddie, S. H., Slutske, W. S., Bierut, L. J., Statham, D. J., Dunne, M. P., Whitfield, J. B., & Martin, N. G. (1997). Genetic and environmental contributions to alcohol dependence risk in a national twin sample: consistency of findings in women and men. *Psychological Medicine, 27*(6), 1381–1396.

Henggeler, S. W., & Lee, T. (2003). Multisystemic treatment of serious clinical problems. In A. E. Kazdin & J. R. Weisz (Eds.), *Evidence-based psychotherapies for children and adolescents* (pp. 301–322). New York, NY: The Guilford Press.

Herman, C. P., Polivy, J., Pliner, P., Threlkeld, J., & Munic, D. (1978). Distractibility in dieters and nondieters: An alternative view of externality. *Journal of Personality and Social Psychology, 36*(5), 536–548.

Herring, M., & Kaslow, N. J. (2002). Depression and Attachment in Families: A Child-Focused Perspective. *Family Process, 41*, 494–518.

Hoeve, M., Dubas, J., Eichelsheim, V., van der Laan, P., Smeenk, W., & Gerris, J. (2009). The relationship between parenting and delinquency: A meta analysis. *Journal of Abnormal Child Psychology, 37*(6), 749–775.

Holland, L. A., Bodell, L. P., & Keel, P. K. (2013). Psychological factors predict eating disorder onset and maintenance at 10-year follow-up. *European Eating Disorders Review, 21*, 405–410.

Hopfer, C., Salomonsen-Sautel, S., Mikulich-Gilbertson, S., Min, S., Mcqueen, M., Crowley, T., Young, S., Corley, R., Sakai, J., Thurstone, C., Hoffenberg, A., Hartman, C., & Hewitt, J. (2013). Conduct disorder and initiation of substance use: A prospective longitudinal study. *Journal of the American Academy of Child and Adolescent Psychiatry, 52*, 511–518.

Horton, E. G., & Gil, A. (2008). Longitudinal effects of family factors on alcohol use among African American and Wite non-Hispanice males during middle school. *Journal of Child and Adolescent Substance Abuse, 17*, 57–73.

Hudson, J. I., Hirpi, E., Pope, Jr. H. G., & Kessler, R. C. (2007). The Prevalence and correlates of eating disorders in the national comorbidity survey replication. *Biological Psychiatry, 61*, 348–358.

Hudson, J. L., Doyle, A. M., & Gar, N. (2009). Child and Maternal Influence on Parenting Behavior in Clinically Anxious Children. *Journal of Clinical Child and Adolescent Psychology, 38*, 256–262.

Hudson, J. L., & Rapee, R. M.(2001). Parent-child interactions and anxiety disorders: an observational study. *Behaviour Research and Therapy, 39*, 1411–1427.

Jackson, K. M., & Schulenberg, J. E. (2013). Alcohol use during the transition from middle school to high school: national panel data on prevalence and moderators. *Developmental Psychology, 49*(11), 2147.

Jacobi, C., Hayward, C., Zwaan, M. Kraemer, H. C., & Agras, S.W. (2004). Coming to terms with risk factors for eating disorders: Application of risk terminology and suggestions for a general taxonomy. *Psychological Bulletin, 130*(1), 19–65.

Jacquez, F., Cole, D. A., & Searle, B. (2004). Self-perceived competence as a mediator between maternal feedback and depressive symptoms in adolescents. *Journal of Abnormal Child Psychology, 32*, 355–367.

Jaffee, S. R., Caspi, A., Moffitt, T. E., Dodge, K. A., Rutter, M., Taylor, A., Tully, L. A. (2005). Nature×nurture: Genetic vulnerabilities interact with physical maltreatment to promote conduct problems. *Development and Psychopathology, 17*, 67–84.

Jakobsen, I. S., Horwood, L. J., & Fergusson, D. M. (2012). Childhood Anxiety/withdrawal, adolescent parent-child attachement and later risk of depression and anxiety disorder. *Journal of Child and Family Studies, 21*, 303–310.

Johnson, J. G., Cohen, P., Kasen, S., Smailes, E., & Brook, J. (2001). Association of maladaptive parental behavior with psychiatric disorder among parents and their offspring. *Archive General Psychiatry, 58*, 453–460.

Kane, P., & Garber, J. (2004). The relations among depression in fathers, children's psychopathology, and father-child conflict: A meta-analysis. *Clinical Psychology Review, 24*, 339–360.

Kaplow, J. B., Curran, P. J., Dodge, K. A., & the conduct problems prevention research group. (2002). Child, parent, and peer predictors of early-onset substance use: a multisite longitudinal study. *Journal of Abnormal Child Psychology, 30*, 199–216.

Katusic, S. K., Colligan, R. C., Barbaresi, W. J., Schaid, D. J., & Jacobsen, S. J. (2001). Incidence of reading disability in a population-based birth cohort, 1976–1982, Rochester, Minn. *Mayo Clinic Proceedings, Nov, 76*, 1081–1092.

Kazdin, A. (2005). Parent management training. Oxford University Press, Inc. 정영조, 김종남, 이정임, 김승연(역) (2007). 말썽많은 아이 제대로 키우기: 학습원리에 따른 부모관리훈련. 서울: 시그마프레스.

Kazdin, A. E. (2003). Problem-solving skills training and parent management training for conduct disorder. In A. E. Kazdin & J. R. Weisz (Eds.), *Evidence-based psychotherapies for children and adolescents* (pp. 241–262). New York, NY: The Guilford Press.

Kaslow, N. J., Broth, M. R., Arnette, N. C., & Collins, M. H. (2009). Family-based treatment for adolescent depression. In S. Nolen-Hoeksema & L. M. Hilt (Eds.), *Handbook of depression in adolescents* (pp.531–570). New York, NY: Routledge.

Kaslow, N. J., & Racusin, G. R. (1994). Family therapy for depression in young people. In W. M. Reynolds, & H. F. Johnston (Eds.), *Handbook of depression in children and adolescents* (pp. 345–363). New York, NY: Springer.

Keel, P. K., & Haedt, A. (2008). Evidence-based psychosocial treatments for eating problems and eating disorders. *Journal of Clinical Child & Adolescent Psychology, 37*(1), 39–61.

Keown, L. J. (2012). Predictors of boys' ADHD symptoms for early to middle childhood: The role of father-child and mother-child interactions. *Journal of Abnormal Child Psychology, 40*, 569–581.

Keski-Rahkonen, A., Hoek, H. W., Linna, M. S., Raevuori, A., Sihvola, E., Bulik, C. M.,

Rissanen, A., & Kaprio, J. (2009). Incidence and outcomes of bulimia nervosa: a nationwide population-based study. *Psychological Medicine, 39*(5), 823–831.

Kessler, R. C., Adler, L., Barkley, R., Biederman, J., Conners, K., Demler, O., Faraone, S. V., Greenhill, L. L., Howes, M. J., Secnik, K., Spencer, T., Ustun, B., Walters, E. E., & Zaslavsky, A. M. (2006). The prevalence and correlates of adult ADHD in the United States: Results from the national comorbidity survey replication. *The American Journal of Psychiatry, 163*, 716–723.

Kessler, R. C., & Walters, E. E. (1998). epidemiology of DSM–III–R major depression and minor depression among adolescents and young adults in the national comorbidity survey. *Depression & Anxiety, 7*, 3–14.

Kessler, R. C., & Wong, M. B. (2009). Epidemiology of depression. In I. H. Gotlib & C. L. Hammen (Eds.), *Handbook of depression* (2nd ed., pp. 5–22). New York, NY: The Guilford Press.

Klahr, A. M., McGue, M., Iacono, W. G., & Burt, S. A. (2011). The association between parent-child conflict and adolescent conduct problems over time: Results from a longitudinal adoption study. *Journal of Abnormal Psychology, 120*, 46–56.

Klahr, A. M., Rueter, M. A., McGue, M., Iacono, W. G., & Burt, A. S. (2011). The relationship between parent-child conflict and adolescent antisocial behavior: Confirming shared environmental mediation. *Journal of Abnormal Child Psychology, 39*, 683–694.

Klein, D. N., Lewinsohn, P. M., Rohde, P., Seeley, J. R., & Olino, T. M. (2005). Psychopathology in the adolescent and young adult offspring of a communicty sample of mothers and fathers with major depression. *Psychological Medicine, 35*, 353–365.

Klein, R. C., & Pine, D. S. (2002). Anxiety disorders. In M. Rutter & E. Taylor (Eds.), *Child and Adolescent Psychiatry* (4th ed., pp. 486–509). Malden, MA: Blackwell Publishing.

Klingberg, T., Fernell, E., Olesen, P. J., Johnson, M., Gustafsson, P., Dahlstrom, K.,

Gillberg, C. G., Forssberg, H., & Westerberg, H. (2005). Computerized training of working memory in children with ADHD-a randomized, controlled trial. *Journal of American Academy of Child and Adolescent Psychiatry, 44*, 177–186.

Knappe, S., Beesdo, K., Fehm, L., HÖfler, M., Lieb, R., & Wittchen, H. (2009). Do parental psychopathology and unfavorable family environment predict the persistence of social phobia? *Journal of Anxiety Disorders, 23*, 986–994.

Knappe, S., Beesdo-baum, K., & Wittchen, H. (2010). Familial risk factors in social anxiety disorder: Calling for a family-oriented approach for targeted prevention and early intervention. *European Child and Adoelscent Psychiatry, 19*, 857–871.

Knight, J. R., Sherritt, L., Shrier, L. A., Harris, S. K., & Chang, G. (2002). Validity of the CRAFFT substance abuse screening test among adolescent clinic patients. *Archive Pediatric Adolescent Medicine, 156*(6), 607–614.

Knight, J. R., Shrier, T. D., Bravender, M., Farrell, J., Bilt, V., & Shaffer, H. J. (2008). Craft questionnaire. In A. J. Rush, & D. Blacker (Eds.), *Handbook of psychiatric measures* (2nd ed., pp. 445–446). Washington, DC: American Psychiatric Publishing, Inc.

Knopik, V. S., & DeFries, J. C. (1999). Etiology of covariation between reading and mathematics performance: A twin study. *Twin Research, 2*, 226–234.

The Korea Herald(2013, Feb. 8–11, p.1). Oh Kyu-wook, Nearly 1 in 6 minors I in need of mental care.

Kosterman, R., Hawkins, J. D., Guo, J., Catalano, R. F., & Abbott, R. D. (2000). The dynamics of alcohol and marijuana initiation: patterns and predictors of first use in adolescence. *American Journal of Public Health, 90*(3), 360.

Kovacs, M. (1882, 1991, 1992). *Children's depression inventory*. New York, NY: Multi-Health Systems, Inc.

Kovacs, M. (2011). *Children's depression inventory 2*. North tonawanda, New York, NY: Multi-Health Systems, Inc.

Kovas, Y., Haworth, C. M. A., Harlaar, N., Petrill, S. A., Dale, P. S., & Plomin,

R. (2007). Overlap and specificity of genetic and environmental influences on mathematics and reading disability in 10-year-old twins. *Journal of Child Psychology and Psychiatry, 48*(9), 914–922.

Kucian, K., & Aster, M. (2015). Developmental dyscalculia. *European Journal of Pediatry, 174*, 1–13.

Kumpfer, K. L., & Bluth, B. (2004). Parent/child transactional processes predictive of resilience or vulnerability to "substance abuse disorders". *Substance Use & Misuse. 39*(5), 671–698.

La Greca, A. M., & Stone, W. L. (1993). Social anxiety scale for children-revised: Factor structure and concurrent validity. *Journal of Clinical Child Psychology, 22*, 17–27.

Lahey, B. B., Loeber, R., Hart, E. L., Frick, P. J., Applegate, B., Zhang, Q., Green, S. M., & Russo, M. F. (1995). Four-year longitudinal study of conduct disorder in boys: Patterns and predictors of persistence. *Journal of Abnormal Psychology, 104*, 83–93.

Larsson, H., Dilshad, R., Lichtenstein, P., & Barker, E. D. (2011). Developmental trajectories of DSM–IV symptoms of attention-deficit/hyperactivity disorder: Genetic effects, family risk and associated psychopathology. *Journal of Child Psychology and Psychiatry, 52*, 954–963.

Latendresse, S. J., Rose, R. J., Viken, R. J., Pulkkinen, L., Kaprio, J., & Dick, D. M. (2008). Parenting mechanisms in links between parents' and adolescents'alcohol use behaviors. *Alcoholism: Clinical and Experimental Research, 32*(2), 322–330.

Laurent, J., Catanzaro, S. J., Joiner Jr., T. E., Rudolph, K. D., Potter, K. I., Lambert, S., Osborne, L., & Gathright, T. (1999). A measure of positive and negative affect for children: Scale development and preliminary validation. *Psychological Assessment, 11*(3), 326–338.

Ledley, D. R., Erwin, B. A., Morrison, A., & Heimberg, R. G. (2013). Social anxiety disorder. In E. W. Craighead, D. J. Miklowitz, L. W. Craighead (Eds.),

Psychopathology: History, diagnosis, and empirical foundations (2nd ed., pp. 147–192). Wiley.

Lee, S. J., Taylor, C. A., & Bellamy, J. L. (2012). Paternal depression and risk for child neglect in father-involved families of young children. *Child Abuse and Neglect, 36*, 461–469.

Lengua, L. J., & Kovacs, E. A. (2005). Bidirectional associations between temperamtnt and parenting and the prediction of adjustment problems in middle childhood. *Applied Developmental Psychology, 26*, 21–38.

Lerner, J. W. (2000) Learning disabilities - theories, diagnosis, & teaching strategies(9th ed.). Houghton Mifflin. 김미숙, 김수진, 김자경(역) (2005). 학습장애(9판): 이론, 진단, 그리고 교수전략. 서울: 박학사.

Letourneau, N. L., Tramonte, L., & Willms, D. (2013). Maternal depression, family functioning and children's longitudinal development. *Journal of Pediatric Nursing, 28*, 223–234.

Levinson, D. F. (2009). Genetics of major depression. In I. H. Gotlib & C. L. Hammen (Eds.), *Handbook of depression* (2nd ed., pp.165–186). New York, NY: The Guilford Press.

Lewinsohn, P. M., Clarke, g., Hops, H., & Andrews, J. (1990). Cognitive-behavioral treatment for depressed adolescents. *Behavior Therapy, 21*, 385–401.

Lewinsohn, P. M., Hops, H., Roberts, E. R., Seeley, J. R., & Andrews, J. A. (1993). Adolescent psychopathology: I. Prevalence and incidence of depression and other DSM–III–R disorders in high school students. *Journal of Abnormal Psychology, 102*, 133–144.

Lewinsohn, P. M., Olino, T. M., & Klein, D. N. (2005). Psychosocial impariment in offspring of depressed parents. *Psychological Medicine, 35*, 1493–1503.

Li, X., Sundquist, J., & Sundquist, K. (2008). Age-specific familial risks of anxiety: A nation-wide epidemiological study from Sweden. *European Archives of Psychiatry and Clinical Neuroscience, 258*(7), 441–445.

Lieb, R., Isensee, B., Hofler, M., Pfister, H., & Wittchen, H. U. (2002). Parental major depression and the risk of depression and other mental disorders in offspring: A prospective-longitudinal community study. *Archives of General Psychiatry, 59*, 365–374.

Liebowitz, M. (1987). Social phobia. *Modern Problems of Pharmacopsychiatry, 22*, 142–173.

Lifford, K. J., Harold, G. T., & Thapar, A. (2008). Parent-child relationships and ADHD symptoms: A longitudinal analysis. *Journal of Abnormal Child Psychology, 36*, 285–296.

Lifford, K. J., Harold, g., & Thapar, A. (2009). Parent-child hostility and child ADHD symptoms: A genetically sensitive and longitudinal analysis. *Journal of Child Psychology and Psychiatry, 50*, 1468–1476.

Lock, J., & Grange, D. (2005). Family-based treatment of eating disorders. *International Journal of Eating Disorder, 37*, 564–567.

Lock, J., & Kitz, N. (2013). Anorexia nervosa. In W. E. Craighead, D. J. Miklowitz, D. J., & L. W. Craighead (Eds.), *Psychopathology: History, diagnosis, and empirical foundations* (2nd ed., pp. 482–510). Wiley.

Loeber, R., Burke, J. D., Lahey, B. B., Winters, A., & Zera, M. (2000). Oppositional defiant and conduct disorder: A review of the past 10 years, Part I. *Journal of American Academy of Child and Adolescent Psychiatry, 39*(13), 1468–1484.

Loeber, R., & Farrington, D. P. (2000). Young children who commit crime: epidemiology, developmental origins, risk factors, early interventions, and policy implications. *Development and Psychopathology, 12*, 732–762.

Loney, J., & Milich, R. S. (1982). Hyperactivity, inattention, and aggression in clinical practice. In M. Wolraich & D. Routh (Eds.), *Advances in development and behavioral Pediatrics* (Vol. 2., pp. 113–147). Greenwich, CT: JAI Press.

Lovejoy, M. C., Graczyk, P. A., O'Hare, E., & Neuman, G. (2000). Maternal depression and parenting behavior: A meta-analytic review. *Clinical Psychology*

Review, 20, 561–592.

Lufi, D., & Parish-Plass, J. (2011). Sport-based group therapy program for boys with ADHD or with other Behavioral disorders. *Child and Family Behavior Therapy, 33*, 217–230.

Luthar, S. S., Cicchetti, D., & Becker, B. (2000). The construct of resilience: A critical evaluation and guidelines for future work. *Child Development, 71*, 543–562.

Lyon, G. R., & Shaywitz, S. E. (2003). Defining dyslexia, comorbidity, teachers' knowledge of language and reading: A definition of dyslexia. *Annals of Dyslexia, 53*, 1–13.

Macleod, J., Hickman, M., Bowen, E., Alati, R., Tilling, K., & Smith, G. D. (2008). Parental drug use, early adversities, later childhood problems and children's use of tobacco and alcohol at age 10: birth cohort study. *Addiction, 103*(10), 1731–1743.

Makransky, G., & Bilenberg, N. (2014). Psychometric Properties of the Parent and Teacher ADHD Rating Scale (ADHD–RS): Measurement invariance across gender, age, and informant. *Assessment, 21*(6), 694–705.

Maloney, M. J., McGuire, J. B., & Daniels, S. R., (1988). Reliability testing of a children's version of the eating attitude test. *Journal of the American Academy of Child and Adolescent Psychiatry, 27*(5), 541–543.

March, J. S. (1997). *Manual for the multidimensional anxiety scale for children(MASC)*. Toronto, ON, Canada: Multi-Health Systems.

Margari, F., Craig, F., Craig, F., Petruzzelli, M. G., Lamanna, A., Matera, E., & Margari, L. (2013). Parents psychopathology of children with attention deficit hyperactivity disorder. *Research in Developmental Disabilities, 34*, 1036–1043.

Marmorstein, N. R., Iacono, W. G., & McGue, M. (2009). Alcohol and illicit drug dependence among parents: associations with offspring externalizing disorders. *Psychological Medicine, 39*, 149–155.

Mash, E. J., & Wolfe, D. A. (1999). *Abnormal child psychology*. Belmont, CA:

Brooks/Cole-Wadsworth.

Mash, E. J., & Barkley, R. A. (1996). Child Psychopathology. 이현진, 박영신, 김혜리, 정명숙, 정현희(역) (2000). 아동정신병리(개정판). 서울: 시그마프레스.

Masia-Warner, C., Storch, E. A., Pincus, D. B., Klein, R. G., Heimberg, R. G., & Liebowitz, M. R. (2003). The Liebowitz Social Anxiety Scale for Children and Adolescents: An initial psychometric investigation. *Journal of the American Academy of Child and Adolescent Psychiatry, 42*, 1076–1084.

Matijasevich, A., Murray, J., Cooper, P. J., Anselmi, L., Barros, A., Barros, F. C., & Santos, I. (2015). Trajectories of maternal depression and offspring psychopathology at 6 years: 2004 Pelotas cohort study. *Journal of Affective Disorders, 174*, 424–431.

Maughan, B., Rowe, R., Messer, J., Goodman, R., & Meltzer, H. (2004). Conduct disorder and oppositional defiant disorder in a national sample: developmental epidemiology. *Journal of Child Psychology and Psychiatry, 45*, 609–621.

McClure, E. B., Brennan, P. A., Hammen, C., & Brocque, R. M.(2001). Parental anxiety disorders, child anxiety disorders, and the perceived parent-child relationship in an Australian high-risk sample, *Journal of Abnormal Psychology, 29*, 1–10.

McFarlane, A. H., Bellissimo, A., Norman, G R., & Lange, P. (1994). Adolescent depression in a school-based community sample: Preliminary findings on contributing social factors. *Journal of Youth and Adolescence, 23*(6), 601–620.

McGrath, L. M., Weill, S., Robinson, E. B., MacRae, R., & Smoller, J. W. (2012). Bringing a developmental perspective to anxiety genetics. *Development and Psychopathology, 24*, 1179–1193.

McKay, M. M., Gopalan, G., Franco, L., Dean-Assael, K., Chacko, A., Jackson, J. M., & Fuss, A. (2011). A collaboratively designed child mental health service model: Multiple family groups for urban children with conduct difficulties. *Research on Social Work Practice, 21*, 664–674.

McKnight Investigators. (2003). Risk factors for the onset of eating disorders in adolescent girls: Results of the McKnight longitudinal risk factor study. *American Journal of Psychiatry, 160*(2), 248–254

McLeod, B. D., Wood, J. J., & Weisz, J. R. (2007). Examining the association between parenting and childhood anxiety: A meta-analysis. *Clinical Psychology Review, 27*, 155–172.

Melchior, M., Chastang, J., Walburg, V., Arseneault, L., Galera, C., & Fombonne, E. (2010). Family income and youths'symptoms of depression and anxiety: a longitudinal study of the French Gazel youth cohort. *Depression and Anxiety, 27*, 1095–1103.

Merikangas, K. R., & Avenevoli, S. (2000). Implications of genetic epidemiology for the prevention of substance use disorders. *Addictive Behaviors, 25*, 807–820.

Merikangas, K. R., He, J., Brody, D., Fisher, P. W., Bourdon, K., & Koretz, D. S. (2010). Prevalence an treatment of mental disorders among US children in the 2001–2004 NHANES. *Pediatrics, 125*, 75–81.

Merikangas, K. R., He, J., Burstein, M., Swanson, S., Avenevoli, S., Cui, L., Benjet, C., Georgiades, K., & Swendsen, J. (2010). Lifetime prevalence of mental disorders in U.S. adolescents:results from the national comorbidity survey replication-adolescent supplement(NCS–A). *Journal of the American Academy of Child and Adolescent Psychiatry, 49*, 980–989.

Merikangas, K. R., He, J., Burstein, M., Swendsen, J., Avenevoli, S., Case, B., Georgiades, K., Heaton, L., Swanson, S., & Olfson, M. (2011). Service utilization for lifetime mental disorders in U.S. adolescents: results of the national comorbidity survey-adolescent supplement(NCS–A). *Journal of the American Academy of Child and Adolescent Psychiatry, 50*, 32–45.

Merikangas, K. R., & Knight, E. (2012). The epidemiology of depression in adolescents. In S. Nolen-Hoeksema & L. M. Hilt (Eds.), *Handbook of depression in adolescents* (pp.53–74). New York, NY: Routledge.

Mezulis, A. H., Hyde, J. S., & Abramson, L. Y., (2006). The developmental origins of cognitive vulnerability to depression: Temperament, parenting, and negative life events in childhood as contributors to negative cognitive style. *Developmental Psychology, 42*, 1012–1025.

Miller, W. R., & Tonigan, J. S. (1996). Assessing drinkers' motivation for change: the Stages of Change Readiness and Treatment Eagerness Scale (SOCRATES). *Psychology of Addictive Behaviors, 10*(2), 81.

Milling, L. S. (2006). Depression in preadolescents. In C. E. Walker & M. C. Roberts (Eds.), *Handbook of clinical child psychology* (3rd ed., pp. 373–392). New York, NY: John Wiley & Sons, Inc.

Molina, B., Hinshaw, S. P., Swanson, J. M., Arnold, E., Vitiello, B., Jensen, P. S., et al.(2009). The MTA at 8 years: Prospective follow-up of children treated for combined-type ADHD in a multisite study. *Journal of American Academy of Child and Adoelscent Psychiatry, 48*, 484–500.

Moore, P. S., Whaley, S. E., & Sigman, M. (2004). Interactions Between Mothers and Children: Impacts of Maternal and Child Anxiety. *Journal of Abnormal Psychology, 113*, 471–476.

Morris, T. L. (2001). Social phobia. In M. W. Vasey & M. R. Dadds (Eds.), *The developmental psychopathology of anxiety* (pp. 435–458). Oxford University Press, Inc.

Muris, P., & Broeren, S. (2009). Twenty-five years of research on childhood anxiety disorders: Publication trends between 1982 and 2006 and a selective review of the literature. *Journal of Child and Family Studies, 18*, 388–395.

Muris, P., Merckelbach, H., Schmidt, H. G., & Mayer, B. N. (1999). The revised version of the Screen for Child Anxiety Related Emotional Disorders(SCARED–R): Factor structure in normal children. *Personality and Individual Differences, 26*(1), 99–112.

Najman, J. M., Hayatbakhsh, M. R., Clavarino, A., Bor, W., O'Callaghan, M. J., &

Williams, G. M. (2010). Family poverty over the early life course and recurrent adolescent and young adult anxiety and depression: A longitudinal study. *American Journal of Public Health, 100*, 1719–1723.

National Joint Committee on Learning Disabilities (1990). *Learning Disabilities: Issues on Definition.* http://www.ldonline.org/about/partners/njcld/archives 2016년 6월 1일 인출함.

National Joint Committee on Learning Disabilities (2007). Learning disabilities and young children: Identification and intervention. *Learning Disabilities Quarterly, 39*(winter), 63–72.

Neil, A. L., & Christensen, H. (2009). Efficacy and effectiveness of school-based prevention and early intervention programs for anxiety. *Clinical Psychology Review, 29*, 208–215.

Nezu, A. M., Nezu, C. M., Friedman, J., & Lee, M. (2009). Assessment of depression. In I. H. Gotlib & C. L. Hammen (Eds.), *Handbook of depression* (pp. 44–68). New York, NY: The Guilford Press.

Nicholls, D. E., & Viner, R. M. (2009). Childhood risk factors for lifetime anorexia nervosa by age 30 years in a national birth cohort. *Journal of American Academy of Child and Adolescent Psychiatry, 48*(8), 791–799.

Nock, M. K., Kazdin, A. E., Hiripi, E., & Kessler, R. C. (2007). Lifetime prevalence, correlates, and persistence of oppositional defiant disorder: results from the national comorbidity survey replication. *Journal of Child Psychology and Psychiatry, 48*, 703–713.

Nolen-Hoeksema, S., & Hilt, L. M. (2009). Gender differences in depression. In I. H. Gotlib & C. L. Hammen (Eds.), *Handbook of depression* (2nd ed., pp. 386–404). New York, NY: The Guilford Press.

Novotney, A. (2009). New solutions. *Monitor on Psychology, 40*, 47–51.

Ollendick, T. H., (1983). Reliability and validity of the revised fear survey schedule for children(FSSC–R). *Behaviour Research and Therapy, 21*, 685–692.

Patrick, M. E., & Schulenberg, J. E. (2014). Prevalence and predictors of adolescent alcohol use and binge drinking in the United States. *Alcohol Research: Current Reviews, 35*(2), 193–200.

Patterson, G. R., Reid, J. B., Jones, R. R., & Conger, R. E. (1975). *A social learning approach to family intervention: Families with aggressive children: Vol. 1*. Eugene, OR: Castalia Publishing Co.

Pearce, M. J., Jones, S. M., Schwab-Stone, M. E., & Ruchkin, V. (2003). The protective effects of religiousness and parent involvement on the development of conduct problems among youth exposed to violence. *Child Development, 74*, 1682–1696.

Pelham, W. E., & Fabiano, G. A. (2008). Evidence-based psychosocial treatments for attention-deficit/hyperactivity disorder. *Journal of Clinical Child and Adolescent Psychology, 37*, 184–214.

Pennington, B. F., & Lefly, D. L. (2001). Early reading development in children at family risk for dyslexia. *Child Development, 72*, 816–833.

Petti, T. A. (1978). Depression in hospitalized child psychiatry patients: approaches to measuring depression. *Journal of the American Academy of Child Psychiatry, 17*(1), 49–59.

Piko, B. F., Kovacs, E., & Fitzpatrick, K. M. (2009). what makes a difference? Understanding the role of protective factors in Hungarian adolescents'depressive symptomatology. *European Child and Adolescent Psychiatry, 18*, 617–624.

Piquero, A. R., Farrington, D. P., Welsh, B. C., Tremblay, R., & Jennings, W. G. (2009). Effects of early family/parent training programs on antisocial behavior and delinquency. *Journal of Experimental Criminology, 5*(2), 83–120.

Poelen, E. A., Engels, R. C., Scholte, R. H., Boomsma, D. I., & Willemsen, G. (2009). Predictors of problem drinking in adolescence and young adulthood. *European Child & Adolescent Psychiatry, 18*(6), 345–352.

Polanczyk, G., De Lima, M. S., Horta, B. L., Biederman, J., & Rohde, L. A. (2007).

The worldwide prevalence of ADHD: a systematic review and metaregression analysis. *American Journal of Psychiatry, 164*, 942–948.

Poznanski, E. O., Cook, S. C., & Carroll, B. J. (1979). A depression rating scale for children. *Pediatrics, 64*, 442–450.

Poznanski, E. O., Freeman, L. N., & Mokros, H. B. (1985). Children's depression rating scale-revised. *Psychopharmacology Bulletin, 21*, 979–989.

Poznanski, E. O., Grossman, J. A., Buchsbaum, Y., Banegas, M., Freeman, L., & Gibbons, R. (1984). Preliminary studies of the reliability and validiety of the children's depression rating scale. *Journal of the American Academy of Child Psychiatry, 23*, 191–197.

Preti, A., de Girolamo, G., Vilagut, G., Alonso, J., de Graaf, R., Bruffaerts, R., ... & ESEMeD-WMH Investigators. (2009). The epidemiology of eating disorders in six European countries: results of the ESEMeD-WMH project. *Journal of Psychiatric Research, 43*(14), 1125–1132.

Radloff, L. S. (1977). The CES-D scale a self-report depression scale for research in the general population. *Applied Psychological Measurement, 1*(3), 385–401.

Rapee, R. M. (2012). Famiy factors in the development and management of anxiety. *Clinical Child and Family Psychological Review, 15*, 69–80.

Rapport, M. D. (1999). Attention deficit hyperactivity disorder. In T. H. Ollendick & M. Hersen (Eds.), *Handbook of Child and Adolescent Assessment* (pp.269–291). Needham Heights, MA: Allyn and Bacon.

Ray, L. A., Courtney, K. E., & Bacio, G. A. Alcohol use disorders. In W. E. Craighead, D. J. Miklowitz, D. J., & L. W. Craighead (Eds.), *Psychopathology: History, diagnosis, and empirical foundations* (2nd ed., pp. 550–582). Wiley.

Reiss, S., Peterson, R. A., Gursky, D. M., & McNally, R. (1986). Anxiety sensitivity, anxiety frequency, and the prediction of fearfulness. *Behaviour Research and Therapy, 24*(1), 1–8.

Rende, R., Slomkousk, C., Lloyd-Richardson, E., & Niaura, R. (2005). Sibling effects on substance use in adolescence: Social contagion and genetic relatedness. *Journal of Family Psychology, 19*(4), 611–618.

Research Units of Pediatric Psychopharmacology Anxiety Study Group. (2001). Fluvoxamine for the treatment of anxiety disorders in children and adolescents. *New England Journal of Medicine, 344*(17), 1279–1285.

Reuben, J. D., & Shaw, D. S. (2015). Resilience in the offspring of depressed mothers: Variation across risk, domains, and time. *Clinical Child and Family Psychology Review, 18*, 300–327.

Reynolds, W. M. (1987). *Reynolds Adolescent Depression Scale: Professional manual*. Odessa, FL: Psychological Assessment Resources, Inc.

Reynolds, W. M. (1989). *Reynolds Child Depression Scale: Professional manual*. Odessa, FL: Psychological Assessment Resources, Inc.

Reynolds, W. M. (2002). *Reynolds Adolescent Depression Scale: Professional manual* (2nd ed.). Odessa, FL: Psychological Assessment Resources, Inc.

Reynolds, C. R., & Richmond, B. O. (1978). What I think and feel: a revised measure of children's manifest anxiety. *Journal of Abnormal Child Psychology, 6*, 271–280.

Reynolds, C. R., & Richmond, B. O. (1985). *Revised children's manifest anxiety scale*. Los Angeles: Western Psychological Services.

Reynolds, C. R., & Richmond, B. O. (2008). *Revised children's manifest anxiety scale: 2nd edition*. Multi-health Systems Inc.

Rhee, S. H., & Waldman, I. D. (2002). Genetic and environmental influences on antisocial behavior: A meta-analysis of twin and adoption studies. *Psychological Bulletin, 128*, 420–529.

Rice, F., Harold, G., & Thapar, A. (2002). The genetic aetiology of childhood depression: a review. *Journal of Child Psychology and Psychiatry, 43*, 65–79.

Rosen, J. C., Srebnik, D., Saltzberg, E., & Wendt, S. (1991). Development of a body image avoidance questionnaire. *Psychological Assessment: A Journal of Consulting and Clinical Psychology, 3*(1), 32–37.

Rothbart, M. K., & Bates, J. E. (2006). Temperament. In N. Eisenberg(Ed.), *Hnadbook of Child Psychology: Vol. 3. Social, emotional, and personality development* (6th ed., pp. 99–166). Hoboken, NJ: John wiley & Sons, Inc.

Rowe, R., Costello, e. J., Angold, A., Copeland, W. E., & Maughan, B. (2010). Developmental pathways in oppositional defiant disorder and conduct disorder. *Journal of Abnormal Psychology, 119*(4), 726–738.

Russell, G., Ford, T., Rosenberg, R., & Kelly, S. (2014). the association of attention deficit hyperactivity disorder with socioeconomic disadvantage: Alternative explanations and evidence. *Journal of Child Psychology and Psychiatry, 55*, 436–445.

Rutter, M. (2002). Substance use and abuse: Causal pathways considerations. In M. Rutter & E. Taylor (Eds.), *Child and Adolescent Psychiatry* (4th ed., pp. 455–462). Malden, MA: Blackwell Publishing.

Salom, C. L., Williams, G. M., Najman, J. M., & Alati, R. (2015). Familial factors associated with development of alcohol and mental health comorbidity. *Addiction, 110*(2), 248–257.

Samms-Vaughan, M. (2006). Learning disorders. In C. A. Essau (Ed.), *Child and adolescent psychopathology: Theoretical and clinical implications* (pp. 271–290). London, NY: Routledge.

Sander, J. B., & McCarty, C. A. (2005). Youth depression in the family context: Familial risk factors and models of treatment. *Clinical Child and Family Psychology Review, 8*, 203–219.

Sanford, M., Szatmari, P., Spinner, M., Munroe-Blum, H., Jamieson, E., Walsh, C., & Jones, D. (1995). Predicting the one-year course of adolescent major depression. *Journal of American Child and Adolescent Psychiatry, 34*, 1618–1628.

Santor, D. A., Gregus, M., & Welch, A. (2006). Eight decades of measurement in depression. *Measurement, 4*, 135–155.

Sawyer, A. M., & Borduin, C. M. (2011). Effects of multisystemic therapy through midlife: a 21.9-year follow-up to a randomized clinical trial with serious and violent juvenile offenders. *Journal of Consulting and Clinical Psychology, 79*(5), 643–652.

Schachar, R., & Tannock, R. (2002). Syndromes of hyperactivity and attention deficit. In M. Rutter & E. Taylor (Eds.), *Child and Adolescent Psychiatry* (4th ed., pp. 399–418). Malden, MA: Blackwell Publishing.

Schneider, S., Blatter-Meunier, J., Harren, C., In-Albon, T., Adornetto, C., Meyer, A., & Lavallee, K. L. (2013). The efficacy of a family-based cognitive-behavioral treatment for separation anxiety disorder in children aged 8–13: A randomized comparison with a general anxiety program. *Journal of Consulting and Clinical Psychology, 81*(5), 932–940.

Schwartz, O. S., Dudgeon, P., Sheeber, L. B., Yap, M. B. H., Simmons, J. G., & Allen, N. B. (2012). Parental behaviors during family interactions predict changes in depression and anxiety symptoms during adolescence. *Journal of Abnormal Child Psychology, 40*, 59–71.

Selzer, M. L. (1971). The Michigan Alcoholism Screening Test: The quest for a new diagnostic instrument. *American Journal of Psychiatry, 127*(12), 1653–1658.

Silove, D., & Manicavasagar, V. (2001). Early separation anxiety and its relationship to adult anxiety disorders. In M. W. Vasey & M. R. Dadds (Eds.), *The developmental psychopathology of anxiety* (pp. 459–480). Oxford University Press.

Silverman, W. K., & Albano, A. M. (1996). *Anxiety Disorders Interview Schedule(ADIS–IV), child and parent version*. New York, NY: Oxford University Press.

Silverman, W. K., Fleisig, W., Rabian, B., & Peterson, R. A. (1991). Childhood Anxiety Sensitivity Index. *Journal of Clinical Child Psychology, 20*(2), 162–168.

Shalev, L., Tsal, Y., & Mevorach, C. (2007). Computerized progressive attentional training (CPAT) program: effective direct intervention for children with ADHD. *Child Neuropsychology, 13*, 382–388.

Shalev, R. S., Manor, O., Auerbach, J., & Gross-Tsur, (1998). Persistence of developmental dyscalculia: What counts?: Results from a 3-year prospective follow-up study. *Journal of Pediatrics, 133*, 358–362.

Shalev, R. S., Manor, O., Kerem, B., Ayali, M., Badichi, N., Friedlander, Y., & Gross-Tsur, V. (2001). Developmental dyscalculia is a familial learning disability. *Journal of Learning Disabilities, 34*, 59–65.

Shaw, D. S., Gilliom, M., Ingoldsby, E. M. (2003). Trajectiories leading to school-age conduct problems. *Developmental Psychology, 39*, 189–200.

Sheeber, L., Hops, H., Alpert, A., Davis, B., & Andrews, J. (1997). Family support and conflict: Prospective relations to adolescent depression. *Journal of Abnormal Child Psychology, 25*, 333–344.

Silverman, W. K., & Albano, A. M. (1996). *Anxiety disorders interview schedule for children–IV, child and parent versions*. San Antonio, TX: The Psychological Corporation.

Silverman, W. K., Fleisig, W., Rabian, B., & Peterson, R. A. (1991). Childhood anxiety sensitivity index. *Journal of Clinical Child and Adolescent Psychology, 20*(2), 162–168.

Simons, R. L., Chao, W., Conger, R. D., & Elder, G. H. (2001). Quality of parenting as mediator of the effect of childhood defiance on adolescent friendship choices and delinquency: A growth curve analysis. *Journal of Marriage and Family, 63*, 63–79.

Skinner, H. A., & Allen, B. A. (1982). Alcohol dependence syndrome: measurement and validation. *Journal of Abnormal Psychology, 91*(3), 199.

Slomkowski, C., Rene, R., Conger, K. J., Simons, R. L., & Conger, R. D. (2001). Sisters, brothers, and delinquency: Evaluating social influence during early and middle adolescence. *Child Development, 72*(1), 271–283.

Smith, M. C., & Thelen, M. H. (1984). Development and validation of a test for bulimia. *Journal of Consulting and Clinical Psychology, 52*(5), 863.

Soares, N., & Patel., D. R., (2015). Dyscalculia. *International Journal of Child and Adolescent Health, 8*, 15–26.

Sonuga-Barke, E. (2013). Attention-deficit/hyperactivity disorder: Toward a developmental synthesis. In P. D. Zelazo (Ed.), *The Oxford handbook of developmental psychology* (Vol. 2: Self and other, pp.549–578). Oxford, United Kingdom: Oxford University Press.

Sonuga-Barke, E., Daley, D., Thompson, M., Laver-Bradbury, C., & Weeks, A. (2001). Parent-based therapies for preschool attention deficit/hyperactivity disorder: a randomized controlled trial with a community sample. *Journal of the American Academy of Child and Adolescent Psychiatry, 40*, 402–408.

Sonuga-Barke, E., & Halperin, J. M. (2010). Developmental phenotypes and causal pathways in attention deficit/hyperactivity disorder: Potential targets for early intervention? *Journal of Child Psychology and Psychiatry, 51*, 368–389.

Spanos, A., Klump, K. L., Burt, A., McGue, M., & Iacono, W. G. (2010). A longitudinal investigation of the relationship between disordered eating attitudes and behaviors and parent-child conflict: A monozygotic twin differences design. *Journal of Abnormal Psychology, 119*, 293–299.

Spence, S. H. (1997). *The spence children's anxiety scale (SCAS)*. Child psychology portfolio. Windsor, UK: NFER-Nelson.

Spence, S. H. (1998). A measure of anxiety symptoms among children. *Behavior Research and Therapy, 36*, 545–566.

Spence, S. H. (2001). Prevention strategies. In M. W. Vasey & M. R. Dadds (Eds.), *The developmental psychopathology of anxiety* (pp. 325–351). Oxford University Press.

Spielberger, C. D. (1973). *Preliminary test manual for the state-trait anxiety inventory for children*. Palo Alto, CA: Consulting Psychological Press, Inc.

Stein, A., Woolley, H., Cooper, S., Winterbottom, J., Fairburn, C. G., & Cortina-Borja, M. (2006). Eating habits and attitudes among 10-year-old children of mothers with eating disorders. *The British Journal of Psychiatry, 189*(4), 324–329.

Steinhausen, H. (2002a). The outcome of anorexia nervosa in the 20th century. *American Journal of Psychiatry, 159*, 1284–1293.

Steinhausen, H. (2002b). Anorexia and Bulimia Nervosa. In M. Rutter & E. Taylor (Eds.), *Child and adolescent psychiatry* (4th ed., pp. 555–570). Malden, MA: Blackwell Publishing.

Steinhausen, H., Foldager, L., Perto, G., & Munk-Jørgensen, P. (2009). Family aggregation of mental disorders in the nationwide Danish three generation study. *European Archives of Psychiatry and Clinical Neuroscience, 259*(5), 270–277.

Sternberg, K. J., Lamb, M. E., Guterman, E. & Abbott, C. B.(2006). Effects of early and later family violence on children's behavior problems and depression: A longitudinal, multi-informant perspective. *Child Abuse and Neglect, 30*, 283–306.

Stice, E., Telch, C. F., & Rizvi, S. L. (2000). Development and validation of the Eating Disorder Diagnostic Scale: a brief self-report measure of anorexia, bulimia, and binge-eating disorder. *Psychological Assessment, 12*(2), 123–131.

Stone, L. L., Van Daal, C., Van Der Maten, M., Engels, R., Janssens, J., & Otten, R. (2014). The Berkeley puppet interview: a screening instrument for measuring psychopathology in young children. *Child Youth Care Forum, 43*, 211–225.

Strober, M., Freeman, R., Lampert, C., Diamond, J., & Kaye, W. (2000). Controlled family study of anorexia nervosa and bulimia nervosa: Evidence of shared liability and transmission of partial syndromes. *American Journal of Psychiatry, 157*, 393–401.

Stunkard, A. J., & Messick, S. (1985). The Three-factor Eating Questionnaire to measure dietary restraint, disinhibition, and hunger. *Journal of Psychosomatic Research, 29*, 71–83.

Sullivan, P. F., Neale, M. C., & Kendler, K. S. (2000). Genetic epidemiology of major depression. *American Journal of Psychiatry, 157*, 1552–1560.

Sussman, S. (2006). Prevention of adolescent alcohol problems in special populations.

In M. Galanter (Ed.), *Alcohol problems in adolescents and young adults* (pp. 225–253). New York, NY: Springer-Science+Business Media, Inc.

Swanson, J. M. (1992). The SNAP–IV Teacher and Parent Rating Scale. www.crfht.ca/download_file/view/9/192에서 2016년 8월 15일 인출함

Takeda, T., Stotesbery, K., Power, T., Ambrosini, P. J., Berrettini, W. B., Hakonarson, H., & Elia, J. (2010). Parental ADHD status and its association with proband ADHD subtype and severity. *The Journal of Pediatrics, 157*, 995–1000.

Taylor, S. (1998). The hierarchic structure of fears. *Behaviour Research and Therapy, 36*, 205–214.

The McKnight Investigators. (2003). Risk factors for the onset of eating disorders in adolescent girls: Results of the McKnight longitudinal risk factor study. *American Journal of Psychiatry, 160*, 248–254.

Thelen, M. H., Farmer, J., Wonderlich, S., & Smith, M. (1991). A revision of the Bulimia Test: The BULIT–R. Psychological Assessment. *Journal of Consulting and Clinical Psychology, 3*(1), 119.

Thulin, U., Svirsky, L., Serlachius, E., Andersson, G., & Öst, L. G. (2014). The effect of parent involvement in the treatment of anxiety disorders in children: A meta-analysis. *Cognitive Behaviour Therapy, 43*(3), 185–200.

Timko, C., Cronkite, R. c., Swindle, r., Robinson, R. L., Turrubiartes, P., & Moos, R. H. (2008). Functioning status of adult children of depressed parents: A 23-year follow-up. *Psyhchological Medicine, 38*, 343–352.

Truesdale-Kennedy, M., McConkey, R., Ferguson, P., & Roberts, P. (2006). An evaluation of a family-centered support service for children with a significant learning disability. *Child Care in Practice, 12*, 377–390.

Tully, L. A., Arseneault, L., Caspi, A., Moffitt, T. E., Morgan, J. (2004). Does Maternal Warmth Moderate the Effects of Birth Weight on Twins' Attention-Deficit/Hyperactivity Disorder (ADHD) Symptoms and Low IQ? *Journal of Consulting and Clinical Psychology, 72*, 218–226.

Van der Bruggen, C. O., Stams, G. J., & Bőgels, S. M. (2008). Research Review: The relation between child and parent anxiety and parental control: a meta-analytic review. *Journal of Child Psychology and Psychiatry, 49*, 1257–1269.

Van Ryzin, M. J. & Dishion, T. J. (2012). The impact of a family-centered intervention on the ecology of adolescent antisocial behavior: Modeling developmental sequelae and trajectories during adolescence. *Development and Psychopathology, 24*, 1139–1155.

Van Strien, T., Frijters, J. E., Bergers, G., & Defares, P. B. (1986). The Dutch Eating Behavior Questionnaire (DEBQ) for assessment of restrained, emotional, and external eating behavior. *International Journal of Eating Disorders, 5*(2), 295–315.

Van Strien, T., Herman, C. P., Engels, R. C., Larsen, J. K., & Van Leeuwe, J. F. (2007). Construct validation of the Restraint Scale in normal-weight and overweight females. *Appetite, 49*(1), 109–121.

Vasa, R. A., & Pine, D. S. (2006). Anxiety disorders. In C. A. Essau (Ed.), *Child and adolescent psychopathology* (pp. 78–112). New York, NY: Routledge.

Vasey, M. W., & Dadds, M. R. (2001). An introduction to the developmental psychopathology of anxiety. In M. W. Vasey & M. R. Dadds (Eds.), *The developmental psychopathology of anxiety* (pp. 3–26). Oxford University Press.

Vermeulen-Smit, E., Koning, I. M., Verdurmen, J. E., Van der Vorst, H., Engels, R. C., & Vollebergh, W. A. (2012). The influence of paternal and maternal drinking patterns within two-partner families on the initiation and development of adolescent drinking. *Addictive Behaviors, 37*(11), 1248–1256.

Waerden, J., Galera, C., Larroque, B., Saurel-Cubizolles, Sutter-Dallay, A., & Melchior, M. (2015). Maternal depression trajectories and children's behavior at age 5 years. *The Journal of Pediatrics, 166*, 1440–1448.

Waite, P., & Creswell, C. (2015). Observing interactions between children and adolescents and their parents: The effects of anxiety disorder and age. *Journal of*

Abnormal Child Psychology, 43, 1079–1091.

Wang, M., & Kenny, S. (2014). Longitudinal links between fathers'and mothers'harsh verbal discipline and adolescents'conduct problems and depressive symptoms. *Child Development, 85*, 908–923.

Warren, S. L, Huston, L., Egeland, B., & Sroufe, L. A. (1997). Child and adolescent anxiety disorders and early attachment. *Journal of the American Academy of Child and Adolescent Psychiatry, 36*, 637–644.

Waschbusch, D. A., andrade, B. F., & King, S. (2006). Attention-deficit/hyperactivity disorder. In C. A. Essau (Ed.), *Child and adolescent psychopathology: theoretical and clinical implications* (pp. 52–77). London & NY: Routledge.

Watson, D., Clark, L. A., & Tellegen, A. (1988). Development and validation of brief measures of positive and negative affect: The PANAS Scales. *Journal of Personality and Social Psychology, 54(6)*, 1063–1070.

Watson, D., & Friend, R. (1969). Measurement of social-evaluative anxiety. *Journal of Consulting and Clinical Psychology, 33*(4), 448–457.

Webster-Stratton, C., & Reid, J. M. (2003). The incredible years parents, teachers, and children training series: A multifaceted treatment approach for young children. In A. E. Kazdin & J. R. Weisz (Eds.), *Evidence-based psychotherapies for children and adolescents* (pp. 224–240). New York, NY: The Guilford Press.

Webster-Stratton, C., & Taylor, T. (2001). Nipping early risk factors in the bud: Preventing substance abuse, delinquency, and violence in adolescence through interventions targeted at young children (0–8 years). *Prevention Science, 2*(3), 165–192.

Wei, D., & Kendall, P. C. (2014). Parental involvement: Contribution to childhood anxiety and its treatment. *Clinical Child and Family Psychological Review, 17*, 319–339.

Weinberg, W. A., Harper, C. R., & Brumback, R. A. (2002). Substance use and abuse: epidemiology, pharmacological considerations, identification and suggestions towards management. In M. Rutter & E. Taylor (Eds.), *Child and Adolescent Psychiatry* (4th ed., pp. 437–454). Malden, MA: Blackwell Publishing.

Weiss, D. D., & Last, C. G. Developmental variations in the prevalence and manifestation of anxiety disorders. In M. W. Vasey & M. R. Dadds (Eds.), *The developmental psychopathology of anxiety* (pp. 27–42). Oxford University Press.

Weissman, M. M., Orvaschel, H., & Padian, N. (1980). Children's symptoms and social functioning self-report scales: comparison of mother's and children's reports. *Journal of Nervous and Mental Disease, 168*, 736–740.

Weissman, M. M., Warner, V., Wickramaratne, P., Moreau, D., & Olfson, M. (1997). Offspring of depressed parents: 10 years later. *Archives of General Psychiatry, 54*, 932–940.

Weissman, M. M., Wickramaratne, P., Nomura, Y., Warner, V., Pilowsky, D., & Verdeli, H. (2006). Offspring of depressed parents: 20 years later. *American Journal of Psychiatry, 163*, 1001–1008.

Weisz, J. R. (2004). Psychotherapy for children and adolescents: evidence-based treatments. 오경자, 정경미, 문혜신, 배주미, 이상선(역) (2008). **아동・청소년 심리치료**. 서울: 시그마프레스.

White, H. H., Haycraft, E., & Meyer, C. (2014). Family mealtimes and eating psychopathology: the role of anxiety and depression among adolescent girls and boys. *Appetite, 75*, 173–179.

Wicks-Nelson, R., & Israel, A. C. (2000). Behavior disorders of childhood. Upper Saddle River, NJ: Prentice Hall. 정영숙, 손영숙, 양혜영, 정현희(역), (2001). 아동기 행동장애(5판). 서울: 시그마프레스.

Wicks-Nelson, R., & Israel, A. C. (2015). Abnormal child and adolescent psychology (8th ed.). 정명숙, 박영신, 정현희(역), (2015). 아동・청소년 이상심리학(8판). 서울: 시그마프레스.

Wichramaratne, P. J., & Weissman, M. M. (1998). Onset of psychopathology in offspring by developmental phase and parental depression. *Journal of American*

Child and Adolescent Psychiatry, 37, 933–942.

Williams, C. D., Lindsey, M., & Joe, S. (2011). Parent-adolescent concordance on perceived need for mental health services and its impact on service use. *Children and Youth Services Review, 33*, 2253–2260.

Willoughby, M. T., Pek, J., Greenberg, M. T., & The family life project investigator (2012). Parent-reported attention deficit/hyperactivity symptomatology in preschool-aged children: factor structure, developmental change, and early risk factors. *Journal of Abnormal Child Psychology, 40*, 1302–1312.

Wills, T. A., Sandy, J. M., Yaeger, A., & Shinar, O. (2001). Family risk factors and adolescent substance use: moderation effects for temperamant dimensions. *Developmental Psychology, 37*(3), 283–297.

Wilson, G. T., Grilo, C. M., & Vitousek, K. M. (2007). Psychological treatment of eating disorders. *American Psychologist, 62*, 199–216.

Wilson, S., & Durbin, C. E. (2010). Effects of paternal depression on fathers'parenting behaviors: A meta-analytic review. *Clinical Psychology Review, 30*, 167–180.

Winters, K. C. (1992). Development of an adolescent alcohol and other drug abuse screening scale: Personal Experience Screening Questionnaire. *Addictive Behaviors, 17*(5), 479–490.

Wolraich, M. L., Feurer, I. D., Hannah, J. N., Baumgaertel, A., & Pinnock, T. Y. (1998). Obtaining systematic teacher reports of disruptive behavior disorders utilizing DSM–IV. *Journal of Abnormal Child Psychology, 26*(2), 141–152.

Wolraich, M. L., Lambert, W., Doffing, M. A., Bickman, L., Simmons, T., & Worley, K. (2003). Psychometric properties of the Vanderbilt ADHD diagnostic parent rating scale in a referred population. *Journal of Pediatric Psychology, 28*(8), 559–568.

Woodside, D. B., Field, L. L., Garfinkel, P. E., & Heinmaa, M. (1998). Specificity of eating disorders disgnoses in families of probands with anorexia nervosa and bulimia nervosa. *Comprehensive Psychiatry, 39*, 261–264.

World Health Organization (2004). Prevention of mental disorders: Effective interventions and policy options. http://www.who.int/mental_health/publications/prevention_mh_2004/en/

Yuh, Maloy, Kenney., & Reiss. (2006). General psychiatrists and their patients' children: assessment and prevention. *Psychiatric Quarterly, 77*(2), 97–119.

Zavos, H. M. S., Gregory, A. M., & Eley, T. C. (2012). Longitudinal genetic analysis of anxiety sensitivity. *Developmental Psychology, 48*(1), 204–212.

Zucker, R. A., & Wong, M. M. (2006). Prevention for children of alcoholics and other high risk groups. In M. Galanter(Ed.), *Alcohol problems in adolescents and young adults* (pp. 299–320). NY: Springer-Science+Business Media, Inc.

제 3 부

주요쟁점에 대한 논의

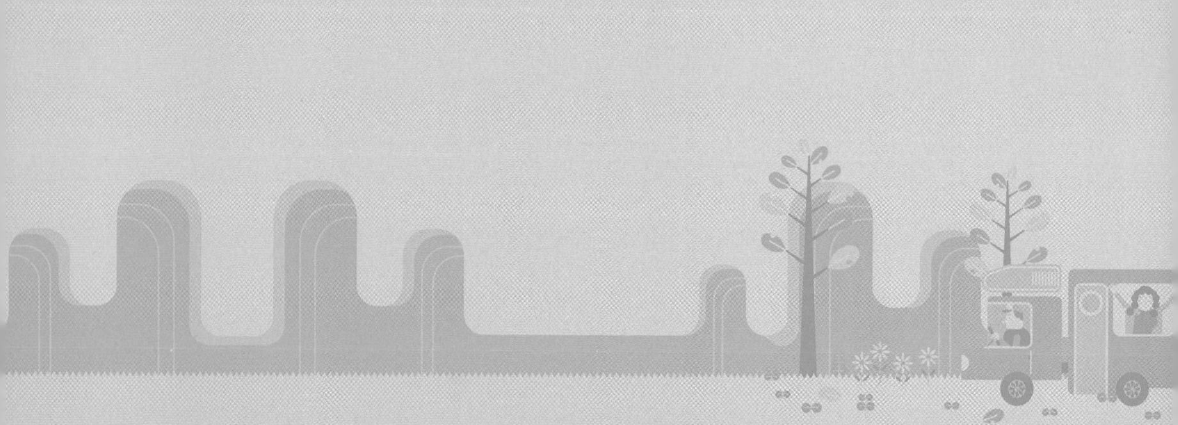

제3부는 아동과 청소년의 정신병리를 가족의 맥락에서 이해하면서 실제에 적용할 때 고려해야 할 주제로 구성되었다. 발달의 기본 틀로 가족을 일차적으로 다루었으나, 가족이 학교와 문화와 같은 다른 맥락과 분리된 것이 아니라는 전제하에, 가족과 다른 맥락에 대한 내용을 통합적 관점에서 논의하고자 한다. 또한 아동과 청소년의 정신장애를 예방하는 데 있어서 가족의 핵심적 역할을 이론적 및 실제적 측면에서 살펴본다.

가족과 다른 맥락과의 관계 제11장

아동과 청소년은 환경과의 끊임없는 상호작용을 통하여 발달하므로, 맥락에 대한 이해 없이는 아동과 청소년의 적응과정을 제대로 파악할 수 없다. Bronfenbrenner는 저서인 '인간발달의 생태학(The ecology of human development)'에서 인간이 발달하는 데 상호적으로 영향을 주는 생태학적 환경을 다음과 같이 제시하고 있다.

생태학적 이론에 의하면, 개인은 발달에 영향을 주는 체계 내에서 성장하며, 이러한 체계는 환경의 층으로 구성되어 있다. 생태학적 모델에서는 인간발달에 영향을 주는 5개의 체계를 제시하는데, **미시체계**(microsystem)는 발달하는 아동을 둘러싸고 있는 가장 근접한 환경으로 아동과 직접적 상호작용이 이루어지며, 가족, 또래집단, 학교 등이 미시체계에 포함된다. **중간체계**(mesosystem)는 발달하는 아동이 상호작용을 하는 체계들 간의 관계 또는 연결을 의미하며, 미시체계들의 체계(a system of microsystems)로 볼 수 있다. 중간체계의 예로 가정과 학교와의 관계를 들 수 있다. **외체계**(exosystem)는 아동이 직접 참여하지는 않지만 아동에게 영향을 미치는 하나 이상의 사회적 환경을 포함하며, 특정한 사회구조를 포함하도록 중간체계가 확장된 것이다. 부모의 직업세계, 가족의 사회적 연결망, 교육위원회, 대중매체 등이 외체계에 포함된다. 예를 들어, 부모가 직장에서 보내는 시간이나 육아휴직정책은 아동과 직접적인 상호작용을 하지는 않지만 부모와 자녀와의 활동에 영향을 주게 된다. 거시체계(macrosystem)는 특정한 문화나 하위문화를 위한 사회관습적 청사진으로 생각할 수 있다. 거시체계는 문화나 하위문화로 존재하는데, 구조와 활동유형을 규정하는 일반적 원형들(prototypes)을 의미한다. 이러한 거시체계는 정치, 경제, 법체계와 같은 더 큰 환경을 포함한다. 발달은 근접과정들이 일어나는 시간에 따라 영향을 받는데, 이러한 시간체계는 전 생애에 걸친 변화를 포함한다. 생태학적 이론이 개인과 환경간의 관계를 이해하면서 역동적인 상호작용 체계로 환경의 수준을 분류하였다면, 이후에 확장된 **생물생태학적 모델**(bioecological model)은 유전적 영향과 근접과정과의 관계를 설정하는데, 여기에서 근접과정이란 유전적 영향이 관찰가능한 현상으로 나타나는 기전을 의미한다(Spencer, 2006, pp. 865–866). 생물생태학적 모델에서 발달이란 '인간 존재의 생물심리학적 특성에서 연속과 변화(continuity and change)의 현상'으로 정의되며(Bronfenbrenner & Morris, 2006, p. 793), 과정, 개인, 맥락, 시간(Process, Person, Context, Time: PPCT)으로 구성되는 4가지 주요 요소들을 포함한다. 즉, 모델의 중심을 형성하는 과정(Process)은 유기체와 환경 간의 상호작용을 포함하는데, 과정이 발달에 미치는 영향력은 발달하는 개인(developing Person)의 특성, 가깝고 먼 환경적 맥락(Context), 근접과정이 일어나는 시간(Time)에 따라 크게 달라진다(Bronfenbrenner & Morris, 2006, p. 795). Peterson과 Hann(1999)은 아동을 둔 가족에게 생태학적 접근을 적용할 때 3가지 중요한 요소가 있다고 주장하였다(p. 354). 첫째, 생태학적 접근은 아동과 사회적 환경 간의 상호호혜적 영향을 강조한다. 부모자녀관계를 보는 오랜 전통인 부모효과 견해(parent effects perspective)에서는 부모가 사회적 현실의 전달자로써 아동을 조성한다고 보며, 부모의 방식, 행동, 특성이 아동의 다양한 사회적 및 심리적 특성에 기여하는지를 살펴본다(p. 327). 아동효과 견해(child effects perspective)에서는 아동이 부모를 사회화하거나 부모에게 영향을 준다는 개념으로 볼 수 있는데, 아동이 부모의 태도, 가치, 행동, 경험, 환경에 어떻게 영향을 주는가를 살펴본다(p. 341). 생태학적 접근에서는 아동이 부모로부터 영향을 받는 한편, 자신이 환경을 조성하는 능력이 있다고 본다. 둘째, 다양한 사회적 환경은 직접적인 영향과 간접적인 영향 둘 다 갖고 있음을 인식해야 한다. 예를 들어, 이웃의 영향은 직접적일 수 있지만, 가족을 매개로 청소년에게 영향을 줄 수도 있고 가족과정과 청소년 발달결과와의 관계에서 조절역할을 할 수도 있다. 셋째, 생태학적 접근 내의 사회적 환경들은 체계적 형태로 조직(systemic organization of the environment)되어 있다. 따라서 하나의 사회적 환경을 다른 환경들과 고립시켜 이해할 수 없다. 이 장에서는 미시체계인 가족, 또래, 학교체계의 특성과 역할에 중점을 두고 살펴보고자 한다.

1 아동 및 청소년의 가족에 대한 주요이론적 접근

아동이 성장하는 가족맥락은 발달에 영향을 주는 중요한 근접체계이다. 가족은 일차적 · 폐쇄적 · 공동사회집단으로 형식적 집단이나 가족관계는 비형식적이며 비제도적인 특성을 지닌다(유영주, 김순옥, 김경신, 2013, pp. 8-10). 가족관계는 '가족구성원 상호간의 인간관계'(정현숙, 유계숙, 2001, p. 31)로 자녀들의 발달적 문제를 이해하는 중요한 요인이 될 수 있다. Cowan과 Cowan(2006)은 가족과정에 기초하여 발달정신병리를 설명하면서, 상호연관된 가족체계접근(family systems approach)과 가족위험요인접근(family risk factors approach)을 제시하였다. 가족체계접근에서는 정신장애가 발달되고 지속되는 데 있어서 가족관계의 역할을 강조하며 가족체계 내에서 정신병리를 개념화해야 한다고 보며, 가족위험요인접근에서는 가족의 특정한 기능이 정신병리의 발생과 치료에 중추적 역할을 담당한다고 강조한다(Cowan & Cowan, 2006). 일반적으로 인간발달과 가족학분야에서 가장 빈번하게 연관된 2가지 이론적 틀로 가족발달이론(family development theory)과 가족체계이론(family systems theory)을 들 수 있다.

1) 가족발달이론

가족발달이론은 가족생활주기 단계 내에 내포되어 있는 정상적이고 전형적인 경험과 사건에 중점을 두면서, 가족발달을 사건들의 선형적 진행이라고 간주한다(Gavazzi, 2011, pp. 25-26). 시간의 흐름에 따라 가족원이 출생과 죽음, 결혼으로 증감하거나 생활사건을 어떻게 대처하느냐에 따라 가족의 단계는 변화한다. 가족발달과정에서 한 단계에서 다음 단계로 진행될 때 가족의 스트레스가 가장 심하고, 가족생활주기의 진행이 방해를 받거나 진로에서 벗어날 때 증상이 발생한다(Carter & McGoldrick, 1980, p. 16).

학자에 따라 가족생활주기의 단계는 다양하게 제시된다. 가족생활주기라는 개념은 처음에 사회학자 Evelyn Duvall과 Reuben Hill이 1940년대 후반에 제안하였다. Duvall과 Hill의 모델은 Erikson의 심리사회적 발달이론을 가족에 적용시킨 시도로부터 유래하는데, Erikson모델의 후성유전학, 연속적 발달단계, 발달과제, 발달전이와 같은 주요 요소에 기반을 둔다(Steinglass, 1987, p. 48). Erikson의 심리사회적 발달이론이 불변적 순서로 진행되는 8단계로 구성된 것처럼 Duvall과 Hill의 모델에서도 가족발달은 불변적 순서로 진행되는 단계들로 구성된다. 대표적으로 Duvall은 장자의 연령에 기초하여 가족생활주기를 8단계로 구분하여, 결혼한 부부만의 가족(1단계), 자녀출산기의 가족(2단계), 학령전기 아동이 있는 가족(3단계), 학령기 아동이 있는 가족(4단계), 청소년기 자녀가 있는 가족(5단계), 성장한 자녀가 출가한 가족(6단계), 중년기 부부 가족(7단계), 노년기 부부 가족(8단계)으로 제시하였다(정현숙, 유계숙, 2001, p. 61).

Carter와 McGoldrick(1980, p. 33)은 가족생활주기의 단계를 6단계로 구분하였는데, 자신을 위한 정서적 및 경제적 책임을 수용하는 단계인 원가족으로부터 분리되는 단계 또는 독신단계(1단계), 결혼을 통하여 새로운 체계에 헌신하는 결혼적응기 단계(2단계), 새로운 가족원을 가족체계 속으로 수용하는 자녀아동기 단계(3단계), 청소년 자녀의 독립욕구와 조부모의 노쇠함을 고려하여 가족경계가 유연해져야 하는 자녀청소년기 단계(4단계), 가족원이 가족체계 밖으로 나가거나 들어오는 것을 수용하는 자녀독립기 단계(5단계), 세대 간의 역할변화를 수용하는 노년기(6단계)로 제시하였다. Carter와 McGoldrick(1980)의 가족생활주기에서 '자녀아동기 단계(families with young children)'와 '자녀청소년기 단계(families with adolescents)'를 중심으로 살펴보면, '자녀아동기 단계'는 가족체계 내에 새로운 가족원을 수용하는 단계이다. 발달과업으로, ① 자녀들을 위한 공간을 마련하기 위하여 부부관계가 새로운 적응을 하는 것, ② 자녀양육, 가정경제, 가사에 함께 참여하는 것, ③ 확대가족의 체계가 변화하는 것이 포함된다. Carter와 McGoldrick(1980)의 가족생활주기에서 '자녀청소년기(families with adolescents) 단계'는 가족경계가 유연해져야 하는 주제에 중점을 두기 때문에 발달과업으로, ① 청소년이 가족환경을 자유롭게 출입할 수 있도록 부모-청소년 관계를 변화시키는 것, ② 부부 자신의 결혼 및 직업적성에 초점을 두는 것, ③ 더 나이든(노인기에 접어든) 가족구성원을 돌보는 역할을 담당하는 것이 포함된다(Gavazzi, p. 27). 이러한 **샌드위치 세대**(sandwich generation)는 '중간에 끼인(caught in the middle)' 경험을 의미하며, 다세대의 가족구성원을 돌보는 책임을 묘사한다(Gavazzi, p. 27).

가족발달이론은 가족관계의 연속성 및 변화를 이해하게 하고, 사회과학의 응용분야에 기초지식으로 활용될 수 있다. 발달정신병리학과 관련하여 가족발달이론은 가족이 어느 단계에서 사용한 전략이 왜 다른 단계에서는 효과적으로 적용되지 않을 수 있는지를 이해하게 한다. 예를 들어, 부모의 적절한 양육방식은 자녀아동기 단계와 자녀청소년기 단계에 다른 양상을 보일 것이다. 그러나 가족발달이론은 시간에 따른 전이를 설명하는 데 있어서 다양성을 적절하게 반영하지 못하며, 문화적 차이에 대한 이해가 부족하다는 비판이 있다. 즉, 현대 서구사회의 다양한 가족은 이론처럼 생활주기 단계를 불변적 순서로 경험하지 않으며 가족생활주기의 단계는 급격하게 변화하며 이행되는 것이 아니라 점진적으로 진행된다는 비판이 제기되고 있다.

2) 가족체계이론

가족은 구조나 기능에 따라 다양하게 정의될 수 있다. 가족 내의 복잡성과 다양성을 포함하려는 시도로 가족을 체계(system)로 정의할 수 있는데, 체계로서의 가족은 ① 공유된 역사를 지니며, ② 어느 정도의 정서적 유대를 경험하며, ③ 집단으로서나 개인으로서 가족성원의 욕구를 충족시키기 위해 다양한 방법을 가진 상호의존적인 개별구성원으로 구성된 복잡한 구조를 의미한다(정현숙, 유계숙, 2001, p. 26). 가족체계이론은 생물학분야에서 유래된 일반체계이론과 연관되는데, 일반체계이론을 가족분야로 적용할 때에는 위계질서(hierarchy), 경계(boundaries), 동일결말과 중다결말, 긍정적 및 부정적 피드백(feedback), 순환론, 조직(organization)과 같은 개념이 강조된다(Gavazzi, 2011, p. 35). 가족은 다시 위계질서와 소속감을 갖는 하위체계(subsystem)로 구분되며, 이러한 하위체계와 체계는 경계를 갖게 되는데, 경계는 구조와 외부를 구분짓는 가상적인 선으로 볼 수 있다(신성웅, 조수철, 2001, p. 320). 가족체계이론은 전체적 틀에 기초하여 가족을 이해하며, 순환론적 관점에 근거하여 가족이 상호연결되어 있으며 가족원은 나름의 방식으로 상호작용하고 이러한 상호작용은 행동방식원형이 된다고 본다.

가족체계는 선형적 인과론이 아닌 순환적 인과가족을 강조한다. 가족을 하나의 단위 체계로 가정하는 순환모델에서는 가족응집성과 가족적응성을 기본 차원으로 설정하여 가족들을 분류하면서 각기 중간수준에 해당하는 균형가족의 기능이 효과적이라고 설명한다. 가족의 응집성이란 가족구성원이 서로에게 갖는 정서적 결속으로 정의되며 가족구성원이 가족에게 분리되었거나 연결된 정도를 측정하며, 적응성(변화)이란 체계가 상황적 또는 발달적 스트레스에 반응하여 권력구조, 역할관계, 관계법칙을 변화시키는 능력으로 정의된다(Olson, 1985, p. 3). 순환모델에서의 응집성은 가족체계의 역동성을 설명하는 개념으로, 응집성의 네 수준을 가장 낮은 수준에서 높은 수준으로 구분하면 '극단적 유리된(disengaged), 분리된(separated), 연결된(connected), 밀착된(enmeshed)'의 범위를 갖는다. 균형적 기능에 해당하는 분리나 연결에 비하여 극단적 유리나 밀착과 같이 지나치게 낮거나 높은 응집성은 가족에 역기능으로 작용할 수 있다(Olson, 1986; 김유숙, 전영주, 김수연, 2003, pp. 311-313). 한편, 순환모델에서의 적응성도 네 수준으로 구분되는 데 가장 낮은 수준에서 높은 수준으로 구분하면 '경직된(rigid), 조직적(structured), 융통적(flexible), 혼란된(chaotic)'의 범위를 갖는다. 균형적 기능에 해당하는 조직적이나 융통적인 수준에 비하여 경직과 혼란과 같이 극단적인 적응성은 가족생활주기를 이동할 때 문제가 가장 크다고 가정된다(Olson & Lavee, 1989, p. 170). Olson과 동료들은 순환모델의 응집성과 적응성을 원을 사용한 도식으로 나타내었다(그림 11-1).

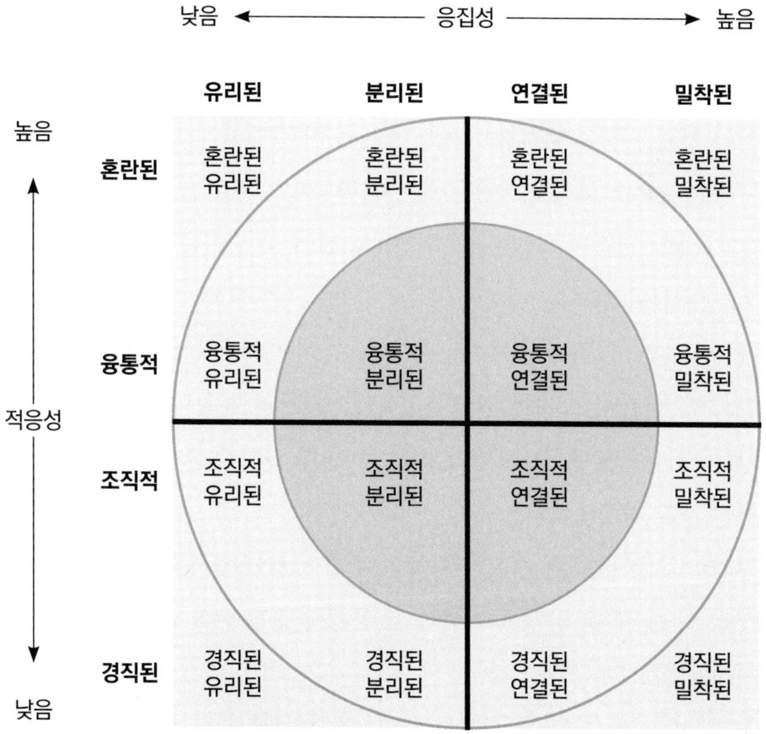

그림 11-1 Circumplex 모델

출처: "Circumplex Model: Couple & Family Map," D. H. Olson. p. 4. https://pdfs.semanticscholar.org/la77/2ead9d60c04095165f532cae26a76b352342에서 인출하여 번역

순환모델에서 가족의사소통은 제3의 차원으로 촉진적 역할을 한다. 가족의사소통은 순환모델에서 그림으로 제시되지는 않으나 가족이 응집성과 적응성의 차원에서 변화하는 데 결정적 역할을 한다(Olson & Lavee, 1989, p. 171). 분명하고 적합한 메시지, 공감, 반영적 경청, 지지적 언급, 효과적 문제해결기술을 사용하는 것과 같은 긍정적 의사소통은 가족의 변화하려는 욕구와 선호도를 공유하게 하는 반면 부적합하거나 모순된 이중메시지, 공감부족, 비난, 문제해결능력이 부족한 것과 같은 부정적 의사소통은 가족으로 하여금 감정을 공유하는 능력을 최소화시키고 적응성을 감소시킨다(Olson & Lavee, 1989, p. 170).

Olson과 Lavee(1989)는 순환모델의 가설을 다음과 같이 제시하였다(pp. 173-176).

- 순환모델에서 응집성과 적응성 차원의 중앙에 위치한 균형적 가족은 극단에 위치한 가족보다 가족생활주기의 변화에 더 적절하게 기능한다.
- 균형적 가족은 극단에 위치한 가족보다 행동목록이 더 많고 잘 변화할 수 있다.
- 만약 사회의 규범적 기대가 극단적인 응집성과 적응성 차원을 지지하더라도, 모든 가족원이 그러한 기대에 만족하는 한 가족체계는 기능적으로 작용할 것이다. 예를 들어, 소수민족 가족은 응집성 차원에서 극단인 밀착수준일 수 있지만, 가족원들이 그러한 기대에 순조롭게 지낼 수 있다면 기능적이다. 따라서 가족체계의 유형 뿐 아니라 가족원이 그 유형에 얼마나 만족하는지를 측정하는 것도 중요하다.
- 균형적 가족은 극단에 위치한 가족보다 긍정적인 의사소통하는 경향이 있다.
- 긍정적 의사소통은 균형적 가족으로 하여금 응집성과 적응성 차원을 쉽게 변화시키게 할 것이다.
- 가족생활주기에 따른 상황적 스트레스와 발달적 변화에 대처하기 위해, 가족은 응집성과 적응성을 변화시킨다. 예를 들어, 아들이 10대에 접어들며 가족은 연결된 수준에서 분리된 수준으로 이동하게 된다. 아들은 자율성을 추구

하고 어머니는 직장을 구하게 되면서 응집성이 낮아지며, 권력구조가 남편지배에서 공유형태로 변화하면서 어머니가 통제력을 갖게 되고 규칙이나 역할이 재정의되면서 적응성이 조직적 수준에서 융통적 수준으로 변화할 수 있다.

순환모델의 이러한 가정에 대하여, 추후 경험적 연구들은 가족응집성과 적응성의 관계는 집단의 특성이나 문화적 차이를 고려해야 한다고 지적한다. 예를 들어, 가족응집성이 지나치게 높은 경우를 역기능적으로 보는 곡선적 해석과 가족응집성이 높을수록 기능적으로 보는 직선적 해석에 대하여, 임상집단의 경우 곡선적 해석이 적합하고 일반가족의 경우 직선적 해석을 적용하는 것이 일반적인 접근방법일 수 있다(이상길, 2004). 다른 접근방법으로 문화적 차이를 강조하는데, 개인주의가 우세한 서구문화에서는 과도한 가족응집성이 청소년발달에 부정적인 영향을 미치나, 우리나라와 같이 관계주의가 우세한 문화권에서는 높은 가족응집성이 청소년의 발달에 긍정적 영향력을 갖는다고 보며 관계지향 문화권에서는 직선적 해석이 적합하다고 강조한다(최인재, 2009). 문화적 차이는 국내연구들을 통하여 검증되었는데, 가족응집성의 수준이 가장 높은 밀착된 가족의 청소년들이 자아분화가 가장 높았으며, 우울이나 대인예민수준과 같은 심리적 부적응은 가장 낮게 나타났다(최인재, 2009). 가족응집성과 적응과의 정비례적 해석에 대한 다른 예로써, 가족응집성은 심리적 부적응에 직접적인 영향력을 미칠 뿐 아니라, 청소년의 일상적 스트레스가 학습된 무력감을 통해 심리적 부적응에 미치는 효과를 완충하는 조절된 매개효과를 나타내었다(김영미, 2012; 김영희, 안상미, 2008).

일반적으로 가족체계이론은 전체적 맥락에서 가족을 이해하게 하며 양방향적인 가족 내 상호작용에 관심을 두므로, 가족상담에 지대한 영향을 미쳤다. 그러나 가족체계이론이 전후설명적(explanatory)이기보다는 단순묘사적(descriptive)인 경향이 있으며, 문화적 상대성을 이해하는 데 미흡하다는 지적이 제기되고 있다(Gavazzi, 2011, p. 39).

2 아동 및 청소년의 적응과 가족관계

1) 부모 및 형제자매관계의 특성

가족은 사회화과정이 이루어지는 환경으로 부모자녀관계는 양방향적이고 호혜적인 과정을 포함하며, 시간적 차원에 따라 변화하며, 다른 맥락과 유기적으로 연관되어 있어서 경제수준, 학교의 질, 이웃과 같은 다양한 환경의 영향을 반영할 수 있다. 학교에 들어가면서, 아동은 개인 내적인 변화를 경험할 뿐 아니라 사회적 환경도 확장된다. 인지적 측면에서, 학령기는 Piaget의 인지발달이론에서 구체적 조작기에 해당하며, Erikson의 생애발달이론에서는 근면성 대 열등감의 시기에 해당한다. 정서적 측면을 살펴보면. 초등학교 저학년 아동들은 이 시기에 일반적으로 기본감정을 표현하고 관리하는 능력을 발달시키고, 감정이 분화되고, 감정을 표현하기 위하여 복잡한 언어를 사용하게 된다. 초등학교 고학년이 되면서 아동은 유능성을 더 갖게 되며, 감정을 확장하고 분노를 조절하는 능력과 다양한 전략을 통하여 감정을 표현하는 방법을 배우게 된다.

부모자녀관계를 개념화하는 방법은 다양하지만, 가장 잘 알려진 접근방법 중의 하나는 부모의 유형을 애정과 통제로 구분하거나 반응성(responsiveness)과 요구성(demandingness)에 의하여 4가지 유형으로 구분한 것이다. 반응성이란 부모가 아동의 요구에 맞추고 지지하고 앎으로써, 개별성과 자기주장을 길러주는 정도를 말하는데, 온정, 자율성 지지, 논리적 소통을 포함한다(Baumrind, 2005). 높은 반응성은 수용적이며, 아동중심적인 패턴이지만 낮은 반응성은 거부적이며 부모중심적인 패턴이다. 요구성이란 행동조절, 직면, 성숙함 요구(행동통제), 아동의 활동 감독(모니터링)에 의해, 부모가 아동을 사회에 통합되게 하는 요구를 말한다(Baumrind, 2005). 즉, 반응성은 아동의 개별성에 대한 부모의 인식과 관계되며, 요구성은 사회화 대행자로써의 부모역할과 관계된다. 이러한 반응성과 요구성에 기초한 부모양육은 **권위적**(authoritative; 권위적-호혜적 패턴), **권위주의적**(authoritarian; 권위주의적-독재적 패턴), **익애적**(indulgent; 익애적-허용적), **무관심한**(indifferent; 무관심-비관여 패턴)유형으로 구분된다. 초기에 Baumrind(1966; 1967)는 부모통제의 상이한 유형에 따라 권위적, 권위주의적, **허용적**(permissive)양육의 3가지 유형으로 구분하였는데, 이후 Maccoby와 Martin(1983)은 허용적 양육을 2개로 구별하여, 부모양육을 Baumrind의 3가지 유형론에서 반응성차원과 요구성 차원으로 구분되는 4가지 유형으로 발전시킨 것이다.

권위적 부모는 따뜻하고, 확고하고, 아동의 개별성을 인정하며 반응성과 요구성 모두 높은 편이며, 양방향적인 의사소통을 한다. 권위적 부모의 자녀는 반응성과 요구성의 균형을 취하려는 부모에게서 높은 수준의 심리적 안정을 보이게 된다. 권위주의적 부모는 내 말을 무조건 따르라는 식으로 매우 요구적이나 반응적이지는 않은 경우로 복종과 동조성을 중요시하며 강압적 훈육방식을 사용한다. 권위주의적 부모의 자녀들은 낮은 수준의 사회적 인식, 자율성, 개별화를 발달시키게 되며, 더 많은 문제행동과 더 낮은 수행능력을 보이게 된다. 익애적 부모는 아동에게 요구하는 일이 거의 없고 아동이 원하는 대로 행동하도록 많은 자유를 허용한다. 익애적 부모의 자녀들은 의존적이고, 공격적이고, 버릇없는 모습을 보이게 된다. 무관심한 부모는 반응성과 요구성 모두 낮은 경우로 아동과 상호작용하

		반응성: 높음	반응성: 낮음
요구성	높음	권위적 (authoritative)	권위주의적 (authoritarian)
	낮음	익애적 (indulgent)	무관심한/방임적 (indifferent/neglecting)

그림 11-2 요구성과 반응성으로 분류한 부모양육유형

출처: *Handbook of Child Psychology* (p. 39), by E. E. Maccoby and J. A. Martin, 1983, John Wiley & Sons.

는 데 필요한 시간과 에너지를 최소화하며, 극단적인 경우 방임적(neglectful)이 될 수 있다. 방임적 부모의 자녀는 충동성, 장기목표의 부재, 문제행동 등을 나타낼 수 있다. 비록 부모자녀관계의 상호작용 형태가 변화하지만, 부모자녀관계는 아동기를 지나서도 여전히 중요한 사회적 정서적 자원으로 유지된다. 앞의 [그림 11-2]는 Maccoby와 Martin(1983)이 제시한 도식을 간략하게 보여 준다.

청소년기는 신체적 성장이 활발히 이루어지고 성호르몬의 분비와 더불어 생리적 변화가 나타나는 시기이다. 인지적 측면에서, 청소년기는 Piaget의 인지발달이론에서 추상적 및 조합적 사고, 가설연역적 및 명제적 사고가 가능한 형식적 조작기에 해당한다. 청소년은 의미, 초월성, 성취하려는 목적에 대하여 질문을 하게 되고 관심을 갖게 된다. 이렇듯 청소년기는 신체적, 심리적, 사회적 변화가 복합적으로 이루어지는 시기이다. Erikson의 생애발달의 8단계이론에 따르면 청소년기는 정체감 대 정체감 혼미의 시기에 해당하며 필수과업으로 정체감을 발달시켜야 한다.

Erikson의 정체감에 대한 조작적 정의를 내리기는 어려운데, 정체감은 풍부하고도 복합적인 내용을 함축하고 있기 때문이다. 정체감은 아동기 동일시를 단순하게 합산한 것 이상의 개념으로, 모든 동일시를 리비도의 변화, 태도, 사회적 역할로 주어진 기회와 통합시키는 자아능력의 경험이며, 내부의 동일성(inner sameness)과 과거에 준비했던 연속성(continuity)이 조화를 이루는 데에서 생기는 확신이다(Erikson, 1963, pp. 261-262). Erikson이 주장하는 개념적 틀에서 정체감이란 청소년에게만 한정된 것은 아니어서 정체감은 영아기에 자기와 사물을 분화시키는 것에서 시작하여 노년기의 자기-인류 통합(self-mankind integration)하는 최종단계에 도달한다. 그러나 청소년기는 정체감이 주요주제로 부각되는 시기인데, 신체발달, 인지기술, 사회적 기대로 인하여 처음으로 청소년이 아동기의 동일시를 분류 통합하여 성인기로 나아가게 하는 경로를 구성하기 때문이다. Erikson의 이론에 기초하여, Marcia는 정체감의 양극적 개념을 4개의 뚜렷한 지위(status)로 구분하였는데, 정체감을 반영적 자기구조(reflective self-structure)로 규정하였다(Marcia, 1980, p. 159). Marcia는 정체감구조가 정적이 아니라 역동적이라고 주장하며, 정체감 구조를 **탐색**(exploration)의 개념과 **헌신**(commitment)의 개념인 2가지를 기준으로 정체감 성취(identity achievement), 유예(moratorium), 유실(foreclosure), 혼미(diffusion)로 구분하였다. 탐색은 원래에는 위기(crisis)로 불리었는데, 위기란 청소년이 의미 있는 대안들 중에서 선택하는 데 참여하는 기간을 의미하며, 헌신은 행동이나 신념과정에서 개인이 나타내는 사적 투자의 정도를 의미한다. 정체감 성취는 탐색과 헌신을 통하여 정체감에 대한 해결을 이룬 경우로, 정체감을 성취한 개인들은 의사결정시기를 경험하고 자신이 선택한 목표를 추구하게 된다. 정체감 유예는 여러 가지 가능한 대안으로부터 정체감을 찾아가는 과정을 의미하며, 정체감 유예에 해당하는 개인들은 헌신하기 위해 대안들을 탐색하는 데 몰입한다. 정체감 유실은 탐색하는 기간이 없이 높은 수준의 헌신을 나타내는데, 정체감 유실에 해당하는 개인들은 가치와 목적에 확고한 헌신을 나타내지만, 스스로 이러한 가치와 목적에 도달한 것이 아니라 대개 부모의 가치와 목적인 경우가 많다. 정체감 혼미는 내적인 가치나 목적을 형성하지도 못하고, 그러한 가치나 목적을 적극적으로 추구하려고 하지 않는데, 정체감 혼미에 해당하는 개인들은 가장 저항이 없는 경로를 따르거나, 제멋대로의 생활양식을 가지며, 공허해할 수도 있다. [그림 11-3]은 Marcia의 정체감지위유형을 도식화하였다.

청소년의 정체감에 대한 후기 연구자들은 Erikson과 Marcia의 접근이 결과나 지위 위주의 접근으로 과정을 무시한다고 비판하기도 한다. 정체감의 형성에서 과

		헌신: 있음	헌신: 없음
탐색	있음	성취 (identity achievement)	유예 (moratorium)
	없음	유실 (identity foreclosure)	혼미 (identity diffusion)

그림 11-3 Marcia의 정체감 지위유형

정에 초점을 둔 후기 연구자들은, 개인 내 요소와 대인 간 요소로 구성되는 정체감 통제체계(identity control system)를 강조하며 개인은 자아개념을 타인으로부터의 정체감 기준과 비교한다고 주장하기도 하며, 사회인지적 견해에서 정체감을 추구하는 양식(style)을 정보적(informational 또는 informational processing orientation)양식, 규범적(normative 또는 normative processing orientation)양식, 혼미-회피(diffuse-avoidant 또는 diffuse-avoidant processing orientation)양식의 3가지 양식으로 구분하기도 한다(Berzonsky & Kuk, 2000; Burke, 1991). 정체감을 설명하는 사회인지모델에 따르면, 정보적 양식을 가진 개인은 정체감을 형성하는 과정에서 자기구조에 회의적이며 이러한 정체감갈등을 해결하기 위하여 의도적으로 정체감과 관련된 정보를 추구하고, 실행하고, 활용하는 반면, 규범적 양식을 가진 개인은 준거집단의 기준을 내면화함으로서 자동적으로 집단적 정체감을 채택하고, 혼미-회피양식을 가진 개인은 정체감에 대한 갈등에 직면하기를 주저하고 지연하려고 하며, 개인적 결정이나 규범적 기준보다는 즉각적인 상황적 보상이나 요구에 따라 영향받는다(Berzonsky, 2011, p. 55).

청소년기에 부모와 청소년 간의 거리감과 갈등이 증가함에도 불구하고, 부모는 청소년에게 여전히 중요한 자원으로 남아있다. 실제적으로 부모가 청소년의 학습에 관여하는 것은 어느 정도 유익한 효과가 있다. 예를 들어, 부모가 자녀의 학습능력에 대한 긍정적 신념을 주거나, 부모가 목표설정, 계획, 진행감독과 같은 학습기술에 관계하거나, 부모가 학급에서의 학습에 대한 관심을 갖는 것은 어느 정도 유익할 수 있다. 그러나 이러한 유익한 효과에도 불구하고 학생들이 중고등학교에 진학하면서 부모가 관여하는 정도는 일반적으로 감소한다. 그 이유로 청소년의 내적인 변화를 들 수 있는데, 자아정체감이나 가족관계의 변화에서 볼 수 있듯이 청소년기의 규범적인 발달적 변화가 영향을 미칠 수 있다.

또 다른 이유로, 중고등학교로의 전이에 수반되는 학교구조와 학교기대의 변화를 들 수 있다. 초등학교에 비하여 중학교 및 고등학교의 구조적 변화는 부모가 청소년자녀의 교육에 효율적으로 관여하기 어렵게 한다. 첫째, 중고등학교는 초등학교보다 크고 복잡하므로, 부모들은 개입방법을 찾기 어렵다. 둘째, 중고등학교의 교사는 초등학교의 교사보다 더 많은 학생을 가르친다. 교사들이 각 학생의 가족과 생산적 관계를 발달시키기 어렵다. 셋째, 학생들은 여러 명의 교사들을 갖게 된다. 한 명의 교사가 청소년이 하고 있는 것에 대한 전체적 사정을 하기가 어렵다. 넷째, 부모들은 어떻게 개입될지에 대하여 중고등학교 때에는 안내를 훨씬 적게 받는다. 다섯째, 학업자료가 점차 복잡해지고 많은 부모는 청소년자녀들의 숙제를 도와줄 수 없거나 돕는 것이 불편할 수 있다(Hill & Chao, 2009, pp. 7-8).

Baumrind가 권위적 부모양육이 바람직한 부모양육이라고 주장한 것과 유사하게, 후기 연구자들은 부모양육 측면에서 지지적인 것(정서적 능력)과 도전적인 것(인지적 능력)의 균형이 청소년의 더 나은 발달과 관계된다고 보았다. 청소년이 지각하는 지지적인 가족은 부모가 청소년을 사랑하고 수용하며, 가족이 협력적이며, 서로 도와주려는 가족을 의미한다. 청소년이 지각하는 도전적인 가족은 청소년에게 높은 기대감을 표현하고, 학업의무를 수행하도록 격려하고, 기준을 강화하며(예: 항상 최선을 다하기), 시간을 지혜롭게 관리하며, 청소년의 강점을 평가하는 가족을 의미한다(Jones & Schneider, 2009, p. 76). Rathunde와 Csikszentmihalyi(2006)은 지지적이며 도전적인 가족맥락은 청소년의 긍정적 발달에 연관된다고 주장하였다(p. 497). 부모가 생활필수품을 살펴주고 경청해 주고 흥미탐색을 하도록 하는 지지적 환경을 통하여 청소년은 자의식이나 현실적 제약을 적게 받으며 주체성과 상상력을 조율하는 한편, 도전적 가족맥락을 통하여 연령에 적합한 기술을 습득하고 성숙한 책임감과 개별화를 시도하게 된다.

청소년기의 부모자녀관계에 비하여, 청소년기의 형제자매관계는 상대적으로 연구가 많지 않은 편이다. 일반적으로 청소년기의 형제자매관계는 더 평등해지고 더 멀어지고 감정적으로 덜 강력해지나, 관계의 질은 아동기와 마찬가지로 안정적이다. 청소년기의 형제자매관계는 부모자녀관계보다는 우정과 더 유사하다고 인식된다(Collins & Steinberg, 2006, p. 1020).

2) 부모 및 형제자매관계와 관련된 이슈

아동기에서 청소년기를 거치면서 또래, 학교, 매체의 영향력은 상대적으로 확장되는 경향이 있다. 청소년의 가족관계도 변화하는데, 크게 자율성, 갈등, 조화 및 의사소통의 측면으로 나누어 살펴볼 수 있다. 첫째, **자율성**은 청소년이 부모의 통제하에 있는 정도와 대비된다. 청소년은 초기에 행동적 자율성을 시도하며 중기에 점차 성인과 같이 자율성을 갖기 시작하는데, 청소년기에 부모자녀관계의 상호작용은 비대칭적인 불평등에서 시작되었다가 점차 동등한 관계로 이동하게 된다.

둘째, **갈등**측면에 관하여, 청소년기가 시작되면서 청소년과 부모와의 갈등이 시작되는데, 청소년은 자신이 어느 정도 부모에게 의존하는 것을 알면서도 부모로부터 독립하려는 의지를 나타내게 된다. 가족갈등은 서로 간의 욕구가 일치하지 않을 때 발생하는데, 부모와 자녀 간의 주요갈등은 가족 내의 일상생활에 대한 것으로 통제수준의 적합성에 대해서 주로 일어나게 된다(박영란, 이영숙, 전귀연, 2001, pp. 313-315). 또한, 부모는 궁극적으로 청소년기의 자녀가 독립하기를 원하면서도 다른 한편으로는 부모에게 계속 의존해 주기를 원하는 양면성을 보이게 된다(허혜경, 김혜수, 2010, p. 232). 청소년은 사춘기의 생물학적 변화를 경험할 뿐 아니라, 논리적 추론이 가능한 인지적 변화와 독립과 정체성이 강조되는 사회적 변화를 겪게 되며, 부모 또한 성인중기의 변화를 경험하게 된다. 갈등의 변화유형을 살펴보면, 갈등은 청소년초기에서 청소년후기에 가면서 감소하지만 갈등에 따른 부정적 감정의 강도는 청소년중기에 가장 높은 것으로 보고되었다(유희정, 2012, p. 6). 그러나 일부 연구자들은 메타분석결과를 통하여 청소년초기와 중기를 거쳐 청소년과 부모의 갈등의 빈도는 오히려 선형 감소를 보이고 부정적 정서의 표현은 증가한다고 말하며, 곡선적 관계를 주장하는 것은 갈등의 빈도와 강도가 합성된 결과라고 지적하기도 한다. 즉, 부모와의 갈등의 빈도는 청소년초기에 증가했다가 점차 소멸되고, 부모와의 갈등의 강도는 청소년초기부터 청소년중기까지 증가하고 그 후에는 안정되는 경향을 보인다(Smetana, 2011, p. 140).

갈등의 내용을 살펴보면, 매일 겪게 되는 일상적 사건들이 부모와 청소년 간의 갈등의 대부분을 차지한다. 갈등을 야기하는 주제로는 사회생활과 의상, 책임, 학교, 가족관계, 사회적 관습이 널리 알려져 있다. 예를 들어, 사회생활과 의상(예: 이성친구의 선택, 야간외출, 귀가시간, 의상 및 헤어스타일의 선택 등)에 관하여 부모와 청소년은 의견이 일치하지 않을 수 있다. 책임한계(예: 집안일, 돈을 벌고 소비하는 것, 개인소지품, 자기 방 간수 등) 때문에 부모는 청소년에게 비판적이 될 수 있으며, 청소년의 학교생활(예: 학업성취, 학교에 대한 태도, 학업습관 등)에 대한 관점에서 부모와 청소년 간에 갈등이 생길 수 있다. 가족관계(예: 부모에게 보이는 존경수준과 기대, 형제자매와의 싸움, 가족지향의 정도 등)가 갈등의 근원이 될 수 있으며, 사회적 관습(예: 음주, 흡연, 비속어 사용, 성적 행동, 규칙위반 등)에 대한 견해차이도 갈등을 야기할 수 있다.

갈등의 영향을 살펴보면, 가족갈등은 청소년의 부적응이나 일탈행동에 영향을 주는 것으로 알려져 왔다. 가족갈등이 높고 가족구성원 간의 유대감이 낮은 것은 불법약물을 복용하기 시작하는 것과 관련되었으며(Guo, Hill, Hawkins, Catalano, & Abbott, 2002), 가족갈등은 청소년의 심리적 부적응을 설명하는 중요한 변인으로 밝혀지고 있는데, 부모자녀 간의 갈등과 부모의 적대감은 내재화 증상과 같은 심리적 부적응과 관련되었다(Ge, Best, Conger, & Simons, 1996). 미국에서 입양가족과 비입양가족으로 구성된 610가족의 1,199명의 청소년을 대상으로 조사한 결과, 혈연가족이든 입양가족이든 간에, 관찰자가 측정하든 자기보고이든 간에, 부모자녀 간의 갈등은 청소년의 품행문제를 예측하였는데, 이는 부모자녀 갈등은 청소년의 문제행동치료개입에 주요목표가 될 수 있음을 시사한다(Klahr, Rueter, McGue, Iacono, & Burt, 2011). 국내연구에서도 가족갈등은 우울과 비행을 증가시키는 데 가장 큰 영향을 미치는 것으로 보고되었다(김영희, 안상미, 2006).

셋째, 조화측면은 관계가 따뜻하고 관여적이며 정서적으로 밀접한 정도를 의미하는데, 청소년기를 거치며 밀접함에 대한 주관적 느낌이나 상호의존성이 감소한다. 아동기에 비하여 청소년들은 친밀감이나 수용감, 가족생활에 대한 만족도를 적게 보고한다. 한편, 자녀가 청소년기에 진입하면서 일반적으로 부모도 중년기에 접어들게 된다. 청소년이 급격한 신체성장을 경험하고, 다양한 가능성을 탐색할 수 있고 힘과 지위를 축적하는 것과 달리, 중년기 부모들은 신체적 능력이 저하하고, 제한된 시간과 미래에 대한 한계를 지각하게 되고, 사회적인 힘이나 지위를 잃어가게 된다(장휘숙, 2004, p. 307).

부모-자녀 의사소통은 청소년의 가족관계를 파악할 수 있는 주요개념이다. 청소년기에 접어들면서 자녀는 부모로부터 독립하려는 의지를 나타내며, 부모와 자녀는 서로에 대하여 새로운 이해와 관점이 필요하다. 가족의 의사소통능력은 사회적 적응의 중요한 요인으로 공유성(communis)을 전제로 한다. 의사소통에 대한 정의는 관점에 따라 달라질 수 있는데, 구조적 관점에서는 의사소통을 메시지나 정보의 송수신 과정으로 보며, 기능적 관점에서는 의사소통을 기호를 사용하는 행동으로 간주하고, 의도적 관점에서는 의사소통이란 한 개인이 타인의 행동을 변화시키기 위해 자극을 보내는 과정으로 정의한다(유영주 외, 2000, pp. 182-183). 이러한 의사소통을 통하여 가족구성원은 영향력을 행사하고, 정보를 교환하며, 자신의 느낌과 감정을 표현하게 된다.

부모-자녀 의사소통방식은 부모와 청소년 자녀 간의 관계의 질에 중요한 영향을 미치는데, 반영적 경청을 사용하거나 나-전달법을 사용하는 것은 청소년을 둔 부모에게 효과적인 대화기법으로 알려져 있다. 의사소통능력은 경험적 가족상담이론의 주요개념의 하나로, Satir의 상담이론의 여러 핵심개념 중에 속한다. 개방적인 가족 내 의사소통은 구성원들이 자율적으로 의견을 표명하고 대화지향적 특징을 갖는다. 부모와 청소년 자녀와의 개방적 의사소통은 가족갈등상황에서 합리적 해결책을 모색하게 하며, 원만한 가족관계를 유지하는 데 도움을 줄 수 있다. 이러한 개방적 의사소통의 과정에서 청소년은 자신의 역량이나 자신에 대한 가치를 확인하게 될 것이다.

3 아동 및 청소년의 적응과 또래관계

1) 또래관계의 특성

아동이 학교에 들어가고 교내 및 교외활동에 참여하면서 또래와의 세계는 확장된다. 사회측정법(sociometry)은 수용 및 거부를 통하여 인기도를 측정하는 방법인데, 수용이란 또래가 얼마나 좋아하는 지를 의미하며, 거부란 또래가 얼마나 싫어하는 지를 의미한다. 수용과 거부 대신에 아동이 일반적으로 좋아함을 의미하는 사회측정적 선호도와 또래집단에서의 존재감을 나타내는 사회측정적 영향력으로 설명되기도 한다. 또래에게서 좋아하거나 싫어한다고 지명되는 정도를 측정하는 사회측정법에 의해 대부분의 아동은 인기아동, 거부아동, 무시된 아동, 평균아동, 상반되는(controversial) 아동으로 구분할 수 있는데, [그림 11-4]는 각 유형에 따른 차이를 보여 준다.

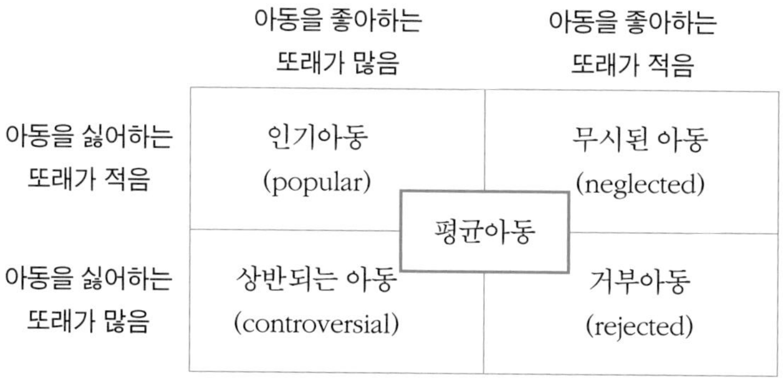

그림 11-4 또래인기도에 따른 아동유형

출처: *A Multidisciplinary Handbook of Child and Adolescent Mental Health for Front-line Professionals* (p. 80), by N. .Dogra, A. Parkin, F. Gale, and C. Frake, 2002, London: Jessica Kingsley Publishers.

Rubin, Bukowski와 Parker(2006, p. 607)는 인기아동, 거부아동, 무시된 아동, 평균아동, 상반된 아동을 수용과 거부수준(선호도와 영향력)으로 구분하고 그 특징을 기술하였다. 〈표 11-1〉은 Rubin, Bukowski와 Parker가 기술한 아동의 또래수용과 거부수준에 대한 내용을 표를 사용하여 요약정리한 것이다. 또한, Rubin과 동료들(2006, p. 630)은 아동기의 또래관계에서 3가지 주요향후과제를 제시하였다. ① 또래관계는 하나의 복합체계로 이해되고 연구되어야 한다. ② 또래와의 경험 및 영향은 더 큰 체계 속에서 이해되고, 다른 체계와 어떻게 상호작용하는지에 따라 이해되어야 한다. ③ 또래와의 경험에 어려움이 있는 아동을 돕고, 긍정적 또래경험을 촉진시키기 위한 개입프로그램들을 개발하는 데 관심을 두어야 한다.

표 11-1 수용과 거부수준, 선호도와 영향력에 의한 유형

유형	수용과 거부수준	선호도와 영향력	특징
인기아동	높은 수용/ 낮은 거부	높은 선호/ 높은 영향	긍정적 관계를 시작하고 유지하는 데 능란함, 협조적 · 우호적 · 사교적이며 민감함, 주장적 행동을 할 수 있으나 타인을 방해할 것 같은 행동을 거의 안 함
거부아동	낮은 수용/ 높은 거부	낮은 선호/ 높은 영향	공격성과 관련됨, 이질적 행동경향성이 높음
무시된 아동	낮은 수용/ 낮은 거부	중간 선호/ 낮은 영향	특정한 행동과의 연관성이 강하지 않음
평균아동	보통 수용/ 보통 거부	중간 선호/ 중간 영향	중간정도의 지명도
상반되는 아동	높은 수용/ 높은 거부	중간 선호/ 높은 영향	거부아동의 특징(예: 공격, 위축, 화냄, 규칙위반, 지나친 적극성)과 인기아동의 특징(예: 도움, 협조, 리더쉽, 사회적 민감성)을 모두 가짐

출처: *Handbook of Child Psychology: Vol 3. Social, Emotional, and Personality Development* (p. 607), by K. H. Rubin, W. M. Bukowski, and J. G. Parker, 2006, Hoboken, NJ: John Wiley & Sons.

청소년기의 또래관계를 살펴보면, 청소년기에 또래는 소속감을 주고 자신들만의 언어나 복장같이 특정행동이나 규칙을 형성하는 세계를 만들어 부모로부터의 개별화를 촉구할 수 있는 한편, 위험한 시도를 하거나 조숙한 행동에 관여하게 할 수 있다. 청소년기에 또래와의 시간은 증가하며, 또래관계는 현저하게 복잡해지고 강력해진다. 미국 고등학생들의 경우 전형적으로 깨어있는 시간의 약 1/3정도(29%)를 또래와 보낸다는 보고가 있듯이, 청소년기의 또래관계는 큰 비중을 차지할 뿐 아니라 청소년기의 또래상호작용은 아동기에 비교하여 부모의 지도나 통제가 적어지고 이성을 포함하는 경향이 있다(Rubin, Bukowski, & Parker, 2006).

양자수준으로는 대표적으로 우정이 포함되는데, 친밀감과 유사성은 우정의 주요특성으로 알려져 있다. Santrock(2004)은 청년기의 우정의 기능을 선행연구에 기초하여 6가지로 구분하였다(p. 216). 첫째, 동료애를 들 수 있는데, 우정을 통하여 시간과 활동을 함께 하는 누군가를 제공받는다. 둘째, 자극의 기능인데, 우정은 청년에게 흥미로운 정보, 흥분, 재미를 제공한다. 셋째, 물리적 지지의 기능으로 우정은 시간, 자원, 도움을 제공한다. 넷째, 자아지지의 기능으로 우정을 통하여 청년은 자신이 능력, 매력, 가치있는 사람이라고 느끼게 되며 지지, 격려, 피드백에 대한 기대를 갖게 된다. 다섯째, 사회적 비교의 기능으로 우정을 통해 자신의 위치와 자신이 제대로 하고 있는지에 대한 정보를 얻는다. 여섯째, 우정은 타인과의 따뜻하고 친밀하며 자기 개방하는 신뢰로운 관계를 제공한다. 우정은 청소년기 동안에 점차 복잡해지고 우정에 대한 기대와 신념이 더 정교해지는데, 청소년기 동안에 상호성(mutuality), 자기노출, 친밀감이 현저히 증가한다(Collins & Steinberg, p.1023). 우정은 그냥 아는 사이인 경우보다 친밀감 뿐 아니라 갈등도 많을 것이다.

청소년 초기의 우정은 아동기의 우정이나 부모와의 관계와는 다르다. 청소년기의 우정은 아동기보다 밀접함과 친밀감을 더 제공하며 놀이에 기반을 적게 둔다. 우정은 부모자녀관계보다 평등과 균형이 강조된다. 또래와의 친밀감과 자기노출이 증가함에 따라 청소년기의 또래는 사회적 지지와 조언을 주는 주요근원이 된다. 국내연구에서 청소년들이 자신이 경험하는 문제들에 대하여 상담자에게 의뢰하는 경우는 드물었고, 문제해결을 위하여 또래에게 의뢰하는 경우가 가장 많았다(유성경, 2001). 우정의 핵심양상은 동료의식, 갈등, 도움, 안전, 밀접함을 포함하는데, 이러한 양상은 서로 관련되어 있다(Bukowski, Simard, Dubois, & Lopez, 2011, pp. 165-168). 우정은 동료의식으로써 함께 무엇을 하는 누군가를 포함하며, 의사결정에서 비롯된 갈등을 갖기도 하며, 다양한 영역에서 도움을 제공하며, 갈등이나 문제가 있더라도 안전감을 제공하며, 동맹이나 정서적 결속을 주는 밀접함의 특징을 보인다.

패거리 또는 도당(cliques)은 3명에서부터 9명 또는 10명 사이의 비교적 작은 밀착된 집단으로, 많은 시간을 같이 보내며 일반적으로 동일한 인종과 동성으로 구성된다(Rubin et al., p. 598; Dolgin, 2014, p. 297). 11세경에 대부분의 또래상호작용은 패거리 맥락에 있게 되고 거의 모든 아동들이 패거리의 구성원이라고 보고한다(Rubin et al., 2006, p. 598). 패거리는 아동기와 성인기에도 존재하나 청소년기의 패거리는 고등학교의 사회적 위계에서 자신의 지위를 수립하는 데 중요하다(Collins & Steinberg, 2006, p. 1022).

무리(crowd)는 패거리보다 큰 집단구조로 평판에 근거한 집합체인데, 비슷하게 정형화된(stereotyped) 개인들로 구성되며 오랜 시간을 함께 보낼 수도 있지만 그렇지 않을 수도 있다(Rubin et al., 2006, p. 602). 패거리가 내내 함께 시간을 보내는 반면 무리는 보통 주말에 함께 어울리곤 한다(Dolgin, 2014, p. 297). 무리는 구성원들이 공유하는 기본태도나 활동에 의해 규정된다.

또래관계는 청소년기 초기에는 혼성집단으로 구성되었다가 점차 로맨틱 관계가 주축이 되기도 한다. 데이팅은 몇 가지 목적을 가질 수 있어서, 즐거움을 얻기 위해, 동료애를 느끼기 위하여, 지위를 얻기 위해, 성적만족을 위해, 배우자 선택의 수단으로, 친밀감을 발달시키기 위하여 데이팅을 하게 된다(Dolgin, 2014, p. 326).

2) 또래관계와 관련된 이슈

발달하는 과정에서 또래관계를 어떻게 형성했는가는 이후의 정신장애와 연관될 수 있다. 또래관계는 발달단계에 따라 변화하게 된다. 인생 초기의 또래관계는 부모자녀 간의 애착만큼 강렬하거나 안정적이지 못하다. 그러나 부모자녀 간의 관계는 부모가 자녀를 돌보는 수직적인 관계인 반면, 또래관계는 공통의 흥미에 기반을 둔 수평적 관계이다. 학령전기의 또래관계는 사회성 발달에 중요한 역할을 하며, 아동은 또래관계를 통하여 사회적 유능성을 발달시키게 된다. 학령기 아동들은 또래관계를 통하여 사회적 조망능력과 사회적 문제해결능력을 습득하게 된다. 청소년기에 들어서며 또래관계는 더 중요하게 생각되며, 청소년들은 부모보다도 더 많은 시간을 또래와 보내게 된다. 청소년기에 또래는 주요사회적 지지체계의 역할을 담당하며 소속감을 부여하므로, 청소년의 웰빙이나 적응에 밀접하게 연관되어 있다. 그러나 청소년의 또래관계는 위험을 추구하거나 성적행동이나 물질사용과 같은 시도를 하는 것과 관계될 수도 있다.

4 아동 및 청소년의 적응과 학교생활

1) 학교생활의 특성

학교는 성장하는 아동에게 중요한 맥락들 중의 하나이다. 비록 학교의 기본기능은 지적 기술과 지식을 가르치는 것이지만, 학교는 발달의 다른 측면들도 지도한다고 본다. 학교는 청소년이 사회적 규범과 가치를 사회화하도록, 성취에 대한 동기를 형성하도록, 사회심리적 성장과 정신건강에 기여하도록 도와준다. 학교영향은 학급분위기, 수업(instruction), 사회적 관계와 같은 근위적 영향과 교육구의 자원과 교육정책과 같은 원위적 영향을 통하여 작용한다.

학교가 아동 및 청소년에게 미치는 기능은 복잡하고 다양하나, 허혜경과 김혜수(2010, pp. 244–245)는 다음과 같이 3가지로 요약하였다. 첫째, 학교는 사회화 기능을 수행한다. 사회화 기능은 학생을 보살피고 관리하며, 각 연령 수준에 필요한 지식과 기술을 가르치며, 문화적 가치, 신념 및 전통을 전달하고 학생들을 평가하는 기능을 포함한다. 둘째, 학교는 학생들의 진로를 설계하는 기능을 한다. 셋째, 학교는 학생들에게 성공체험의 기회를 제공하는 장소로서의 역할을 한다. 한편, 학교는 아동 및 청소년이 정식진단 없이도 정신건강체계로 들어가는 가장 일반적인 장소이어서, 정신건강서비스를 받는 청소년의 대부분이 학교에서 치료에 접하게 된다고 알려져 있다.

학교는 청소년들이 교육과정과 가르침을 통하여 지식과 기술을 습득하는 교육적 공공기관으로써의 역할을 한다. 또한 학교는 청소년들로 하여금 몇 년에 걸쳐 함께 있으며 사회적 네트워크를 형성하며 규범, 가치, 관습 등을 형성하게 하는 사회적 맥락으로써의 역할을 한다. 즉, 학교는 사회의 정규교육기관으로 교육과정을 통하여 지식을 전수할 뿐 아니라 조직이나 관계를 통하여 사회화 대행자의 역할도 수행한다.

2) 학교생활과 관련된 이슈

청소년들은 상급학교에 진학하여야 하는 변화를 경험하게 된다. 모든 학생들이 이러한 전이에 어려움을 겪는 것은 아니나, 일반적으로 중학교에서 고등학교로 진학하면서 학업동기와 성적이 떨어지며, 자아존중감도 감소한다고 알려져 있다.

일찍이 어린 청소년들은 중학교로 전이하면서 내적학습동기가 급감한다고 알려져 있다. Rathunde와 Csikszentmihalyi(2006)는 이렇게 감소하는 원인은 청소년의 발달단계와 학교환경이 적합하지 않기 때문이라고 지적하였다. 부적합성을 제안한 연구결과들을 구체적으로 살펴보면, 청소년의 인지통합능력이 더 정교해지는 데 비하여 학급내용은 분절되어 있고, 청소년의 생활에서 정체감이나 선택, 자율성의 중요성이 증가하는 데 비하여 교사와 환경은 더 경직되고 통제지향적이며, 학생들이 자의식이나(무대 위의 주인공처럼) '무대에 있는 것(on stage)'을 느끼는 시기인 데 비하여 학교에서는 공적평가와 경쟁이 강조되는 것을 들 수 있다(Rathunde & Csikszentmihalyi, 2006, pp. 505–506). 또한 또래지향성이나 대인관계기술의 발달이 청소년기에 중요한 데 비하여 교사들의 하향식 강의의 수업이 부적합할 수 있고, 급격한 변화로 학생들에게 성인의 지속적 지지가 필요한 데 비하여 교사와 학생관계는 사적이지 않을 수 있다(Rathunde & Csikszentmihalyi, 2006, pp. 505–506).

교사의 역할은 학교환경에서 큰 비중을 차지하여, 교사가 학생들을 대하는 태도와 기대는 학생들의 적응에 영향을 미친다. 허혜경과 김혜수(2010, p. 252)가 요약한 바에 따르면, 훌륭한 교사는 첫째, 수업 실력이 있고 자신감과 열의를 보이며, 둘째, 위엄이 있되 학생들에게 공정하고 합리적으로 권위를 행사하며, 셋째, 따뜻하고 친절하며, 넷째, 학생들의 자기주도적 학습을 유도하고, 학생들의 성취수준에 대한 높은 기대를 가지며 긍정적 피드백을 통하여 학업을 증진시키는 특징을 보인다.

교사의 특성에 따른 학급분위기와 학생에게 나타나는 결과를 연관시켜 살펴볼 수 있다. Collins와 Steinberg(2006)는 교사가 지나치게 과제지향적이고 통제를 강조하는 학급에서는 학생들이 불안하고 흥미를 상실하고 불행한 반면, 교사가 지지적이고 확고하며 행동 및 학업기준을 잘 규정하는 학급에서는 학생들이 문제나 비행을 적게 보이고 출석률이 높고 지지적인 우정을 많이 나타내며 성취검사점수가 높다고 하였다(Collins & Steinberg, 2006, p. 1030). 다양한 기관들이 교사가 학급에서의 문제행동을 다루는 방법을 소개한다. 예를 들어, 효과적 협업과 실제를 위한 기관(Center for Effective Collaboration and Practice; CECP, http://cecp.air.org/preventionstrategies/Default.htm)에서는 유치원에서 중학교의 공립학교 행정가들이 학교성취를 향상시키고 학급준비도를 증진시키고 문제행동을 감소시키는 데 효과적이라고 알려진 예방실제(prevention practices)를 소개하고 있다.

아동 및 청소년의 원만한 적응을 위해서는 가족과 학교 간의 긴밀한 협력이 필요하다. 특히 학생이 장애를 나타낼 때, 부모와 교사는 협력관계를 유지하여야 한다. 학생이 장애가 있는 경우, Turnbull과 동료들(2011)은 의사소통, 전문적 역량, 존중, 신뢰, 헌신, 평등. 권리옹호로 구성된 협력의 7가지 원칙을 제시하였는데, 다음의 내용으로 요약될 수 있다(p. 313).

- 우호적이고 경청하며 명확하고 솔직하게 정보를 주고 종합해 주는 효과적인 의사소통 능력
- 적절한 교육을 제공하고 높은 기대수준을 설정하는 자질과 능력인 전문적 역량
- 문화적 다양성과 가족의 강점 및 존엄성을 인정하는 존중
- 믿고 비밀을 지키는 신뢰
- 학생과 가족의 욕구를 만족시키기 위해 노력하는 헌신
- 권력을 나누어 갖는 평등
- 학생과 가족이 부당한 대우를 받을 때 행동을 취하고 승-승(win-win)해결책을 찾는 권리옹호

한편, 효과적인 통합적 개입을 선택하기 위해서 학교가 안내지침을 활용할 필요가 있는데, Webster-Stratton과 Taylor(2001)는 어린 아동에 대한 부모, 교사, 아동을 위한 프로그램의 안내지침들을 열거하였다. 안내지침들의 일부를 소개하면, 프로그램은 기술을 증진시키려는 입장을 견지해야 하며, 인지 · 행동 · 정서를 포괄하는 광범위한 내용을 갖고, 위험군 아동과 가족에게는 20시간 이상 충분한 시간으로 운영되며, 명확하게 규명된 위험요인들을 조기에 중재하며, 발달적인 중점을 두며, 부모, 교사, 아동과의 협업과정을 사용하며, 결핍이 아니라 강점에 초점을 두는 것 등이 포함되었다.

5 통합적 이해

이 장에서는 가족에 대한 주요이론적 접근을 살펴보고, 아동과 청소년의 주요 미시체계로써 작용하는 가족관계, 또래관계, 학교생활에 대하여 살펴보았다. "좋은 이론만큼 실용적인 것은 없다(There is nothing as practical as a good theory)."라는 Kurt Lewin의 말처럼 발달정신병리학 측면에서 아동과 청소년의 적응을 이해하기 위해서는 다양한 이론적 접근을 상호보완적으로 사용하면서, 여러 맥락들을 함께 고려하려는 시각이 필요하다. 1장에서 발달정신병리학의 두 번째 원칙으로 다양한 수준의 분석과 다학제간 연구를 강조하였듯이, 모든 수준의 분석을 통하여 아동과 청소년의 정신장애를 살펴볼 필요가 있겠다.

한편, 이 장에서 맥락에 대한 내용을 기술하였으나, 아동과 청소년은 이러한 맥락으로부터 일방적으로 영향을 받는 수동적 대상이 아님을 인식해야 한다. 아동과 청소년은 환경의 영향을 받는 동시에 자신의 경험을 만들고 조직해나가며 환경에 영향을 미친다. 각 환경체계 또한 변화하고 서로 영향을 주고받는다. 발달정신병리학 분야의 연구는 적응과 부적응을 이해하는 데 있어서 단순한 직선적 관계를 지양하고, 상호작용을 강조하며 복합적이고 체계적인 과정들에 관심을 두어왔다. 앞으로 이 분야 연구들이 축적되고 방법론이 정교해지면서, 발달정신병리학 접근은 아동과 청소년의 정신장애를 다각적으로 이해하는 더욱 유용한 틀로써 작용하게 될 것이다.

제12장

아동 및 청소년 정신장애의 예방에 대한 가족의 역할

치료가 임상적 수준의 어떤 문제를 경험하고 있는 개인들을 위한 개입이라면, 예방은 임상적인 장애를 아직 경험하지 않는 개인들을 대상으로 한다. Offord와 Bennett(2002)는 발달정신병리학이 크게 4가지 측면에서 예방의 실제와 연구에 기여한다고 주장하였다(pp. 882-885). 첫째, 발달정신병리학은 아동의 정서 및 행동문제에 연관된 위험 및 보호요인들에 대한 이해를 증진시키며, 위험 및 보호요인들은 아동 및 청소년의 정신장애를 예방하는 프로그램을 설계하는 데 사용될 수 있다. 둘째, 발달정신병리학은 아동 및 청소년의 정신장애의 발생이 다요인적이며, 여러 결과에 대한 일반적 인과성 위험요인이 존재하고, 특정한 위험 및 보호요인의 영향은 시기 또는 개인의 발달단계에 좌우된다는 원칙들에 대한 이해를 증진시킨다. 셋째, 발달정신병리학은 대표적 인구표본의 종단적 연구들이 아동 및 청소년 정신병리의 병인론과 결과를 이해하는 데 필요함을 보여 준다. 넷째, 매개나 중재변인을 통한 인과성 모델을 이해하게 한다.

일찍이 Benjamin Franklin은 “적은 돈으로 예방에 투자하는 것은 큰돈으로 치료에 투자하는 것만큼의 가치가 있다(An ounce of prevention is worth a pound of cure).”고 주장하였다. 그러나 우리사회에서 상대적으로 예방에 대한 관심이 부족했던 이유로 ① 각 환자가 현재 갖고 있는 결손을 치료하는 데에만 주로 관심이 있었고, ② 인간은 괴로움이나 상실을 어느 정도 그냥 수용해야 하며 심지어 필연적이라고 보기도 하며, ③ 예방의 가치를 입증하는 것이 부족하다는 비판을 들 수 있다(DiLillo & Peterson, 2006, p. 974). 그러나 예방의 효율성 및 효과성에 대한 사회적 관심이 증대함에 따라, 현대 사회에서 예방중심의 건강관리가 강조되고 있다. 이 장에서는 예방 및 효과적 가족기반 예방프로그램의 특성을 알아보고 예방프로그램의 실제를 살펴보고자 한다.

1 예방의 특성

1) 예방의 분류

전통적으로 예방의 개념으로 Caplan(1964)의 모형이 널리 인용되고 있다. Caplan(1964, pp. 16-17)은 예방정신의학(preventive psychiatry)이라는 용어를 사용하며, 예방프로그램을 1차예방(primary prevention), 2차예방(secondary prevention), 3차예방(tertiary prevention)으로 분류하였다. 1차예방은 지역사회의 모든 유형의 정신질환의 발생을 사전에 감소시키려는 노력을 의미한다. 예방접종이나 위생관리가 1차예방에 속한다. 2차예방은 발생하는 질환의 유병률을 낮춤으로써 질환에 기인한 장애율(disability rate)을 감소시키는 데 목적이 있다. 유병률의 감소는 2가지 방법으로 이루어질 수 있는데, 첫째, 질환을 초래하는 요인들을 변화시켜 새로운 사례의 비율을 감소시키거나, 둘째, 조기 진단과 효과적 치료로 이미 있는 사례의 기간을 단축시킴으로써 이미 있는 사례의 비율을 감소시킬 수 있다(Caplan, 1964, p. 89). 선별검사가 2차예방에 속한다. 3차예방은 이미 있는 정신질환에서 비롯되는 손상을 감소시키는 데 목적이 있고, 정신질환이 있는 환자들이 가능한 한 빨리 본래의 생산적 역량을 복구할 수 있게 하는 대규모 재활(large-scale rehabilitation)이다(Caplan, 1964, p. 113). 그러나 이러한 분류의 문제점으로 증상의 빈도나 심각도가 연속선상에서 일어날 때에는 장애의 역치를 확인하는 것이 어렵거나, 임의적이기 때문에 장애가 있거나 없음을 구분하는 것이 모호한 점을 들 수 있다. 또한 3차예방은 이미 질병이 있는 개인들을 대상으로 하기 때문에 치료나 심리요법과 혼돈되기도 한다.

1992년 미국에서 정신장애예방에 대한 Institute of Medicine(IOM) committee가 설립되었고, 1994년 IOM committee는 605쪽에 달하는 보고서를 발간하였다. 보고서는 3부로 조직되어서, 1부는 정신건강분야에서 예방에 대한 새로운 정의가 필요함을 설명하고, 2부에서는 정신건강 예방분야에 정보를 줄 수 있는 지식출처로서 신체질환 예방에 대한 연구, 정신장애 치료에 대한 연구, 행동 및 생물학적 핵심과학의 공헌을 강조하였으며, 3부에서는 예방중재 연구의 안건을 제시하였다(Munoz, Mrazek, & Haggerty, 1996).

근래에 빈번하게 사용되는 예방의 분류로 Gordon(1983)의 분류를 활용하여 IOM보고서에서 제시한 분류를 들 수 있다. 정신건강과 물질남용분야로 예방의 의미를 확장시키면서, IOM보고서는 예방이라는 용어를 장애의 발병 이전에 발생하는 개입으로 적용하였다(Ialongo et al., 2006, p. 976). **보편적 예방개입**(universal preventive intervention)은 개인이 처한 위험정도와 상관없이 특정인구집단의 모든 구성원에게 실시한다. 보편적 개입의 장점으로 꼬리표 붙이기나 낙인(labeling or stigmatization)을 피할 수 있고, 비교적 높은 참여율과 낮은 탈락률을 들 수 있으나, 회기에 학생들이 더 많고 집단리더와 참여자 간의 개인적 접촉이 적어서 개인에게 낮은 만족도를 초래하고 전반적 효과크기가 작을 수 있는 단점이 있다. 보편적 예방개입은 때로는 불필요하게 비싸고, 위험이 가장 적은 개인들에게 가장 큰 효과가 있어 고위험군과 저위험군간의 격차를 증가시키기도 한다. 예를 들어, 보편적 예방개입으로 산전관리와 예방접종을 하거나, 전체 중학생을 대상으로 학교폭력예방프로그램을 실시할 수 있다.

선택적 예방개입(selective preventive intervention)은 나중에 어떤 장애를 보일 위

험이 상대적으로 높은 특정집단의 구성원에게 실시한다. 장애를 발달시킬 위험이 상대적으로 높은 개인들을 대상으로 하므로, 일반적으로 더 비용효율적이고 효과크기가 크게 나타날 수 있다. 선택적 예방개입의 예로서 고위험군 영아를 대상으로 한 가정방문 프로그램이나 부모가 이혼한 초등학교 고학년학생들을 대상으로 한 '새로운 시작 프로그램'(New beginnings program; Wolchik et al., 2002)을 들 수 있다. 다른 예로 불안장애가 있는 부모를 둔 7~12세 사이에 있는 학령기 자녀의 불안장애의 발병을 예방하고 불안증상을 감소시키기 위한 선택적 예방개입 프로그램을 들 수 있다. Ginsburg(2009)는 매 회기가 60분으로 구성된 6~8회기와 2번의 추후회기로 구성된 '대처 및 강점향상 프로그램'(Coping and promoting strength program)을 실시한 결과, 1년 후 추수검사에서 프로그램에 참여한 집단에서는 불안장애가 나타나지 않았고 부모의 만족도가 높았던 반면 대기자명단 통제집단에서는 30%의 아동들이 불안장애를 나타내었다고 보고하였다.

지시적 예방개입(또는 집중적 예방개입; indicated preventive intervention)은 약간의 임상적인 장애 증상이나 신호를 나타내지만 임상적으로 장애로 진단받을 만큼의 진단기준을 충족시키지 않는 개인들을 대상으로 한다. 지시적 예방개입의 예로서 저소득층 도심에 거주하며 행동문제를 나타내는 유치원생을 대상으로 한 '몬트리올 예방실험'(Montreal prevention experiment; Tremblay, Pagani-Kurtz, Mâsse, Vitaro, & Pihl, 1995)이나 우울증상을 측정하는 질문지인 역학연구용 우울척도(CES-D)에서 24점 이상을 나타낸 9학년과 10학년 학생을 대상으로 인지치료적 집단회기를 실시한 '스트레스 대처 프로그램'(Coping with stress program; Clarke et al., 1995)을 들 수 있다. 선택적 및 지시적 예방개입은 낙인을 고려해야하는데, 지시적 예방개입은 낙인을 더 크게 인식하게 만들 수 있어서 참여하는 것이 거북하거나 흠이 잡히거나 놀림을 받는 것과 관련될 수 있다(Wolfe, Dozois, Fisman, & DePace, 2008). 선택적 및 지시적 예방개입은 프로그램 접근성도 고려해야 하는데, 이러한 프로그램들은 전형적으로 수업 중 나오거나, 방과 전후, 학교 외 장소에서 시행되기 때문이다(Wolfe, Dozois, Fisman, & DePace, 2008). 때로는 선택적 및 지시적 예방개입에서 대상을 선별하는 것이 어려울 수 있고, 단순히 선별검사를 실시하는 것만으로는 가장 높은 위험군에 속한 개인들을 변별하기 어려울 수 있다. 〈표 12-1〉은 예방과 치료프로그램 유형에 따른 대상과 예를 보여 준다.

원래의 1차, 2차, 3차 예방분류와 보편적, 선택적, 지시적 예방분류는 유사점이 많으나, 분명한 차이가 있다. 1차와 보편적 예방은 상당히 유사하나, 2차와 선택적 예방은 서로 대체될 수 없으며, 3차예방과 치료는 지시적 예방과 혼돈하면 안 되는데, 지시적 예방은 현존하는 상태의 치료보다는 어떤 질병을 발달시킬 확률에 기초하기 때문이다(Ialongo et al., 2006, p. 976).

표 12-1 예방과 치료프로그램 유형에 따른 대상과 실제적 예

프로그램 유형		대상
예방	보편적 예방	• 일반 인구집단 • 예: 건강에 관한 포괄적 학교교육과정 –불안이나 섭식장애의 경우: 일반아동 및 청소년
	선택적 예방	• 취약한 사람 • 예: 이혼한 가정이나 정신장애가 있는 부모를 둔 가정의 아동을 대상으로 실시하는 프로그램 –불안장애의 경우: 불안한 부모의 자녀, 아동학대나 외상피해자 –섭식장애의 경우: 발레무용가, 운동선수, 패션모델집단
	지시적 예방	• 증상이 있는 사람 • 예: 진단받지는 않았으나 심리적 및 교육적 측면에서 결손을 보이는 아동들을 대상으로 한 프로그램 –불안장애의 경우: 불안증상을 보이지만 진단기준을 충족시키지 않는 아동 –섭식장애의 경우: 하위임상수준에서 건강하지 못한 식사행동을 보이는 여자청소년
치료/심리요법		진단받은 환자
재발방지		관해상태(remission)인 환자
유지요법		회복된 환자

우울증을 예로 들어 3가지 예방적 개입을 비교하면, 보편적 개입은 학교에서 대집단발표를 통하여 심리사회적 또는 대인관계적 요인들에 대하여 모든 학생에게 실시할 수 있다. 선택적 개입은 부모의 사망, 이혼, 우울증, 알코올 중독과 같은 가족요인이나 빈곤과 같은 환경요인, 부정적 인지양식과 같은 개인적 요인으로 우울장애를 발달시킬 가능성이 높은 위험군을 대상으로 실시할 수 있다. 지시적 개입은 우울증의 선별절차에서 이미 높은 우울증상을 보인 청소년들을 대상으로 실시할 수 있다. Wolfe, Dozois, Fisman과 DePace(2008)는 여자청소년의 우울증을 예방하는 프로그램을 기술하면서, 일반적으로 고위험군 청소년에게 비용효과적인 개입을 실행하고 저비용 고효율로 유지하는 것이 목적일 경우 선택적 및 지시적 방법이 선호되며, 학급상황에서 많은 수의 청소년에게 실행하는 것이 목적일 경우 보편적 방법이 필요하다고 주장하였다.

1994년 IOM보고서에 의하면 예방(prevention)에 비교하여, 치료(treatment)는 장애의 발병 이후에 일어나고, 유지(maintenance)는 급성임상단계 이후에 장애의 재발을 감소시키는 것이다. 15년 후에 발간된 2009년 IOM보고서는 4번째 요소로 긍정적인 정신건강의 증진(promotion)을 포함하였는데, 증진은 연령에 적합한 과제를 수행하는 능력, 숙달함이나 통제력을 갖는 능력, 역경을 다루는 개인의 능력을 강화하는 것을 포함한다(Munoz, Beardslee, & Leykin, 2012[그림 12-1]). 정신건강의 증진 또는 긍정발달의 전략은 강점을 향상시키고 긍정발달을 위한 기대치를 증가시키는 데 그 목적이 있다. 이러한 건강증진 프로그램의 예로, 돌봄 지역사회(caring community)를 육성하기 위하여 학교-가정 연계과정을 시행하거나 부모교육이나 교사훈련을 강조하는 아동발달 프로그램을 들 수 있다. 예방은 행동적 건강 연속체의 한 부분으로 볼 수 있는데, 약물남용 및 정신질환과 관련하여 [그림 12-1]에 제시된 모델의 요소들을 다음과 같이 설명할 수 있다(Substance Abuse and Mental Health Service Administration: SAMHSA, 2015).

• 증진: 증진전략은 행동적 건강 및 도전을 견뎌내는 개인의 능력을 지원하는

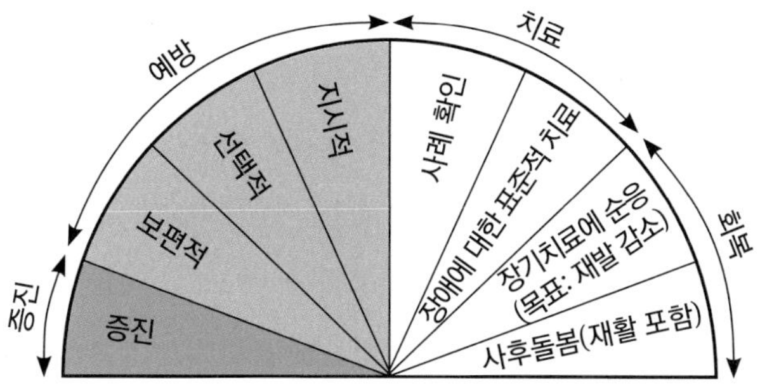

그림 12-1 돌봄의 연속체

출처: "Continum of Care," by SAMHSA, Prevention of substance abase and mental illness. https://www.samhsa.gov/prevention에서 인출하여 번역.

환경 및 조건을 창조하도록 한다. 또한 증진전략은 행동건강서비스의 전체 연속체를 강화한다.

- 예방: 장애가 발생하기 전에 시행되고, 이러한 개입은 미성년자의 알코올사용, 처방약의 오용 및 남용, 불법약물사용과 같은 행동적 건강문제를 발달시킬 위험을 예방하거나 감소시키고자 한다.
- 치료: 약물사용 또는 다른 행동적 건강장애로 진단받은 사람들을 위한 서비스이다.
- 회복: 개인이 지역사회에서 생산적 삶을 사는 능력을 지지하는 서비스이며, 종종 금단하도록 도울 수 있다.

2) 예방의 효과

예방은 임상적으로 진단할 수 있는 장애가 처음 발생하기 전에 시행하는 개입(intervention)이다(Munoz, Mrazek, & Haggerty, 1996; p. 1118). 치료적 개입이 진단기준을 통하여 확인된 환자의 정신장애의 삽화를 완화 또는 제거하거나 재발을 지연시키는 것으로 본다면, 예방은 아직 진단기준을 충족시키지 않은 사람들 중에서 정신장애의 발생을 예방하거나 최소한 지연시키는 목적을 두고 있다. 예방은 정신장애가 개인, 가족, 사회에 미치는 영향을 감소시키는 데 있다. 연구자(예: Coie et al., 1993)에 따라서는 과학으로서의 예방을 강조하여 예방과학(prevention science)이라는 용어를 사용할 것을 제안하는데, 예방과학의 목적은 인간의 주요 기능부전을 예방하고 조절하는 것이다. 예방은 궁극적으로 사회적 비용을 절감하는데 효과적이다. 2009년 발간된 IOM보고서에 따르면, 중독 및 정신건강프로그램을 위한 예방 및 초기치료의 비용편익비율(cost-benefit ratios)은 1:2에서 1:10에 이른다고 추정하였다. 즉, 예방 및 초기치료에 1달러가 사용되면 건강비용, 범죄 사법비용, 교육비용, 생산성 상실로 사용되는 2달러에서 10달러의 비용을 절감할 수 있다.

예방이 강조되는 것은 임상적인 식별과 치료만으로는 정신장애로 고통받는 아동의 수를 크게 감소시키기 어려울 때가 있기 때문이다. 그러한 제약이 생기게 되는 몇 가지 이유가 있는데, 첫째, 임상적으로 중요한 정신장애를 가진 아동의 수는 평가하고 치료할 수 있는 임상서비스의 능력을 훨씬 초과하기 때문이다. 둘째, 치료순응도(compliance)는 다루기 어려운 문제로, 아동의 정신장애로 치료를 시작한 가족의 40~60%는 미숙한 상태로 치료를 철회하며, 정서행동장애의 고위험군 아동의 부모는 부모훈련프로그램에 정작 등록하지 않기 때문이다. 셋째, 부모가 도움을 요청하는 시점과 실제로 치료를 받는 시점과는 상당한 시간간격이 있기 때문이다. 넷째, 많은 장애의 경우 효과적 치료에 대한 증거가 부족한 실정이다(Offord & Bennett, 2002, p. 881). 이러한 아동치료의 한계 및 제약을 고려할 때 예방의 중요성이 강조되어야 한다.

Beardslee와 Gladstone(2001)은 아동기 우울증의 예방에 대하여 기술하면서 IOM보고서에서 유래한 예방개입을 개발하는 순서를 재진술하여, 성공적 예방개입개발을 위한 5가지 순서를 제시하였다(그림 12-2). 구체적으로 기술하면, 첫 번째 단계에서는 해당장애와 연관된 위험요인과 보호요인을 확인하고, 두 번째 단계에서는 개입을 통해 개정 가능한 위험요인이 목표로 하는 결과를 어느 정도 변화시키는지 이해한다. 세 번째 단계에서는 확인된 위험요인을 감소시키고 해당

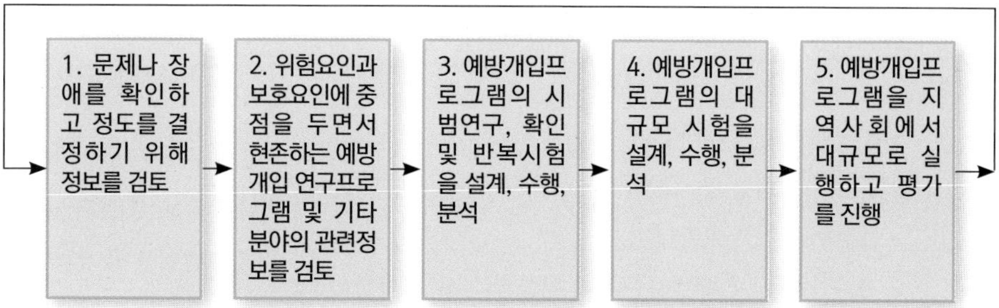

그림 12-2 성공적 예방개입을 발달시키기 위한 표준순서

출처: "Standard Sequence for the Development of Successful Preveatire Intervention," by W. R. Beardslee and T. R. G. Gladstone, 2001, *Biological Psychiatry, 49*, p. 1102.

장애를 개선하기 위한 시범연구와 유효성 시험(efficacy trials)을 시작한다. 네 번째 단계에서는 여러 장소나 실생활에 개입을 적용하기 위한 효과성 시험(effectiveness trials)을 수행하고, 다섯 번째 단계에서는 예방전략을 대규모 공중보건 캠페인과 기타 프로그램 주도운동(programmatic initiatives)으로 실행한다.

예방프로그램이 얼마나 잘 수행되었는가를 평가하기 위하여, 영향력을 분석할 수 있다. 개입의 효율성에 대한 근거를 찾는 방법으로써 메타분석은 개별 연구들을 통합한 후 통계적 기법을 사용하여 평균적인 영향력 추정치를 산출한다. 메타분석의 결과인 효과의 크기는 다양한 상황의 상이한 표집에서 중재 영향력의 크기를 파악하게 하는데, 그러나 통계적으로 작은 효과이더라도 결과나 위험요인이 널리 보급되거나(예: 부모의 이혼) 매우 불행한 경우(예: 자살)에는 공중보건에 주요한 영향을 끼칠 수 있다(Weisz, Sandler, Durlak, & Anton, 2005). 선행연구에서 177개의 보편적 예방연구에 대한 메타분석의 평균효과는 프로그램의 유형이나 표적인구집단에 따라서 0.24에서 0.93의 범위를 보였고, 130개의 지시적 예방연구를 검토한 결과 평균효과는 0.50대인 것으로 밝혀졌다(Weisz, Sandler, Durlak, & Anton, 2005). 장애유형에 따라 예방프로그램의 효과를 분석하기도 하는데, 아동 및 청소년의 불안예방프로그램의 효과에 대한 메타분석적 고찰에서 사후프로그램에 대한 가중 평균 효과크기는 0.18이었으나, 추수검사에 대한 효과크기는

표 12-2 프로그램 개발을 위한 매개접근의 단계들

단계	세부사항	주요내용
1	• 측정결과를 정의내린다. • 결과의 역학을 조사한다. • 고위험군을 확인한다. • 결과가 어떻게 발생하는지에 대한 이론을 개발한다.	기초연구를 통하여 프로그램효과와 관련된 매개 및 중재변인을 규명한다.
2	• 결과가 어떻게 발생하는지에 대한 개념적 이론을 확인한다. • 이론이나 경험적 연구를 통하여 결과변인의 상관요인들을 확인한다. • 결과와 관련된 것에 대한 선행문헌들을 검토한다. • 후보매개자명단 및 매개자와 결과 간의 관계에 대한 효과크기를 포함하는 개념적 이론 효과크기 표를 작성한다. 이상적으로는 결과발생의 기전이 매개과정에 대한 상이한 예측을 하게 하는 2개 이상의 이론을 확인한다.	프로젝트의 실천행동과 개념적 이론을 상술한다.
3	• 매개자를 영향미치는 실천행동과 연결시킨다. 해당 결과를 변화시키려고 했던 연구들의 프로그램 요소들을 확인한다. 자원이 활용가능하면, 매개자를 변화시키는 것이 적당한가? • 실천행동이론 표를 작성하여, 각 매개자를 변화시킬 실천행동을 나열한다.	
4	• 프로그램이 소집단에 미치는 가능한 조절효과를 연구한다. 행동과 개념이론에 가장 합당한 소집단이 있는가? 기저선 측정에서 매개자에 대하여 가장 낮거나 높은 사람들에게 프로그램 효과가 가장 클 가능성을 고려한다.	프로그램이 소집단에 따라 상이한 효과를 나타내는지 여부에 대한 조절자를 기술한다.
5	• 프로그램과 변인측정의 적절한 시행을 기록하고 확인함으로써, 개입의 성공확률이 높아지도록 설계한다.	프로그램을 시행한다.

6	• 연구를 수행하고 프로그램의 실천행동과 개념적 이론을 평가한다.	통계적 매개분석을 한다.
7	• 효과적 요소를 선택하고 새로운 요소를 추가시킴으로써 연구를 반복하고 프로그램을 개선한다.	비효과적이거나 상반된 요소를 삭제하고 성공적 요소를 향상시킴으로써 프로그램을 개선시킨다.
8	• 프로그램이 작용하였던 기전을 보다 분명하게 이해하기 위하여 피험자가 매개변인의 수준에 무선할당되도록 연구를 설계한다.	매개자에 대한 더욱 상세한 연구를 수행한다.

출처: *Introduction to Statistical Mediation Analysis* (pp. 42-43). by D. P. Mackinnon, 2008, New York, NY: Lawrence Erlbaum Associates.

일관적이지 않아서 프로그램 제공자의 특성이나 FRIENDS프로그램의 사용여부가 조절변인으로 작용하였다(Fisak, Richard, & Mann, 2011). 일반청소년들을 대상으로 1995년에서 2006년까지 발표된 자료들을 중심으로 가족개입이 청소년의 알코올사용에 미치는 효과를 메타분석한 결과, 작지만 유의한 효과가 나타났다(Smit, Verdurmen, Monshouwer, & Smit, 2008).

예방 및 치료프로그램을 개발하는 데 매개접근을 활용할 수 있다. MacKinnon(2008)은 프로그램의 개발을 위한 매개접근을 8단계로 구분하여 기술하였다(pp. 41-43). 〈표 12-2〉는 MacKinnon(2008)이 제시한 프로그램 개발을 위한 매개접근의 단계들을 보여 준다.

2 효과적 가족기반 예방프로그램의 특성

일찍이 Alvarado와 Kumpfer(1998)는 효과적 가족중심(family-focused) 프로그램

표 12-3 아동 및 청소년, 가족을 중심으로 효과적 예방프로그램을 위한 11가지 원칙

범주	원칙	설명
1. 프로그램 설계 및 내용	이론에 근거함	• 프로그램 요소(예: 활동, 내용)는 이론에 근거함. -예: 물질사용, 비행, 학교에서의 낙오, 아동 학대를 예방하는 가족프로그램(Families and Schools Together: FAST)은 가족스트레스이론, 가족체계이론, 사회생태학적 이론에 근거함 • 논리적 이론에 근거하여 프로그램 활동이 결과에 어떻게 연관되는지를 기술하게 함
	시간과 강도가 충분함	• 변화를 산출하고 유지하도록 시간과 강도가 적절해야 함. 예: 일반 인구집단이 대상인 보편적 예방프로그램(Strengthening Families for Parents and Youth 10-14; SFP 10-14)은 7주의 회기로 구성되나, 유사한 내용의 가족프로그램(Strengthening Families Program)은 고위험군 가족이 대상이므로 14주의 회기로 구성되어 2배의 회기로 운영됨
	프로그램이 포괄적임	• 개인이나 가족기능에 영향을 미치는 요인들이 많으므로 다양한 위험요인과 보호요인들을 다루는 다요소(multicomponent) 예방프로그램이어야 함
	적극적인 학습기술의 사용	• 단순히 정보를 제공하는 것이 아니라 적극적이고 다양한 교수방법을 통하여 참여자가 새로운 기술을 학습하고 연습하게 함
2. 프로그램의 관련성	발달적으로 적절함	• 예방프로그램은 개인의 발달수준에 적절해야 함
	시기가 적절함	• 가족이 크게 변화하려고 할 때 이용하도록 적절한 시기이어야 함. -예: 부모가 이혼하거나 별거하는 시기에, 예방프로그램(예: Children in the Middle)은 부모와 아동을 위한 교육 및 기술획득에 초점을 둠

	사회문화적으로 관련됨	• 참여자에게 사회적 · 문화적으로 적합한 언어와 내용이며, 프로그램은 참여자의 문화적 경험을 반영함. – 예: 예방프로그램(Effective Black Parenting Program)은 부모의 긍정적 양육과 건강한 가족기능을 증진시키기 위하여 아프리카계 가족에 대한 역사적 현대적 조망을 고려하며, 아프리카계 미국인 전문가가 프로그램을 가르침
3. 프로그램 시행	자격을 갖춘, 훈련받은, 지지적인 직원들이(staff members) 전달함	• 프로그램의 효과는 직원의 경험, 자신감, 훈련, 헌신과 관계됨
	좋은 관계 증진에 초점을 둠	• 참여자와 직원간의 안전하고 신뢰로운 관계증진이 중요함
4. 프로그램의 사정(assessment) 및 품질 인증	잘 기록함	• 프로그램이 제대로 기록되지 않은 경우, 다른 사람들이 시행하거나 반복할 수 없음. 상세한 시행 매뉴얼이 필요함
	평가하고 재조정함	• 프로그램을 모니터하고 평가하는 직원과 행정가가 필요함. 평가를 통하여 프로그램이 제대로 시행되었는지, 참여자에게 어떤 효과가 있었는지, 어떻게 효과를 산출하였는지 파악할 수 있음

출처: "Evidence-based Program Improvement: Using Principles of Effectiveness to Enhance the Quality and Impact of Family-based Prevention Programs," by S. A. Cooney, and C. O' Connor, 2009, *Family Relations, 58*, pp. 1–13.

의 특징으로 볼 수 있는 일련의 원칙들을 제시하였다. 그러한 원칙의 예로, 아동 또는 부모만을 대상으로 하기보다는 가족을 중심으로 하며, 단기적보다는 장기적이고, 가족역동성의 변화를 견고하게 하기 위하여 프로그램의 시간과 강도가 충분하여야 한다. 또한 프로그램의 내용을 구성하거나 참여자를 모집할 때 문화적 전통을 고려하며, 아동 및 청소년에게 발달적으로 적합하여야 하고, 장기적으로 가족역동성과 환경에서의 변화를 산출하며, 가능한 한 발달초기에 시작되어야 하고, 프로그램의 요소로 가족관계, 의사소통, 부모 모니터링 등을 다루고, 시각자료를 활용하며, 훈련자(trainer)의 특성과 효율성을 강조한다(Alvarado & Kumpfer, 1998, pp. 7-10). 효율적 훈련자는 의사소통기술, 온정과 공감, 가족과 집단과정에 대한 민감성, 가족을 돌보고 염려하는 헌신, 융통성, 유머, 진실성을 지니며, 개방적이고 공유적이고, 부모나 보육제공자로서의 개인적 경험들을 겸비할 수 있다(Alvarado & Kumpfer, 1998, p. 10).

Small, Cooney와 O'Connor(2009)는 아동 및 청소년, 가족을 중심으로 효과적 예방프로그램을 위한 11가지 원칙을 4가지 범주의 프로그램 측면으로 구분하여 제시하였다. 〈표 12-3〉는 Small, Cooney와 O'Connor (2009)가 제시한 원칙들을 표를 사용하여 요약정리한 것이다.

3 가족기반 예방프로그램의 실제

1) 우울장애 관련 예방프로그램

Munoz, Beardslee와 Leykin(2012)는 주요우울증을 예방할 수 있다고 주장하면서, 무작위 대조시험(randomized controlled trials)이 주요우울삽화 발생률을 감소시켰고 메타분석에 따르면 22~38%의 주요우울삽화는 현행 방법으로 예방될 수 있다고 강조하였다. Munoz와 동료들(2012)은 문헌조사와 1994년과 2009년 IOM보고서에 근거하여 우울증 예방에 대하여 향후 10년간 해야 할 로드맵을 〈표 12-4〉와 같이 제시하였다.

표 12-4 우울증 예방에 대하여 향후 10년간 해야 할 로드맵

출발점: 과학의 상태, 2012
• 고위험군의 개인들을 판별하는 것
• 발생률을 낮추는 것
예정된 목적지: 향후 10년 우리가 성취해야 할 것
• 장기 목적들
– 고위험군의 개인들을 판별하는 능력을 증진하는 것
– 발생률을 낮추는 능력을 증진하는 것
– 예방효과의 기간을 증가시키는 것
– 우울증의 비용을 측정하는 것
– 미래에 대한 비전
• 단기 목적들
– 발생률을 낮춘다고 입증된 개입접근을 실행하는 것
– 효과가 있다고 점차 밝혀지는 개입을 실행하고 검증하는 것
– 증상을 완화시키지만 아직 대규모 시험을 통해 우울증 발생률을 낮추는지 검증하지는 못한 개입을 실행하는 것
– 양육적 환경육성에 중점을 둔 개입을 실행하는 것
– 사회적 기반(infrastructure)과 재원(funding)을 개발하는 것

출처: "Road Map for the Next Decade of Work on the Prevention of Depression," by R. F. Munõz, W. R. Beardslee, and Y. Leykin, 2012, *American Psychologist, 67*, p. 292.

Shelli Avenevoli와 Kathleen Merikangas(2006)는 물질사용 및 정동장애의 동반이환에 대한 예일 고위험군 가족연구(Yale high-risk study of comorbidity of substance use and affective disorders)를 통하여 우울증의 예방에 대한 함의를 도출하였는데, 구체적으로 가족기반(family-based)프로그램을 지지하면서, 아동 및 부모특성, 가족 및 사회적 맥락을 고려하여 다측면적인 예방적 접근이 필요하며, 예방은 가족력의 위험을 매개하거나 중재한다고 밝혀진 요인들에 초점을 두어야 한다고 기술하였다.

표 12-5 희망, 의미, 그리고 연속성: 부모가 우울증에 직면할 때 가족을 도와주는 프로그램

회기	핵심내용	세부내용
1	소개, 가족사, 동의	a. 개입을 구성하는 것 b. 병력사 얻기 c. 가족의 주요관심사 확인과 개입의 목적을 규정 d. 치료적 동맹, 중재의 협력적 성질, 가족경험에 대한 감정이입 관점을 설립 e. 치료사와 이야기하는 허가를 얻음
2	질병경험과 심리교육	a. 이전 회기의 검토 b. 배우자의 질병에 대하여 질병이 없는 부모의 관점 c. 인지, 심리교육적 요소 d. 아동의 기능에 대한 부모의 견해
3	아동과의 만남	a. 부모의 생각과 지침을 염두에 두고, 개입의 목적을 아동이 이해할 수 있는 개념수준으로 설명함 b. 학교, 외부활동, 또래와 가족관계에서의 아동의 기능을 측정 c. 부모의 질병에 대한 이해정도를 측정 d. 가족모임에서 논의될 우려와 질문을 유도해냄
4	가족모임을 계획하는 것	a. 아동기능에 대한 느낌을 검토함 b. 아동이 논의하기 원하는 어떤 질문이라도 논의함 c. 부모와 함께 가족미팅의 형식을 계획함
5	가족모임	a. 정보검토와 자료제공 b. 토론을 촉진시킴
6	검토와 미래의 계획	a. 가족모임의 검토 b. 명료화가 필요한 정보를 검토 c. 가족이 계속할 수 있는 과정의 시작으로서 개입의 중요성을 강조함 d. 언제든지 자문과 의뢰를 할 수 있는 개입자가 가능한지 기록 e. 부모가 개입의 목적과 성과를 긍정적 측면을 강조하여 검토하는 데 참여하게 함 f. 아직 성취되지 못한 것과 가족모임에서 나타난 어떤 우려라도 다루게끔 검토함

7	개입의 핵심의미를 강화함	a. 가족이 상담자를 자원으로 사용하게끔 강화함 b. 가족의 질병경험을 특히 강조하면서, 심리교육적 자료를 검토하고 강화함 c. 마지막 모임 이후 가족의 기능을 측정함 d. 개입에 참여한 것이 가족을 도와주었는지 여부와 어떻게 도와주었는지 물어봄 e. 질문과 우려를 다룸

출처: Beardslee와 동료들이 개발한 개입매뉴얼에서 발췌 · 요약함(p. 48, pp. 63-65).

위험군 청소년들을 위한 선별적 예방프로그램으로는 우울한 부모를 둔 자녀를 대상으로 한 예방프로그램이 있다. Beardslee와 동료들은 정동장애가 있는 부모를 둔 8~15세의 아동을 대상으로 임상가가 실시하는 인지 사회교육적 프로그램과 강의중심의 인지 사회교육적 프로그램을 비교하였는데, 임상가가 실시하는 프로그램은 만족도가 더 높고 긍정적인 변화를 가져왔으며 3년에 걸쳐 유지되었다(Beardslee et al., 1992; Beardslee, Wright, Rothberg, Salt, & Versage, 1996). 〈표 12-5〉는 우울증을 경험하는 부모와 자녀들을 위하여 개발된 대표적 선택적 예방프로그램의 하나로 효과가 있었던 프로그램의 내용을 소개한다. '희망, 의미, 그리고 연속성: 부모가 우울증에 직면할 때 가족을 도와주는 프로그램'은 Beardslee와 동료들이 개발한 가족에 근거한 심리교육적 프로그램으로, 탄력성을 증진시키는 특성을 찾아내고 향상시키는 데 주요목적이 있다. 이 프로그램은 우울증을 경험하는 부모의 자녀를 대상으로 하는 선택적 예방프로그램으로, 프로그램의 목적으로 ① 부모에게 우울증과 아동의 위험요인과 탄력성에 대하여 알려줌, ② 가족이 탄력성을 이해하고 아동의 탄력성을 격려하도록 도와줌, ③ 가족이 아동의 현재 욕구를 인식하고, 어려움이 생길 때 도움을 받는 방법을 알도록 도와줌, ④ 가족이 미래를 계획하도록 도와줌, ⑤ 시간이 지나면서, 가족이 질환과 관련된 어려움에 대하여 대화하는 새로운 전략을 개발하도록 도와줌, ⑥ 질환에 대한 새로운 행동과 태도를 개발함, ⑦ 탄력성과 의사소통을 향상시키도록 새로운 기본 대처과정을 개발할 것을 강조한다.

이후에 Beardslee와 동료들은 최소한 부모 한쪽이 정동장애가 있고 아동이 7~12세인 가족을 대상으로 비디오 형식인 가족 우울증 프로그램(Family Depression Program)을 개발하였고, 기분장애가 있는 자녀를 대상으로 한 심리교육적 개입의 대규모 효율성 검증을 실시한 결과 아동은 부모의 기분장애를 더 잘 이해하고, 적응적으로 더 잘 기능하고, 내면화 증상이 감소되었으며, 부모는 아동의 행동을 더 잘 관리하고, 아동과 더 잘 의사소통하며, 아동의 경험에 대하여 이해가 증진되었고 아동의 정서에 더 큰 반응성을 나타내게 하였다(Beardslee, Gladstone, Wright, & Cooper, 2003). Beardslee와 Sandler를 주축으로 한 연구팀은 부모우울증과 관련된 예방프로그램을 '강한 가족 유지하기'(The Keeping Families Strong: KFS)로 발전시켰는데, 이 프로그램은 어머니의 우울증에 직면하여 아동과 가족의 탄력성을 향상시키기 위하여 가족에 근거한 프로그램이다. 프로그램은 3가족에서 5가족의 다가족 집단형식으로 운영되는데, 10세 이상인 자녀와 부모는 1번의 가족모임을 포함하는 각 회기당 90분인 10번의 회기와 매월 열리는 2번에 걸친 추후회기에 참석하며, 경험많은 임상가 2명이 각 아동집단과 부모집단을 이끌어간다(Riley et al., 2008). 이러한 '강한 가족 유지하기' 예방프로그램은 문화적 차이를 고려하여 내용이 개정되어 실시되기도 하는데, 한 예로 라틴계 가족들을 대상으로 Fortalezas Familiares(FF; Family Strengths)라는 지역사회 프로그램을 실시한 결과 어머니의 우울증상이 감소한 반면 사회적 지지 및 가족기능은 증가하였다. 라틴계 가족을 위한 이 프로그램은 기존의 '강한 가족 유지하기' 예방프로그램의 내용 이외에도 문화적응 및 이민 스트레스가 가족생활에 미치는 영향을 이해하고, 부모가 아동의 가정 밖의 활동에 관여하고 모니터하는 것의 중요성을 이해하고, 아동의 대처양식을 강화시키는 방법을 이해를 증진시키는 데 목적을 두고 실시되었다(Valdez, Abegglen, & Hauser, 2012).

2) 품행 및 물질장애 관련 예방프로그램

소수민족을 대상으로 품행문제, 물질사용 및 물질문제, 우울증상을 감소시키는 가족중심 예방프로그램은 효과가 입증되었다. 예를 들어, Brody와 동료들(2012)은 시골지역의 아프리카계 청소년과 가족에게 '강한 아프리카계 미국인 가족-십대'(The Strong African American Families-Teen: SAAF-T)라는 5회기로 구성된 가족기반 예방적 개입을 실시한 결과, 프로그램 참여집단은 사전검사부터 22개월 후에 실시된 추수검사까지의 기간에 걸쳐 품행문제와 약물사용 및 약물문제의 빈도가 통제집단에 비교하여 32~47%까지 감소하였다. 이 프로그램의 각 회기에서 첫 1시간은 청소년과 양육자가 각각 기술육성(skill-building) 교육과정에 참여하고, 이후 1시간은 청소년과 양육자가 개별회기에서 배운 기술을 실제로 연습하는 가족교육과정으로 구성되어 있는데, 프로그램은 5회기로 총 10시간에 걸쳐 집단으로 실시되었다.

Triple P 긍정적 부모양육프로그램(Triple P-Positive Parenting Program; Sanders, 1999, 2012)은 호주에서 Sanders와 동료들이 개발한 공중보건 양육 및 가족지원전략인데, 사회학습이론과 행동, 인지, 정동변화의 원칙에 근거하며, 부모의 지식, 기술, 자신감을 향상시켜 아동 및 청소년의 심각한 행동적, 정서적, 발달적 문제를 예방하는 데 목적이 있다. 부모대상 Triple P의 중심목적은 부모로 하여금 자기조절 역량을 발달시키게 하는 것이며, 이를 위해 독립적인 문제해결자가 되는 기술을 부모에게 가르친다(Sanders, 2007, p. 209). 0~16세의 자녀를 둔 부모의 강점을 증진시키는 5단계의 개입을 포괄하는데, 문제의 심각도에 따라 단계를 구분한 다단계치료이다. 1단계는 보편적(universal) 예방프로그램으로 긍정적 양육에 대한 미디어와 의사소통전략을 통하여 일반대중에게 부모양육정보를 배포한다. 2단계는 선택적(selective) 프로그램으로 경미한 행동문제를 염려하는 부모를 위하여 의료담당자가 간략한 1회기나 2회기를 시행하며, 3단계는 협의적 초점의 양육프로그램(narrow focus parenting program)으로 일차의료진이 4회기를 통하여 자녀의 중간정도의 행동문제를 다루는 양육기술을 가르치고, 4단계는 광의적 초점의 양육프로그램(broad focus parenting program)으로 정신건강담당자가 12회기까지 확장할 수 있는 파괴적 행동에 대한 부모훈련프로그램이며, 5단계는 집중적 가족개입(intensive family intervention)으로 정신건강담당자가 아동의 파괴적 행동뿐 아니라 가족의 스트레스원을 표적으로 가족행동개입을 실시한다. 특정한 위험요인과 보호요인과 관계된 핵심적 긍정양육원리 5가지가 프로그램의 기반을 형성하는데, 이러한 원리는, 첫째, 안전하며 참여하는 환경, 둘째, 긍정적 학습환경을 포함한다. 셋째, 주장적 훈육이 양육원리에 포함되는데, 이러한 전략의 예는 특정 상황에 대한 규칙근거를 선택하기, 아동과 함께 규칙에 대하여 논의하기, 분명하고 차분하고 연령에 맞는 지시와 요구하기, 논리적 귀결 내리기, 조용한 시간 갖기, 타임아웃 사용하기, 의도적 무시 또는 계획된 무시를 활용하기를 포함한다. 넷째, 현실적 기대, 다섯째, 부모로써 자기 자신을 돌보기가 포함된다(pp. 211-215). Triple P 프로그램은 토착민용 집단 Triple P, 과체중 및 비만아동의 부모를 위한 생활양식 Triple P, 십대 Triple P, 이혼부모를 위한 가족전이 Triple P와 같이 특별한 부모의 욕구를 충족시키기 위하여 여러 가지 파생적인 프로그램을 발전시켰다(pp. 227-228).

Fast Track(Conduct Problems Prevention Research Group, 1999a, 1999b)은 모든 아동을 대상으로 하는 보편적 서비스와 품행문제의 고위험군에 있는 아동들을 대상으로 하는 선택적 서비스 둘 다 제공하며, 아동, 학교, 가정, 지역사회를 포괄하는 통합적 예방프로그램이다. 종합적 발달모델에 근거한 이 통합모델은 초등학교 1학년에게 제공되었는데, 7개의 개입프로그램은 대안적 사고전략 증진 교육과정인 PATHS(Promoting Alternative THinking Strategies), 부모집단, 아동의 사회적 기술 훈련집단, 부모-자녀 시간공유, 가정방문, 아동 또래 짝 구성, 학업튜터링으로 구성되어 있다. 초등학교 1학년 말에 측정한 결과, 아동의 사회 · 정서 · 인지기술, 또래 상호작용 및 지위, 품행문제와 특수교육사용에서 긍정적 효과가 나타났고, 부모는 신체적 훈육을 적게 사용하고 양육만족도가 높아지고, 더 적절한 훈육 및 긍정적인 관여를 하게 되었다. 모든 아동을 대상으로 하는 보편적 예방프로그램은 57레슨으로 구성되었는데, 이 중 40%는 감정을 이해하고 소통하는 기술에 초점을 두고, 30%는 긍정적인 사회적 기술을 증진시키는 기술에 초점을 두며, 나머지 30%는 자기통제와 사회적 문제해결단계에 초점을 둔 내용이다. 보편적 사회기술프로그램도 아동의 행동에 대한 평가에서 긍정적 효과가 보고되었다.

Early Riser 품행문제예방프로그램(August, Realmuto, Hektner, & Bloomquist, 2001)은 공격적인 초등학생을 대상으로 학업유능성, 행동적 자기조절, 사회적 유능성, 부모의 아동에 대한 관여로 구성된 4가지 유능성 영역에서의 긍정적 변화를 통하여, 공격적 행동의 초기발생을 변화시키는 데 목적을 둔다. 교육과정요소는 4가지 핵심요소를 포함하는데, ① 매년 6주간의 여름학교 프로그램, ② 교사자문과 학생 멘토링 프로그램, ③ 아동의 사회적 기술 집단, ④ 부모교육 및 기술 훈련집단으로 구성된다. 가족지원요소는 교육과정요소와 협력하여 전달되는데, 독자적 가족특성을 다루는 예방사례를 관리하는 도구로써 기능을 한다. 기저선 때의 아동 평균연령은 6.6세이었으며, 2년 후 추수검사에서 프로그램에 참여했던 아동들은 통제집단의 아동들보다 학업성취 및 학교행동이 향상되었다. 개입효과는 심하게 공격적인 아동에게서 나타났으며, 참여율이 높았던 부모들의 경우 훈육방법이 향상되었다고 보고되었다. Early Riser 품행문제예방프로그램에 대한 이후의 연구들은 품행문제를 예방하는 프로그램이 연구상황에서는 효과가 있으나 현실세계에 적용될 때 부모참여가 낮다고 지적하면서, 고위험군의 부모참여를 최대화하기 위한 예방프로그램을 설계하도록 수행되었다(Bloomquist, August, Lee, Piehler, & Jensen, 2012; Bloomquist et al., 2009).

Rohde와 Andrews(2006)는 물질사용장애의 예방에 대하여 임상적 함의를 다음 4가지로 도출하였는데, 첫째, 예방은 물질사용장애가 발달되기 이전에 행해져야 한다. 둘째, 예방측면에서 물질사용은 청소년 뿐 아니라 청소년과 또래집단, 가족, 지역사회와의 상호작용에 초점을 두어야 한다. 셋째, 예방전문가는 물질들 간의 동반이환뿐 아니라 물질장애와 다른 정신장애와의 동반이환을 유념해야 한다. 넷째, 남녀 성차에 특성화된(gender-specific) 예방프로그램을 개발하고 평가할 것을 제안하였다(pp. 203-204).

3) 섭식장애 관련 예방프로그램

Myers(2006)은 신경성 식욕부진증, 신경성 폭식증, 비만에 대한 장을 기술하면서, 부모와 교사가 아동의 섭식문제를 예방하도록 돕기 위하여 Herrin과 Matsumoto가 발표한 기존 문헌의 내용을 3가지로 요약 기술하였다(pp. 154-156). 첫째, 섭식장애의 위험에 처하게 할 성격특질, 스트레스 사건, 신체변화, 또래로부터 보호되도록 돕기 위해 부모와 교사는 아동을 정서적 · 사회적으로 무장시킨다. 둘째, 현대 일상생활에 만연된 강력하고 심지어 파괴적이기까지 한 문화적 메시지로부터 보호하기 위하여, 아동을 정보와 비판적 사고능력으로 무장시킨다. 셋째, 부모와 교사는 아동이 음식, 신체크기, 체형에 대해 긍정적 태도를 갖도록 무장시킨다. 세부적으로는 다음과 같이 살펴볼 수 있다.

아동을 정서적 · 사회적으로 무장시키는 것

- 아동이 자아존중감을 형성하게 함
- 우울한 아동들은 도움을 받게 함
- 더 건강한 대처기제를 가르침
- 완벽주의 강박적 사고와 행동의 초기 신호에 주의해야 함
- 만약 아동이 우울하거나, 충동통제에 문제가 있거나, 무리하거나, 유희적 활동에 과도하게 개입하는 경향이 있으면 주의해야 함
- 사춘기가 시작될 즈음에 주의해야 함
- 가능한 한 가족이 함께 식사하도록 격려함

아동을 정보와 비판적 사고능력으로 무장시키는 것

- 미디어 교양을 증진시킴
- 마른 것에 대한 문화적 이상형의 차이를 보여줌

아동을 긍정적 태도를 갖도록 무장시키는 것

- 아동에게 음식선택의 자유를 주고 잘 먹도록 격려함
- 정기적으로 식사와 간식을 제공함
- 식성이 까다로운 경우 다양한 음식을 시도하도록 격려하나, 억지로 먹게끔 강요하지 않음
- 신체적 자아수용의 모범을 보이기 위해서는 다이어트 시도를 이야기하거나 자신의 신체크기나 체형에 대한 부정적 언급을 하지 않음
- 섭식과 운동에 대한 건강한 태도의 모범을 보임
- 아동의 연령에 부적절한 음식과 운동태도에 유의해야 함
- 각 아동은 서로 다른 신체유형을 가진다고 아동에게 설명함
- 마른 것을 미화하는 잡지를 구입하지 않음
- 아동이 신체크기나 체형으로 타인을 놀리지 못하게 함
- 음식에 대한 지나친 결벽증적 태도를 피하게 함
- 열량이나 지방함량을 계산함으로써 아동에게 지방에 대한 공포를 주입하지 않음
- 아동의 섭식을 제한하는 것에 대하여 매우 주의해야 함
- 아동에게 반드시 접시를 비워야만 한다고 말하지 않음

Loth, Neumark-Sztainer와 Croll은 섭식장애로 치료받는 개인들을 대상으로 면접을 진행하여 가족들이 섭식장애 발병을 예방할 수 있는 8가지 주제를 도출하였다. 도출된 주제로 ① 부모가 자녀에 대한 지지를 보여줌, ② 체중이나 신체에 대한 대화를 줄임, ③ 지지적인 가정 내에서 음식환경을 제공함, ④ 건강한 식습관과

신체활동패턴을 설정함, ⑤ 아동의 외모나 신체적 외형 이외에 자아존중감을 갖도록 도와줌, ⑥ 적절한 감정표현과 대처기제를 사용하게 함, ⑦ 부모는 섭식장애의 신호와 증상에 대한 이해를 높임, ⑧ 부모 자신들을 적절하게 돌보도록 지지를 얻는다는 내용이 포함되었다.

3부 맺음말

제3부에서는 통합적 관점에서 가족을 또래집단이나 학교와 같은 다른 맥락과의 연계 속에서 살펴보고자 하였으며, 정신장애를 예방하는 데 있어서 가족의 역할을 조명하고자 하였다. 11장에서는 아동 및 청소년의 가족에 대한 주요이론적 접근을 살펴봄으로써, 아동과 청소년의 적응 및 부적응과 연관시켜 가족에 대한 이해를 공고히 하고자 하였다. 이를 위해, 우선 인간발달과 가족학 분야에서 강조되는 이론적 틀로 가족발달이론과 가족체계이론을 개괄적으로 살펴보았다. 또한 아동 및 청소년의 적응을 가족관계, 또래관계, 학교생활의 맥락에서 연관성을 살펴보고, 관련된 이슈들을 논의하였다.

12장에서는 아동 및 청소년의 정신장애의 예방에 있어서 가족의 역할을 살펴보았다. 예방의 특성에 대한 절에서는 예방을 분류하는 방법과 예방의 효과를 고찰하였다. 이후의 절에서는 효과적 가족기반 예방프로그램의 특성을 기술하면서, 효과적 예방프로그램을 위하여 어떠한 기본원칙들을 고려해야 하는지 살펴보았다. 마지막 절에서는 우울장애, 품행 및 물질장애, 섭식장애와 관련된 실제 프로그램을 살펴보면서, 가족기반 예방프로그램의 핵심내용들을 파악하고 주요경향을 기술하고자 하였다.

참고문헌

김영미 (2012). 청소년의 일상적 스트레스와 학습된 무력감이 심리적 부적응에 미치는 영향: 가족응집성의 조절된 매개효과를 중심으로-. **청소년복지연구**, 14(3), 47-73.

김영희, 안상미 (2008). 가족의 응집성과 적응성, 부모-자녀간 의사소통, 가족갈등과 청소년의 우울 및 비행. **청소년학연구**, 15(2), 1-31.

김유숙, 전영주, 김수연 (2003). **가족평가핸드북**. 서울: 학지사.

박경란, 이영숙, 전귀연 (2001). **현대가족학**. 서울: 학지사.

신성웅, 조수철 (2001). 가족치료. **주의력결핍 과잉운동장애**(조수철 편저, pp. 319-349). 서울: 서울대학교 출판부.

유성경 (2001). 청소년의 문제해결을 위한 의뢰형태(referral pattern) 및 상담 실태에 관한 연구. **한국심리학회지: 상담 및 심리치료**, 13(3), 95-105.

유영주, 김순옥, 김경신 (2013). **가족관계학**(제3판). 경기도: 교문사.

유옥 (2006). **21세기를 위한 가족상담의 이론과 실제**. 서울: 교육과학사.

유희정 (2012). 청소년기 발달과 문화. **청소년정신의학**(대한소아청소년정신의학회 편저, pp. 3-50). 서울: 시그마프레스.

아동복지법(2016). [시행 2016. 9. 23.] [법률 제14085호, 2016. 3. 22., 일부개정] 2016년 10월 10일 [*http://www.law.go.kr/%EB%B2%95%EB%A0%B9/%EC%95%84%EB%8F%99%EB%B3%B5%EC%A7%80%EB%B2%95*]

이상길 (2004). 가정배경 변인에 따른 일반계 고교생이 지각한 가족적응성과 가족응집성의 차이. **한국심리학회지: 상담 및 심리치료**, 16(3), 435-448.

장휘숙 (2009). **청년심리학**(제4판). 서울: 박영사.

정현숙, 유계숙 (2001). **가족관계**. 서울: 신정.

최인재 (2009). 가족체계유형과 청소년의 자아분화 및 심리 · 사회적 적응간의 관계-가족응집성의 문화적 특성을 중심으로-. **청소년학연구**, 16(4), 1-23.

허혜경, 김혜수 (2010). **청년발달**. 서울: 학지사.

황경숙, 성승연 (2014). 교류분석을 활용한 부모교육 프로그램이 어머니의 내외 통제성과 의사소통에 미치는 효과. 한국가족관계학회지, 19(10), 29–51.

Alvarado, R., & Kumpfer, K. (1998). *Effective family strengthening interventions*. Washinton, DC: US Department of Justice. Office of Justice Programs, Office of Juvenile Justice and Delinquency Preventions.

August, G. J., Realmuto, G. M., Hektner, J. M., & Bloomquist, M. L. (2001). An integrated components preventive intervention for aggressive elementary school children: The Early Risers program. *Journal of Consulting and Clinical Psychology, 69*(4), 614–626.

Avenevoli, S., & Merikangas, K. R. (2006). Implications of high-risk famiy studies for prevention of depression. *American Journal of Preventive Medicine, 31*, s126–s135.

Baumrind, D. (1966). Effects of authoritative parental control on child behavior. *Child Development, 37*(4), 887–907.

Baumrind, D. (1967). Child care practices anteceding three patterns of preschool behavior. *Genetic Psychology Monographs, 75*(1), 43–88.

Baumrind, D. (2005). Patterns of parental authority and adolescent autonomy. *New Directions for Child and Adolescent Development, 108*, 61–69.

Beardslee, W. R., & Gladstone, T. R. G. (2001). Prevention of childhood depression: Recent findings and future prospects. *Biological Psychiatry, 49*, 1101–1110.

Beardslee, W. R., & Gladstone, T. R. G., Wright, E. J., & Cooper, A. B. (2003). A family-based approach to the prevention of depressive symptoms in children at risk: Evidence of parental and child change. *Pediatrics, 112*, 119–131.

Beardslee, W. R., Hoke, L., Wheelock, I., Rothberg, P. C., Van de Velde, P., & Swatling, S. (1992). Initial findings on preventive intervention for families with parental affective disorders. *American Journal of Psychiatry, 149*, 1335–1340.

Beardslee, W. R., Wright, E., Rothberg, P. C., Salt, P., Versage, E. (1996). Response of families to two preventive intervention strategies: Long-term differences in behavior and attitude change. *Journal of the American Academy of Child and*

Adolescent Psychiatry, 35, 774–782.

Berzonsky, M. D. (2011). A Social-cognitive perspective on identity construction. In S. J. Schwartz, K. Luyckx, & V. L. Vignoles (Eds.), *Handbook of identity theory and research* (pp. 55–76). New York: Springer.

Berzonsky, M. D., & Kuk, L. (2000). Identity status, identity processing style, and the transition to university. *Journal of Adolescent Research, 15*, 81–98.

Bloomquist, M. L., August, G. J., Lee, S. S., Piehler, T. F., & Jensen, M. (2012). Parent Participation within community center or in-home outreach delivery models of the early risers conduct problems prevention program. *Journal of Child and Family Studies, 21*(3), 368–383.

Bloomquist, M. L., Horowitz, J. L., August, G. J., Lee, C. Y. S., Realmuto, G. M., & Klimes-Dougan, B. (2009). Understanding parent participation in a going-to-scale implementation trial of the Early Risers conduct problems prevention program. *Journal of Child and Family Studies, 18*(6), 710–718.

Brody, G. H., Chen, Y. F., Kogan, S. M., Yu, T., Molgaard, V. K., DiClemente, R. J., & Wingood, G. M. (2012). Family-centered program deters substance use, conduct problems, and depressive symptoms in black adolescents. *Pediatrics, 129*(1), 108–115.

Bronfenbrenner, U., & Morris, P. A. (2006). The biological model of human development. In R. M. Lerner (Ed.), *Handbook of child psychology: Vol. 1. Theoretical models and human development* (6th ed., pp. 793–828). Hoboken, NJ: John Wiley & Sons, Inc.

Brown, B. (2004). Adolescents'relationships with peers. In R. M. Lerner & L. Steinberg (Eds.), *Handbook of adolescent psychology* (2nd ed., pp. 363–394). Hoboken, NJ: John Wiley & Sons, Inc.

Bukowski, W. M., Simard, M., Dubois, M. E., & Lopez, L. S. (2011). Representations, process, and development: A new look at friendship in early adolescence. In E. Amsel & J. Smetana (Eds.), *Adolescent vulnerabilities and opportunities:*

Developmental and constructivist perspectives (pp. 159–181). New York, NY: Cambridge University Press.

Burke, P. J. (1991). Identity processes and social stress. *American Sociological Review, 56*, 836–849.

Caplan, G. (1964). Principles of preventive psychiatry. New York : Basic Books

Carter, B., & McGoldrick, M. (Eds.). (1980). *The changing family life cycle: A framework for family therapy*. 정문자(역). 가족생활주기와 치료적 개입. 서울: 중앙적성출판사.

Clarke, G. N., Hawkins, W., Murphy, M., Sheeber, L. B., Lewinson, P. M., & Seeley, J. R. (1995). Targeted prevention of unipolar depressive disorder in an at-risk sample of high school adolescents: a randomized trial of a group cognitive intervention. *Journal of the American Academy of Child and Adolescent Psychiatry, 34*, 312–321.

Coie, J. D., Watt, N. F., West, S. G., Hawkins, J. D., Asarnow, J. R., Markman, H. J., Ramey, S. L., Shure, M. B., & Long, B. (1993). The science of prevention: a conceptual framework and some directions for a national research program. *American Psychologist, 48*, 1013–1022.

Collins, A. W., & Steinberg, L. (2006). Adolescent development in interpersonal context. In N. Eisenberg (Ed.), *Handbook of child psychology: Vol. 3. Social, emotional, and personality development* (6th ed., pp. 1003–1067). Hoboken, NJ: John Wiley & Sons, Inc.

Conduct Problems Prevention Research Group(1999a). Initial impact of the Fast Track prevention trial for conduct problems: I. The high-risk sample. *Journal of Consulting and Clinical Psychology, 67*(5), 631–647.

Conduct Problems Prevention Research Group(1999b). Initial impact of the Fast Track prevention trial for conduct problems: II. Classroom effects. *Journal of Consulting and Clinical Psychology, 67*(5), 648–657.

Cowan, P. A., & Cowan, C. P. (2006). Developmental psychopathology from family systems and family risk factors perspectives: Implications for family research, practice, and policy. In D. Cicchetti, & D. J. Cohen (Eds.), *Developmental psychopathology: Vol 1. Theory and method* (2nd ed., pp. 530–580). Hoboken, NJ: John Wiley & Sons, Inc.

DiLillo, D., & Peterson, L. (2006). Prevention of childhood disorders. In C. E. Walker & M. C. Roberts (Eds.), *Handbook of clinical child psychology* (3rd ed., pp. 974–988). New York, NY: John Wiley & Sons, Inc.

Dolgin, K. G. *The adolescent development, relationships, and culture* (13th ed.). London, England: Pearson Education Limited.

Erikson, E. H. (1963). *Childhood and society*. New York, NY: Norton.

Fisak, B. J., Richard, D., & Mann, A. (2011). The prevention of child and adolescent anxiety: A meta-analytic review. *Preventive Science, 12*, 255–268.

Gavazzi, S. M. (2011). *Families with adolescent: Bridging the gaps between theory, research, and practice*. New York, NY: Springer.

Ge, X., Best, K. M., Conger, R. D., & Simons, R. L. (1996). Parenting behaviors and the occurrence and co-occurrence of adolescent depressive symptoms and conduct problems. *Developmental Psychology, 32*, 717–731.

Ginsburg, G. S. (2009). The child anxiety prevention study: Intervention model and primary outcomes. *Journal of Consulting and Clinical Psychology, 77*(3), 580–587.

Gordon, R. S. (1983). An operational classification of disease prevention. *Public Health Reports, 98*, 107–109.

Guo, J., Hill, K., G., Hawkins, J. D., Catalano, R. F., & Abbott, R. D. (2002). A develomental analysis of sociodemographic, family, and peer effects on adolescent illicit drug initiation. *Journal of the American Academy of Child and Adolescent Psychiatry, 41*, 838–845.

Hill, N. E., & Chao, R. K. (2009). Background in theory, practice, and policy. In N. E. Hill & R. K. Chao (Eds.), *Families, schools, and the adolescent: Connecting research, policy, and practice* (pp. 1–15). New York, NY: Teachers College Press.

Ialongo, N. S., Rogosch, F. A., Cicchetti, D., Tooth, S. L., Buckley, J., Petras, H., & Neiderhiser, J. (2006). A developmental psychology approach to the prevention of mental health disorders. In D. Cicchetti, & D. J. Cohen (Eds.), *Developmental psychopathology* (2nd ed., pp. 968–1018). Hoboken, NJ: John Wiley & Sons, Inc.

Jones, N., & Schneider, B. (2009). Rethinking th e role of parenting: promoting adolescent academic success and emotional well-being. In N. E. Hill, & R. K. Chao(Eds.), *Families, schools, and the adolescent: Connecting research, policy, and practice* (pp. 73–90). New York, NY: Teachers College Press.

Klahr, A. M., Rueter, M. A., McGue, M., Iacono, W. G., & Burt, A. S. (2011). The relationship between parent-child conflict and adolescent antisocial behavior: Confirming shared environmental mediation. *Journal of Abnormal Child Psychology, 39*, 683–694.

Loth, K. A., Neumark-Sztainer, D., & Croll, J. K. (2009). Informing family approaches to eating disorder prevention: Perspectives of those who have been there. *International Journal of Eating Disorder, 42*, 146–152.

Maccoby, E. E., & Martin, J. A. (1983). Socialization in the context of the family: Parent-child interaction. In E. M. Hetherington (Ed.), *Handbook of child psychology: Formerly carmichael's manual of child psychology* (4th ed., vol. IV, pp. 1–102). John Wiley & Sons.

MacKinnon, D. P.(2008). *Introduction to statistical mediation analysis*. New York, NY: Lawrence Erlbaum Associates.

Marcia, J. E. (1980). Identity in adolescence. In J. Adelson (Ed.), *Handbook of adolescent psychology* (pp. 159–187). New York, NY: Wiley.

Munõz, R. F., Beardslee, W. R., & Leykin, Y.(2012). Major depression can be prevented. *American Psychologist, 67*, 285–295.

Munõz, R. F., Mrazek, P. J., & Haggerty, R. J. (1996). Institute of medicine report on prevention of mental disorders: Summary and commentary. *American Psychologist, 51*(11), 1116–1122.

Myers, J. E. B. (2011). A short history of child protection in America. In J. E. B. Myers (Ed.), *The APSAC handbook on child maltreatment* (3rd ed., pp. 3–15). Thousand Oaks, CA: SAGE Publications, Inc.

Myers, L. L. (2006). Anorexia nervosa, bulimia nervosa, and obesity. In R. J. Waller(Ed.), *Fostering child and adolescent mental health in the classroom*. Thousand Oaks, CA: Sage Publications, Inc.

Offord, D. R., & Bennett, K. J. (2002). Prevention. In M. Rutter & E. Taylor (Eds.), *Child and adolescent psychiatry* (4th ed., pp. 881–899). Malden, MA: Blackwell Publishing.

Olson, D. H. (1985). *Family Inventories: Inventories used in a national survey of families across the family life cycle* (rev. ed.) St. Paul, MN: Familiy social science, University of Minnesota press.

Olson, D. H. (1986). Circumplex model VII: Validation studies and FACES III. *Family Process, 25*, 337–351.

Olson, D. H., & Lavee, Y. (1989). Family systems and family stress: A family life cycle perspective. In K. Kreppner & R. M. Lerner. *Family systems and life-span development* (pp. 165–195). Hillsdale, NJ: Lawrence Erlbaum Associates, Publishers.

Olson, D. H., Portner, J., & Lavee, Y. (1985). *FACES III*. St. Paul, MN: Family social science, University of Minnesota press.

Peterson, G. W., & Hann, D. (1999). Socializing children and parent in families. In M. B. Sussman, S. K. Steinmetz, & G. W. Peterson (Eds.), *Handbook of marriage and the family* (pp. 327–370). New York, NY: Plenum.

Rathunde, K., & Csikszentmihalyi, M. (2006). The developing person: An experimental perspective. In R. M. Lerner (Ed.), *Handbook of child psychology:*

Vol. 1. Theoretical models and human development (6th ed., pp. 465–515). Hoboken, NJ: John Wiley & Sons, Inc.

Riley, A. W., Valdez, C. R., Barrueco, S., Mills, C., Beardslee, W., Sandler, I., & Rawal, P. (2008). Development of a family-based program to reduce risk and promote resilience among families affected by maternal depression: Theoretical basis and program description. *Clinical Child and Family Psychological Review, 11*, 12–29.

Rohde, P., & Andrews, J. A. (2006). Substance use disorders. In C. A. Essau (Ed.), *Child and adolescent psychopathology: Theoretical and clinical implications* (pp. 184–220). London & NY: Routledge.

Rubin, K. H., Bukowski, W. M., & Parker, J. G., (2006). Peer interactions, relationships and groups. In N. Eisenberg (Ed.), *Handbook of Child Psychology: Vol. 3. Social, emotional, and personality development* (6th ed., p. 571–645). Hoboken, NJ: John Wiley & Sons, Inc.

Rueter, M. A., Scaramella, L., Wallace, L. E., & Conger, R. D. (1999). First onset of depressive or anxiety disorders predicted by the longitudinal course of internalizing symptoms and parent-adolescent disagreements. *Archives of General Psychiatry, 56*(8), 726–732.

Sanders, M. R. (1999). Triple P-Positive Parenting Program: Towards an empirically validated multilevel parenting and family support strategy for the prevention of behavior and emotional problems in children. *Clinical Child and Family Psychology Review, 2*(2), 71–90.

Sanders, M. R. (2007). The triple P-positive parenting program: A public health approach to parenting support. In J. M. Briesmeister & C. E. Schaefer (Eds.), *Handbook of parent training: helping parents prevent and solve problem behaviors* (3rd ed., pp. 203–233). Hoboken, NJ: John Wiley & Sons, Inc.

Sanders, M. R. (2012). Development, evaluation, and multinational dissemination of the triple p-positive parenting program. *Annual Review of Clinical Psychology, 8*,

345–379.

Santrock, J. W. (2004). *Adolescence*(9th Ed.). McGraw-Hill, Inc. 김현정, 박영신, 방희정, 유성경, 이계원, 정명숙, 조아미, 최윤미(역) (2004). 청년심리학. 서울: 박학사.

Sedlak, A. J., & Ellis, R. T. (2014). Trends in child abuse reporting. In J. E. Korbin, & R. D. Krugman (Eds.), *Handbook of child maltreatment* (pp. 3–26). Springer.

Small, S. A., Cooney, S. M., & O'Connor, C. (2009). Evidence-informed program improvement: Using principles of effectiveness to enhance the quality and impact of family-based prevention programs. *Family Relations, 58*, 1–13.

Smetana, J. G. (2011). Adolescents'social reasoning and relationships with parents: Conflicts and coordinations within and across domains. In E. Amsel & J. Smetana (Eds.), *Adolescent vulnerabilities and opportunities: Developmental and constructivist perspectives* (pp.139–158). Cambrige University Press.

Smit, E., Verdurmen, J., Monshouwer, K., & Smit, F. (2008). Family interventions and their effect on adolescent alcohol use in general populations; a meta-analysis of randomized controlled trials. *Drug and Alcohol Dependence, 97*(3), 195–206.

Spencer, M. B. (2006). Phenomenology and ecological systems theory: Development of diverse groups. In R. M. Lerner (Ed.), *Handbook of child psychology: Vol. 1. Theoretical models and human development* (6th ed., pp. 829–893). Hoboken, NJ: John Wiley & Sons, Inc.

Steinglass, P. (1987). A systems view of family interaciton and psychopathology. In T. Jacob (Ed.), *Family interaction and psychopathology: Theories, methods, and findings* (pp.25–66). New York, NY: Plenum Press.

Sternberg, K. J., Lamb, M. E., Guterman, E., & Abbott, C. B. (2006). Effects of early and later family violence on children's behavior problems and depression: A longitudinal, multi-informant perspective. *Child Abuse & Neglect, 30*, 283–306.

Substance Abuse and Mental Helath Service Administration(SAMHSA). Prevention of substance abuse and mental illness. http://captus.samhsa.gov/prevention-practice/prevention-and-behavioral-health/behavioral-health-lens-prevention/3에

서 2015년 2월 24일 인출함.

Tremblay, R. E., Pagani-Kurtz, L., Mâsse, L. C., Vitaro, F., & Pihl, R. O. (1995). A bimodal preventive intervention for disruptive kindergarten boys: its impact through mid-adolescence. *Journal of Consulting and Clinical Psychology, 63*(4), 560–568.

Turnbull, A., Turnbull, R., Erwin, E. J., Soodak, L. C., & Shogren, K. A. (2011). Families, professionals, and exceptionality: Positive outcomes through partnerships and trust(6th Ed.). Pearson Education, Inc. 이미숙, 노진아, 김연하, 김정민, 김태영, 한민경(역) (2013). **장애아 가족지원**. 서울: 학지사.

Valdez, C. R., Abegglen, J., & Hauser, C. T. (2012). Fortalezas families program: Building sociocultural and family strengths in Latina women with depression and their families. *Family Process, 52*, 378–393.

Weisz, J. R., Sandler, I. N., Durlak, J. A., & Anton, B. S. (2005). Promoting and protecting youth mental health through evidence-based prevention and treatment. *American Psychologist, 60*, 628–648.

Wolchik, S. A., Sandler, I., N., Millsap, R. E., Plummer, B. A., Greene, S. M., Anderson, E. R., Dawson-Mcclure, S. R., Hipke, K., & Haine, R. A. (2002). Six-year follow-up of preventive interventions for children of divorce: a randomized controlled trial. *Journal of the American Medical Association, 288*, 1874–1881.

Wolfe, V. V., Dozois, D. J. A., Fisman, S., & DePace, J. (2008). Preventing depression among adolescent girls: Pathways toward effective and sustainable programs. *Cognitive and Behavioral Practice, 15*(1), 36–46.

찾아보기

인명

내용

저자 소개

여종일(Yuh, Jongil)

연세대학교 아동학과 졸업

연세대학교 대학원 아동학과 석사

Oregon State University 인간발달과 가족학과 박사

George Washington University 정신의학 및 행동과학과 박사 후 연구원, Research Scientist

(전) University of Hawaii 발달장애연구센터 Specialist, 가족센터 Affiliate Faculty

(현) 덕성여자대학교 아동가족학과 조교수

정신병리와 가족

아동 · 청소년 정신장애에 대한 발달정신병리학적 접근

Psychopathology and the Family

Approaches in developmental psychopathology
to understand child and adolescent disorders

2017년 4월 10일 1판 1쇄 인쇄
2017년 4월 20일 1판 1쇄 발행

지은이 • 여종일
펴낸이 • 김진환
펴낸곳 • (주) 학지사
04031 서울특별시 마포구 양화로 15길 20 마인드월드빌딩
대표전화 • 02)330-5114 팩스 • 02)324-2345
등록번호 • 제313-2006-000265호

홈페이지 • http://www.hakjisa.co.kr
페이스북 • https://www.facebook.com/hakjisa

ISBN 978-89-997-1234-0 93180

정가 20,000원

이 도서의 국립중앙도서관 출판시도서목록(CIP)은 서지정보유통지원시스템 홈페이지(http://seoji.nl.go.kr)와 국가자료공동목록시스템(http://www.nl.go.kr/kolisnet)에서 이용하실 수 있습니다.
(CIP 제어번호: CIP2017008522)